普通高校经济管理类立体化教材·基础课系列

# 技术经济学
## (第2版)

郑　宁　郑彩云　韩　星　编著

清华大学出版社
北　京

## 内 容 简 介

本书编写的内容更加紧密地结合我国建立创新型国家的实际，更加凸显技术进步、技术创新对经济转型发展所起的关键作用，更多体现中国特色的技术经济领域的研究成果。

本书详细地介绍了技术经济学的基本原理和基本方法及其在项目建设技术经济分析、设备更新分析中的应用。

本书共分为 11 章，包括绪论、资金的时间价值、经济评价方法、资产评估原理与方法、项目可行性研究、项目融资方案、项目财务分析、项目费用效益与效果分析、风险与不确定性分析、设备更新分析、价值工程等内容。

本书适合作为高等院校经济管理专业及理工类专业的本、专科"技术经济学"课程教材，也可作为高等院校旨在拓展学生知识面的通识课程"技术经济学"的教材，同时还可作为研究生、工程技术人员、工程管理人员和经济管理人员的参考书。

**图书在版编目(CIP)数据**

技术经济学/郑宁，郑彩云，韩星编著. --2 版. --北京：清华大学出版社，2016
普通高校经济管理类立体化教材· 基础课系列
ISBN 978-7-302-42952-4

Ⅰ. ①技…　Ⅱ. ①郑…②郑…③韩…　Ⅲ. ①技术经济学—高等学校—教材　Ⅳ. ①F062.4

中国版本图书馆 CIP 数据核字(2016)第 030559 号

责任编辑：汤涌涛
封面设计：杨玉兰
责任校对：周剑云
责任印制：宋　林

出版发行：清华大学出版社
　　　　网　　　址：http://www.tup.com.cn, http://www.wqbook.com
　　　　地　　　址：北京清华大学学研大厦 A 座　　　邮　　编：100084
　　　　社 总 机：010-62770175　　　　　　　　　邮　　购：010-62786544
　　　　投稿与读者服务：010-62776969, c-service@tup.tsinghua.edu.cn
　　　　质量反馈：010-62772015, zhiliang@tup.tsinghua.edu.cn
　　　　课件下载：http://www.tup.com.cn, 010-62791865
印 装 者：北京鑫海金澳胶印有限公司
经　　销：全国新华书店
开　　本：185mm×260mm　　　印　张：22.5　　　　字　数：544 千字
版　　次：2006 年 10 月第 1 版　2016 年 6 月第 2 版　印　次：2016 年 6 月第 1 次印刷
印　　数：1～2500
定　　价：42.00 元

产品编号：064977-01

# 前　言

技术经济学是现代管理科学中一门新兴的综合性学科，其融合了技术科学、项目管理科学和经济科学等相关内容。

技术经济学是研究各种工程项目、技术活动、技术措施、技术方案(可以统统看成投资方案)的经济效益评价和选优的科学，是一门应用性很强的学科。它主要解决两个方面的问题：一是工程项目方案的评价问题(是否可行)，二是工程项目方案的比较和选择问题(优选)。

中国的经济不断发展和不断面临着机遇、挑战，要想在激烈的国际竞争中占有主动地位，最根本的办法是依靠科学，以提高技术创新能力。在此背景下，作者结合中国经济发展的特色编写了本书。强调技术进步对经济社会可持续发展的重要性，技术创新是提高经济增长效率的核心，以及国家、地区、产业、企业、个人在经济技术中所发挥的作用。

本书共分为 11 章。

第一章为绪论，主要介绍技术经济的定义、要素、技术经济学发展、原理、思路与分析人员具备的素质。

第二章讲述资金的时间价值，主要介绍现金流量、资金、等值的计算。

第三章讲述经济评价方法，主要介绍经济评价指标体系、盈利能力分析指标、偿债能力分析指标、基准收益率的影响因素等内容。

第四章讲述资产评估原理与方法，主要介绍资产与资产评估的定义和分类、资产评估的方法以及工作原则以及房地产与机器设备的评估计算。

第五章讲述项目可行性研究，主要介绍可行性研究的定义、工作程序；可行性研究报告的定义、作用、编制依据、深度要求等；同时，还阐述各种市场调查方法的概念、特点、程序及应用情形；最后介绍技术预测的定义、分类、程序等内容。

第六章讲述项目融资方案，主要介绍项目融资主体与融资方式、项目资金来源及筹措、国内国外债务筹资、PPP 模式、融资成本分析。

第七章讲述项目财务分析，主要介绍财务评价的主要内容及其理论和方法。

第八章讲述项目费用效益与效果分析，主要介绍费用效益分析的概念与分析方法；费用效果分析的概念与分析方法；成本效用分析。

第九章讲述风险与不确定性分析，主要介绍盈亏平衡分析、敏感性分析、风险分析。

第十章讲述设备更新分析，主要介绍设备更新分析概述、设备经济寿命的确定、设备更新分析方法及其应用、设备更新方案的综合比较。

第十一章讲述价值工程，主要介绍价值工程基本理论及其应用，如价值工程对象选择、价值工程功能分析与评价、价值工程方案创造。

　　本书强调理论结合实际，运用大量实例讲解知识，重在培养读者的实际应用能力，更好地帮助读者巩固所学知识。

　　本书由华北理工大学的郑宁、郑彩云、韩星3位老师编著，其中第一至六章由郑宁老师编写，第七至九章由郑彩云老师编写，第十、十一章由韩星老师编写。

　　由于编者水平有限，书中难免有不足之处，欢迎广大读者批评指正。

编者

# 目　　录

# 第一章 绪 论

**【学习要点及目标】**

通过对本章内容的学习，掌握技术、经济、技术经济活动的概念，了解技术经济活动的要素；了解技术经济学的发展、技术经济学的基本原理；认识技术经济分析思路与技术分析人员应具备的素质。

**【关键概念】**

技术　经济　技术经济学　技术经济分析思路　技术经济分析人员素质

**【引导案例】**

### 中国特色成就竞争优势——国产手机调研

自 2015 年 5 月 19 日开始，美国、英国、法国等欧美国家的消费者，就可以通过小米线上商店购买小米移动电源、耳机以及小米手环等配件新品。而这只是小米整体海外战略的一小步。小米科技董事长雷军表示，国际市场将是小米的新战场。

越来越多的国产手机品牌正在进军海外市场。深谙中国消费者喜欢大屏幕、金属质感、多制式等特殊需求，国产手机厂商经过多年经验积淀，能够迅速、精准地把握用户需求，奠定了国产手机品牌的市场基础。如今，这一优势正在海外市场继续发挥。

正如北京邮电大学教授曾剑秋所言，"2G 时代，我们说国产手机落后国际品牌 3 年，3G 时代落后 1 年，而现在国内手机厂商已经领先国际品牌一个'身位'。"依托中国消费者，国产手机厂商在与国外品牌的竞争中走出了一条"中国之路"。而"中国特色"，也成为国产手机最核心的竞争力。

**1. 中国需求占据先机**

来自工业和信息化部(有时用其简称工信部)的数据显示，2015 年 3 月我国净增 4G 用户 2300 万，继续保持高速增长，总用户达 1.62 亿，占移动电话用户比例达 12.5%，在业内专家看来，移动通信技术的更新换代，是国产手机能"快马加鞭"的主要原因之一。

中国信息通信研究院副院长刘多告诉《经济日报》记者，随着 4G 的更新换代，原有终端产品、分销渠道、品牌运营、运营商补贴及业务形态都会发生变化，对于改变 2G 和 3G 时代中国本土厂商技术储备不足、话语权偏低等意义重大，有利于提升本土厂商在技术和标准方面的国际地位。

市场研究机构易观智库分析师朱大林也表示，"4G 手机和国际品牌相比，国产手机厂商抓住了市场变化的先机。"的确，曾有市场预测分析，千元 4G 手机要到 2015 年才能上市，但仅仅 2014 年，国产厂商拿出的千元 4G 手机就占 4G 手机整体市场份额的 65%，与此同时，国产手机常用的 5 模 10 频和 5 模 13 频的高水平融合芯片让消费者可以"一机走遍全球"，双卡双待在中高端机型中也十分常见。

在通信专家、飞象网总裁项立刚看来，"中国需求"还体现在消费者的变化上，比如消费者普遍反映，与国外品牌相比，国产手机更漂亮，待机时间也更长等。"中国互联网和移动互联网高速发展，消费者有成熟的电商消费习惯，也习惯了使用互联网获得信息，终端厂商也要适应这种变化。"项立刚说。

**2. 中国服务独辟蹊径**

因为一项简单的功能，用惯了三星手机的四川成都的软件工程师曹雪把自己的新手机换成了小米手机，"有时候打客服电话听语音一层一层菜单选下去，找到自己想要的服务就要好几分钟，但小米手机把这些菜单变成了文字显示，点几个按键就能解决问题。"小米手机便捷的操作模式有着很好的使用体验。事实上，本土厂商的优势就是能对用户的需求和反馈快速讨论和评估，并且变成行动。

"细致入微的服务创新，是国产手机获得竞争优势的重要'筹码'。"朱大林同样对国产手机厂商的"贴心"记忆犹新："拿售后服务来说，联想和魅族能够提供手机维修上门服务，华为在自己的官网上明示了包括主板、屏幕、电池等在内的主要备件价格。随着市场的成熟，差异化的服务也是厂商打破同质化竞争的突破口。"

如果说这些都是消费者能直接感受到的服务，那么国产手机厂商甚至还在"水面"之下进行着更底层的服务优化。项立刚表示，最近某新闻客户端告诉他，在未来只要用户授权，其客户端甚至可以调用包括位置信息等底层数据，为用户提供更为精准的新闻推送，"这显然需要与手机厂商合作。现在本土厂商与本地化应用的合作越来越深入，基于自家的手机优化常用应用几乎成为'标配'，这也是国际品牌很少进行的工作。虽然消费者不知道这些，但他会觉得，自己的手机用起来更流畅、更省电。"

**3. 中国模式前景可期**

一面是国产手机占据手机市场七成以上的利好，一面则是"红海"中残酷的竞争。工业和信息化部信息通信研究院副总工程师陈金桥表示，从行业数据来看，2014 年年初国内手机品牌还有 540 多个，但到了年底，已经有 140 家销声匿迹，"说到底，没有灵魂，不创造价值，不响应消费者内心呼唤，单纯靠硬件堆砌的厂商一定会消失。"

归根结底，对快速响应市场变化、以用户体验优先的"中国模式"的贯彻力度，将决定国产手机厂商的未来，也将为它们带来全新的价值。工信部电子信息司司长习石京表示，在推动手机产业发展上，工信部也十分重视面向市场和用户的应用创新，"鼓励手机企业围绕城乡消费者的多样化需求，实施差异化战略，在功能设计、工艺外观、服务模式等方面展开错位竞争。"

"国内手机厂商要考虑两个变化：一是未来从 4G 向 5G 的演进；二是多个网络的融合发展，从现在的'三网融合'到未来的'$N$ 网融合'，特别是如何与物联网和智能硬件整合，通过增值服务实现更大的价值。"曾剑秋表示。朱大林同样认为，"互联网+"将给国产手机带来新的机遇："手机厂商应主动与智能硬件企业和传统家电企业合作，共建完整的互联网生态系统，将此作为自己脱离'机海战术'的突破口。"

"中国模式"也在帮助国产手机厂商在海外立定脚跟。业内人士认为，无论是营销还是服务经验，国产厂商在国内市场积攒的经验可以平移，从整个行业上来看，过去我们的手机主要销往非洲等第三世界国家，但现在手机厂商们瞄准的则是新兴市场国家甚至欧美等主流高端市场。为什么会出现这个变化？过去我们卖的是性价比，其实就是便宜，但现在国内企业已经可以拿品牌和服务"说事"，国产手机品牌的议价能力也随之提高。

# 第一节　技术经济概述与要素

## 一、技术的相关概念

### 1. 技术的两种定义

技术的定义分为广义与狭义两种。

广义的技术是指把科学知识、技术能力和物质手段等要素结合起来形成的一个可以改造自然的运动系统。技术作为一个系统，在解决特定问题中体现的有限整体。

狭义的技术是指技术的表现形态，包括体现为机器、设备、基础设施等生产条件和工作条件的物质技术，与体现为工艺、方法、程序、信息、经验、技巧和管理能力的非物质技术。

### 2. 科学和技术的关系及其发展

现实中人们通常将科学和技术联系在一起，如科技工作、科技水平、科技投入、科技成果、科技发展。科学和技术有着本质的区别。科学没有具体目标，与现实没有直接利益关系，重点是发现问题。技术则不然，技术往往与经济利益密切相关，重点是解决问题。在人类社会发展历史的过程中，科学和技术并没有什么联系，各自按照自己的逻辑并行发展。19世纪后，科学和技术逐渐密切结合，科学为现代技术创新奠定理论基础和提供突破口，现代技术则成为科学的副产品或衍生物。

先进技术会改变人类的生产方式以及社会经济的发展、进步，如冶铁技术、蒸汽机技术、火药技术、造纸技术、印刷技术、纺织技术、印染技术、建造技术等。

在第三次科技革命中，出现了一批对世界政治、经济、社会和军事等领域具有重大影响的高新技术，包括信息科学技术、生命科学技术、新能源与可再生能源科学技术、新材料科学技术、先进制造技术、空间科学技术、有益于环境的高新技术和管理科学技术等。这些高新技术的出现伴随着新的产业革命，形成高新技术产业和战略性新兴产业，引发了世界范围内产业结构的调整和升级，促进了生产力和社会的巨大进步。

### 3. 高新技术的特征

高新技术与传统技术相比，具有高效益、高集成、高竞争、高风险、高势能的特征。

1) 高效益

高效益来自首创利润，高技术具有创新性和独特性，是创造性思维和劳动的结果。它生产出的东西别人没有，所以能获得高利润。

2) 高集成

在高技术领域，科学、技术、生产三者密不可分，体现了基础研究、应用研究、开发研究和商品化生产的融合。例如，超导研究一开始就被认为是科学的探索、理论的研究和材料本身的应用以及工艺方面研究的紧密结合。

3) 高竞争

高技术的覆盖面非常广，所需投入之多、风险之大是任何国家都不能全"包"得了的。彼此需要合作，在合作过程中，大家都要抢占高新技术的优势，势必出现激烈的竞争，形成非常复杂的态势；竞争和合作并存，交流和限制相伴。

4) 高风险

高竞争的时效性会带来高风险，竞争中失败就意味着破产。所以，技术企业不可能都成功，一般有 1/3 是成功的，1/3 会失败，另外 1/3 可能在运转一段时间后被吞并。

5) 高势能

高技术对国家的政治、经济、军事、文化和整个社会发展有很大的影响，具有很强的渗透性和扩散性，有着很高的态势和潜在的能量。有些国家就是利用高技术推行他们的强权政治，以达到控制别国经济发展命脉的目的。

## 二、经济的定义

在技术经济学中，广义的经济是一定社会国民经济的总称，包括全部物质资料生产部门的生产、交换、分配、消费活动和部分非物质资料生产部门的活动。

广义的经济也称为经济发展。影响经济发展水平的因素有很多，主要有科技进步、产权制度、市场体系与运行机制、人口增长、农业发展、投资趋向及数量、环境污染、资源消耗等。其中，人口增长、农业发展和资源消耗以及环境污染对经济发展起着制约作用；科技进步、产权制度、市场体系与运行机制、投资数额和趋向是经济发展的 4 个动因，而且在国民经济的增长率中，技术进步的贡献是第一位的。

在技术经济学中，狭义的经济是指生产或生活上的节约、节俭。节约包括节约资金、物质资料和劳动等，即用少的劳动消耗生产出尽可能多的社会所需的成果；节俭指个人或家庭在生活费上精打细算，用较少的消耗来满足最大的需要。总之，经济是以较少的人力、物力、时间、空间获取较大的成果或收益。

【小贴士】狭义的经济也可称为经济效果，人类一切有目的实践活动，都要求取得一定的成果。人们为了达到预期的目的或取得有效成果，总会付出一定的消耗。取得有效成果相同，消耗少的实践活动经济效果就大；同样消耗的情况下，取得有效成果大的经济效果就大；反之亦然。

## 三、技术经济活动的定义

技术经济活动就是把科学研究成果和生产实践、经验积累中所形成的有形技术和无形技术有选择地、创造性地、经济地应用在最有效的利用自然资源、人力资源和其他资源的运动系统中，以满足人们需要的过程。技术经济活动不断提高生产效率和服务水平，优化生产结果、经济结构和社会结构，从而推动经济社会发展。

技术经济活动侧重实践和创新。科学家的作用是发现宇宙空间各种自然现象的规律，丰富人类的知识。而工程师或技术人员的作用是把这些知识创造性地用于特定的系统中，为社会提供更好的服务及商品。对于从事技术经济活动的工程师来说，掌握知识固然重要，但知识只是构建各种运行系统时所需各种要素中的一种，关键是在解决问题中，把知识、能力和物质手段有效地融为一个有机整体，更好地为人类服务，满足人们的需求。

普通高校经济管理类立体化教材·基础课系列

【小贴士】社会经济的发展和人类文明的进步都是技术经济活动直接或间接的成果。反之，人类物质文明生活水平的改善、社会经济和生态环境可持续发展的要求，又对技术经济活动提出了更为明确的目标。

## 四、技术经济活动的要素

技术活动可分为 4 个要素，分别为活动主体、活动目标、实施活动的环境以及活动的后果。

活动主体是指垫付活动投入、承担活动风险、享受活动收益的个人或组织。现代社会人类技术经济活动的主体大致分为以下几类：居民、企业、政府、学校以及福利基金会等单位在内的其他非营利性组织。

人类一切技术实践活动都有明确的目标，都是为了直接或间接地满足人类自身的需求，而且不同的活动主体的目标性质和数量存在着明显的差异。例如，政府的目标一般是多目标系统，包括国防安全、经济发展、就业充分、法制健全、社会和谐、文化繁荣、币值稳定、环境保护、经济结构的改善及收入分配的公平等。企业的目标以利润为主，包括利润的最大化以及市场占有率、应变能力和品牌效应的提高等。

技术经济活动常常面临两个彼此相关且至关重要的双重环境：一个是自然环境；另一个是经济环境。自然环境提供技术实践活动的客观物质基础，经济环境显示技术经济活动成果的价值。利用资源改造自然的活动当然必须掌握自然环境中的各种规律，只有这样才能赋予物品的使用价值。但是，物品的价值取决于它带给人们的效用，效用大小往往要用人们愿意为此付出的市场价格——"货币"来衡量。无论技术系统的设计多么精良，如果生产出的产品不受消费者喜欢或者成本太高，这样的技术经济活动的效果就会很低。

技术经济活动的后果是指活动实施后对目标产生的影响。根据活动对目标的不同影响，后果可分为有效成果和负面后果。如对一个经济不发达地区进行开发和建设，有效成果是提高当地人均收入水平，而负面后果是可能造成环境污染，因此，在开发建设项目时，一定要注重环境污染的防治，针对不同的地区以及周边环境作出相应的对策，将环境污染降到最低。

因此，人类社会的基本任务是要对自身的活动进行有效的规划、组织、协调和控制，以最大限度地提高技术经济活动的有效成果，弱化或消除无用的负面后果。

## 阅读资料

### 关于 2015 年深化经济体制改革重点工作的意见

据新华社北京 5 月 18 日电 经李克强总理签批，国务院日前批转国家发展和改革委员会制订的《关于 2015 年深化经济体制改革重点工作的意见》（以下简称《意见》）。

《意见》指出，今年是全面深化改革的关键之年，经济体制改革任务更加艰巨。要按照党中央、国务院决策部署和全面深化改革总目标，主动适应和引领经济发展新常态，紧紧围绕当前经济社会发展中存在的问题，以政府自身革命带动重要领域改革，着力抓好已出台改革方案的落地实施，抓紧推出一批激活市场、释放活力、有利于稳增长保就业增效益的改革新举措，使改革新红利转化为发展新动力。

《意见》提出了8个方面39项年度经济体制改革重点任务：一是持续简政放权，加快推进政府自身改革；二是深化企业改革，进一步增强市场主体活力；三是落实财税改革总体方案，推动财税体制改革取得新进展；四是推进金融改革，健全金融服务实体经济的体制机制；五是加快推进城镇化、农业农村和科技体制等改革，推动经济结构不断优化；六是构建开放型经济新体制，实施新一轮高水平对外开放；七是深化民生保障相关改革，健全保基本、兜底线的体制机制；八是加快生态文明制度建设，促进节能减排和保护生态环境。

(资料来源：中国经济网——国家经济门户.经济日报多媒体数字报刊，2015.5.19)

## 第二节　技术经济学的发展、原理、思路与分析人员的素质

技术经济学是一门研究技术经济活动中的资源配置规律和技术发展规律的科学。技术经济活动中的资源配置规律是研究如何根据既定的活动目标，分析活动的代价(费用)及其对目标的实现，并在此基础上设计、评价、优化、选择以最低的代价(费用)可靠实现目标的最佳或满意技术方案。技术经济活动中的技术发展规律是研究经济领域中技术发展的内在规律，包括技术进步、技术创新的影响因素、评价方法等问题。

## 一、技术经济学的发展

技术经济学研究以下4个层面的问题：
- 国家层面的技术经济问题。
- 产业层面的技术经济问题。
- 企业层面的技术经济问题。
- 建设项目层面的技术经济问题。

**【小贴士】** 国家层面的技术经济问题主要包括国家技术创新战略和技术创新体制、机制的建设等方面的问题；产业层面的技术经济问题主要包括技术预测与选择、共性关键技术、产业技术创新与技术扩散、产业技术标准制定，产业技术升级的路径与战略等方面的问题；企业层面的技术经济问题主要包括企业技术创新管理、知识产权管理和技术使用管理等方面的问题；建设项目层面的技术经济问题主要包括关键技术创新、技术方案、技术方案的经济评价及系统优化和项目管理等方面的问题。

技术经济学是介于自然科学和社会科学之间的边缘科学，是现代科学技术和社会经济在发展过程中，渗透融合、互相促进，逐渐形成和发展起来的。在这门学科中，经济处于支配地位，因此，技术经济学的性质属于应用经济学的一个分支。

在悠久的历史过程中，科学技术随着工具的变革，推动着社会进步，其前进步伐缓慢。直到1800年，人类社会进入产业革命时代，经济的发展才呈现了飞跃式的发展。特

别是 20 世纪 50 年代后，人类社会进入了科学技术是生产发展第一要素的时期，经济学家们注意并深刻认识到科学技术对经济发展所产生的巨大影响与作用，深入开展对技术经济的研究，使之逐渐形成一门独立的学科。20 世纪 60 年代初期，一批 50 年代留学苏联的技术经济专家与 50 年代前留学英美的工程经济专家在中国创立了技术经济学科。经过半个多世纪的努力，直至今天，中国的技术经济学者从项目经济评价、价值工程、技术选择、设备更新与技术改造评价等方法体系的建立，到技术进步贡献率的测算、生产率的本源、技术创新理论和方法的研究，再到高新技术创业的研究，为技术经济学科和国民经济发展做出了巨大贡献。

## 二、技术经济学的基本原理

技术经济学的基本原理包括机会成本原理、经济效果原理、预见性原理、可比性原理、全局性原理、适用性原理等，下面介绍这 6 个原理的主要内容。

### 1. 机会成本原理

机会成本是指将一种具有多种途径的有限(或稀缺)资源置于特定用途时所放弃的收益。当一种稀缺的资源具有多种途径时，可能有许多个投入这种资源获取相应收益的机会。如果将这种资源置于某种特定用途，必然要放弃其他的资源投入机会，同时也放弃了相应的收益，在所放弃的机会中最佳的机会可能带来的效益，就是将这种资源置于特定用途的机会成本。

例如，佳宏公司欲投入 50 万元购置一台设备用于生产，当然这 50 万元也可用于购买债券、股票或存入银行生息。假定投资期限相同，购买债券的收益率为年收益率 12%，高于购买股票、存款生息和投资生产设备，则这 50 万元购置生产设备的年机会成本就是 50×12%=6(万元)。

机会成本是技术经济分析中的重要概念，只有充分考虑投资用于其他用途时的潜在收益，才能对投资项目做出正确的决策。

### 2. 经济效果原理

经济效果是人们通过技术经济活动取得的效果与为之投入的费用之比。对于取得一定有效成果和所支付的资源代价及损失的对比分析，就是经济效果评价。

当效果与费用损失为不同度量单位时，经济效果可表示为

$$经济效果 = \frac{效果}{费用 + 损失} \tag{1-1}$$

当效果与费用及损失为相同度量单位时，经济效果可表示为

$$经济效果 = 效果 - (费用 + 损失) \tag{1-2}$$

人类的技术经济活动，不论是主体、个人还是机构，都具有明确的目标，都是为了直接或间接地满足人类自身的需要。例如，人类的生产性技术经济活动是通过新材料、新能源和新制造技术为人类的生存和发展提供更多、更好的所需物品和服务；教学技术经济活动就是通过先进的信息技术和科学的教学模式将知识及技能传播给更多的受教育者；医疗

技术经济活动就是应用生物工程、遗传学和生命科学的成果更好地防病治病、救死扶伤、造福人类。

由于各种技术经济活动的性质不同，因而会取得不同性质的效果，如环境效果、艺术效果、军事效果、教学效果及医疗效果等。但无论哪种技术实践效果，都要涉及资源消耗，都会出现浪费、节约等问题。由于在特定的时期和一定的地域范围内，人们能够支配的经济资源总是稀缺的，因此，需要在有限的资源约束下对所采用的技术进行选择，需要对活动本身进行有效的计划、组织、协调和控制，以最大限度地提高技术经济活动的效果，降低损失或消除负面影响，最终提高技术实践活动的经济效果。而这正是对各种技术实践活动进行技术经济分析的目的。

提高技术实践的经济效果是技术经济分析的出发点和归宿点。一般来说，提高经济的途径有多种，下面介绍其中的两种。

(1) 用最低的寿命周期成本实现产品、作业或服务的必要功能。世界上第一辆汽车是19世纪80年代由戴姆勒(Daimler)和本茨(Benz)制造的，由于生产成本太高，在相当长的一段时间里，汽车仅是贵族的一种玩物。后来，经过亨利·福特(Henry Ford)的努力改造，使每辆车的售价降至1000～1500美元，进而又降至850美元，直到1916年，每辆汽车降到了360美元。这为汽车的广泛使用创造了极为有利的条件，最终使汽车工业成为美国经济的一大支柱。图1-1所示为不同时期汽车的样式，第一幅图为第一辆汽车的诞生。

(a) 第一辆三轮汽车

(b) 四轮汽车

(c) 20世纪二三十年代的汽车

(d) 现代汽车

图 1-1　不同时期的汽车

(2) 在费用一定的前提下，不断改善产品、作业或服务的质量，提高功能。电子计算机自问世以来，存储空间不断增大，运算速度不断提高，兼容性日益改善，而价格不断降低的事实，使应用领域不断地拓展，以至于人们的生活方式和生产方式都随之发生了巨大改变。如今，已是电子科技的时代，计算机技术被应用于生产制造行业、航天航空领域、生活服务行业、医疗研究领域、天文观测行业等。图 1-2 所示为不同时期时的计算机,从最初的大头式显示器,逐步发展为液晶显示式,历经了几十年,主机也从笨重的外观演变为现代的小巧型,甚至出现了笔记本计算机(又称笔记本电脑、手提式电脑,方便人们携带)。

(a) 初代计算机

(b) 二代计算机

(c) 现代计算机

(d) 笔记本计算机

图 1-2  不同时期的计算机

### 3. 预见性原理

人类对客观世界运动变化规律的认识使得人们可以对自身活动的结果做出一定的科学预见,根据对活动结果的预见,人们可以判断一项活动目的的实现程度,并相应地修正或采取更好的从事该活动的方法。如果人们缺乏这种预见性就不可能了解一项活动是否能实现既定的目标、是否值得去做,因而也就不可能做到有目的地从事各种技术实践活动。例如,三峡工程,如果工程师们不了解三峡工程建成后可以获得多少电力,能在多大程度上改进长江航运和提高防洪能力等结果,那么建设三峡工程就成为一项盲目的事情,既浪费人力、物力,又浪费财力。因此,为了有目的地展开各种技术实践活动,就必须对活动的后果进行慎重的估计和评价。

技术经济分析正是对技术实践方案付诸实施前或实施过程中的各种结果进行的估计和评价,属于事前或事中主动的控制,即信息搜集→资料分析→制定对策→防止偏差。只有提高预测的准确性,客观地把握未来的不确定性,才能提高决策的科学性。例如,工程建设项目前期可行性研究工作的重要前提就是要进行周密的市场调查工作,准确地估计项目的效果和费用及损失,通过技术分析、财务分析和费用效益分析,对各种方案的技术可行性和经济合理性进行综合评价,为决策提供准确的依据。可行性研究工作方式的提出,使技术经济分析的预见性提高到一个新的水平。

当然,由于人理性的有限性,不可能对所有活动后果的估计都准确无误,总会产生一定的偏差，特别是对具有创新性的项目而言。正因为如此，人们才会不断地在风险分析和不确定性分析中进行大量的、旨在拓展人类知识范围、提高预见能力的研究工作。

### 4. 可比性原理

对各项技术方案进行评价和选优时，需要通过比较辨别优劣程度，因此技术经济学应遵循可比性原理，使各方案的条件等同化。由于各个方案涉及的因素复杂多变，加上难以定量表达的不可转化因素，因此不可能做到绝对的可比。在实际工作中一般只能做到对方案经济效果影响较大的主要方面才可能达到可比性要求，包括：①产出成果使用价值的可比性；②投入相关成本的可比性；③时间因素的可比性；④价格的可比性；⑤定额标准的可比性；⑥评价参数的可比性。

【小贴士】时间因素的可比性是经济效果计算中通常要考虑的一个重要因素。例如，宏文集团有两个建厂方案，产品种类、产量、投资、成本完全相同，但其中一个投产早，另一个投产晚，这时很难直接对两个方案的经济效果大小下结论，必须将它们的效果和成本都换算到一个时点后，才能进行经济效果的评价和比较。

### 5. 全局性原理

人类社会发展到今天，由于分工的细化和合作的加强，各个利益主体(如政府、社会、企业、家庭)在国民经济中的职能、作用、权利和追求的目标存在着一定的差异，而且同一利益主体的目标在时间上也存在可变性。一个国家的政府作为社会公众的代言人，需要站在宏观的层面上考虑国民经济全局。而从事商品生产和销售的企业，一般是站在微观的层面上考虑生存和发展，其基本目标是实现企业价值最大化或利润最高，相应的考虑企业信誉、产品质量、服务质量以及技术创新等。

正因为不同利益主体追求的目标存在差异，因此，对同一技术经济活动进行技术经济评价的立场不同，出发点不同，评价指标不同，因而评价的结论就有可能不同。例如，很多地区的小型造纸厂或小型化工厂从企业自身的利益出发经济效益是显著的，但在其生产活动中却排出了大量废物，对周围附近的河流、湖泊或村庄造成了严重的环境污染，是国家相关法规所不允许的。因此，为了防止一项技术经济活动在对一个利益主体产生积极效果的同时可能损害到另一些利益主体的目标，技术经济分析必须体现较强的整体性。这主要表现在以下两个方面：一是根据经济评价时所站的立场或看问题的出发点的不同，经济评价分为企业财务评价、费用效益分析等；二是当企业评价结果与费用效益分析结论不一致时，企业评价应服从费用效益分析结论。

### 6. 适用性原理

经济是技术进步的目的，技术是达到经济目标的手段。对于今天的社会，人类更加强调资源、环境、经济的可持续性发展，而要想不以牺牲环境和资源为代价来发展经济，技术进步是必由之路，也是重中之重。

技术与经济之间存在着相互制约和相互矛盾的一面。有些先进技术，需要有相应的技术经济条件起支撑作用，需要相应的资源条件相互配合。对于不具备相应条件的国家和地区，先进技术就很难发挥出应有的效果。这正是为什么在相同的生产力发展阶段，不同的地区要针对社会经济技术基础选择适用技术的原因。

目前，中国仍属于发展中国家，必须根据国情确定技术选择的原则，既要防止固步自封，又要防止生搬硬套；既要考虑技术的先进性，缩短与世界水平的差距，又要兼顾技术的适用性，充分发挥技术的效果。而作为发展中的大国，中国的各地区资源条件和经济发展水平并不均衡，这就决定了国家现阶段的技术体系应该同时包容多种层次的技术，既要有新技术、高技术，又要有中间技术、传统技术。当然随着我国经济的发展和科学技术水平的不断提高，在整个技术体系中，高新技术的比例会不断增加，传统技术的比例也会不断减少。

## 三、技术经济分析思路与技术分析人员素质

从提出一个技术经济活动到达到预想的目标，一般都需要经过多个工作阶段。就是在前期决策阶段往往也需要分段进行，逐步深入。一个工程建设项目前期工作一般经历的阶段如图 1-3 所示。

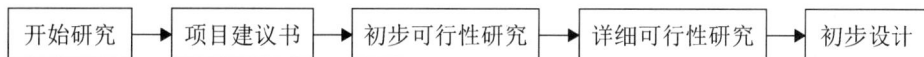

图 1-3　项目前期工作阶段划分

如果把技术经济活动前期论证看作一个包含若干阶段的工作过程，那么从不同阶段所提问题的层次、问题涉及面和解决问题的方法来看，技术经济分析也是一个多级多阶段的链式反应过程。从纵向来看，前一阶段的工作成果是后一阶段工作的基础，后一阶段是前一阶段工作的深入和具体，其过程示意图如图 1-4 所示。

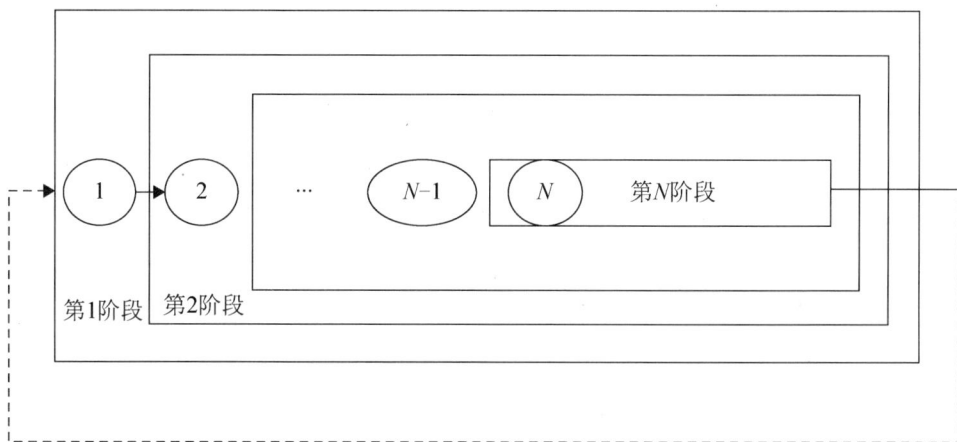

图 1-4　技术经济分析纵向动态规划过程示意图

从图 1-4 来看，每一个阶段又可按时间或空间分解成若干相互联系而又相互区别的子过程，子过程的优化离不开整体的优化，整个优化要靠子过程的优化来实现，图 1-5 所示为技术经济分析过程分解示意图。

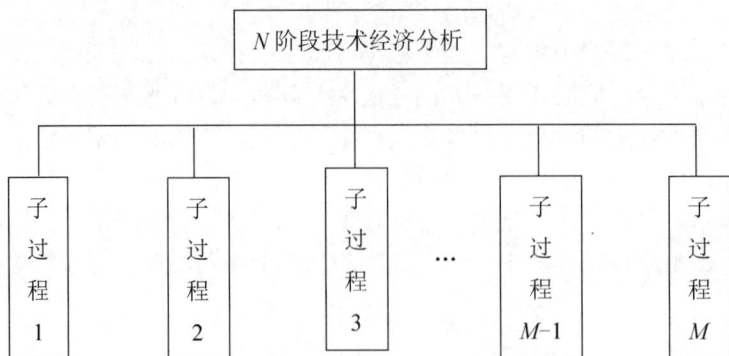

图1-5　技术经济分析子过程分解框图

### 1. 技术经济分析的基本思路

技术经济分析的技术路线可以分为确定目标、系统分析、穷举方案、评价方案、决策5个步骤，这5个步骤的关系如图1-6所示。

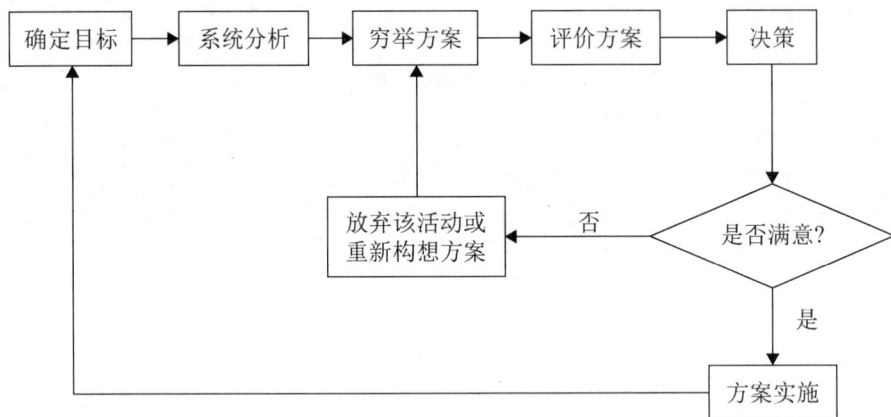

图1-6　技术经济分析基本思路框图

1) 确定目标

技术经济分析的第一步是通过调查研究寻找经济环境中显在和潜在的需求，确立工作目标。无数事实说明，技术实践活动的成功与否，并不完全取决于系统本身效率的高低，而是取决于系统是否能满足人们的需要。因此，只有通过市场调查，明确了目标，才能实现技术的可行性和经济合理性。

2) 系统分析

确立工作目标在于考虑总体布局的合理性、协调性和经济性，而系统分析是在战略及其动态性能以及对其环境变化趋势的研究和掌握，通过系统分析确定了系统关键要素，把握了项目系统的内部结构和外部联系，掌握了项目系统的运动规律，才能集中力量采取最有效的措施，设计出既符合社会经济需要，又有较高经济性能和技术水平的可操作方案，为目标的实现扫清道路。

【小贴士】系统科学界的艾柯夫(R.Ackoff)教授说："解决错误问题引起的失误比错误地解决正确问题引起的失误要多得多。"项目系统分析正是要正确认识面临的问题，为解决问题做好准备。

3) 穷举方案

通过系统分析找到关键问题后，制定各种解决问题的备选方案。一个问题可采用多种方法来解决，因而可以制定出许多不同的方案。例如，降低产品成本，可采用专业化分工的方式，也可采用雇用其他人员的方式；新设备可降低产品的允许的废品率，但同样的结果也可通过质量控制方法得到。技术经济分析过程本身就是多方案选优，如果只有一个方案，决策意义就不大了。所以穷举方案就是要尽可能多地提出潜在方案，包括什么都不做的维持现状方案。实际工作中会有这样的情况，虽然在分析时考虑了若干方案，然而，由于没有考虑更为合理的某个方案，导致了不明智的决策结果。很明显，一个较差的方案与一个更差的方案比较自然会变得有吸引力。

工程技术人员不应仅凭自己的直觉提出方案，因为最合理的方案不一定是工程技术人员认为最好的方案。因此，穷举方案需要多专业交叉配合。分析人员也不要轻率地淘汰方案，有时经过仔细的定量研究后发现，开始已凭感觉拒绝的方案其实是解决问题的最好方案。

4) 评价方案

从工程技术的角度提出的方案都是技术上可行的，但在效果一定时，只有费用最低的方案才能成为最佳的方案，这就需要对备选方案进行经济效果评价。

评价方案首先必须将参与分析的各种因素定量化，一般将方案的投入和产出转化为用货币表示的收益和费用，即确定各对比方案的现金流量，并估计现金流量发生的时点，然后运用数学方法进行综合运算、分析和对比，从中选出最优的方案。

5) 决策

决策是从若干行动方案中选择令人满意的实施方案，它对技术实践活动的效果有决定性的影响。在决策时，工程技术人员、经济分析人员和决策人员要注重信息的交流和沟通，减少信息的不符性，使各方人员充分了解方案的技术经济特点和各方面的效果，提高决策的科学性和有效性。

**2. 技术经济分析人员具备的素质**

技术经济学的理论和方法具有很强的综合性、系统性和应用性。为了有效地对技术经济活动进行评价，技术经济分析人员要具备以下素质。

1) 了解经济环境中人的行为和动机

技术实践活动的目的是满足人们的需求，因此，技术分析人员要了解人们的需求层次，熟悉人们的需求变化受到哪些因素的影响，掌握需求变化的规律。

2) 具备调查研究的能力

在市场经济条件下，产品和服务的价值取决于其效用大小，效用大小往往要用人们愿为此付出的金钱来衡量，不论技术系统的设计多么精良，如果产出的产品市场销路不畅，这样的技术系统的经济效果就会很差。因此，作为技术经济分析人员，必须获取国内外市场供需信息；把握市场显在和潜在的需求，了解产品所处的生命周期，清楚现有企业的生产能力和可挖掘的生产潜力。

3) 掌握科学的预测工具

技术经济分析具有很强的预见性，但仅凭直觉是不够的。技术经济分析人员应该掌握科学的预测方法，尽可能对未来的发展情况做出精准的估算和正确的推测，提高决策科学化水平。

4) 坚持客观公正的原则

技术经济分析人员应该实事求是，遵守诚实守信、客观公正的原则，保持评价结果经得起时间和实施结果的检验。

5) 遵守国家的法律、法规

国家的法律、法规和部门规章会对具体技术经济活动起导向作用，只有正确理解国家的法律、法规和有关政策，才能正确评价技术方案，并保证技术革新实践活动顺利进行。

## 阅读资料

### 第一季度来华直接投资净流入 85 亿元

外汇局 5 月 18 日公布的金融机构直接投资流量表数据显示，2015 年第一季度，境外投资者对我国境内金融机构直接投资流入 96.13 亿元人民币，流出 10.53 亿元人民币，净流入 85.60 亿元人民币；我国境内金融机构对境外直接投资流出 182.43 亿元人民币，流入 84.71 亿元人民币，净流出 97.72 亿元人民币。

据悉，金融机构直接投资流量表统计境内金融机构对外直接投资和来华直接投资的投资资本金流量数据情况。其中，来华直接投资流入是指境外投资者对我国境内金融机构投入或新增的投资资本金，流出是指境外投资者从我国境内金融机构减少或撤出的投资资本金；对外直接投资资金流出是指我国境内金融机构对境外企业投入或新增的投资资本金，流入是指我国境内金融机构从境外企业减少或撤出的投资资本金。

(资料来源：中国经济网——国家经济门户.经济日报多媒体数字报刊，2015.5.19)

# 本 章 小 结

人类社会的进步、发展与人类有目的、有组织的技术活动分不开。技术经济学是一门研究技术领域经济问题和经济规律，研究技术进步与经济增长之间的相互关系的学科，也研究技术领域内资源的最佳配置，寻找技术与经济的最佳结合以求可持续发展的学科。经济的提高离不开技术，只有技术不断创新、提高才能提升经济水平。

技术经济的发展是在悠久的历史长河、社会的进步中形成的，与科技、文明、资源等因素密不可分。

本章主要介绍技术经济的定义、要素、技术经济学发展、原理、思路与分析人员具备的素质。通过本章内容的学习，使读者对技术经济学的基本概念有初步的了解与认识。

# 自 测 题

## 一、选择题

1. 高新技术与传统技术相比具有(　　)特征。
   A. 高效益　　　B. 高集成　　　C. 高竞争
   D. 高风险　　　E. 高势能

2. (　　)对国家的政治、经济、军事、文化和整个社会发展有很大的影响,具有很强的渗透性和扩散性,有着很高的态势和潜在的能量。
   A. 高技术　　　B. 技术　　　C. 能源　　　D. 产业

3. 技术经济学包括(　　)个原理。
   A. 5　　　　B. 6　　　　C. 7　　　　D. 8

4. 从提出一个技术经济活动到达到预想的目标,一般都需要经过(　　)个工作阶段。
   A. 1　　　　B. 2　　　　C. 3　　　　D. 多

5. (　　)的目的是满足人们的需求,因此,技术分析人员要了解人们的需求层次,熟悉人们的需求变化受到哪些因素的影响,掌握需求变化的规律。
   A. 技术　　　　　　　　B. 实践
   C. 技术实践活动　　　　D. 活动

6. (　　)是技术进步的目的,(　　)是达到经济目标的手段。
   A. 经济　　　B. 科学　　　C. 自然　　　D. 技术

## 二、判断题

(　　) 1. 技术活动可分为活动主体、活动目标、实施活动的环境以及活动的后果 4个要素。

(　　) 2. 技术经济分析人员不应实事求是,遵守诚实守信、客观公正的原则,保持评价结果经得起时间和实施结果的检验。

(　　) 3. 现代社会人类技术经济活动的主体大致分为几大类:居民、企业、政府、学校、福利基金会等单位在内的其他非营利性组织。

(　　) 4. 经济效果不是人们通过技术经济活动取得的效果与为之投入的费用之比。

(　　) 5. 技术经济分析的技术路线分为 5 个步骤:确定目标、系统分析、穷举方案、评价方案、决策。

## 三、简答题

1. 简述技术、经济、技术经济活动的定义。
2. 简述技术经济活动的后果。
3. 简述技术经济分析人员需要具备的素质。

### 四、案例分析

咖啡已经成为世界性流行饮品之一，它既是一种文化、一种学问，也是一门艺术。工作、学习之余，身心俱疲的人们走进一家独具风情的小咖啡馆里，呼吸着咖啡醇香、聆听优美音乐、品尝精致餐点、感受一份咖啡心情，是身处现代浮澡社会的人们最难得的心灵SPA。开间咖啡馆也许是个不错的生财之道。投资限额：自有资金 20 万元，可借款上限 20 万元。

请问：通过上述案例，投资者需要拟定出什么样的投资分析报告方能进行投资？

# 第二章　资金的时间价值

## 【学习要点及目标】

通过对本章内容的学习，了解现金流量的定义，掌握经济活动现金流量，了解项目计算期的定义，掌握项目现金流量的计算，了解资金时间价值的定义，掌握资金时间价值的计算公式分类以及计算方法，掌握复利系数之间的关系、名义利率与实际利率的关系，掌握计算周期小于(或等于)资金收付周期的等值计算。

## 【关键概念】

现金流量　资金时间价值　利率　单利　复利

## 【引导案例】

中国的国民经济和社会发展第十二个五年规划纲要指出，在 2010 年国内生产总值达到了 39.8 万亿元。有研究机构预测，按 2010 年价格计算，到 2015 年我国国内生产总值有可能达到 55 万亿元，到 2025 年国内生产总值还有可能达到在 2015 年的基础上翻一番。

请问"十二五"期间我国国内生产总值的年增长率为多少？ 2010 年到 2025 年增长率又是多少？

**解：** 根据上述内容绘出现金流量图，如图 2-1 所示。

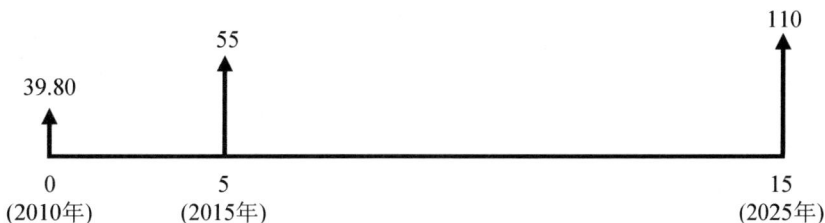

图 2-1　现金流量图

由 $F = P(1+i)^n$ 两边取对数即可解得 $i$，采用复利表计算。

由公式 $F = P(F/P, i, n)$ 得 $(F/P, i, n) = F/P$，则

(1) "十二五"增长率 $i_1$。

$$(F/P, i_1, n) = 55/39.8 = 1.3819$$

查复利表得

$$(F/P, 6\%, 5) = 1.3382$$

$$(F/P, 8\%, 5) = 1.4693$$

显然，所求 $i_1$ 在 6%～8%之间，利用线性内插法即可解得

$$i_1 = 6\% + \frac{1.3819 - 1.3382}{1.4693 - 1.3382} \times (8\% - 6\%) = 6.67\%$$

(2) 2015 年到 2025 年增长率 $i_2$。

$$(F/P, i_2, 10) = 110/55 = 2$$

查复利表得

$$(F/P, 7\%, 10) = 1.9672$$

$$(F/P, 8\%, 10) = 2.1589$$

显然，所求 $i_2$ 在 7%到 8%之间，利用线性内插法即可解得

$$i_2 = 7\% + \frac{2 - 1.9672}{2.1589 - 1.9672} \times (8\% - 7\%) = 7.17\%$$

答：该机构预测的"十二五"期间我国国民生产总值的年增长率为 6.67%，2015 年到 2025 年增长率为 7.17%。

当然，采用线性内插法是有误差的，因为因子的数值与时间是呈指数关系，但由于线性内插是在极小的范围内进行的(一般不超过两个百分点)，这种误差对方案评价来说影响甚微，不影响方案评价的结论。

# 第一节　现金流量的概念

## 一、现金流量的定义

现金流量(cash flows)是特指经济系统(可以是一个工程项目、一个企业，也可以是一个地区或一个部门)在某一时点发生了使用权或所有权转移的现金或其等价物(如短期国库券、商业本票、可转让定期存单、银行承兑汇票等)的数量。

流入系统的现金称为现金流入(cash inflows，CI)。例如，企业销售商品或提供劳务、出售设备取得的现金、从金融机构获得的借款等，都是现金流入。流出系统的现金称为现金流出(cash outflows，CO)。例如，企业购买货物、购置固定资产、偿还债务等而支付的现金，都是现金流出。同一时点上现金流入与现金流出之差称为净现金流量，用 CI-CO 表示。净现金流量有正负。正现金流量表示一定时期的净收入，负现金流量表示一定时期的净支出。

现金流量图就是反映经济系统现金流量运动状态的图式，即把经济系统的现金流量绘入一个时间坐标图中，表示出各现金流入、流出与相应时点的对应关系，如图 2-2 所示。

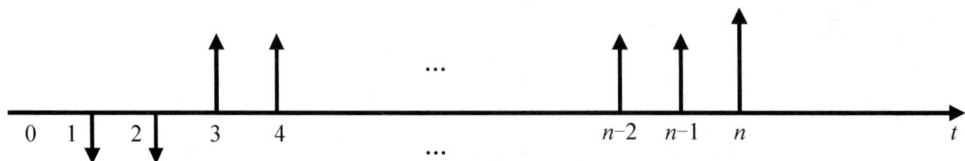

图 2-2　现金流量图

对于一个经济系统，其不同时点各种现金流量流向、数额和发生时间都有所不同。为了正确地进行技术经济分析并便于计算，必须要借助现金流量图来进行描述。

现以图 2-1 为例说明现金流量图的作图方法。

(1) 以横轴为时间轴，向右延伸表示时间的延续，轴上每一刻度表示一个时间单位，可为年、半年、季或月，在不做特别说明的情况下，一般以年表示；0 表示时间序列的起点；$n$ 表示时间序列的终点。

(2) 垂直于时间坐标的箭线表示不同时点的现金流量的大小和方向。一般规定在横轴上方的箭线表示现金流入；在横轴下方的箭线表示现金流出。有时为了解决问题的方便也可以做相反的约定。

(3) 在现金流量图中，箭头长短与现金流量数值大小应成比例。但由于经济系统中各时点现金流量的数额常常相差悬殊，很难成比例绘出，故在现金流量图绘制中，箭线长短只要能适当体现各时点现金流量数值的差异，并在各箭线上方(或下方)注明其现金流量的数值即可。

(4) 箭线与时间轴的交点即为现金流量发生的时点。

(5) 时间序列中某一期的期末正好是下一期的期初。

(6) 现金流入和现金流出总是针对特定的系统而言的。例如，企业从银行贷款，对企业来说是现金流入，对银行来说是现金流出。

总之，要正确绘制现金流量图，要把握好现金流量的 3 个要素，即现金流量的大小、方向和时点。

【小贴士】确定现金流量需要注意的问题：①每一笔现金流入和现金流出都应有明确的发生时点。②现金流量必须是实际发生的，每一笔现金流量都有可靠的凭证验证。例如，不应将应收账款、应付账款、暂时不能兑现的有价证券和不能立即出让固定资产账面价值等作为现金流量。③确定同一项活动的现金流量，因所站的立场和看问题的出发点不同而产生不同的结果。例如，国家对企业经济活动征收税金，从企业角度看是现金流出，而从整个国民经济的角度来看，由于税金对国家来说所有权并未改变，而是在国家范围内资金的一种再分配，所以它既不是现金流入也不是现金流出。④使用权或所有权未发生转移的现金或其等价物不是现金流量，如企业固定资产折旧在未被使用前不列入现金流量。

在经济系统运行时，资金并不只是发生在期初或期末。例如，图 2-3 说明某一年的投资按月支付，每月支付 100 万元，如果以年为单位，就需要按照一定的规则对期间发生的现金流量进行简化处理。

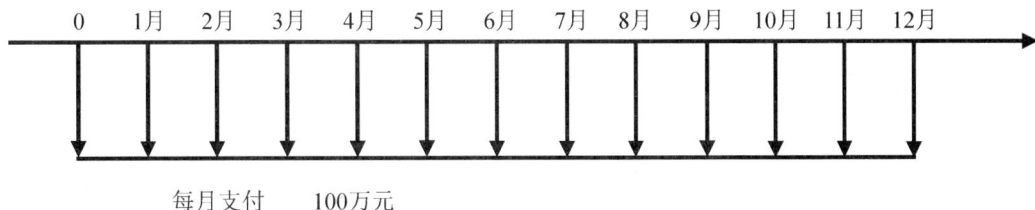

图 2-3　期间发生的现金流量图

【小贴士】绘制现金流量图时可选择 3 个规则。
① 年初法，即绘制现金流量图时一般假定现金的收取或支付都集中在每期的期初。
② 年末法，即绘制现金流量图时一般假定现金的收取或支付都集中在每期的期末。
③ 年中法，即绘制现金流量图时一般假定现金的收取或支付都集中在每期的期中。

在现代市场经济环境下，经济系统的股权人和债权人最关心的是系统的现金流量情况。在技术经济分析中现金流量主要有 3 个方面的作用。

(1) 现金流量可以将技术方案的物质形态转化为货币形态，为正确计算和评价活动方案的经济效果提供统一的信息基础。对技术方案可以从物质形态与货币形态两个方面进行考察。从物质形态来看，经济主体通过为其他经济主体提供所需要的产品或劳务，获得自己需要的厂房、设备、原材料、能源、动力等。从货币形态来看，经济主体通过垫付资本，在生产经营中花费成本，获得销售收入。在现代市场经济条件下，技术方案的物质形态由于缺乏可比性和灵活性而受到了限制。而货币形态由于具有一般等价物的特点而得到广泛使用。

(2) 现金流量能够反映人们预先设计的各种活动方案的全貌。在技术经济活动的前期决策期间，研究人员提出的各种备选方案以及每个备选方案中的产品方案、工艺方案、筹资方案、建设方案和经营方案等，都可以通过预测或估计其现金流量来展示其经济性。

(3) 现金流量能够真实地提示经济系统的盈利能力和清偿能力。技术经济分析的目的是要根据方案的现金流出、流入，通过计算经济效果评价指标，选择合适的技术方案。而技术经济活动的盈利能力指标和清偿能力指标主要是通过现金流量图或表计算出来的。

## 二、经济活动的现金流量

为了使人们更加清晰地认识经济活动影响现金流量的情况，下面以现金流量的经济活动分类进行说明，即投资活动、筹资活动、经营活动。

### 1. 投资活动及其现金流量

投资活动是指经济主体对固定资产、无形资产和其他资产等长期资产的购建及处置活动。经济主体从事投资活动特别是进行固定资产投资，一般都会使该时期的现金大量流出，如用现金购置机器设备、认购有价证券等。经济主体的投资活动不仅包括现金流出的活动，还包括与投资有关的各种现金流入活动，如回收的投资、变卖固定资产所取得的现金收入、转让有价证券获取的现金等。

投资活动中现金流入的主要项目有：①收回投资所得到的现金；②分得股利或利润所收到的现金；③取得债券利息收入所收到的现金；④处置固定资产、无形资产和其他长期投资而收到的现金净额。

投资活动中现金流出的主要项目有：①购建固定资产、无形资产和其他长期资产而支付的现金或偿还应付款项而支付的现金；②权益性投资支付的现金；③债券性投资支付的现金。

### 2. 筹资活动及其现金流量

筹资活动是指经济主体从股权人那里获得自有资金和向他们分配投资利润，以及从债权人那里借得货币、其他资源和偿还借款等活动。

筹资活动中现金流入的项目主要有：①吸收权益性投资所收到的现金；②发行债券所收到的现金；③借款所收到的现金。

筹资活动中现金流出的项目主要有：①偿还债务所支付的现金；②分配股利或利润所

支付的现金；③融资租赁所支付的现金；④减少注册资本所支付的现金。

### 3. 经营活动及其现金流量

经营活动是企业为获取收入和盈利而必须进行的经济活动，如销售商品、提供劳务、购买货物、支付工资、缴纳税金、制造产品等。

经营活动产生的现金流入项目包括：①销售商品或提供劳务所取得的现金收入；②收到的租金；③其他现金收入。

经营活动产生的现金流出项目包括：①购买商品或劳务支付的现金；②经营性租赁所支付的现金；③支付给职工以及为职工支付的现金；④支付的各种税费。

## 三、项目计算期的定义

项目计算期是指经济评价中为进行动态分析所设定的期限，包括建设期和运营期。建设期是指项目资金正式投入开始到项目建成投产为止所需的时间，可按合理工期或预计的建设进度确定。建设期是经济主体为了获得未来的经济效益而筹措资金、垫付资金或其他资源的过程。在此期间，一般只有投资，没有收入，因此要求项目建设期越短越好。运营期分为投产期和达产期两个阶段。投产期是指项目投入生产，但生产能力未达到设计能力的过渡阶段。达产期是指生产运营达到设计预期水平后的时间。运营期是投资的回收期和回报期，因而投资者一般希望其越长越好。

项目运营期的确定方法可以按产品的寿命周期确定、按主要工艺设备的经营寿命确定、综合分析确定。

(1) 按产品的寿命周期确定。

随着科学技术的飞速发展，产品更新换代的速度越来越快。对于特定性较强的工程项目，由于厂房和设备的专用性，当产品已无销路时，必须终止生产，同时又很难转产，不得不重建或改建项目。因此对轻工和家电产品这类新陈代谢较快的项目就适合按产品的寿命周期确定项目的运营期。

(2) 按主要工艺设备的经营寿命确定。

这种方法适用于通用性较强的制造企业，或者产品有稳定的销路，生产产品的技术比较成熟的工程项目类型。

(3) 综合分析确定。

一般大型复杂的综合项目采用综合分析法确定运营期。例如，钢铁企业规模大，涉及问题多，综合各种因素，我国规定其寿命周期为 20 年左右；而机械制造企业一般为 10 年左右。

【小贴士】确定项目计算期要注意以下两个问题。

① 项目计算期不宜定得太长。一方面是因为按照现金流量折现的方法，把计算期很长的项目后期的净收益折为现值的数值相对较小，很难对财务分析结论产生有决定性的影响；另一方面由于时间较长，预测数据的精度会下降。

② 计算期较长的项目多以年为时间单位。对于计算期较短的行业项目，如油田钻井开发项目、高科技产业项目等，由于在较短的时间间隔内现金流量会有较大变化，这类项

目不宜用"年"做计算现金流量的时间单位，可根据项目的具体情况选择合适的计算现金流量的时间单位。

# 四、项目现金流量的计算

(1) 建设期现金流量的确定：公式为
$$(CI-CO)_t = -\text{建设投资} - \text{流动资金投入}$$

(2) 运营期现金流量的确定：公式为
$$(CI-CO)_t = \text{营业收入} - \text{经营成本} - \text{折旧} - \text{营业税金及附加} - \text{所得税} + \text{折旧}$$
$$= \text{营业收入} - \text{总成本费用} - \text{营业税金及附加} - \text{所得税} + \text{折旧}$$
$$= \text{利润总额} - \text{所得税} + \text{折旧}$$
$$= \text{税后利润} + \text{折旧}$$

(3) 停产时现金流量的确定：公式为
$$(CI-CO)_n = \text{营业收入} + \text{回收固定资产余值} + \text{回收流动资金} - \text{经营成本}$$
$$- \text{营业税金及附加} - \text{所得税}$$

# 阅读资料

## 现金流量在企业经营过程中的意义

在企业的经营活动和发展过程中，现金流量是否充足、活跃，现金流量管理是否科学、合理，直接反映了一个企业的活力与素质。随着经济全球化和市场竞争的加剧，加强现金流量管理，掌握企业资金流动规律，是企业提高资金使用效率、保持可持续发展的必然要求。

现金流量在企业经营过程中具有重要作用，企业的管理者、投资者及债权人必须加强对现金流量的分析预测。

(1) 现金流量能够反映企业的运营是否正常。

现金流量可反映企业生产经营、投资、筹资活动过程中产生的现金数量，能够揭示企业发展状态和内在问题，反映出企业运营是否正常。如果企业现金流量多、流动性强，说明企业运营状况良好，资金周转快；如果企业现金流量小，企业现金将不足以支付股利和偿还到期债务，说明该公司的运营状况不正常。

(2) 现金流量能够反映企业未来获取现金的能力。

现金流量表中的经营活动、投资活动、筹资活动产生的现金流量，可反映出企业在生产过程、资金运用、筹集资金方面获得现金的能力。同时，通过将现金流量表同利润表等其他会计报表的对比，可以了解企业净利润的质量，从而分析出企业未来获取现金的能力。

(3) 现金流量能够反映企业的支付能力和偿债能力。

由于企业营运资金中的流动资产，不但包括现金还包括应收账款等其他流动资产，因此营运资金以及企业在经营过程中获得的利润并不能真正代表企业具有的偿债能力或支付股利能力。而现金流量表是以收付实现原则为编制基础，可以动态体现企业现金流入和现金流出状况，因此能够明确反映企业的支付能力、偿债能力。

(4) 通过现金流量能够对企业投资和筹资活动作出评价。

通过将现金流量表中投资活动和筹资活动所产生的现金流量与企业投资活动和筹资活动所产生的企业净收益相结合进行分析，能够对企业的投资活动和筹资活动提高企业的整体获利能力的效果进行评价。同时，由于现金流量表反映的信息是企业真实的现金流入与现金流出，便于企业进行纵向和横向的比较分析，因此为企业未来的投资活动和筹资活动中现金的合理组织调度进行相关预测、控制财务风险，提供了可靠的决策依据。

(资料来源：李洪武，王淑云. 企业现金流量管理中的问题分析及措施[J].
经济技术协作信息，2010.12:12)

# 第二节 资金的时间价值

## 一、资金时间价值的定义

### 1. 资金时间价值与利息

时光不能停止，也不能倒流。因此，对寿命有限的项目而言，时间是最宝贵的资源。在技术经济活动中，时间就是金钱。因为经济效益是在一定时间内创造的，同样创造了收入，所花费的时间越少效益就越好。因此，重视时间因素的研究，对技术经济分析有着重要的意义。

根据经济学原理，资金的时间价值可以被看成使用稀缺资源——资金的一种机会成本，是使用货币的一种租金，是占用资金所付的代价；或者是让渡资金使用权所得的报偿，是放弃近期消费所得的补偿。

资金时间价值的实质是资金作为生产要素，在生产、交换、流通和分配的过程中，随时间的变化而产生增值。资金的增值过程如图 2-4 所示。

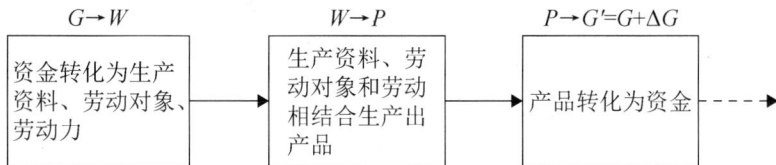

**图 2-4 G-W-G′资金增值过程框图**

在产品生产前，首先需要用一笔资金($G$)购买厂房、设备、专用技术作为该企业生产资料，同时还需垫支流动资金采购生产所需的原材料、辅助材料、燃料、动力等劳动对象和招聘工人所需支出的工资；然后在生产过程中，资金以物化形式出现($W$)，劳动者运用生产资料对劳动对象进行加工，生产制作的新产品($P$)比原先投入的资金($G$)具有更高的价值($G'$)，最后这些新产品($P$)必须在生产后的流通领域(商品市场)里作为商品出售给用户，才能转化为具有新增价值的资金($G'$)，使物化的资金($P$)转化为货币形式的资金($G'$)，这时的 $G'=G+\Delta G$，从而使生产过程中劳动者创造的资金增值部 $\Delta G$ 得到实现。这样就完成

了 $G-W-G'$ 形式的、完整的资金增值过程。资金增值部分 $\Delta G$ 按生产要素的贡献进行分配，生产资本得到利润，借贷资本得到利息，土地资本得到地租等。资金在生产过程中和流通领域中如此不断地周期性循环，这种循环过程不仅在时间上是连续的，而且在价值上也是不断增值的。因此，整个社会生产过程既是价值创造过程，也是资金增值过程。

由此可见，利息是借贷资本时间价值的绝对衡量，是借贷过程中债务人支付给债权人的超过原借款本金的部分，即

$$I = F - P \tag{2-1}$$

式中：$I$ 为利息；$F$ 为还本付息总额；$P$ 为本金。

> **【小贴士】** 资金时间价值的存在，使不同时点上发生的现金流量无法直接加以比较。近期的资金比远期同样数额的资金更有价值。因此，要通过一系列的换算，让资金在同一时点上进行比较，才能符合客观实际情况。这种考虑了资金时间价值的经济分析方法，使方案的评价和选择变得更现实和可靠。

### 2. 利率

利率也被称为利息率，是一定时期利息与本金的比率。这个一定时期称为计息周期，可以指一年、半年、季、月。常用的计息周期是一年，一年的利息与本金的比值为年利率；半年或一个月的利息与本金的比值则为半年利率或月利率。其计算公式为

$$i = \frac{I_t}{P} \times 100\% \tag{2-2}$$

式中：$i$ 为利率；$I_t$ 为单位时间内的利息；$P$ 为借款本金。

**【例 2-1】** 张洁购买一年期的国债 1000 元，假设一年后国债到期时的本利和为 1144.9元。求这笔债券的年利率为多少？

**解：** 根据式(2-2)计算年利率为

$$(1144.9 - 1000) / 1000 \times 100\% = 14.49\%$$

利率是各国发展国民经济的杠杆之一，利率的高低由以下因素决定。

(1) 社会平均利润率。通常情况下，平均利润率是利率的最高界限，因为如果利率高于利润率，借款人投资后无利可图，也就不会去借款了。

(2) 金融市场上借贷资本的供求情况。在平均利润率不变的情况下，借、贷款资本供过于求，利率便下降；反之利率会上升。

(3) 银行所承担的贷款风险。借出资本要承担一定的风险，而风险的大小也影响利率的波动。风险越大，利率也就越高。

(4) 通货膨胀率。通货膨胀对利率的波动有着直接影响，资金贬值会使实际利率降低。

(5) 借出资本的期限长短。借款期限长，不可预见的因素多，风险大，利率也就越高；反之利率就越低。

### 3. 单利

利息计算有单利和复利之分。当计息周期在一个以上时，就需要考虑"单利"与"复利"的区别。单利是指在计算利息时，只有本金生息，利息不再生息，即通常所说的"利

不生利"的计息方法。其计算式为

$$I_t = Pi_d \tag{2-3}$$

式中：$I_t$ 为第 $t$ 计息期的利息额；$P$ 为本金；$i_d$ 为计算期单利利率。

设 $I_n$ 代表 $n$ 个计息期所付或所收的单利总额，则有

$$I_n = \sum_{t=1}^{n} I_t = \sum_{t=1}^{n} Pi_d = Pi_d n \tag{2-4}$$

由式(2-4)可知，在单利息的情况下，总利息与本金、利率以及计息周期数成正比，而 $n$ 期末单利本利和 $F$ 等于本金加上利息，即

$$F = P + I_n = P(1 + ni_d) \tag{2-5}$$

在利用式(2-5)计算本利和 $F$ 时，要注意公式中 $n$ 和 $i_d$ 的周期匹配。如 $i_d$ 为年利率，则 $n$ 应为计息的年数；若 $i_d$ 为月利率，$n$ 应为计息的月数。

【例 2-2】莫雨以单利方式借入 1000 元，年利率为 6%，3 年后偿还。试计算每年利息和本利和。

计算过程和计算结果列于表 2-1 中。

表 2-1　单利方式利息计算表

| 年　末 | 借款本金/元 | 利息/元 | 本利和/元 | 偿还额/元 |
|---|---|---|---|---|
| 0 | 1000 | | | |
| 1 | | 1000×6%=60 | 1060 | 0 |
| 2 | | 1000×6%=60 | 1120 | 0 |
| 3 | | 1000×6%=60 | 1180 | 1180 |

单利计息不符合资金运动的规律，在技术经济分析中较少使用，通常只适用于短期投资及不超过一年的短期贷款。

### 4. 复利

复利是在计算利息时，不仅本金生息，而且利息也生息，即"利生利"、"利滚利"的计息方式，其表达式为

$$I_t = i \times F_{t-1} \tag{2-6}$$

式中：$i$ 为计息期利率；$F_{t-1}$ 为第 $t-1$ 年年末复利本利和。

第 $t$ 年年末复利本利和的表达式为

$$F_t = F_{t-1} \times (1 + i) \tag{2-7}$$

【例 2-3】数据同例 2-2，如果按复利计算时则得表 2-2。

表 2-2　复利方式利息计算表

| 年　末 | 借款本金/元 | 利息/元 | 本利和/元 | 偿还额/元 |
|---|---|---|---|---|
| 0 | 1000 | | | |
| 1 | | 1000×6%=60 | 1060 | 0 |
| 2 | | 1060×6%=63.6 | 123.60 | 0 |
| 3 | | 1123.6×6%=67.4 | 1191 | 1191 |

从表 2-1 和表 2-2 可以看出，由于复利效应，3 年末的复利比单利多 11 元(1191-1180)。

【小贴士】复利计息有间断复利和连续复利之分。按期(年、半年、季、月、周、日)计算复利的方法称为间断复利(即普通复利)，按瞬时计算复利的方法称为连续复利。

利用式(2-7)计算复利很不方便，因为它要逐期计算，如果周期数很多，计算是十分繁琐的。而且在式(2-7)中没有直接反映出本金 $P$、年金 $A$、本利和 $F$、利率 $i$、计息周期数 $n$ 等要素的关系，所以有必要对式(2-7)进一步简化。

## 二、资金时间价值的计算公式分类

### 1. 一次支付的情形

一次支付又称整付，是指所分析系统的现金流量，无论是流入还是流出，均在一个时点上一次发生，如图 2-5 所示。

在图 2-5 中，$i$ 为计息期利率；$n$ 为计息期数；$P$ 为现值，即现在资金价值或现金流量序列在现在时点的等值；$F$ 为终值，即本金在 $n$ 期末的本利和或现金流量序列在未来时点的等值。

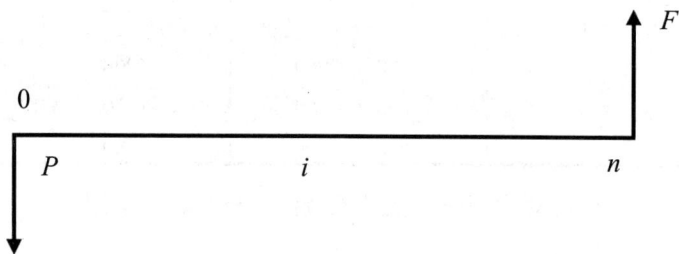

图 2-5　一次支付现金流量图

### 2. 多次支付的情形

在技术经济分析中，多次支付是最常见的支付情形。多次支付是指现金流量在多个时点发生，而不是集中在某一个时点上。如果用 $A_t$ 表示第 $t$ 期末发生的现金流量大小，可正可负，用逐个折现的方法，可将多次现金流量换算成现值，即

$$P = A_1(1+i)^{-1} + A_2(1+i)^{-2} + \cdots + A_n(1+i)^{-n} = \sum_{t=1}^{n} A_t(1+i)^{-t} \tag{2-8}$$

或

$$P = \sum_{t=1}^{n} A_t(P/F, i, t) \tag{2-9}$$

同理，也可将多次现金流量换算成终值，即

$$F = \sum_{t=1}^{n} A_t(1+i)^{-t}$$

或

普通高校经济管理类立体化教材·基础课系列

$$P = \sum_{t=1}^{n} A_t (F/P,\, i,\, n-1) \tag{2-10}$$

虽然上面公式中的那些复利系数都可以通过计算得到，但如果 $n$ 较大，$A_t$ 较多时，计算也是比较麻烦的。如果多次现金流量 $A_t$ 有以下特征，则可大大简化上述公式。

(1) 等额系列现金流量。现金流量序列是连续的，且数额相等，即

$$A_t = A = 常数 \quad t = 1,\, 2,\, 3,\, \cdots,\, n \tag{2-11}$$

(2) 等差系列现金流量。现金流量序列是连续的，且相邻现金流量相差同一个常数 $G$，现金流量序列是连续递增或连续递减，即

$$A_t = A_1 \pm (t-1)G \quad t = 1,\, 2,\, 3,\, \cdots,\, n \tag{2-12}$$

(3) 等比系列现金流量。现金流量序列是连续，紧后现金流量较紧前现金流量按同一比率 $j$ 连续递增，即

$$A_t = A_1(1+j)^{t-1} \quad t = 1,\, 2,\, 3,\, \cdots,\, n \tag{2-13}$$

## 三、资金时间价值的计算

### (一)计算资金时间价值的基本公式

#### 1. 一次支付终值公式(已知 $P$，求 $F$)

现有一项资金 $P$，按年利率 $i$ 计算，$n$ 年以后的本利和为多少？

根据复利的定义即可求得本利和 $F$ 的计算公式，其计算过程如表 2-3 所示。

表 2-3　终值计算过程表

| 计息期 | 期初金额① | ② | ①+② |
|---|---|---|---|
| 1 | $P$ | $P \cdot i$ | $F_1 = P + P \cdot i = P(1+i)$ |
| 2 | $P(1+i)$ | $P(1+i) \cdot i$ | $F_2 = P(1+i) + P(1+i) \cdot i = P(1+i)^2$ |
| 3 | $P(1+i)^2$ | $P(1+i)^2 \cdot i$ | $F_3 = P(1+i)^2 + P(1+i)^2 \cdot i = P(1+i)^3$ |
| ⋮ | ⋮ | ⋮ | ⋮ |
| $n$ | $P(1+i)^{n-1}$ | $P(1+i)^{n-1} \cdot i$ | $F_n = P(1+i)^{n-1} + P(1+i)^n \cdot i = P(1+i)^n$ |

由表 2-3 可以看出，$n$ 年末的本利和 $F$ 与本金 $P$ 的关系为

$$F = P(1+i)^n \tag{2-14}$$

式中：$(1+i)^n$ 为复利终值系数。

在复利计算中，常用一种规格化代号来代表各种计算系数，其一般形式为 $(x/y,\, i,\, n)$。括号中第一个字母 $x$ 代表所求的未知数，第二个字母 $y$ 为已知数，$i$ 为年利率，$n$ 为计算的期数。故复利终值系数 $(1+i)^n$ 的符号就为 $(F/P,\, i,\, n)$，因此，式(2-14)的另一表达式为

$$F = P(F/P,\, i,\, n) \tag{2-15}$$

【例 2-4】　经洋借款 100 000 元，年利率 $i$=6%，按复利计息。试问借款人 5 年末连本带利一次偿还的金额为多少？

**解：** 由式(2-14)得

$$F = P(1+i)^n = 100\,000 \times (1+0.06)^5 = 133\,823(元)$$

## 2. 一次支付现值公式(已知 $F$，求 $P$)

由式(2-14)即可求出现值 $P$ 为

$$P = F(1+i)^{-n} \tag{2-16}$$

式中，$(1+i)^{-n}$ 为复利现值系数，其符号为 $(P/F, i, n)$。在技术经济分析中，一般是将未来值折现到零期，故计算现值 $P$ 的过程叫作"折现"或"贴现"。$(1+i)^{-n}$ 也可叫折现系数或贴现系数。式(2-16)也可写成

$$P = F(P/F, i, n) \tag{2-17}$$

【例 2-5】 经洋希望 5 年末得到 100 000 元资金，年利率 $i=6\%$，按复利计息。试问他现在必须一次性投入多少元？

**解**：由式(2-16)得

$$P = F(1+i)^{-n} = 100\,000 \times (1+0.06)^{-5} = 74\,725.82(元)$$

从上面计算可知，现值系数与终值系数互为倒数。

【小贴士】 在项目多方案比较中，由于现值评价常常是选择现在为时点，把方案预计的不同时点的现金流量折算成现值，并按现值的代数和大小做出决策。因此，在技术经济分析时要注意以下两点。

(1) 正确选取折现率。折现率是决定现值大小的一个重要因素，必须根据实际情况灵活选用。

(2) 注意现金流量的分布情况。从收益方面来看，获得的时间越早、数额越大，其现值也越大。因此，应使建设项目早日投产，早日达到设计生产能力，早获收益，多获收益，才能达到最佳经济效益。从投资方面看，投资支出的时间越晚、数额越小，其现值也越小。

## 3. 等额系列终值公式(已知 $A$，求 $F$)

其现金流量如图 2-6(a)所示。$A$ 为发生在(或折算为)某一特定时间序列各计息期末(不包括零期)的等额资金序列的价值，如图 2-6(b)所示。

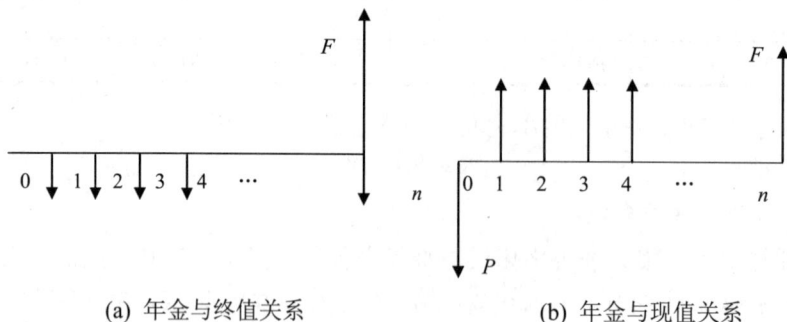

(a) 年金与终值关系          (b) 年金与现值关系

图 2-6　等额系列现金流量示意图

$$F = \sum_{t=1}^{n} A_t (1+i)^{n-1} = A \left[ (1+i)^{n-1} + (1+i)^{n-2} + \cdots + (1+i) + 1 \right]$$

$$F = A \frac{(1+i)^n - 1}{i} \tag{2-18}$$

式中，$\dfrac{(1+i)^n-1}{i}$ 为等额系数或年金终值系数，其符号为$(F/A, i, n)$。式(2-18)也可以写成

$$F = A(F/A, i, n) \tag{2-19}$$

【例 2-6】经洋 10 年内，每年年末存入银行 1 000 元，年利率 8%，按复利计息。问 10 年末他从银行连本带利可以取出多少钱？

**解：** 由式(2-18)得

$$F = A\frac{(1+i)^n-1}{i} = 1000 \times \frac{(1+0.08)^{10}-1}{0.08} = 1000 \times 14.4866 = 14\,486.6(元)$$

### 4. 偿债基金计算(已知 $F$，求 $A$)

偿债基金计算是等额系列终值计算的逆运算，故用式(2-18)即可得

$$A = F\frac{i}{(1+i)^n-1} \tag{2-20}$$

式中，$\dfrac{i}{(1+i)^n-1}$ 为等额系列偿债基金系数，其符号为$(A/F, i, n)$。

【例 2-7】杨扬欲在第 5 年年末获得 10000 元，若每年存款金额相等，年利率为 10%，按复利计息。则每年年末需存款多少元？

**解：** 由式(2-20)得

$$A = 10\,000 \times \frac{0.1}{(1+0.1)^5-1} = 10\,000 \times 0.1638 = 1638(元)$$

### 5. 等额系列现值公式(已知 $A$，求 $P$)

由式(2-16)和式(2-18)得

$$P = F(1+i)^{-n} = A\frac{(1+i)^n-1}{i(1+i)^n} \tag{2-21}$$

式中，$\dfrac{(1+i)^n-1}{i(1+i)^n}$ 为等额系列现值系数或年金现值系数，其符号为$(P/A, i, n)$。

【例 2-8】杨扬期望在今后 5 年内每年年末从银行取回 1000 元，年利率为 10%，求按复利计息。问他必须现在存入银行多少钱？

**解：** 由式(2-21)得

$$P = 1000 \times \frac{1.1^5-1}{0.1 \times 1.1^5} = 1000 \times 3.7908 = 3790.8(元)$$

### 6. 资金回收公式(已知 $P$，求 $A$)

由式(2-21)可知，等额系列资金回收计算是等额系列现值计算的逆运算，故由式(2-21)即可得

$$A = P\frac{i(1+i)^n}{(1+i)^n-1} \tag{2-22}$$

式中，$\dfrac{i(1+i)^n}{(1+i)^n-1}$ 为等额系列资金回收系数，其符号为$(P/A, i, n)$。

【**例 2-9**】杨扬现在投资 10 000 元，年回报率为 8%，每年年末等额获得收益，10 年内收回全部本利，则每年应收回多少元？

**解**：由式(2-22)得

$$A = 10\,000 \times \frac{0.08 \times (1+8\%)^{10}}{(1+8\%)^{10} - 1} = 10\,000 \times 0.1490 = 1490(元)$$

### (二)等差系列现金流量

在技术经济问题中，现金流量每年均有一定数量的增加或减少，如房屋随着使用期的延伸，维修费用逐年有所增加。如果逐年的递增或递减是等额的，则称为等差系列现金流量，图 2-7 所示为现金流量示意图。

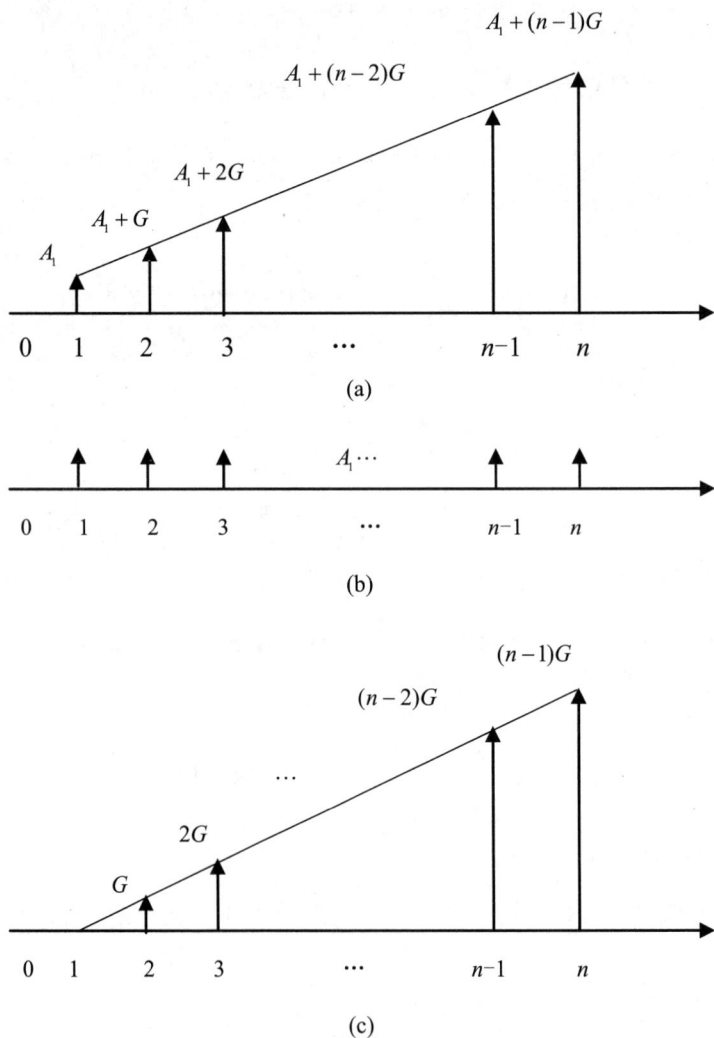

(a)

(b)

(c)

图 2-7　等差系列递增现金流量示意图

图 2-7(a)所示为一等差递增系列现金流量，可化简为两个支付系列。一个是等额系列现金流量，如图 2-7(b)所示，年金是 $A_1$，另一个是由 $G$ 组成的等额递增系列现金流量，如图 2-7(c)所示。图 2-7(b)支付系列用等额系列现金流量的有关公式计算，问题的关键是图 2-7(c)支付系列如何计算。这就是等差系列现金流量需要解决的问题。

### 1. 等差终值计算(已知 $G$，求 $F$)

根据图 2-7(c)，可以列出 $F$ 与 $G$ 的计算式为

$$F_G = G(1+i)^{n-2} + 2G(1+i)^{n-3} + \cdots + (n-2)G(1+i) + (n-1)G$$

$$= \sum_{t=2}^{n} (t-1)G(1+i)^{n-1} \tag{2-23}$$

式(2-23)两边同乘以 $(1+i)$，得

$$F_G(1+i) = G(1+i)^{n-1} + 2G(1+i)^{n-2} + \cdots + (n-2)G(1+i)^2 + (n-1)G(1+i) \tag{2-24}$$

用式(2-24)减式(2-23)得

$$F_G \times i = G\left[(1+i)^{n-1} + (1+i)^{n-2} + \cdots + (1+i)^2 + (1+i) + 1\right] - nG$$

$$= G\frac{(1+i)^n - 1}{i} - nG$$

整理得

$$F_G = G\frac{(1+i)^n - 1}{i^2} - \frac{n}{i}$$

式中，$\dfrac{(1+i)^n - 1}{i^2} - \dfrac{n}{i}$ 为等差系列终值系数，其符号为 $(F/G, i, n)$。

### 2. 等差现值计算(已知 $G$，求 $P$)

由 $P$ 与 $F$ 的关系得

$$P_G = F_G(1+i)^{-n} = G\left[\frac{(1+i)^n - 1}{i^2(1+i)^n} - \frac{n}{i(1+i)^n}\right]$$

式中，$\left[\dfrac{(1+i)^n - 1}{i^2(1+i)^n} - \dfrac{n}{i(1+i)^n}\right]$ 为等差系列现值系数，其符号为 $(P/G, i, n)$。

### 3. 等差年金计算(已知 $G$，求 $A$)

由 $A$ 与 $F$ 的关系得

$$A_G = F_G(A/F, i, n) = G\left[\frac{(1+i)^n - 1}{i^2} - \frac{n}{i}\right]\left[\frac{n}{(1+i)^n - 1}\right]$$

整理得

$$A_G = G\left[\frac{1}{i} - \frac{n}{(1+i)^n - 1}\right] \tag{2-25}$$

式中，$\left[\dfrac{1}{i} - \dfrac{n}{(1+i)^n - 1}\right]$ 为等差年金换算系数，其符号为 $(A/G, i, n)$。

根据上述公式，即可方便地得出图 2-7 所示的等差系列现金流量的年金为

$$A = A_1 \pm A_G \qquad (2\text{-}26)$$

"减号"为等差递减系列现金流量，如图 2-8 所示。

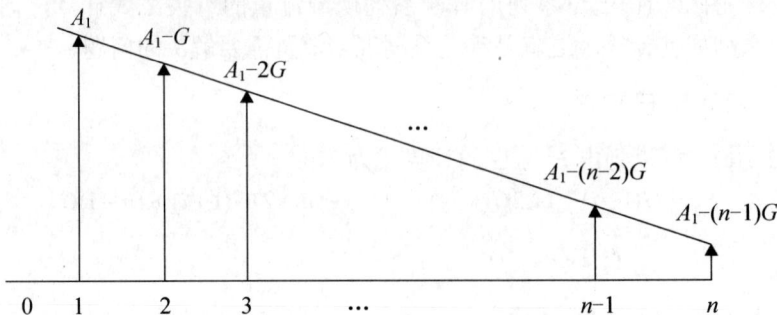

图 2-8　等差系列递减现金流量示意图

若计算原等差系列现金流量的现值 $P$ 和终值 $F$，按式(2-27)和式(2-28)进行，即

$$P = P_{A_1} \pm P_G \qquad (2\text{-}27)$$

$$F = F_{A_1} \pm F_G \qquad (2\text{-}28)$$

【例 2-10】现金流量见图 2-9。设 $i=10\%$，按复利计息。试计算其现值、终值、年金。

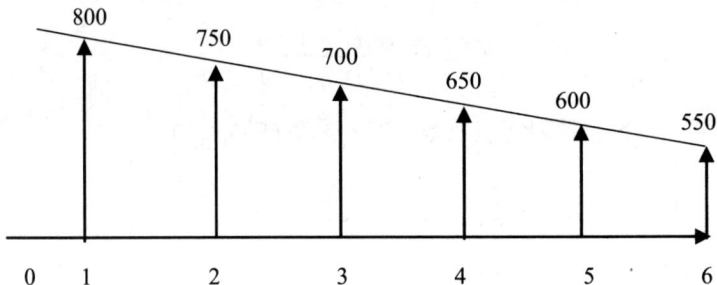

图 2-9　例 2-10 的现金流量图(单位：元)

解：$A = A_1 - A_G$，查系数表知系数为 $(A/G, 10\%, 6)$ 为 2.224，代入上述公式得

$$A = 800 - 50 \times 2.224 = 688.8 (元)$$

则

$$P = A(P/A, i, n) = 688.8(P/A, 10\%, 6) = 688.8 \times 4.3553 = 2999.93 (元)$$

$$F = A(F/A, i, n) = 688.8(P/A, 10\%, 6) = 688.8 \times 7.7156 = 5314.51 (元)$$

## (三)等比系列现金流量

等比系列现金流量如图 2-10 所示。

将等比系列通式 $A_t = A_1(1+j)^{t-1}$ 分别代入式(2-8)和式(2-10)并化简，即可求得等比系列现值和终值。

### 1. 等比系列现值计算

$$P = \sum_{t=1}^{n} A_t (1+i)^{-t} = \sum_{t=1}^{n} A_1 (1+j)^{t-1} (1+i)^{-t} = \frac{A_1}{1+j} \sum_{t=1}^{n} \frac{(1+j)^t}{(1+i)^t}$$

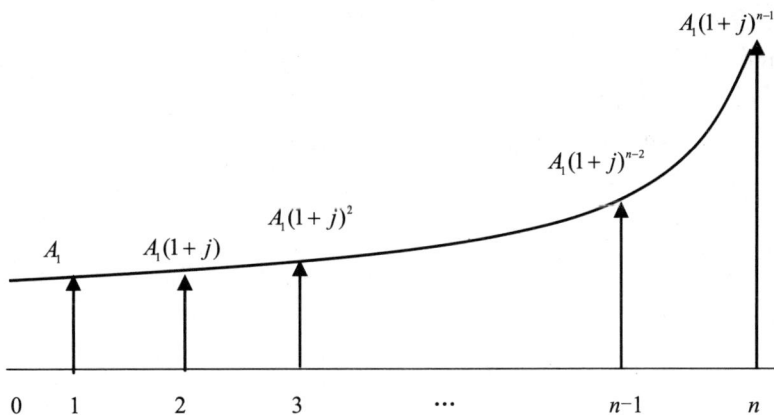

图 2-10 等比系列现金流量示意图

化简得

$$P = \begin{cases} \dfrac{nA_1}{1+j} & i = j \\[3mm] A_1 \dfrac{\left[(1+j)^n(1+i)^{-n} - 1\right]}{j-i} & i \neq j \end{cases} \tag{2-29}$$

或

$$P = A_1(P/A, i, j, n) \tag{2-30}$$

式中，$(P/A, i, j, n)$ 为等比系列现值系数。

### 2. 等比系列终值计算

由 $F = P(1+i)^n$ 得

$$F = \begin{cases} nA_1(1+j)^{n-1} & i = j \\[3mm] A_1 \dfrac{\left[(1+j)^n - (1+i)^n\right]}{j-i} & i \neq j \end{cases} \tag{2-31}$$

或

$$F = A_1(F/A, i, j, n) \tag{2-32}$$

式中，$(F/A, i, j, n)$ 为等比系列终值系数。

## 四、复利系数之间的关系

(1) 倒数关系。

$(F/P, i, n)=1/(P/F, i, n)$

$(A/P, i, n)=1/(P/A, i, n)$

$(A/F, i, n)=1/(F/A, i, n)$

(2) 乘积关系。

$(F/A, i, n)=(P/A, i, n)(F/P, i, n)$

$(F/P, i, n)=(A/P, i, n)(F/A, i, n)$

(3) 其他关系。

$(A/P, i, n)=(A/F, i, n)+i$

$(F/G, i, n)=[(F/A, i, n)-n]/i$

$(P/G, i, n)=[(F/A, i, n)-n(P/F, i, n)]/i$

$(F/G, i, n)=[1-n(A/F, i, n)]/i$

【小贴士】复利计算公式使用注意事项。

(1) 本期末即等于下期初。0 点是第一期初,即零期;第一期末即等于第二期初,其余类推。

(2) $P$ 是在第一计息期开始时(0 期)发生。

(3) $F$ 发生在考察期期末,即 $n$ 期末。

(4) 各期的等额支付 $A$,发生在各期期末。

(5) 当问题包括 $P$ 与 $A$ 时,系列的第一个 $A$ 与 $P$ 隔一期。即 $P$ 发生在系列 $A$ 的前一期。

(6) 当问题包括 $A$ 与 $F$ 时,系列的最后一个 $A$ 是与 $F$ 同时发生。

(7) $P_G$ 发生在第一个 $G$ 的前期,$A_1$ 发生在第一个 $G$ 的前一期。

# 五、名义利率与实际利率

在复利计算中,利率周期通常以年为单位,它可以与计息周期相同,也可以不同,当利率周期与计息周期不一致时,就出现了名义利率和实际利率的差异。

由前述已知,单利与复利的区别在于复利法包括了利息的利息。实质上名义利率和实际利率的关系与单利和复利的关系一样,不同的是名义利率和实际利率是用在计息周期小于利率周期时。

## 1. 名义利率

名义利率 $r$ 是指当计息周期小于利率周期时,用计息周期利率 $i$ 乘以一个利率周期内的计息周期数 $m$ 所得的利率周期利率,即

$$r = i \times m \tag{2-33}$$

如月利率为 1%,则年名义利率为 12%。很显然,计算名义利率时忽略了前面各期利息再生的因素,这与单利的计算相同。通常所说的利率周期利率都是名义利率。

## 2. 实际利率

如果用计息周期利率来计算利率周期利率,将利率周期内的利息再生因素考虑进去,这时所得的利率周期利率称为利率周期实际利率 $i_{\text{eff}}$(又称为有效利率)。

根据利率的概念即可推导出实际利率的计算式。

已知名义利率 $r$,一个利率周期内计息 $m$ 次,则计息周期利率为 $i = r/m$,在某个利率周期初有资金 $P$。根据一次支付终值公式可得该利率周期的 $F$,即

$$F = P\left(1 + \frac{r}{m}\right)^m$$

根据利息的定义可得该利率周期的利息为

$$I = F - P = P\left(1 + \frac{r}{m}\right)^m - P = P\left[\left(1 + \frac{r}{m}\right)^m - 1\right]$$

再根据利率的定义可知该利率周期的实际利率 $i_{\mathrm{eff}}$ 为

$$i_{\mathrm{eff}} = \frac{I}{P} = \left(1 + \frac{r}{m}\right)^m - 1 \tag{2-34}$$

再设年名义利率 $r$=10%，则年、半年、季、月、日的年实际利率如表 2-4 所示。

表 2-4　实际利率与名义利率的关系

| 年名义利率 $r$ | 计息期 | 年计息次数 $m$ | 计息期利率 $i=r/m$ | 年实际利率 $i_{\mathrm{eff}}$ |
|---|---|---|---|---|
| 10% | 年 | 1 | 10% | 10% |
| | 半年 | 2 | 5% | 10.25% |
| | 季 | 4 | 2.5% | 10.38% |
| | 月 | 12 | 0.833% | 10.45% |
| | 日 | 365 | 0.0274% | 10.52% |

从表 2-4 可以看出，每年计息期 $m$ 越多，$i_{\mathrm{eff}}$ 与 $r$ 相差越大。所以，在工程经济分析中，如果各方案的计息期不同，就不能简单地使用名义利率来评价，而必须换算成实际利率进行评价；否则会得出错误的结论。

### 3. 连续复利

当每期利率周期内的计息时间趋于无限小，则一年(利率周期常为一年)内计息次数趋于无限大，即 $m \to \infty$，此时可视为计息没有时间间隔而成为连续计息，则年有效利率为

$$i_{\mathrm{eff}} = i_\infty = \lim_{m \to \infty}\left[\left(1 + \frac{r}{m}\right)^m - 1\right] = \mathrm{e}^r - 1$$

式中，e 是自然对数的底，其值为 2.71828。

将连续复利引入普通的利息公式，得以下各式。

(1) 一次支付。

连续复利终值公式为

$$F = P\mathrm{e}^{rn} \tag{2-35}$$

连续复利现值公式为

$$P = F\mathrm{e}^{-rn} \tag{2-36}$$

(2) 等额支付。

连续复利终值公式为

$$F = A\frac{\mathrm{e}^m - 1}{\mathrm{e}^r - 1} \tag{2-37}$$

连续复利现值公式为

$$P = A\frac{1 - \mathrm{e}^{-m}}{\mathrm{e}^r - 1} \tag{2-38}$$

连续复利资金回收公式为

$$A = P \frac{e^r - 1}{1 - e^{-rn}} \qquad (2\text{-}39)$$

连续复利偿债基金公式为

$$A = F \frac{e^r - 1}{e^{rn} - 1} \qquad (2\text{-}40)$$

上面介绍了连续复利的几个基本公式。从理论上讲，整个社会的资金是在不停地运动，每时每刻都通过生产和流通在增值，因而应采用连续复利法。然而在实际使用中对具体项目都采用间断复利法。尽管如此，这种连续复利的概念对投资决策、制定其数学模型极为重要。因为在高深的数学分析中，连续是一个必要的前提，故以连续性为出发点去对技术方案作进一步的分析还是可取的。比如用连续复利计算的利息高于普通复利，故资金成本偏高，可以提醒决策者融资时要加以注意。

## 阅读资料

### 资金的影响因素

资金的影响因素包括以下 4 点。

**1. 资金的使用时间**

在单位资金和利率(或利息，$i>0$，现实中利率或利息总是大于 0)一定的条件下，资金使用时间越长，则资金的时间价值越大；反之，资金使用时间越短，则资金的时间价值越小。

**2. 资金数量的多少**

在单位时间和利率(或利息，$i>0$，现实中利率或利息总是大于 0)一定的条件下，资金数量越大，资金的时间价值就越大；反之，资金的数量越小，资金的时间价值就越小。

**3. 资金投入和回收的特点**

在总投入资金一定的情况下，前期投入的资金越多，资金的时间价值越小；反之，后期投入的资金越多，资金的时间价值越大。在资金回收额一定的情况下，前期回收的资金越多，资金的时间价值越大；反之，后期回收的资金越多，资金的时间价值越小。

**4. 资金周转的速度**

在单位时间、单位资金和利率(或利息，$i>0$，现实中利率或利息总是大于 0)一定的条件下，资金周转得越快，资金的时间价值越大；反之，资金周转得越慢，资金的时间价值越小。

(资料来源：资金的时间价值. 百度百科，2015.1, http://baike.baidu.com)

# 第三节　等　　值

## 一、等值的定义

资金是有时间价值的，即使金额相同，因其发生在不同时点，其价值就不相同；反之，不同时点绝对值不等的资金在时间价值的作用下却可能具有相等的价值。这些不同时期、不同数额但其"价值等效"的资金称为等值。在技术经济学分析中,等值是非常重要的概念,它为我们提供了一个计算某一经济活动有效性或者进行方案比较、优选的可能性。资金等值计算公式和复利计算公式的形式是相同的。

【例 2-11】王磊欲入股与朋友创办一家软件公司,急需 10 万元现金,他目前手里有 4 张一年期的定期存单,本金分别是 4 万元、3 万元、1 万元和 2 万元,其中 4 万元的存单是 1 个月后到期,3 万元的存单是 2 个月后到期,1 万元的存单是 3 个月后到期,2 万元的存单是 5 个月后到期。设月利率 $i=1.0\%$,复利计息。如果王磊将 10 万元的定期存款抵押给典当行,他期望得到多少现金?

**解**:现金流量图如图 2-11 所示,四笔未来值贴现后的现值 $P$ 为

$$P = (1+1\%)^{12} \times [4 \times (1+1\%)^{-1} + 3 \times (1+1\%)^{-2} + 1 \times (1+1\%)^{-3} + 2 \times (1+1\%)^{-5}]$$
$$= 1.1268 \times [4 \times 0.99 + 3 \times 0.9803 + 1 \times 0.9706 + 2 \times 0.9515$$
$$= 11.0139(万元)$$

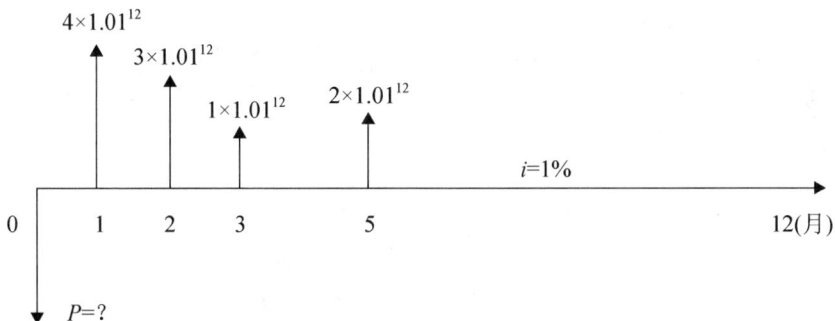

图 2-11 现金流量图(单位:万元)

等值计算表明,王磊应期望从典当行得到现金 11.0139 万元,但实际能得到多少,还需要考虑其他因素。

影响资金等值的因素有 3 个:金额的多少、资金发生的时间、利率(或折现率)的多少。其中,利率是一个关键因素,一般等值计算中是以同一利率为依据的。

【小贴士】 在技术经济分析中,在考虑资金时间价值的情况下,其不同的时点发生的收入或支出是不能直接相加减的。而利用等值的定义,则可以把不同时点发生的资金换算成同一时点的等值资金,然后再进行比较。所以,在技术经济分析中,方案比较都采用等值定义来进行分析、评价和选定。

【例 2-12】宏远集团贷款 200 万元建一工程,第二年年底建成投产,投产后每年收益 40 万元,生产期现金流量采用年末习惯法。若年利率的 10%,问在投产后多少年能归还 200 万元的本息?

**解**:(1) 现金流量图如图 2-12 所示。

查复利表得

$$(P/A, 10\%, 9) = 5.7590$$
$$(P/A, 10\%, 10) = 1.1664$$

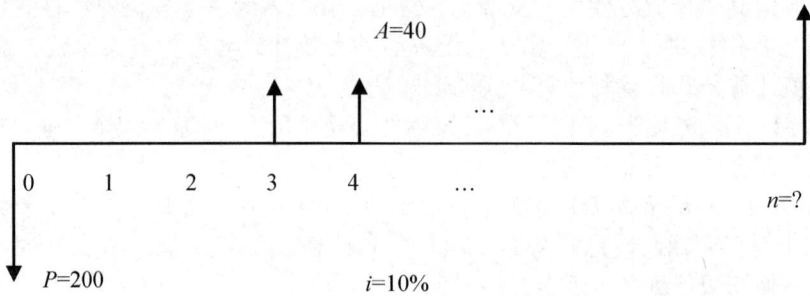

图 2-12　现金流量图

由线性内插法求得 $(n-1) = 9 + \dfrac{6.05 - 5.759}{6.1446 - 5.759} \times 1 = 9.7547(年)$

则在投产后 9.7547(约 10)年才能返还投入资金。

# 二、计算周期小于(或等于)资金收付周期的等值计算

计息周期小于(或等于)资金收付周期的等值计算方法有两种。

(1) 按收付周期实际利率计算。

(2) 按计息实际周期利率计算。

$$F = P(F/P, r/m, mn) \tag{2-41}$$
$$P = F(P/F, r/m, mn) \tag{2-42}$$
$$F = A(F/A, r/m, mn) \tag{2-43}$$
$$P = A(P/A, r/m, mn) \tag{2-44}$$
$$A = F(A/F, r/m, mn) \tag{2-45}$$
$$A = P(A/P, r/m, mn) \tag{2-46}$$

以上各式中 $r$ 为收付周期实际利率，$m$ 为收付周期中的计息次数。

【例 2-13】张续现在存款 1000 元，年利率 10%，计息周期为半年，按复利计息。问 5 年末存款金额为多少？

**解：** 现金流量如图 2-13 所示。

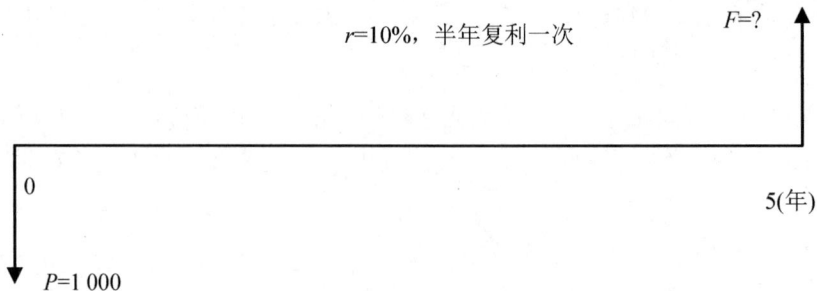

图 2-13　现金流量图

普通高校经济管理类立体化教材 · 基础课系列

第一，按年实际利率计算。

$$i_{\text{eff}} = (1+10\%/2)^2 - 1 = 10.25\%$$

则

$$F = 1000(F/P, 10.25\%, 5) = 1000 \times 1.6289 = 1628.9(\text{FQB})$$

第二，按计息周期实际利率计算。

$$F = 1000(F/P, 10\%/2, 2\times5) = 1000(F/P, 5\%, 10)$$
$$= 1000 \times 1.6289$$
$$= 1628.9(\text{元})$$

【例 2-14】张续每半年存款 1000 元，连续存 10 次，年利率为 8%，每季计息一次，按复利计息。问 5 年末存款金额为多少？

**解**：现金流量如图 2-14 所示。

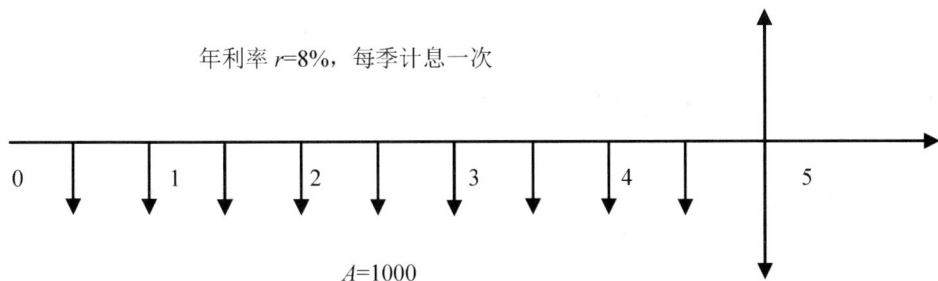

年利率 $r=8\%$，每季计息一次

$A=1000$

图 2-14  现金流量

由于本例中计息周期小于收付周期，不能直接采用计息期利率计算，故只能用实际利率来计算。

计息期季利率 $i=r/m=8\%/4=2\%$

半年期实际利率 $i_{\text{eff}} = (1+2\%)^2 - 1 = 4.04\%$

则

$$F = 1000(F/A, 4.04\%, 2\times5)$$
$$= 1000 \times \frac{(1+4.04\%)^{10}-1}{4.04\%}$$
$$= 1000 \times 12.028$$
$$= 12028(\text{元})$$

# 三、计算周期大于收付周期的等值计算

由于计息周期大于收付周期，计息周期间的收付常常采用下列 3 种方法之一进行处理。

## 1. 不计息

在技术经济分析中，当计息期内收付不计息时，现金收付按年初、年末、年中规则之一处理。

【例 2-15】顾伟与宏远设备租赁公司签订了一年期的设备租赁合同，合同约定：年利率为 6.5%，半年计息一次，按复利计息，设备租金为每月 1500 元，承租人顾伟每半年支付一次，在半年内收付不计息，即顾伟分别于年初和年中各支付 9000 元给设备租赁公司。在年初支付前半年的租金时，顾伟提出一次支付一年租金 17500 元，如果在办理半年支付手续时双方各需要发生交换、误工等手续费 100 元。试问设备租赁公司能否答应顾伟的请求？

**解：**现金流量如图 2-15 所示。

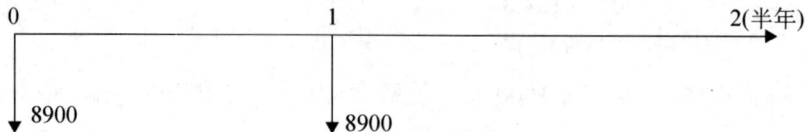

图 2-15　现金流量

名义利率 $r$=6.5%，半年计息一次，计算期内的收付款不计利息。

顾伟本金为：9000−100=8900 元。

利息期半年利率，$i$=6.5%/2=3.25%由式(2-42)得，

$$P = 8900 \times [1 + (1 + 0.325)^{-1}] = 17\,519.85\,(元)$$

**答：**由于顾伟提出的租金数 17 500 元小于租赁公司应该获取的租金等值。故设备租赁公司原则上不答应顾伟的请求。

### 2. 单利计息

在计息期内的收付均按单利计息。计算式为

$$A_t = \sum A_k' [1 + (m_k / N \times i)] \tag{2-47}$$

式中：$A_t$ 为第 $t$ 计息期末净现金流量；$N$ 为第一个计息期内收付周期数；$A_k'$ 为第 $t$ 计息期内第 $k$ 期收付金额；$m_k$ 为第 $t$ 计息期内第 $k$ 期收付金额到达第 $t$ 计息期末所包含的收付周期数；$i$ 为计息期利率。

**【例 2-16】**付款情况如图 2-16 所示，年利率为 8%，半年计息一次，按复利计息。计息期内的收付款利息按单利计算。问年末金额为多少？

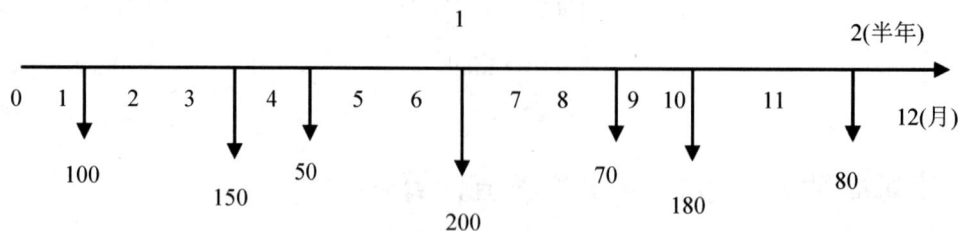

图 2-16　现金流量

**解：**年利率 $r$=8%，半年计息一次，计息期内的收付款利息按单利计算。

计息期利率 $i$=8%/2=4%，由式(2-47)得

$$A_1 = 100[1 + (5/6) \times 4\%] + 150[1 + (3/6) \times 4\%] + 50[1 + (2/6) \times 4\%] + 200$$
$$= 507$$

$$A_2 = 70[1 + (4/6) \times 4\%] + 180[1 + (3/6) \times 4\%] + 80[1 + (1/6) \times 4\%]$$
$$= 336$$

然后利用普通复利公式即可求出年末金额为

$$F = 507(F/P, 4\%, 1) + 336 = 507 \times 1.04 + 336 = 863.28$$

### 3. 复利计息

在计息周期内的收付按复利计算，此时，计息期利率相当于实际利率 $i_{\text{eff}}$，收付周期利率相当于"计息期利率 $i$"。收付周期利率的计算正好与已知名义利率去求解实际利率的情况相反。收付周期利率计算出来后即可按普通复利公式进行计算。

**【例 2-17】** 王磊每月存款 100 元，期限一年，年利率 8%，每季计息一次，按复利计息。计息期内收付利息按复利计算。问年末他的存款金额有多少？

**解：** 根据题意绘制出现金流量如图 2-17 所示。

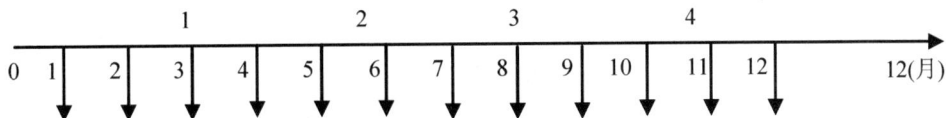

$$A_k = 100$$

**图 2-17 现金流量**

计息期利率(即季度实际利率) $i_{季} = 8\%/4 = 2\%$

运用实际利率公式计算收付期利率为

$$A_k = (1 + r/m)^m - 1$$
$$i_{季} = (1 + r_{季}/3)^3 - 1 = 2\%$$

解得

$$r_{季} = 1.9868\%$$

则每月利率 $i_{月} = \dfrac{r_{季}}{3} = 0.6623\%$。利用普通复利公式即可求出年末金额为

$$F = 100(F/A, 0.6623\%, 12) = 100 \times 12.4469 = 1244.69(元)$$

**【小贴士】** 计息周期内的收付按复利计算时，收付周期利率不能直接使用每月利率，即(8%/12)=0.6667%。因为计复利是每季度一次而非每月一次。

## 阅读资料

### 经济全球化背景下国际贸易法对中国贸易安全的保证

资金等值，发生在不同时点上的两笔或一系列绝对数额不等的资金额，按资金的时间价值尺度，所计算出的价值保持相等。

资金等值是指不同时间的资金外存在着一定的等价关系，这种等价关系称为资金等值，通过资金等值计算，可以将不同时间发生的资金量换算成某一相同时刻发生的资金量，然后即可进行加减运算。

（资料来源：资金等值. 百度百科，2015.2, http://baike.baidu.com）

# 本 章 小 结

技术经济活动的目的是通过投入资本、劳务、技术等要素，向社会提供有用的物品或服务。用市场价格量化建设项目的投入和产出，并使之在不同的方案之间具有时间上的可比性，是技术经济分析中最重要的基础工作，也是正确计算项目经济效益标评价指标的前提。

现金流量(cash flows)是特指经济系统(可以是一个工程项目、一个企业，也可以是一个地区或一个部门)在某一时点发生了使用权或所有权转移的现金或其等价物(如短期国库券、商业本票、可转让定期存单、银行承兑汇票等)的数量。

根据经济学原理，资金的时间价值可以被看成是使用稀缺资源——资金的一种机会成本，是使用货币的一种租金，是占用资金所付的代价；或者是让渡金使用权所得的报偿，是放弃近期消费所得的补偿。

资金是有时间价值的，即使金额相同，因其发生在不同时点，其价值就不相同；反之，不同时点绝对值不等的资金在时间价值的作用下却可能具有相等的价值。这些不同时期、不同数额但其"价值等效"的资金称为等值。

本章主要讲解现金流量的定义、经济活动现金流量、项目计算期的定义、资金时间价值的定义、资金时间价值的计算公式分类、资金时间价值的计算、复利系数之间的关系、名义利率与实际利率、等值的定义、计算周期小于(或等于)资金收付周期的等值计算、计算周期大于收付周期的等值计算。通过对本章内容的学习，使读者掌握技术经济学资金的时间价值。

# 自 测 题

## 一、选择题

1. 流入系统的现金称为现金(　　　)，流出系统的现金称为现金(　　　)。
   A. 现金流入　　　　B. 流入　　　　　　C. 现金流出　　　　D. 流出

2. (　　　)支付是指现金流量在多个时点发生，而不是集中在某一个时点上。
   A. 一次　　　　　　B. 两次　　　　　　C. 三次　　　　　　D. 多次

3. (　　　)是指在计算利息时，只有本金生息，利息不再生息，即通常所说的"利不生利"的计息方法。
   　　A. 利率　　　　　B. 复利　　　　　　C. 单利　　　　　　D. 利息

4. (　　　)是在计算利息时，不仅本金生息，而且利息也生息，即"利生利"、"利滚利”的计息方式。

    A. 利率          B. 复利          C. 单利          D. 利息

  5. 影响资金等值的因素有(　　)。

    A. 金额的多少              B. 资金发生的时间

    C. 利率(或折现率)的大小       D. 利率大小

## 二、判断题

  (　　) 1. 在复利计算中，常用一种规格化符号来代表各种计算系数，其一般形式为 $(x/y, i, n)$。

  (　　) 2. 在复利计算中，利率周期通常以月为单位，它可以与计息周期相同，也可以不同，当利率周期与计息周期不一致时，就出现了名义利率和实际利率的差异。

  (　　) 3. 收付周期利率的计算正好与已知名义利率去求解实际利率的情况相反。

  (　　) 4. 计息周期小于(或等于)资金收付周期的等值计算方法只有“按收付周期实际利率计算”一种。

## 三、简答题

1. 简述什么是现金流量。
2. 简述现金流量的作用。
3. 简述什么是名义利率和实际利率。

## 四、案例分析

  张浩准备第一年存1万元，第二年存3万元，第三年至第5年存4万元，存款利率为5%，问：5 年存款的现值合计是多少？假设每期存款于每年年末存入，存款利率为10%。(混合现金流：各年收付不相等的现金流量。)

# 第三章 经济评价方法

## 【学习要点及目标】

通过对本章内容的学习,掌握经济评价指标体系,掌握盈利能力分析指标,掌握偿债能力分析指标基准收益率的影响因素,掌握基准收益率的确定方法,了解独立方案经济评价、互斥方案经济评价,了解相关方案经济评价。

## 【关键概念】

静动态投资回收期 净现值 净年值 资产负债率 通货膨胀率

## 【引导案例】

天一项目总资金为 2400 万元,其中资本金为 1900 万元,项目正常生产年份的销售收入为 1800 万元,总成本费用为 924 万元(含利息支出 60 万元),销售税金及附加 192 万元,所得税税率为 33%。试计算该项目的总投资利润率、投资利税率、资本金利润率。

**解:** 年利润总额=1800-924-192=684(万元)

年应纳所得税=684×33%=225.72(万元)

年税后利润=684-225.72=458.28(万元)

总投资利润率=684÷2400×100%=28.5%

投资利税率=(684+192)÷2400×100%=36.5%

资本金利润率=458.28÷1900=24.12%

天一项目的总投资利润率为 28.5%,投资利税率为 36.5%,资本金利润率为 24.12%。

# 第一节 经济评价指标

## 一、经济评价指标体系

评价项目技术方案的经济效果的好坏,一方面取决于基础数据的完整性和可靠性,另一方面取决于选取的评价指标的合理性,只有选取正确的评价指标,经济评价的结果才能与客观实际情况相吻合。在技术经济分析中,经济效果评价指标多种多样,它们各自从不同角度反映项目的经济性。如果按计算时是否考虑资金的时间价值,项目经济评价指标可分为静态评价指标和动态评价指标,如图 3-1 所示。

静态评价指标是在不考虑时间因素对货币价值影响的情况下,直接通过现金流量计算出来的经济评价指标。静态评价指标的最大特点是计算简便,它适用于评价短期投资项目和逐年收益大致相等的项目,另外对方案进行概略评价时也常采用。

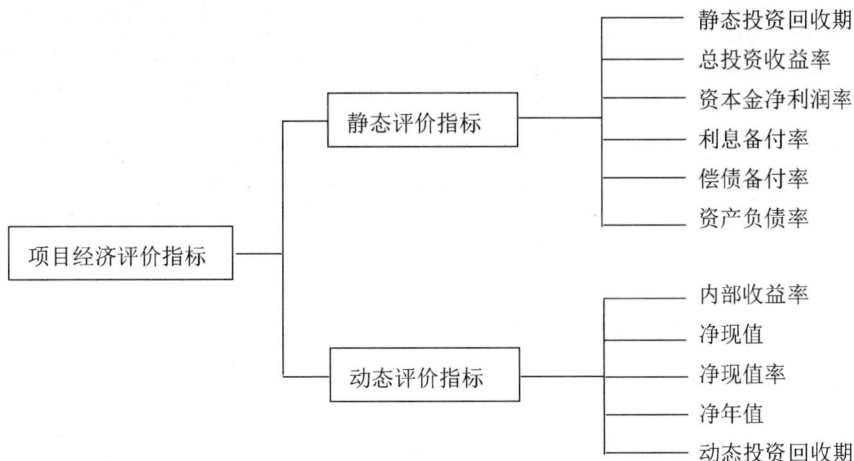

图 3-1　项目经济评价指标体系 1

动态评价指标是在分析项目或方案的经济效益时，要对发生在不同时点的现金流量进行等值化处理后计算评价指标。动态评价指标能较全面地反映投资方案整个计算期的经济效果，适用于详细可行性研究、对项目整体效益评价的融资前分析或对计算期较长以及处在终评阶段的技术方案进行评价。

按评价指标的量纲，可将其分成价值性指标、时间性指标和比率性指标，如图 3-2 所示。价值性指标是以货币为量纲的指标；时间性指标是以时间为量纲的指标；比率性指标是无量纲的指标。

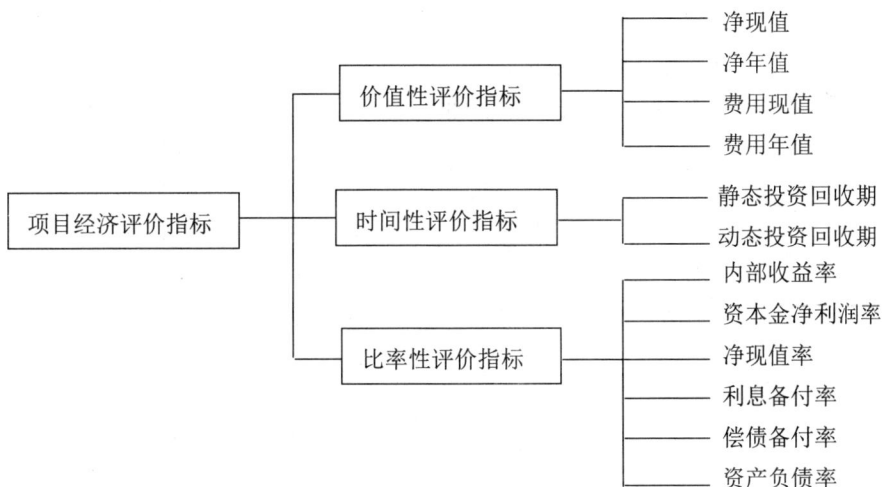

图 3-2　项目经济评价指标体系 2

按评价指标的性质，可将其分为盈利能力指标、清偿能力指标和财务生存能力指标，如图 3-3 所示。

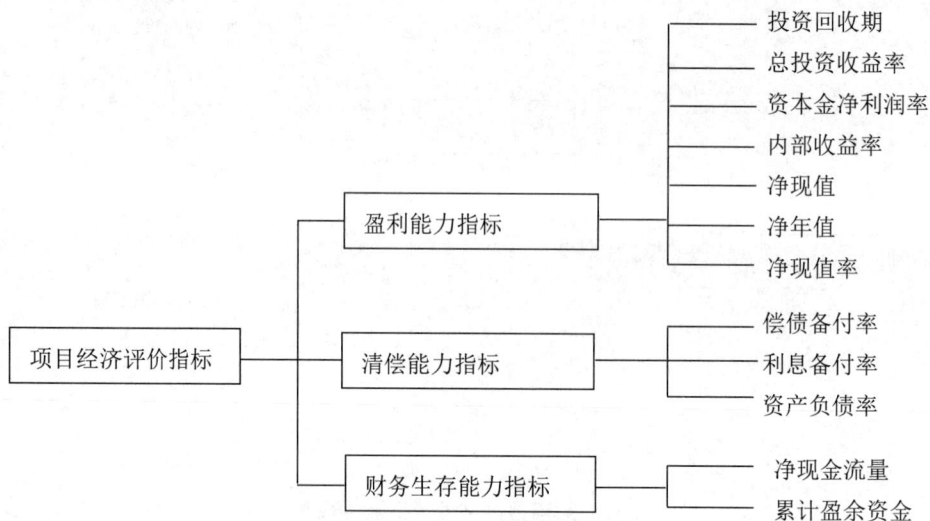

图 3-3　项目经济评价指标体系 3

> 【小贴士】在工程项目方案经济评价时，要根据项目投资评价深度要求、可获得资料的多少以及工程项目方案本身所处的条件，选用多个指标，从不同侧面反映项目的经济效果。

## 二、盈利能力分析指标

### 1. 静态投资回收期($P_t$)

投资回收期也称返本期，是反映项目技术方案盈利能力的静态指标。

静态投资回收期是在不考虑资金时间价值的条件下，以方案的净收益回收项目全部投资所需的时间。静态投资回收期可以自项目建设开始年算起，也可以自项目投产年开始算起，但应予以说明。自建设开始年算起，静态投资回收期 $P_t$(以年表示)的计算公式为

$$\sum_{t=0}^{P_t}(CI-CO)_t = 0 \tag{3-1}$$

式中：$P_t$ 为静态投资回收期；CI 为现金流入；CO 为现金流出；$(CI-CO)_t$ 为第 $t$ 年净现金流量。

静态投资回收期可根据项目现金流量计算，其具体计算又分为以下两种情况。

(1) 项目建成投产后各年的净现金流量均相同，则静态投资回收期的计算式为

$$P_t = t + \frac{I}{A} \tag{3-2}$$

式中：$t$ 为项目建设期；$I$ 为项目投入的全部资金；$A$ 为每年的净现金流量，即 $A = (CI-CO)_t$。

(2) 项目建成投产后各年的净收益不相同，则静态投资回收期可根据累计净现金流量求得(见图 3-4)，也就是在现金流量表中累计净现金流量由负值转向正值的临界年份，根据插入法，其计算式为

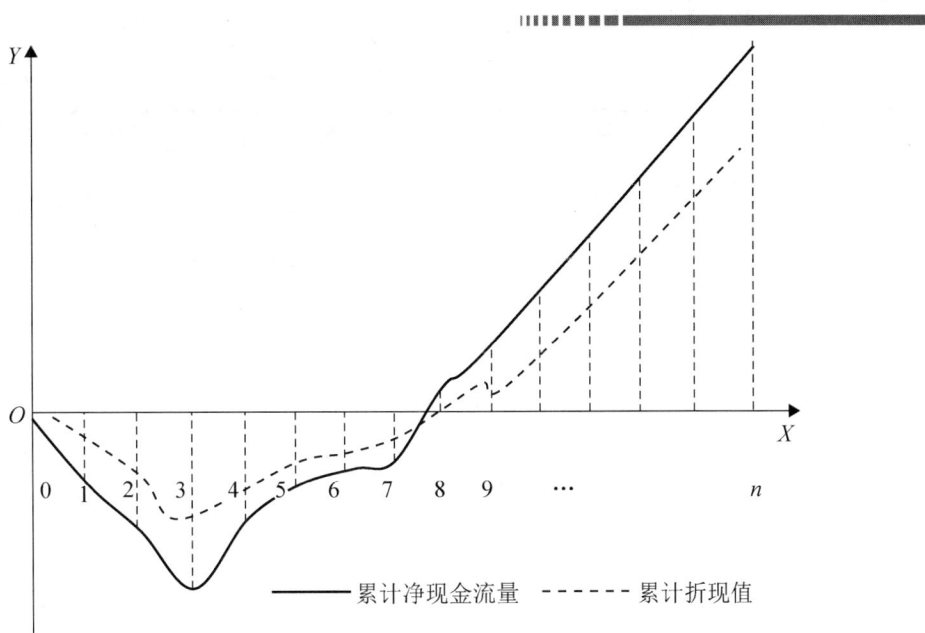

图 3-4 投资回收期示意图

$$P_t = 累计净现金流量出现正值的年份数 - 1 + \frac{上一年累计净现金流量的绝对值}{出现正值年份的净现金流量} \tag{3-3}$$

将计算出的静态投资回收期 $P_t$ 与确定的基准投资回收期 $P_c$ 进行比较。若 $P_t \leqslant P_c$，表明项目投资能在规定的时间内收回，则方案可行；若 $P_t > P_c$，则方案不可行。

### 2. 动态投资回收期($P_t'$)

动态投资回收期是在计算回收期时考虑了资金的时间价值，表达式为

$$\sum_{t=0}^{P_t'} (CI - CO)_t (1 + i_c)^{-t} = 0 \tag{3-4}$$

式中：$P_t'$ 为动态投资回收期(年)；$i_c$ 为基准收益率。

判别准则：设基准动态投资回收期为 $P_c'$，若 $P_t' < P_c'$，项目可行；否则，应予以拒绝。

根据图 3-4，采用插入法，动态投资回收期更为实用的计算式为

$$P_t' = 累计折现值出现正值的年份数 - 1 + \frac{上一年累计折现值绝对值}{出现正值年份的折现值} \tag{3-5}$$

【例 3-1】对于表 3-1 中的净现金流量系列求静态和动态投资回收期，$i_c = 10\%$，$P_c = 12$ 年。

**解**：各年累计净现金流量和累计折现值列于表 3-1 中，根据式(3-3)和式(3-5)，计算得

$$P_t = 8 - 1 + 84 \div 150 = 7.56 (年)$$
$$P_t' = 11 - 1 + 2.94 \div 52.57 = 10.06 (年)$$

由于静态投资回收期和动态回收期均小于 12 年，故方案可行。

容易推断一般项目技术方案的动态投资回收期大于静态投资回收期，如图 3-4 所示。

静态投资回收期和动态投资回收期适用于项目融资前的盈利能力分析。

表 3-1　例 3-1 净现金流量表　　　　　　　　　（单位：万元）

| 年数 | 净现金流量 | 累计净现金流量 | 折现系数 | 折现值 | 累计折现值 |
|---|---|---|---|---|---|
| 1 | −180 | −180 | 0.9091 | −163.64 | −163.64 |
| 2 | −250 | −430 | 0.8264 | −206.60 | −370.24 |
| 3 | −150 | −580 | 0.7513 | −112.70 | −482.94 |
| 4 | 84 | −496 | 0.6830 | 57.35 | −425.57 |
| 5 | 112 | −384 | 0.6209 | 69.54 | −356.03 |
| 6 | 150 | −234 | 0.5645 | 84.68 | −217.35 |
| 7 | 150 | −84 | 0.5132 | 76.98 | −194.37 |
| 8 | 150 | 66 | 0.4665 | 69.98 | −124.39 |
| 9 | 150 | 216 | 0.4241 | 63.62 | −60.77 |
| 10 | 150 | 366 | 0.3855 | 57.83 | −2.94 |
| 11 | 150 | 516 | 0.3505 | 52.57 | 49.63 |
| 12～20 | 150 | 1866 | 5.759×0.3505=2.0185 | 302.78 | 352.41 |

### 3. 总投资收益率

总投资收益率(return on investment，ROI)是指项目达到设计生产能力时的一个正常年份的年息税前利润或运营期内年平均息税前利润与项目总投资的比率。计算式为

$$总投资收益率=\frac{年平均息税前利润}{项目总投资}\times100\% \tag{3-6}$$

其中：

$$年平均息税前利润=年营业收入-年营业税金及附加-年总成本费用$$
$$+补贴收入+利息支出 \tag{3-7}$$
$$年营业税金及附加=年消费税+年营业税+年资源税$$
$$+年城市维护建设税+教育费附加$$
$$项目总投资=建设投资+建设期利息+流动资金 \tag{3-8}$$

当计算出的总投资收益率高于行业收益率参考值时，认为该项目盈利满足要求。ROI 适用于项目融资后的盈利能力分析。

### 4. 项目资本金净利润率

项目资本金净利润率(rate of return on common stockholders'equity，ROE)，表示项目资本金的盈利水平，是指项目达到设计能力后正常年份的年净利润或运营期内年平均净利润与项目资本金的比率。计算式为

$$资本金净利润率=\frac{正常年份的年净利润或运营期内年平均净利润}{项目资本金}\times100\% \tag{3-9}$$

其中：

$$年净利润=年产品营业收入-年产品营业税金及附加-年总成本费用-所得税 \tag{3-10}$$
$$项目资本金=原有股东增资扩股+吸收新股东投资+发行股票$$

$$+政府投资+股东直接投资 \tag{3-11}$$

当计算出的资本金净利润率高于行业净利润率参考值时，表明用项目资本金净利润率表示的盈利能力满足要求。

资本金净利润率指标常用于项目融资后盈利能力分析。

### 5. 净现值

净现值(net present value，NPV)是反映项目技术方案在计算期内获利能力的动态评价指标。项目技术方案的净现值是指用一个预定的基准收益率 $i_c$，分别把整个计算期内各年所发生的净现金流量都折现到建设期初的现值之和。净现值 NPV 的计算公式为

$$\text{NPV} = \sum_{t=0}^{n} (\text{CI} - \text{CO})_t (1 + i_c)^{-t} \tag{3-12}$$

式中：NPV 为净现值；$(\text{CI} - \text{CO})_t$ 为第 $t$ 年的净现金流量(应注意正负号)；$i_c$ 为基准收益率；$n$ 为方案计算期。

净现值是评价项目盈利能力的绝对效果评价指标。当 NPV>0 时，说明该方案除了满足基准收益率要求的盈利之外，还能得到超额收益，故该方案可行。当 NPV=0 时，说明该方案基本能满足基准收益率要求的盈利水平，方案勉强可行或有待改进。当 NPV<0 时，说明该方案不能满足基准收益率要求的盈利水平，该方案不可行。

【小贴士】净现值(NPV)指标的优点是：考虑了资金的时间价值，并全面考虑了项目在整个计算期内的经济状况；经济意义明确，能够直接以货币额表示项目的盈利水平；评价标准容易确定，判断直观。净现值适用于项目融资前整体盈利能力分析。

净现值指标的不足之处是：必须首先确定一个符合经济现实的基准收益率，而基准收益率的确定往往比较复杂，在互斥方案评价时，净现值必须慎重考虑互斥方案的寿命，如果互斥方案寿命不等，必须构造一个相同的研究期，才能进行各个方案之间的比选，净现值不能反映项目投资中单位投资的使用效率。

对具有常规现金流量(即在计算期内，开始时有支出而后才有收益，且方案的净现金流量序列 $A$ 的符号只改变一次的现金流量)的项目技术方案，其净现值的大小与折现率的高低有直接的关系。若已知某投资方案各年的净现金流量，则该方案的净现值就完全取决于所选用的折现率，即净现值是折现率的函数，表达式为

$$\text{NPV}(i) = \sum_{t=0}^{n} (\text{CI} - \text{CO})_t (1 + i_c)^{-t} \tag{3-13}$$

技术经济分析中常规投资项目的净现值函数曲线在 $-1 < i < \infty$ 内(对大多数技术经济实际问题来说是 $0 \le i < \infty$)。设 $A_t$ 表示第 $t$ 年的净现金流量，考虑常规投资项目的简单情形为：$A_t < 0$，而其他 $A_t > 0$，则当 $-1 < i < \infty$ 时，有

$$\text{NPV}(i) = A_0 + \frac{A_1}{1+i} + \frac{A_2}{(1+i)^2} + \cdots + \frac{A_n}{(1+i)^n}$$

若 $i$ 在区间 $-1 < i < \infty$ 内是连续的，则 $\text{NPV}(i)$ 是 $i$ 的连续函数，可以求导。$\text{NPV}(i)$ 的一阶导数与二阶导数分别为

$$\frac{dNPV(i)}{di} = \left[\frac{A_1}{(1+i)^2} + \frac{2A_2}{(1+i)^3} + \cdots + \frac{nA_n}{(1+i)^{n+1}}\right] \leqslant 0$$

$$\frac{d^2NPV(i)}{di^2} = \left[\frac{2A_1}{(1+i)^3} + \frac{2\times3A_2}{(1+i)^4} + \cdots + \frac{n(n+1)A_n}{(1+i)^{n+2}}\right] \geqslant 0$$

因此可知，这个简单的常规投资项目的净现值函数曲线是单调下降的，且递减率逐渐减小，即随着折现率的逐渐增大，净现值将由大变小，由正变负。NPV 与 $i$ 之间的关系一般如图 3-5 所示。

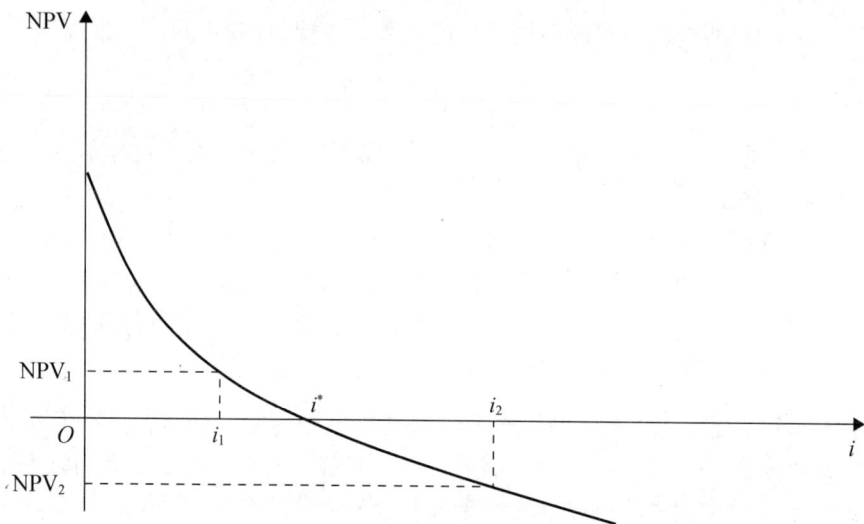

**图 3-5 净现值函数曲线**

如图 3-5 所示的 NPV($i$)曲线是在 $A_0 < 0$ 其他 $A_t > 0$ 的条件下得出的，是净现值函数的典型图形。实际上，NPV($i$)并不仅是 $i$ 的单调递减函数，而且是要根据 $A_t$ 的大小和符号及项目寿命 $n$ 来决定。不过，对常规的投资项目而言，NPV($i$)的总趋势是随着 $i$ 的增大而减小。

按照净现值的评价准则，只要 NPV($i$)$\geqslant$0，方案或项目就可接受。但由于 NPV($i$)是 $i$ 的递减函数，故基准收益率定得越高，方案被接受的可能性越小。很明显，$i$ 可以大到使用 NPV($i$)=0。这时 NPV($i$)曲线与横轴相交，$i$ 达到其临界值 $i^*$。可以说 $i^*$ 是净现值评价准则的一个分水岭，将 $i^*$ 称为内部收益率。由此可见，基准收益率确定得合理与否，对投资方案经济效果的评价结论有直接的影响。

**6. 内部收益率**

1) 常规投资项目的内部收益率

常规投资项目指计算期内，净现金流量的正负号只变化一次，即所有负现金流量都出现在正现金流量之前，且现金流量系列 $\{A_t \,|\, t = 0, 1, 2, \cdots, n\}$ 满足条件式(3-14a)和式(3-14b)的投资项目，即

$$A_t(i^*) < 0 \quad t = 0, 1, 2, \cdots, k \tag{3-14a}$$

$$A_t(i^*) > 0 \quad t = k+1, k+2, \cdots, n \tag{3-14b}$$

非常规投资项目指项目在计算期内，带负号的净现金流量不仅发生在建设期(或生产

普通高校经济管理类立体化教材·基础课系列

初期)，而且分散在带正号的净现金流量之中，即在计算期内净现金流量 $A_t$ 变更多次正负号。

对于常规投资项目，内部收益率(internal rate of return，IRR)就是净现值为零时的折现率，数学表达式为

$$NPV(IRR) = \sum_{t=0}^{n}(CI - CO)_t(1 + IRR)^{-t} \qquad (3-15)$$

内部收益率是一个未知的折现率，由式(3-15)可知，求方程式中的折现率需解高次方程，不易求解。在实际工作中，一般用试算法确定内部收益率 IRR(也可通过计算机直接计算)。试算法的基本原理如下：

首先，试用 $i_1$ 计算 $NPV_1$(实际工作中 $i_1$ 的确定，往往是根据给出的基准收益率 $i_c$ 作为第一步试算依据)。若得 $NPV_1 > 0$，再试用 $i_2(i_2 > i_1)$ 计算 $NPV_2$；如果 $NPV_2 > 0$，再用 $i_3$ 来计算 $NPV_3$，直到 $NPV_2 < 0$，则 $NPV_2 = 0$ 时的 IRR 一定在 $i_1 \sim i_2$ 之间，如图 3-6 所示，此时，即可用线性内插式(3-16)求出 IRR 的近似值，即

$$IRR = i_1 + \frac{NPV_1}{NPV_1 + |NPV_2|}(i_2 - i_1) \qquad (3-16)$$

式中：$NPV_1$ 为折现率为 $i_1$ 时的财务净现值(正)；$NPV_2$ 为折现率为 $i_2$ 时的财务净现值(负)。

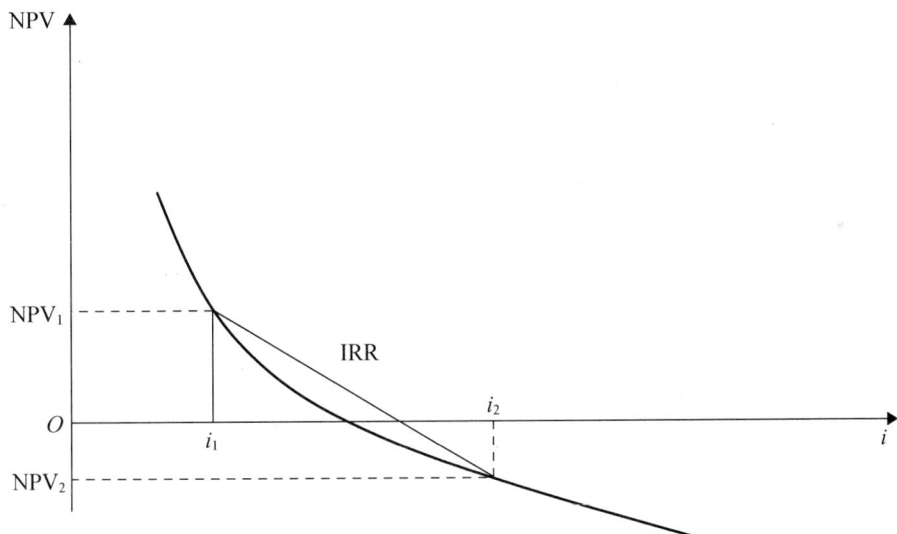

图3-6 内部收益率线性内插法示意图

采用线性内插法计算 IRR 时，其计算精度与 $(i_2 - i_1)$ 的差值大小有关，因为折现率与净现值不是线性关系，如图 3-6 所示，$i_2$ 与 $i_1$ 之间的差距越小，则计算结果就越精确；反之，结果误差就越大。故为保证 IRR 的精度，$i_2$ 与 $i_1$ 之间的差距一般以不超过 2%为宜，最大不宜超过 5%。

对于常规投资项目而言，内部收益率的判别准则为：设基准收益率为 $i_c$，若 $IRR > i_c$，则项目或方案在经济上可以接受；若 $IRR = i_c$，项目或方案在经济上勉强可行，若 $IRR < i_c$，则项目或方案在经济上不可以接受，应予以拒绝。

【例 3-2】某常规投资项目净现金流量如表 3-2 所示。当基准折现率为 12%时，试用内部收益率指标判断该项目的经济性。

表 3-2　例 3-2 的现金流量表 （单位：万元）

| 第 $i$ 年年末 | 0 | 1 | 2 | 3 | 4 | 5 |
|---|---|---|---|---|---|---|
| 净现金流量 | −200 | 40 | 60 | 40 | 80 | 80 |

**解：**第一步，令 $i_1 = 12\%$，计算 $\text{NPV}_1$ 的值，即

$$\text{NPV}_1 = -200 + 40 \times 1.12^{-1} + 60 \times 1.12^{-2} + 40 \times 1.12^{-3}$$
$$+ 80 \times 1.12^{-4} + 80 \times 1.12^{-5}$$
$$= 8.25(万元)$$

第二步，令 $i_2 = 14\%$，计算 $\text{NPV}_2$ 的值，即

$$\text{NPV}_2 = -200 + 40 \times 1.14^{-1} + 60 \times 1.14^{-2} + 40 \times 1.14^{-3}$$
$$+ 80 \times 1.14^{-4} + 80 \times 1.14^{-5}$$
$$= -2.82(万元)$$

第三步，用线性内插法算出内部收益率 IRR，即

$$\text{IRR} = 12\% + (14\% - 12\%) \times \frac{8.25}{8.25 + |-8.82|} = 13.5\%$$

由于 IRR=13.5%大于基准折现率 12%，故该项目在经济上可以接受。

2）内部收益率

【例 3-3】天一投资方案的现金流量如表 3-3 所示，其内部收益率 IRR=10%，试分析内部收益率的经济含义。

表 3-3　例 3-3 的现金流量表 （单位：万元）

| 第 $t$ 期末 | 0 | 1 | 2 | 3 |
|---|---|---|---|---|
| 现金流量 $A_t$ | −1 000 | 600 | 450 | 110 |

**解：**由于已收回的资金是不能在项目中再生息的，因此，设为 $F_t$ 第 $t$ 期末尚未回收的投资余额，$A_t$ 为现金流量，则第 $t$ 期末尚未回收的投资余额为

$$F_t = F_{t-1}(1+i) + A_t \tag{3-17}$$

将 $i$=IRR=10%代入式(3-17)，计算出表 3-4 所示项目的未回收投资在计算期内的恢复过程。与表 3-4 相应的现金流量图如图 3-7 所示。

表 3-4　未回收投资在计算期内的恢复过程 （单位：万元）

| 第 $t$ 期末 | 0 | 1 | 2 | 3 |
|---|---|---|---|---|
| 现金流量 $A_t$ | −1000 | 600 | 450 | 110 |
| 第 $t$ 期末尚未回收的投资 $F_{t-1}$ | — | −1000 | −500 | −100 |
| 第 $t$ 期末尚未回收的投资 $F_{t-1} \times (1+i)$ | — | −1100 | −550 | −110 |
| 第 $t$ 期末尚未回收的投资 $F_t$ | −1 000 | −500 | −100 | 0 |

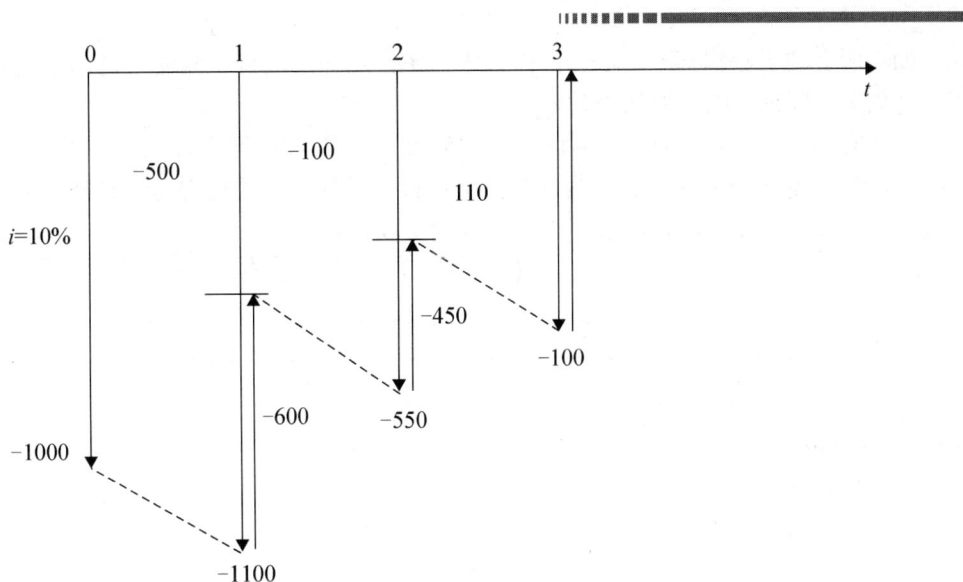

**图 3-7  未回收投资现金流量示意图**

由此可见，项目的内部收益率是项目到计算期末收回的投资全部收回来的折现率，也可理解为项目对贷款利率的最大承担能力。内部收益率的定义可严格地表述为：当 $i = i^*$ 同时满足式(3-18a)和式(3-18b)条件时，则 $i^* = \text{IRR}$ ，即 $i^*$ 是项目的内部收益率。

$$F_t(i^*) \leqslant 0 \quad t = 0, 1, 2, \cdots, n-1 \tag{3-18a}$$

$$F_t(i^*) = 0 \quad t = n \tag{3-18b}$$

式中， $F_t$ 为第 $t$ 期尚未收回的投资余额。

式(3-18b)只是使 $i^* = \text{IRR}$ 的必要条件，还不充分，也就是说，仅仅使净现值或净终值为零的利率不一定是内部收益率，只有加上式(3-18a)的条件，才能保证 $i^*$ 一定是内部收益率。仅满足式(3-18b)，不满足式(3-18a)，意味着计算期内有如 $F_t(i^*) > 0$ 的情形，它表示项目回收完投资支出，而且盈余供给项目外部，从项目外部获取投资收益。因此，即使有 $i = i^*$ 为式(3-18b)的解，也不是内部收益率。

由于内部收益率不是初始投资在整个计算期内的盈利率，因而它不仅受项目初始投资规模的影响，而且受项目计算期内各年净收益大小的影响，它反映的是项目占用的尚未回收投资的获利能力，能反映项目自身的盈利能力。

3) 非常规投资项目的内部收益率

内部收益率的表达式(3-15)是一个高次方程，令

$$(1 + \text{IRR})^{-1} = x, \quad (CI - CO)_t = A_t \quad 0, 1, \cdots, n$$

则式(3-15)变为

$$A_0 = A_1 x + A_2 x^2 + \cdots + A_n x^n$$

这是一个 $n$ 次方程。 $n$ 次方程必有 $n$ 个复数根(包括重根)，故其正数根的个数可能不止一个。借助笛卡儿符号规则，可以判断内部收益率方程式(3-15)根的个数：在 $-1 < \text{IRR} < \infty$ 的实数域内，IRR 的正实数根的个数不会超过净现金流量序列正负号变化的次数。

非常规投资项目在计算期内的净现金流量的正负号变更多次，式(3-15)的解可能不止一个，其中只有满足式(3-18a)和式(3-18b)的实数解是内部收益率；否则该项目无内部收益

率。如果所有的实数解都不是项目的内部收益率，这样的项目不能使用内部收益率指标考察经济效果，即内部收益率法失效。

把具有满足式(3-18a)和式(3-18b)的内部收益率的项目称为纯投资项目；把仅满足式(3-18b)的内部收益率的项目称为混合投资项目。常规投资项目均为纯投资项目，非常规投资项目可以是纯投资项目，也可以是混合投资项目。

【例 3-4】天一项目的现金流量如表 3-5 所示。试判断其有无内部收益率。

表3-5 例3-4的现金流量表 （单位：万元）

| 第 $i$ 年年末 | 0 | 1 | 2 | 3 |
|---|---|---|---|---|
| 现金流量 | −100 | 470 | −720 | 360 |

**解：** 根据净现金流量的符号变化次数，可以判定该项目最多有 3 个正实数解。经计算，它们分别为 $i_1 = 20\%$、$i_2 = 50\%$、$i_3 = 100\%$。其净现值曲线如图 3-8 所示。

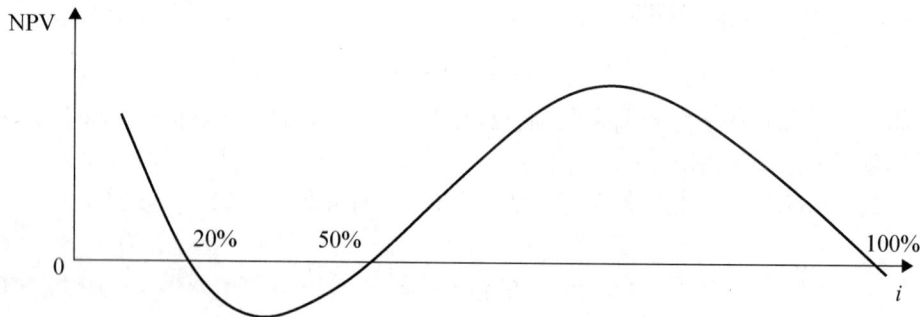

图3-8 例3-4的现金值曲线

下面根据内部收益率的经济含义验证这 3 个折现率是否为 IRR。

以 $i_1 = 20\%$ 为例，回收投资的现金流量如图 3-9 所示。

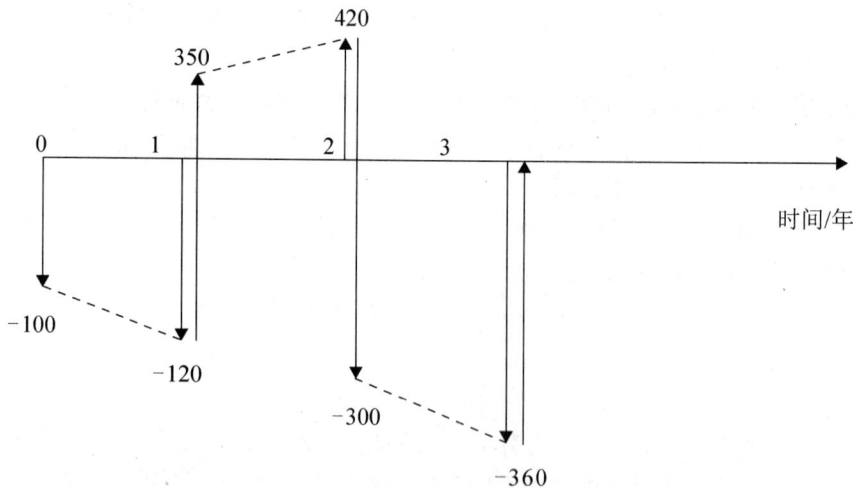

图3-9 例3-4项目回收投资的现金流量图(单位：万元)

按照 IRR 的含义，IRR 应使项目寿命期内始终存在未被回收的投资项目且只有在期末才完全收回。而在图 3-9 中，初始投资在第 1 年末未完全收回，且还产生了盈余，因此 20%不是项目的内部收益率。同样对 $i_2 = 50\%$，$i_3 = 100\%$ 做类似的检验，也会出现初始投资能被全部回收的情况，故它们也不是项目的内部收益率。

【例 3-5】对表 3-6 中的净现金流量序列，内部收益率的实数根为 $i_1 = 12.97\%$、$i_2 = -230\%$、$i_3 = -142\%$。试检验该项目是否为纯投资项目。

表 3-6 例 3-5 项目的净现金流量表 （单位：万元）

| 第 $i$ 年年末 | 0 | 1 | 2 | 3 | 4 | 5 |
|---|---|---|---|---|---|---|
| 净现金流量 | −100 | 60 | 50 | −200 | 150 | 100 |

解：检验大于零的 $i_1$，其各年末回收的投资余额计算结果列于表 3-7 中。

表 3-7 $i_1 = 12.97\%$ 投资余额计算表 （单位：万元）

| 第 $i$ 年年末 | 0 | 1 | 2 | 3 | 4 | 5 |
|---|---|---|---|---|---|---|
| 净现金流量 | −100 | −52.97 | 9.84 | −211.12 | 88.50 | 0 |

由于表 3-7 中的计算期内始终存在未被收回的投资，可判定 12.97%是项目的内部收益率，该项目是纯投资项目。

【小贴士】内部收益率(IRR)指标考虑了资金的时间价值以及项目在整个计算期内的经济状况。而且内部收益率取决于项目的净现金流量系列的情况，这个项目内部决定性，使它在应用中具有一个显著的优点，即避免了净现值指标需事先确定基准收益率这个难题，只需要知道基准收益率的大致范围即可。当要对一个项目进行开发，而未来的情况和未来的折现率都带有高度的不确定性时，采用内部收益率对项目进行评价，往往能取得令人满意的效果。内部收益率的不足是对于非常规现金流量的项目来讲，内部收益率可能不存在。

### 7. 净现值率

净现值率(net present value rate，NPVR)是在 NPV 的基础上发展起来的，可作为 NPV 的一种补充。净现值率是项目净现值与项目全部投资现值之比，其经济含义是单位投资现值所带来的净现值，是一个考察项目单位投资盈利能力的指标。由于净现值不直接考察项目投资额的大小，所以当多个方案的 NPV 均大于零，但投资规模相差较大时，可用净现值率指标作为净现值的辅助评价指标。净现值率(NPVR)计算式为

$$\text{NPVR} = \frac{\text{NPV}}{I_p} \tag{3-19}$$

$$I_p = \sum_{t=0}^{m} I_t (1 + i_c)^{-t} \tag{3-20}$$

式中：$I_p$ 为投入资金现值；$I_t$ 为第 $t$ 年投资额；$m$ 为建设期年数。

应用 NPVR 评价方案时，对于单一方案而言，净现值与净现值率的判别准则一样，应使 NPVR $\geq 0$，方案才能接受。对于多方案评价，净现值率越大越好。

【小贴士】采用净现值率评价项目时要注意以下两点。

(1) 投资现值与净现值的计算期应一致，即净现值的计算期是 $n$ 期，则投资现值也是计算期为 $n$ 期的投资。

(2) 计算投资现值与净现值的折现率应一致。

【例3-6】华天项目各年的净现金流量如表3-8所示。试用净现值率指标判断项目的经济性，基准收益率为10%。

表3-8 例3-6的现金流量序列 （单位：万元）

| 第 $i$ 年年末 | 0 | 1 | 2 | 3 | 4 | 5 |
|---|---|---|---|---|---|---|
| 净现金流量 | 0 | −200 | −200 | 140 | 140 | 140 |

| 第 $i$ 年年末 | 6 | 7 | 8 | 9 |
|---|---|---|---|---|
| 净现金流量 | 140 | 140 | 140 | 140 |

解：

$$\text{NPV}(i_c=10) = -200\times(P/A, i_c, 2)+140\times(P/A, i_c, 7)(P/F, i_c, 2)$$

$$= -200\times\frac{1.1^2-1}{0.1\times1.1^2}+140\times\frac{1.1^7-1}{0.1\times1.1^7}\times1.1^2$$

$$= 216.15(\text{万元})$$

$$I_P = -200\frac{1.1^2-1}{0.1\times1.1^2}=347.1(\text{万元})$$

$$\text{NPV} = \frac{216.15}{347.1}=0.623$$

### 8. 净年值

净年值(net annual value，NAV)又叫等额年值或等额年金，是以基准收益率将项目计算期内净现金流量等值换算而成的等额年值。它与净现值(NPV)的相同之处是，两者都要在给出的基准收益率的基础上进行计算；不同之处是，净现值把投资过程的现金流量折算为基准期的现值，而净年值则把该现金流量折算为等额年值。净年值的计算式为

$$\text{NAV} = \left[\sum_{t=0}^{n}(\text{CI}-\text{CO})_t(1+i_c)^{-t}\right]\frac{i_c(1+i_c)^n}{(1+i_c)^n-1} \tag{3-21a}$$

或

$$\text{NAV} = \text{NPV}\times\frac{i_c(1+i_c)^n}{(1+i_c)^n-1} \tag{3-21b}$$

式中：$\frac{i_c(1+i_c)^{-n}}{(1+i_c)^{-n}-1}=(A/P, i_c, n)$ 为资本回收系数。

由于净现值是项目在计算期内获得的超过基准收益率水平的收益现值，而净年值则是项目在计算期内每期的等额收益；净年值与净现值仅差一个资本回收系数，而且 $(A/P, i_c, n)>0$，依式(3-21b)，NAV 与 NPV 总是同为正或负，故 NAV 与 NPV 在评价同一个项目时的结论总是一致的。其评价判据是，若 NAV≥0，则项目在经济上可以接受；若

NAV<0，则项目在经济上应予以拒绝。

### 9. 费用现值

在多个方案比较时，如果各方案的收入皆相同，或收入难以用货币计量，这时计算净现值指标可以省略现金流量中的收入，只计算支出，这样计算的结果称为费用现值(PC)。为方便起见，在计算费用现值时一般支出取正号。

费用现值的表达式为

$$PC = \sum_{t=0}^{n} CO_t (1+i_c)^{-t} \tag{3-22}$$

【例 3-7】试用费用现值法在表 3-9 中的两个型号不同但功能相同的设备购置方案中选择一个实施。基准收益率为 10%。

表 3-9　例 3-7 的现金流量　　　　　　　　　（单位：元）

| 设备型号 | 一次性投资(第 0 年) | 年经营费(1～6 年末) | 回收残值(第 6 年末) |
|---|---|---|---|
| A 型 | 26 500 | 1050 | 2150 |
| B 型 | 36 500 | 850 | 3650 |

**解**：两个方案的费用现值 $PC_A$ 和 $PC_B$ 计算如下：

$$PC_A = 26\ 500 + 1050 \times \frac{1.1^6 - 1}{0.1 \times 1.1^6} - 2150 \times 1.1^{-6} = 29\ 859.08\ (元)$$

$$PC_B = 36\ 500 + 850 \times \frac{1.1^6 - 1}{0.1 \times 1.1^6} - 3650 \times 1.1^{-6} = 48\ 141.33\ (元)$$

因为 $PC_A < PC_B$，故建议选择 A 型设备。

### 10. 费用年值

与费用现值相同，费用年值(AC)也适用于多方案比较时各方案收入均相等的情况，其表达式为

$$AC = \sum_{t=0}^{n} CO_t (1+i_c)^{-t} \times \frac{i_c(1+i_c)^n}{(1+i_c)^n - 1} \tag{3-23}$$

费用现值和费用年值只能用于多方案的比选，其评价依据是：费用现值或费用年值最小的方案为优。

【例 3-8】江城污水处理项目 A、B、C 均能满足某区域水质净化要求，其费用数据如表 3-10 所示。试用费用年值法选择较优方案，基准收益率为 10%。

表 3-10　例 3-8 的现金流量　　　　　　　　　（单位：万元）

| 方案号 | 一次性投资(第 0 年) | 年经营费(1～10 年末) | 回收残值(第 10 年末) |
|---|---|---|---|
| 方案 A | 300 | 70 | 10 |
| 方案 B | 340 | 60 | 10 |
| 方案 C | 400 | 45 | 10 |

**解**：各方案的费用年值计算如下：

$$AC_A = 300 \times (A/P, 10\%, 10) + 70 - 10 \times (A/F, 10\%, 10)$$

$$= 300 \times \frac{0.1 \times 1.1^{10}}{1.1^{10} - 1} + 70 - 10 \times \frac{0.1}{1.1^{10} - 1} = 118.20 (万元)$$

$$AC_B = 340 \times \frac{0.1 \times 1.1^{10}}{1.1^{10} - 1} + 60 - 10 \times \frac{0.1}{1.1^{10} - 1} = 114.71 (万元)$$

$$AC_C = 400 \times \frac{0.1 \times 1.1^{10}}{1.1^{10} - 1} + 45 - 10 \times \frac{0.1}{1.1^{10} - 1} = 109.45 (万元)$$

显然，C 方案优于其他两个方案。

# 三、偿债能力分析指标

项目偿债能力分析是项目融资后分析的重要内容，是项目融资主体和债权人共同关心的指标。

## 1. 利息备付率

利息备付率也称已获利息倍数，指项目在借款偿还期内各年可用于支付利息的息税前利润与当期应付利息费用的比值。表达式为

$$利息备付率 = \frac{息税前利润}{当期应付利息费用} \qquad (3\text{-}24)$$

其中：

$$息税前利润 = 利润总额 + 计入总成本费用的利息费用 \qquad (3\text{-}25)$$

当期应付利息是指计入总成本费用的全部利息；利息备付率分年计算，利息备付率越高，表明利息偿付的保障程度越高。

【小贴士】利息备付率表示使用项目利润偿付利息的保证倍率。参考国际经验和国内行业的具体情况，根据我国企业历史数据统计分析，一般情况下，利息备付率不宜低于 1，并满足债权人的要求。

## 2. 偿债备付率

偿债备付率指项目在借款偿还期内，各年可用于还本付息的资金与当期应还本付息金额的比值。计算式为

$$偿债备付率 = \frac{可用于还本付息资金}{当期应付利息金额} \qquad (3\text{-}26)$$

式中，可用于还本付息的资金包括可用于还款的折旧和摊销、成本中列支的利息费用及可用于还款的所得税后利润等。

当期应还本付息金额包括当期应还贷款本金额及计入成本的全部利息。融资租赁的本息和运营期内的短期借款本息也应纳入还本付息金额。

偿债备付率分年计算。偿债备付率高，表明可用于还本付息的资金保障程度高。

偿债备付率表示可用于还本付息的资金偿还借款本息的保证倍率。偿债备付率正常情况下应大于 1，并满足债权人的要求。

### 3. 资产负债率

资产负债率指各期末负债总额同资产总额的比率。计算式为

$$资产负债率 = \frac{期末负债总额}{期末资产总额} \times 100\% \tag{3-27}$$

适度的资产负债率，表明企业经营安全、稳健，具有较强的筹资能力，也表明企业和债权人的风险较小。对该指标的分析，应结合国家宏观经济状况、行业发展趋势、企业所处竞争环境等具体条件判定。项目财务分析中，在长期债务还清后，可不再计算资产负债率。

## 四、财务生存能力分析指标

财务生存能力分析是指通过考察项目计算期内的投资、融资和经营活动所产生的各项现金流入和流出，计算净现金流量和累计盈余资金，分析项目是否有足够的净现金流量维持正常运营，以实现财务状况持续良好。相关公式如下：

$$年净现金流量 = 年经营活动净现金流量 + 年投资活动净现金流量$$
$$+ 年筹资活动净现金流量 \tag{3-28}$$

$$累计盈余资金 = \sum_{t=1}^{n} 各年净现金流量 \tag{3-29}$$

【例 3-9】飞扬项目各年净现金流量如表 3-11 所示，试计算第 8 年和第 10 年的累计盈余资金。

表 3-11　例 3-9 飞扬项目各年净现金流量　　　　　　(单位：万元)

| 年数 | 建设期 | | 投产期 | |
|---|---|---|---|---|
| | 1 | 2 | 3 | 4 |
| 净现金流量 | 0 | 0 | −57.9 | 5 714.3 |
| 累计盈余资金 | 0 | 0 | −57.9 | 5 656.4 |

| 年数 | 达产期 | | | | | |
|---|---|---|---|---|---|---|
| | 5 | 6 | 7 | 8 | 9 | 10 |
| 净现金流量 | 4 528.9 | 4 454.6 | 4 454.6 | 3 408.5 | 4 135.8 | 4 135.8 |
| 累计盈余资金 | 10 185.3 | 14 639.9 | 19 094.5 | 22 503.1 | 26 639.9 | 30 774.7 |

## 阅读资料

### 偿债能力财务指标分析

偿债能力分析包括短期偿债能力分析和长期偿债能力分析。短期偿债能力是企业及时、足额偿还流动负债的保证程度，其主要指标有流动比率、速动比率和利息保障倍数。这些比率越高，表明企业短期偿债能力越强，但这些比率在评价短期偿债能力时也存在一定的局限性。

### 1. 流动比率指标

流动比率是用以反映企业流动资产偿还到期流动负债能力的指标。它不能作为衡量企业短期变现能力的绝对标准。

(1) 企业偿还短期债务的流动资产保证程度强，并不说明企业已有足够的偿债资金。所以，考察流动比率时，要视每一项流动资产的短期变现能力，设计一个变现系数，对企业的流动资产进行修正，这样才能得到客观、真实的流动比率。

(2) 计价基础的不一致在一定程度上削弱了流动比率反映短期偿债能力的可靠性。计算流动比率时(速动比率亦如此)，分母中的短期负债较多采用到期值计价，而分子中的流动资产有的采用现值计价(如现金、银行存款)，有的采用历史成本计价(如存货、短期投资)，还有的采用未来价值计价(如应收账款)。计价基础不一致必然导致流动比率反映短期偿债能力的可靠性下降。所以，流动资产的未来价值与短期负债的未来价值之比才能更好地反映企业的短期偿债能力。

(3) 流动比率只反映报告日的静态状况，具有较强的粉饰效应，因此要注意企业会计分期前后的流动资产和流动负债的变动情况。流动资产中各要素所占比例的大小，对企业偿债能力有重要影响，流动性较差的项目所占比例越大，企业偿还到期债务的能力就越差。而企业可以通过瞬时增加流动资产或减少流动负债等方法来粉饰其流动比率，人为操纵其大小，从而误导信息使用者。

### 2. 速动比率指标

速动比率是比流动比率更能反映流动负债偿还的安全性和稳定性的指标。速动比率虽然弥补了流动比率的某些不足，却仍没有全面考虑速动资产的构成。速动资产尽管变现能力较强，但它并不等于企业的现时支付能力。当企业速动资产中含有大量不良应收账款时，或企业的短期股票投资套牢而转化为事实上的长期投资时，即使该比率大于 1，也不能保证企业有很强的短期偿债能力。因此，该比率应与速动资产变现能力、应收账款周转率及坏账准备率等相关指标结合起来分析。

### 3. 利息保障倍数指标

利息保障倍数指标反映了获利能力对债务偿付的保证程度。该指标只能反映企业支付利息的能力和企业举债经营的基本条件，不能反映企业债务本金的偿还能力。同时，企业偿还借款的本金和利息不是用利润支付，而是用流动资产来支付，所以使用这一指标进行分析时，不能说明企业是否有足够多的流动资金偿还债务本息。另外，使用该指标时，还应注意非付现费用问题。从长期来看，企业必须拥有支付其所有费用的资金，但从短期来看，企业的固定资产折旧费用、无形资产摊销等非付现费用，并不需要现金支付，只需从企业当期利润中扣除。因而，有些企业即使在利息保障倍数低于 1 的情况下，也能够偿还其债务利息。

(资料来源：徐群，叶德平. 会计基础. 中华会计网校，2010.2，http://www.chinaacc.com)

# 第二节　基准收益率的确定方法

## 一、基准收益率的影响因素

基准收益率是企业、行业或投资者以动态的观点所确定的投资方案最低标准收益水平。它表明，投资决策者对项目资金时间价值的估价，是投资资金应当获得的最低盈利率水平，是评价和判断投资方案在经济上是否可行的依据，是一个重要的经济参数。基准收益率的确定一般以行业的平均收益率为基础，同时综合考虑资金成本、投资风险、通货膨胀及资金限制影响因素。对于国家投资项目，进行经济评价时使用的基准收益率是由国家组织测定并发布的行业基准收益率；非国家投资项目由投资者自行确定，但要考虑以下因素。

### 1. 资金成本和机会成本 $i_1$

资金成本是为取得资金使用权所支村的费用。项目投资后所获利润额必须能够补偿资金成本，然后才能有利可言。因此，基准收益率最低限度不应小于资金成本。投资的机会成本是指投资者将有限的资金用于除拟建项目以外的其他投资机会所能获得的最好收益。由于资金有限，当把资金投入拟建项目时，将失去从其他投资机会中获得最好收益的机会。显然，基准收益率应不低于单位资金成本和单位投资的机会成本两者的最高值，这样才能使资金得到最有效的利用。这一要求可以用以下公式表达，即

$$i_c \geq i_1 = \max\{\text{单位资金成本，单位投资机会成本}\} \tag{3-30}$$

如项目完全由企业自有资金投资建设，可参考行业基准收益率确定项目基准收益率，这时，可将机会成本等同于行业基准收益率；假如投资项目资金来源包括自有资金和贷款时，最低收益率不应低于行业基准收益率与贷款利率的加权平均收益率。如果有好几种贷款时，贷款利率应为加权平均贷款利率。

### 2. 风险贴补率 $i_2$

在整个项目计算期内，存在着发生不利于项目的环境变化的可能性，这种变化难以预料，即投资者要冒着一定的风险作出决策。所以在确定基准收益率时，仅考虑资金成本、机会成本因素是不够的，还要考虑风险因素。通常，以一个适当的风险贴补率 $i_2$ 来提高 $i_c$ 值。也就是说，以一个收益水平增量补偿投资者所承担的风险，风险越大，贴补率越高。为此，投资者自然就要求获得较高的利润；否则是不愿意去冒险的。为了限制对风险大、盈利低的项目进行投资，可以采取提高基准收益率的办法来进行项目经济评价。

一般来说，从客观上看，资金密集项目的风险高于劳动密集的项目；资产专用性强的项目风险高于资产通用性强的项目；以降低生产成本为目的的项目风险低于以扩大产量、扩大市场份额为目的的项目。从主观上看，资金雄厚的投资主体的风险低于资金拮据者。

### 3. 通货膨胀率 $i_3$

在通货膨胀影响下，各种材料、设备、房屋、土地的价格以及人工费用都会上升，为

反映和评价出拟建项目在未来的真实经济效果，在确定基准收益率时，要考虑通货膨胀因素。

通货膨胀以通货膨胀率$i_3$来表示。通货膨胀率主要表现为物价指数的变化，即通货膨胀率约等于物价指数变化率。由于通货膨胀年年存在，因此，通货膨胀的影响具有复利性质。一般每年的通货膨胀率是不同的，但为了便于研究，常取一段时间的平均通货膨胀率，即在所研究的计算期内，通货膨胀率可视为固定。

### 4. 资金限制

资金越少，越需要精打细算，使之更有效地被利用。为此，在资金短缺的情况下，应通过提高基准收益率的办法进行项目经济评价，以便筛选掉盈利能力较低的项目。

## 二、基准收益率的确定方法

基准收益率的测定可采用代数和法、资本资产定价模型法、加权平均资金成本法、典型项目模拟法、德尔菲专家调查法等，也可同时采用多种方法进行测算，将不同方法测算的结果互相验证，经协调后确定。

### 1. 代数和法

若项目现金流量是按当年价格预测估算的，则应以年通货膨胀率$i_3$修正$i_c$值。这时，基准收益率可近似地用单位投资机会成本、风险贴补率、通货膨胀率的代数和表示，即

$$i_c = (1+i_1)(1+i_2)(1+i_3) - 1 \approx i_1 + i_2 + i_3 \tag{3-31}$$

若项目的现金流量是按基年不变价格预测估算的，预测结果已排除通货膨胀因素的影响，就不再考虑通货膨胀的影响，即

$$i_c = (1+i_1)(1+i_2) - 1 \approx i_1 + i_2 \tag{3-32}$$

上述近似计算的前提条件是$i_1$、$i_2$、$i_3$都为较小的数。

### 2. 资本资产定价模型法

采用资本资产定价模型法(CAPM)测算行业财务基准收益率的公式为

$$k = K_f + \beta(K_m - K_f) \tag{3-33}$$

式中：$k$为权益资金成本；$K_f$为市场无风险收益率；$\beta$为风险系数；$K_m$为市场平均风险投资收益率。

式(3-33)中的风险系数是反映行业特点与风险的重要数值，也是测算工作的重点和基础。应在行业内抽取有代表性的企业样本，以若干年企业财务报表数据为基础，进行行业风险系数测算。

式(3-33)中的市场无风险收益率，一般可采用政府发行的相应期限的国债利率；市场平均风险投资收益率可依据国家有关统计数据测定。

由式(3-33)测算出的权益资金成本，可作为确定财务基准收益率的下限，再综合考虑采用其他方法测算得出的行业财务基准收益率并进行协调后，确定基准收益率的取值。

### 3. 加权平均资金成本法

采用加权平均资金成本法(WACC)测算基准收益率的公式为

$$WACC = K_e \frac{E}{E+D} K_d \frac{D}{E+D} \tag{3-34}$$

式中：WACC 为加权平均资金成本；$K_e$ 为加权益资金成本；$K_d$ 为债务资金成本；$E$ 为股东权益；$D$ 为企业负债。

权益资金与负债的比例可采用行业统计平均值，或者由投资者进行合理设定。债务资金成本为公司所得税后债务资金成本。权益资金成本可采用式(3-33)资本资产定价模型确定。

根据式(3-34)测算出的行业加权平均资金成本，可作为全部投资和财务基准收益率的下限，再综合考虑其他方法将得出的基准收益率进行调整后，确定全部投资行业财务基准收益率的取值。

### 4. 典型项目模拟法

采用典型项目模拟法测算基准收益率，应在合理时间区段内，选择一定数量的具有行业代表性的已进入正常生产运营状态的典型项目，采集实际数据，计算项目的财务内部收益率，并对结果进行必要的分析后确定基准收益率。

### 5. 德尔菲专家调查法

德尔菲(Delphi)专家调查法测算行业财务基准收益率，应统一设计调查问卷，征求一定数量的熟悉本行业情况的专家，依据系统的程序，采用匿名发表意见的方式，通过多轮次调查专家对本行业建设项目财务基准收益率取值的意见，逐步形成专家的集中意见，并对调查结果进行必要的分析，并综合各种因素后确定基准收益率。

通过上述讨论，可进一步认识到，合理地确定基准收益率，对于决策的正确性是极为重要的。要正确确定基准收益率，其基础是资金成本、机会成本，而投资风险、通货膨胀和资金限制也是必须考虑的影响因素。

## 阅读资料

### 德尔菲法的3个特点

德尔菲法是一种利用函询形式进行的集体匿名思想交流过程。它有 3 个明显区别于其他专家预测方法的特点，即匿名性、多次反馈、小组的统计回答。

**1. 匿名性**

因为采用这种方法时所有专家组成员不直接见面，只是通过函件交流，这样就可以消除权威的影响。这是该方法的主要特征。匿名是德尔菲法的极其重要的特点，从事预测的专家彼此互不知道其他有哪些人参加预测，他们是在完全匿名的情况下交流思想的。后来改进的德尔菲法允许专家开会进行专题讨论。

**2. 反馈性**

该方法需要经过 3~4 轮的信息反馈，在每次反馈中使调查组和专家组都可以进行深入研究，使得最终结果基本能够反映专家的基本想法和对信息的认识，所以结果较为客观、可信。小组成员的交流是通过回答组织者的问题来实现的，一般要经过若干轮反馈才能完成预测。

**3. 统计性**

最典型的小组预测结果是反映多数人的观点，少数派的观点至多概括地提及一下，但是这并没有表示出小组的不同意见的状况。而统计回答却不是这样，它报告一个中位数和两个四分点，其中一半落在两个四分点之内，一半落在两个四分点之外。这样，每种观点都包括在这样的统计中，避免了专家会议法只反映多数人观点的缺点。

(资料来源: 专业知识与实务真题库. 经济师中级商业经济专业知识与实务真题. 考试资料网, 2012.10, http://www.ppkao.com)

# 第三节 项目技术方案经济评价

要想正确评价项目技术方案的经济性，仅凭对评价指标的计算及判别是不够的，还必须了解工程项目方案所属的类型，从而按照方案的类型确定适合的评价指标，最终为做出正确的投资决策提供科学依据。

项目方案类型是指一组备选方案之间所具有的相互关系，这种关系类型一般可分为独立方案、互斥方案、相关方案 3 种类型。

## 一、独立方案的经济评价

独立方案是指比较时互不干扰、经济上互不相关的备选取方案组，即选择或放弃其中某个方案，仅取决于该方案自身的经济性，即只需看它是否能够通过净现值、净年值或内部收益率指标的评价标准，选择或放弃该方案，并不影响对其他方案的选择。显然，单一方案是独立方案的特例。

独立方案的实质是看方案是否达到或超过了预定的评价标准利润。欲知这一点，只需通过计算方案的经济效果指标，并按照指标的判别准则加以检验就可做到。这种对方案自身经济性的检验叫作"绝对经济效果检验"。独立方案通过了绝对经济效果检验，就认为方案在经济上是可行的；否则，应予以拒绝。

### 1. 静态评价

对单一方案进行效果静态评价，主要是对项目技术方案的总投资收益率或静态投资回收期 $P_t$ 指标进行计算，并与确定的行业平均投资收益率或基准投资回收期 $P_c$ 进行比较，以此判断方案经济效果的优劣。若方案的总投资收益率大于行业平均投资收益率，则方案是可行的；或者是投资方案的投资回收期 $P_t \leq P_c$，表明方案投资能在规定的时间内收回，方案是可以考虑的。

### 2. 动态评价

对独立方案进行动态经济评价，主要应用净现值 NPV 和内部收益率 IRR 指标进行评价。

应用净现值 NPV 评价时，首先依据现金流量表和确定的基准收益率计算方案的净现值 NPV；根据净现值 NPV 的评价准则，当 NPV≥0，方案在经济上可行的。

应用内部收益率 IRR 时，首先依据现金流量求出 IRR，然后与基准收益率 $i_c$ 进行比较，确定可行方案。项目的内部收益率越大，显示项目技术方案的经济效果越好。

【例 3-10】江城为创建国家卫生文明城市，需要在 3 个不同地点增建大型生活垃圾处理站，现在 3 个独立方案 A、B、C 的现金流量如表 3-12 所示，试判断其经济可行性。项目基准收益率为 $i_c$=15%。

表 3-12　例 3-10 中方案 A、B、C 的现金流量　　　　　(单位：万元)

| 方　案 | 初始投资(0 年) | 年收入 | 年支出 | 寿　命 |
|---|---|---|---|---|
| A | 5000 | 2400 | 1000 | 10 |
| B | 8000 | 3100 | 1200 | 10 |
| C | 10 000 | 4000 | 1500 | 10 |

解：(1) 先计算各方案的 NPV 值，计算结果如下：

$$NPV_A = -5000 + (2400 - 1000)(P/A, 15\%, 10) = 2027 (万元)$$

$$NPV_B = -8000 + (3100 - 1200)(P/A, 15\%, 10) = 1536 (万元)$$

$$NPV_C = -10\ 000 + (4000 - 1500)(P/A, 15\%, 10) = 2547 (万元)$$

由于 $NPV_A$、$NPV_B$、$NPV_C$ 均大于零，故 A、B、C 这 3 个方案均可以接受。

(2) 各方案 NAV 的计算结果如下：

$$NPV_A = -5000(A/P, 15\%, 10) - 1000 + 2400 = 404 (万元)$$

$$NPV_B = -8000(A/P, 15\%, 10) - 1200 + 3100 = 306 (万元)$$

$$NPV_C = -11\ 000(A/P, 15\%, 10) - 1500 + 4000 = 507 (万元)$$

由于 $NPV_A>0$、$NPV_B>0$、$NPV_C>0$，故 A、B、C 这 3 个方案均可接受。

(3) 各方案 IRR 的计算结果如下：

$$-5000 + (2400 - 1000)(P/A, IRR_A, 10) = 0,\ IRR_A = 25\%$$

$$-8000 + (3100 - 1200)(P/A, IRR_B, 10) = 0,\ IRR_B = 30\%$$

$$-10\ 000 + (4000 - 1500)(P/A, IRR_C, 10) = 0,\ IRR_C = 22\%$$

由于 $IRR_A>i_c=15\%$、$IRR_B>i_c$、$IRR_C>i_c$，故 A、B、C 这 3 个方案均可接受。

从上例可见，对于独立方案，不论采用净现值、净年值和内部收益率中哪种评价指标，评价结论都是一样的。

## 二、互斥方案的经济评价

互斥方案是在若干备选方案中，各个方案彼此是相互代替关系，具有排他性；选择其中任何一个方案，则其他方案必须被排斥。例如，有 3 家建筑企业以各自的施工方案投标竞争一个旧厂房的改造工程，此时，招标方原则上只能选择其中一家企业的施工方案，而不能同时选择两家或 3 家的施工方案。互斥方案可以按以下因素进行分类。

(1) 按服务寿命长短不同，投资方案可分为：

① 相同寿命的方案，即参与对比或评价方案的寿命期均相同。

② 不同寿命的方案，即参与对比或评价方案的寿命期均不相同。

③ 无限寿命的方案，即大型基础设施和市政工程可视为无限寿命的工程，如大型水坝、运河工程等。

(2) 按规模不同，投资方案可分为：

① 相同模型的方案，即参与对比或评价的方案具有相同的产出量或容量，在满足相同功能方面具有一致性和可比性。

② 不同模型的方案，参与评价的方案具有不同的产出量或容量，在满足相同功能方面不具有一致性和可比性。

对互斥方案进行比较是技术经济评价工作的重要组成部分，也是寻求合理决策的必要手段。

对互斥方案的评价一般包括两个步骤：一是考虑各方案自身的经济性，即根据评价标准进行绝对经济效果检验；二是在符合基本要求的方案中考察哪个方案相对较优，即进行相对经济效果检验，特别在使用比率指标评价互斥方案时，两个步骤缺一不可。在使用价值性指标评价互斥方案时，仅进行绝对经济效果检验就能选择最佳方案。但在下列两种情况下可以只进行价值性指标对经济效果检验，就能选择最佳方案：一是在众多互斥方案中必须选择其中之一；二是各方案仅有且仅需计算费用现金流量。

【小贴士】需要注意的是，在进行相对经济效果评价时，不论使用哪种指标，都必须满足方案的可比条件。

## (一) 互斥方案的静态评价

互斥方案常用增量总投资收益率、增量静态投资回收期等评价指标进行相对经济效果的静态评价。

### 1. 增量投资收益率法

增量投资所带来的成本上的节约与增量投资之比就叫增量投资收益率。增量投资收益率法就是通过计算互斥方案的增量投资收益率，以此判断互斥方案相对经济效果，据此选择方案。

【例 3-11】飞扬科技服务公司拟购进一台工程复印机，市面上有 A、B 两种型号的机器均满足需要且效率基本相同，A 型设备为两年前生产，价格低，但经营成本较高；B 型设备为刚刚上市的新设备，价格高，但经营成本低。这样，价格高的 B 型设备就与价格低的 A 型设备形成了增量投资，同时也形成了经营成本的节约。

现设 $I_1$、$I_2$ 分别为 A、B 设备的投资额，$C_1$、$C_2$ 为 A、B 设备的经营成本。

如 $I_1 > I_2$，$C_1 < C_2$，则增量投资收益率为

$$R_{(2-1)} = \frac{C_1 - C_2}{I_2 - I_1} \times 100\% \tag{3-35}$$

若计算出来的增量投资收益率大于基准投资收益率，则投资大的方案可行，它表明投资的增量 $I_2 - I_1$ 完全可以由经营费的节约 $C_1 - C_2$ 得到补偿；反之，投资小的方案为优。

式(3-35)仅适用于对比方案的产出量(或生产率、年营业收入)相同的情形。当对比方案的生产率(或产出量)不同时，则先要做产量等同化处理，然后再计算追加投资利润率。

产量等同化处理的方法有两种。

(1) 用单位生产能力投资和单位产品经营成本计算。

即用方案 1、2 的产量 $Q_1$、$Q_2$，分别除对应的投资或经营成本，得到单位产品投资或单位产品经营成本。$R_{(2-1)}$ 的计算式为

$$R_{(2-1)} = \frac{\dfrac{C_1}{Q_1} - \dfrac{C_2}{Q_2}}{\dfrac{I_2}{Q_2} - \dfrac{I_1}{Q_1}} \times 100\% \tag{3-36a}$$

(2) 用扩大系数计算。

以两个方案年产量最小公倍数作为方案的年产量，这样达到产量等同化。

$$R_{(2-1)} = \frac{C_1 b_1 - C_2 b_2}{I_2 b_2 - I_1 b_1} \times 100\% \tag{3-36b}$$

式中，$b_1$、$b_2$ 分别为方案 2 年产量扩大倍数。$b_1$、$b_2$ 必须满足 $Q_1 b_1 = Q_2 b_2$，即 $Q_1 / Q_2 = b_2 / b_1$。

以上两种产量等同化处理方法是一致的。但要注意，式(3-36a)和式(3-36b)计算的追加投资收益不是两个原方案的，而是产量等同化后的两个新方案的追加投资利润率，比较结果只作方案比选用。

当两个对比方案不是同时投入使用时，其增量投资利润率 $R'_{(2-1)}$ 的计算式为

$$R'_{(2-1)} = \frac{C_1 - C_2}{I_2 - I_1 \pm \Delta k} \times 100\% \tag{3-37}$$

式中，$\Delta k$ 为某一方案提前投入使用的投资补偿额。当第 1 方案提前使用时，取 $+\Delta k$；当第 2 方案提前使用时，取 $-\Delta k$。

### 2. 增量投资回收期法

增量投资回收期就是用互斥方案经营成本的节约或增量净收益来补偿其增量投资的年限。计算式为

$$R_{t(2-1)} = \frac{I_2 - I_1}{C_1 - C_2} \tag{3-38}$$

计算出来的增量投资回收期，若小于基准投资回收期，则投资大的方案就是可行的；反之，选投资小的方案。

同样，当对比方案的生产率(或产出量)不同时，增量投资的回收期为

$$R_{t(2-1)} = \frac{\dfrac{I_1}{Q_2} - \dfrac{I_2}{Q_1}}{\dfrac{C_1}{Q_2} - \dfrac{C_2}{Q_1}} \tag{3-39a}$$

$$R_{t(2-1)} = \frac{I_2 b_2 - I_1 b_1}{C_1 b_1 - C_2 b_2} \tag{3-39b}$$

以上两个公式计算的增量投资回收期同样也不是两个原方案的，而是产量等同化处理后的两个新方案的增量投资回收期，比较结果可作方案的比选用。

当两个对比方案不是同时投入使用时，增量投资回收期为

$$R_{t(2-1)} = \frac{I_2 - I_1 \pm \Delta k}{C_1 - C_2} \qquad (3\text{-}40)$$

## (二) 互斥方案的动态评价

动态评价强调利用时间价值将不同时间内资金的流入和流出，换算成同一时点的价值，从而消除方案时间上的不可比性，并能反映方案在未来时期的发展变化情况。常用的互斥方案经济效果动态评价指标有净现值 NPV、净年值 NAV、内部收益率 IRR 等。

### 1. 计算期相同的互斥方案经济评价

#### 1) 净现值(NPV)法

对互斥方案评价，首先分别计算各个方案的净现值，剔除 NPV<0 的方案，即进行方案的绝对效果检验；然后进行相对效果检验，即对所有 NPV≥0 的方案比较其净现值，选择净现值最大的方案为最佳方案。此为净现值评价互斥方案的判断准则，即净现值不小于零且为最大的方案是最优可行方案。

【例 3-12】3 个等寿命互斥方案如表 3-13 所示，试用净现值法选择最佳方案。基准收益率为 15%。

表 3-13　例 3-12 互斥方案的现金流量表　　　　　　　　(单位：元)

| 方　案 | 初始投资 | 年净收益 | 寿　命 |
|---|---|---|---|
| A | 10 000 | 2800 | 10 |
| B | 16 000 | 3800 | 10 |
| C | 20 000 | 5000 | 10 |

**解**：(1) 计算各方案的绝对效果并检验。

$\text{NPV}_A = -10\,000 + 2800(P/A, 15\%, 10) = 4053.2\,(元)$

$\text{NPV}_B = -16\,000 + 3800(P/A, 15\%, 10) = 3072.2\,(元)$

$\text{NPV}_C = -20\,000 + 5000(P/A, 15\%, 10) = 5095\,(元)$

由于 $\text{NPV}_A$、$\text{NPV}_B$、$\text{NPV}_C$ 均大于零，故 3 个方案均通过了绝对经济效果检验。即 3 个方案均可行。

(2) 计算 3 个方案的相对效果并确定相对最优方案。

$\Delta\text{NPV}_{A-B} = 4053.2 - 3072.2 = 981(元)$

$\Delta\text{NPV}_{A-B} > 0$，故认为 A 方案优于 B 方案。

$\Delta\text{NPV}_{C-A} = 5095 - 4053.2 = 1041.8\,(元)$

由于 $\Delta\text{NPV}_{C-A} > 0$，故认为 C 方案优于 A 方案。

(3) 由于 3 个方案均通过绝对效果检验，且相对效果检验的结论是 C 方案最优。故应选择 C 方案而拒绝 A 方案和 B 方案。

从上例可以看到，只有通过绝对效果检验的最优方案才是唯一应被接受的方案；对于净现值法而言，可表达为净现值不小于 0 且净现值最大的方案是最优可行方案。

在技术经济分析中，对方案所产生的效益相同(或基本相同)，但效益无法或很难用货币直接计量的互斥方案进行比较时，常用费用现值 PC 比较替代净现值进行评价。采用费

用现值只能进行相对效果评价，故当在若干方案中必须选择其一且若干方案都是可行方案时，才能以费用现值较低的方案作为最佳方案，费用现值的表达式为

$$PC = \sum_{t=0}^{n} CO_t (1+i_c)^{-t} \tag{3-41}$$

2) 净年值(NAV)法

净年值评价与净现值评价是等价的(或等效的)。如果用与净现值等效的净年值评价。判别准则是净年值大于或等于零且净年值最大的方案是最优可行方案。

【例 3-13】3 个等寿命互斥方案如表 3-14 所示，试用净年值确定最佳方案。基准收益率为 15%。

表 3-14　例 3-13 互斥方案的现金流量表　　　　　　　　(单位：元)

| 方　案 | 初始投资 | 年净收益 | 寿　命 |
|---|---|---|---|
| A | 10 000 | 2800 | 10 |
| B | 16 000 | 3800 | 10 |
| C | 20 000 | 5000 | 10 |

**解：** $NAV_A = -10\ 000(A/P, 15\%, 10) + 2800 = 807.5 (元)$

$NAV_B = -16\ 000(A/P, 15\%, 10) + 3800 = 611.2 (元)$

$NAV_C = -20\ 000(A/P, 15\%, 10) + 5000 = 1015 (元)$

据 NAV 计算结果，知方案 C 最优，与 NPV 的结论一致。

在技术经济分析中，当各方案所产生的效益相同，或者当各方案所产生的效益无法或很难用货币直接计量时，可以用费年值(annual cost，AC)替代净年值(NAV)进行评价，经费用年值(AC)较低的方案为最佳。表达式为

$$AC = \left[ \sum CO_t (1+i_c)^{-t} \right] \times \frac{i_c \times (1+i_c)^t}{(1+i_c)^t - 1} \tag{3-42}$$

3) 增量内部收益率( $\Delta IRR$ )法

增量投资内部收益率 $\Delta IRR$ 是两方案各年净现金流量的差额的现值之和等于零时的折现率，表达式为

$$\Delta NPV(\Delta IRR) = \sum_{t=0}^{n} (A_{1t} - A_{2t})(1 + \Delta IRR)^{-t} \tag{3-43}$$

式中： $A_{1t} = (CI - CO)_{1t}$ 为初始投资大的方案年净现金流量； $A_{2t} = (CI - CO)_{2t}$ 为初始投资小的方案年净现金流量。

【例 3-14】试采用 IRR 指标对表 3-15 中 3 个可替代新产品生产方案 A、B、C 进行选优。基准收益率为 15%。

表 3-15　例 3-14 中 3 个方案现金流量表　　　　　　　(单位：万元)

| 方　案 | 初始投资 | 年净收益 | 寿　命 |
|---|---|---|---|
| A | 100 | 28 | 10 |
| B | 160 | 38 | 10 |
| C | 200 | 50 | 10 |

**解:** (1) 先采用 IRR 对 3 个方案进行绝对效果检验。

$$NPV_A = -100 + 28 \times \frac{(1+IRR)^{10}-1}{IRR \times (1+IRR)^{10}} = 0, \quad IRR_A = 25\%$$

$$NPV_B = -160 + 38 \times \frac{(1+IRR)^{10}-1}{IRR \times (1+IRR)^{10}} = 0, \quad IRR_B = 20\%$$

$$NPV_C = -200 + 50 \times \frac{(1+IRR)^{10}-1}{IRR \times (1+IRR)^{10}} = 0, \quad IRR_C = 21.55\%$$

用 IRR 进行绝对效果检验的结论是方案 A 最优，与 NPV、NAV 绝对效果检验的结论 C 最优不一致。说明 IRR 不能只进行绝对效果检验，还必须进行相对效果检验。

(2) 采用 IRR 对 3 个方案进行相对效果检验。

用任何指标评价，方案 B 都没有优势，故应被淘汰，只需对 A 和 C 进行相对效果检验。

$$-(200-100) + (50-28) \times \frac{(1+\Delta IRR)^{10}-1}{\Delta IRR \times (1+\Delta IRR)^{10}} = 0, \quad \Delta IRR_{C-A} = 17.13\%$$

这说明 C 方案比 A 方案多投的 100 万元增量投资能产生 17.13%的回报，高于基准收益率 15%，故投资大的 C 方案优于 A 方案。

增量内部收益率法也可用于仅有费用的现金流量的互斥方案比选。在这种情况下，实际上是把增量投资所导致的对其他费用的节约看成是增量收益。

应用内部收益率 IRR 评价互斥方案的经济效果基本步骤如下:

(1) 将各方案按初始投资额由小到大依次排列。

(2) 计算各备选方案的 $IRR_j$，分别与基准收益率 $i_c$ 比较，$IRR_j < i_c$ 的方案，即予以淘汰。

(3) 将 $IRR_j \geqslant i_c$ 的方案依次用初始投资大的方案的现金流量减去初始投资小的方案的现金流量，形成增量投资方案。

(4) 按初始投资由小到大依次计算相邻两个方案的增量内部收益率 $\Delta IRR$，若 $\Delta IRR > i_c$，说明初始投资大的方案优于初始投资小的方案，保留投资大的方案;反之，则保留投资小的方案。直至全部方案比较完毕，保留的方案就是最优方案。

【例 3-15】飞科工程项目有 4 个可能的厂外运输方案(见表 3-16)。基准收益率 $i_c$ 为 10%。试用内部收益率法选择最佳方案。

表 3-16 例 3-15 中 4 个方案的现金流量图

| 方 案 | 线 路 | | | |
|---|---|---|---|---|
| | A | B | C | D |
| 初始投资/万元 | -300 | -412.5 | -285 | -525 |
| 年净收益/万元 | 33 | 52.5 | 29.25 | 63 |
| 寿命/年 | 30 | 30 | 30 | 30 |

**解:** 按照内部收益率法评价互斥方案的步骤，评价结果如表 3-17 所示。

普通高校经济管理类立体化教材 · 基础课系列

表3-17 增量内部收益率评价结果表 (单位：万元)

| 检验 | 方案 | A | B | C | D |
|---|---|---|---|---|---|
| 绝对效果 | 初始投资 | −300 | −412.5 | −285 | −525 |
| | 年净收益 | 33 | 52.5 | 29.25 | 63 |
| | 寿命/年 | 30 | 30 | 30 | 30 |
| | 内部收益率 | 10.49% | 12.4% | 9.63% | 11.59% |
| 可行与否 | | 可 | 可 | 否 | 可 |
| 相对效果 | 对比方案 | | B−A | | D−B |
| | 增量投资 | | −112.5 | | −112.5 |
| | 增量收益 | | 19.5 | | 10.5 |
| | 增量内部收益率 | | 17.28% | | 8.55% |
| 选定方案 | | | B | | B |

由于 D 方案与 B 方案形成的增量投资收益率为 8.55%，小于基准收益率 10%，故应选方案 D。

### 2. 计算期不同的互斥方案经济评价

以上所讨论的都是对比方案的计算期相同的情形。然而，现实中很多方案的计算期往往是不同的。这时必须对计算期做出某种假定，使计算期不等的互斥方案能在一个共同的计算期基础上进行比较，以保证得到合理的结论。

1) 净年值(NAV)法

用净年值进行寿命不等的互斥方案经济效果评价，实际上隐含着做出这样一种假定：各备选方案在其寿命结束时均可按原方案重复实施以与原方案经济效果水平相同的方案接续。净年值是以"年"为时间单位比较各方案的经济效果，一个方案无论重复实施多少次，其净年值都是不变的，从而使寿命不等的互斥方案间具有可比性。故净年值更适适用于评价具有不同计算期的互斥方案的经济效果。

对各备选方案净现金流量的净年值(NAV)进行比较，以 NAV≥0 且 NAV 最大者为最优方案。

在对寿命不等的互斥方案进行比选时，净年值是最为简便的方法，它比内部收益率IRR 在方案评价时更为简便。同时，用等值年金，可不考虑计算期的不同，故它也较净现值NPV 简便，当参加比选的方案数目众多时，尤其如此。

2) 净现值(NPV)法

由前述已知，净现值(NPV)是价值型指标，其用于互斥方案评价时必须考虑时间的可比性，即在相同的计算期下比较净现值(NPV)的大小。常用方法有最小公倍数法和研究期法。

最小公倍数法又称方案重复法，是以各备选方案计算期的最小公倍数作为方案比选的共同计算期，并假设各个方案均在这样一个共同的计算期内重复进行，即各备选方案在其计算期结束后，均可按与其原方案计算期内完全相同的现金流量系列周而复始地循环下去直到共同的计算期。在此基础上计算出各个方案的净现值，以净现值最大的方案为最佳方案。

【小贴士】利用最小公倍数法有效地解决了寿命不等的方案之间净现值的可比性问题。但这种方法所依赖的方案可重复实施的假定不是在任何情况下都适用的。对于某些不可再生资源开发型项目，在进行计算期不等的互斥方案比选时，方案可重复实施的假定不再成立，这种情况下就不能用最小公倍数法确定计算期。有的时候最小公倍数法求得的计算期过长，甚至远远超过所需的项目寿命期或计算期的上限，这就降低了所计算方案经济效果指标的可靠性和真实性，故也不宜用最小公倍数法。

针对上述最小公倍数法的不足，对计算期不相等的互斥方案，可采用另一种确定共同计算期的方法——研究期法。这种方法是根据对市场前景的预测，直接选取一个适当的分析期作为各个方案的计算期。这样不同期限的方案就转化为相同期限的方案了。

研究期的确定一般以互斥方案中的年限最短或最长方案的计算期作为互斥方案评价的共同研究期。当然也可取得所期望的计算期为共同研究期。通过比较各个方案在该研究期内的净现值来对方案进行比选，以净现值最大的方案为最佳方案。

对于计算期短于共同研究期的方案，仍可假定其计算期完全相同地重复延续，也可按新的不同的现金流量序列延续。

【小贴士】对于计算期比共同研究期长的方案，要对其在研究期以后的现金流量余值进行估算，并回收余值。该项余值估算的合理性及准确性，对方案比选的结论有重要影响。

【例 3-16】已知表 3-18 中数据，试用 NPV、NPVR 指标进行方案比较，设基准收益率 $i_c$ 为 10%。

表 3-18　例 3-16 数据表

| 方案 | 方案 A | 方案 B |
|---|---|---|
| 投资/万元 | 3500 | 5000 |
| 年收益值/万元 | 1900 | 2500 |
| 年支出值/万元 | 645 | 1383 |
| 估计寿命/年 | 4 | 8 |

**解**：绘制现金流量图，如图 3-10 所示。

第一，采用净现值指标评价

(1) 利用各方案研究期的最小公倍数计算，本例即为 8 年的研究期(见图 3-11)。

$\text{NPV(A)} = -3500[1 + (P/F, 10\%, 4)] + 1255(P/A, 10\%, 8)$

$\quad\quad\quad = -3500(1 + 0.6830) + 1255 \times 5.3349 = 804.80(万元)$

$\text{NPV(B)} = -5000 + 1117(P/A, 10\%, 8) = -5000 + 1117 \times 5.3349$

$\quad\quad\quad = 959.08(万元)$

故选 B 方案。

(2) 取年限短的方案计算期作为共同的研究期，本例为 4 年，设第 4 年末和第 8 年末初期投入所形成的固定资产余值均为零。

1900−645=1255(万元)

方案 A

0  1  2  3  4

$i_c = 10\%$

3500 万元

2500−1383=1 117(万元)

方案 B

0  1  2  3  4  5  6  7  8

$i_c = 10\%$

5000 万元

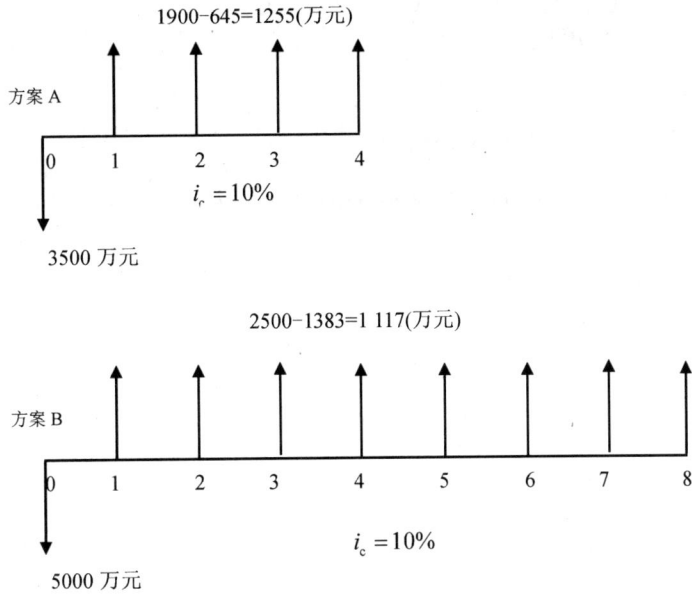

图 3-10　例 3-16 中现金流量图

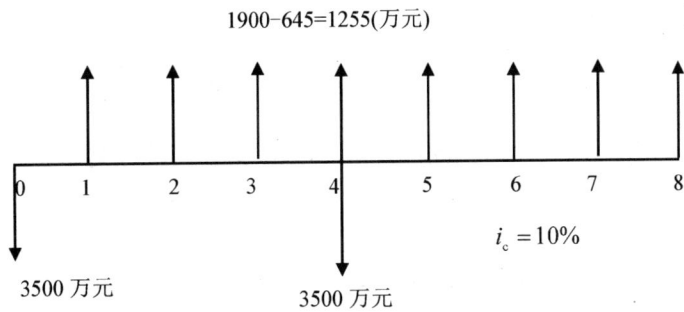

1900−645=1255(万元)

0  1  2  3  4  5  6  7  8

$i_c = 10\%$

3500 万元　　　　　　3500 万元

图 3-11　例 3-16 中方案 A NPV 最小公倍数评价法现金流量图

$$NPV(A) = -3500 + 1255(P/A, \ 10\%, \ 4) = -3500 + 1255 \times 3.1699$$
$$= 478.22(万元)$$
$$NPV(B) = [-5000(A/P, \ 10\%, \ 8) + 1117(P/A, \ 10\%, \ 4)$$
$$= (-5000 \times 0.1875 + 1117) \times 3.1699 = 570.58(万元)$$

故选 B 方案。

第二，采用净现值率(NPVR)指标评价

$$NPVR(A) = 478.22/3500 = 0.1366$$

或

$$NPVR(A) = 804.80/3500[1 + (P/F, \ 10\%, \ 4)]$$
$$= 804.80/5000 = 0.1366$$
$$NPVR(B) = 959.08/5000 = 0.1918$$

或

$$NPVRB = 570.58/[5000A/P, 10\%, 8(P/A, 10\%, 4)]$$
$$= 570.58/2970.92 = 0.1920$$

故应选 B 方案。

### 3. 无限计算期的互斥方案经济评价

在实践中，经常会遇到具有很长服务期的项目，如跨江大桥、城市地铁、民航机场等。评价这些项目技术方案的经济性，可以把它们近似地当作具有无限计算期的方案，采用净现值、净年值指标进行处理。

1) 净现值(NPV)法

将等额年金按无限期折算为现值的计算式为

$$P = A(P/A, i_c, n) = A\left[\frac{(1+i)^n - 1}{n(1+i)^n}\right]$$

当 $n \to \infty$，有

$$P = \frac{A}{i} \tag{3-44}$$

式(3-44)被称为"资本化成本"公式。

对于无限期互斥方案采用净现值法比较的判别准则是：净现值不小于 0 且净现值最大的方案是最优方案。

对于仅有或仅需计算费用现金流量且对比方案的产出基本相同时，可采用现值法进行比选。其评价判据是：费用现值最小的方案为优。

【例 3-17】杭州市某河上建大型水坝，有 A、B 两处选址方案如表 3-19 所示，若社会折现率为 8%，试比较何者为优。

表 3-19　例 3-17 方案的费用现金流量　　　　　　　　　(单位：万元)

| 方案 | A | B |
|------|------|------|
| 一次投资(0 年) | 3080 | 2230 |
| 年维护费 | 1.5 | 0.8 |
| 再投资 | 5(每 10 年一次) | 4.5(每 5 年一次) |

**解：** 两个方案的费用现值计算如下：

$$PC_A = 3080 + \frac{1.5 + 5(A/F, 8\%, 10)}{8\%} = 3103.06\,(万元)$$

$$PC_B = 2230 + \frac{0.8 + 4.5(A/F, 8\%, 5)}{8\%} = 2249.59\,(万元)$$

由计算结果可知，方案 B 为优。

2) 净年值(NAV)法

由式(3-44)可推出无限期的等额年金计算式为

$$A = P \times i \tag{3-45}$$

对于无限期互斥方案采用净年值法比较的判别准则是：净年值不小于 0 且净年值最大的方案为最优方案。

普通高校经济管理类立体化教材·基础课系列

对于仅有或仅需计算费用现金流量且对比方案的产出基本相同时，可以采用费用年值法进行比选。其评价判据是：费用年值最小的方案为优。

**【例 3-18】**两种疏浚灌溉渠道的技术方案，一种是用挖泥机清除渠底淤泥，另一种在渠底铺设永久性混凝土板，两种方案的费用流量如表 3-20 所示。试比较两方案的优劣。社会折现率为 8%。

表 3-20 例 3-18 方案的费用现金流量 (单位：万元)

| 方案 A | 费 用 | 方案 B | 费 用 |
|---|---|---|---|
| 购买挖泥土设备(寿命 10 年) | 65 | 河底混凝土板(无限寿命) | 650 |
| 挖泥设备残值 | 7 | 年维护费 | 1 |
| 年运营费 | 34 | 混凝土板维修(5 年一次) | 10 |

**解：**计算两个方案的费用值。

$$AC_A = 65(A/P,\ 8\%,\ 10) - 7(A/F,\ 8\%,\ 10) + 34$$
$$= 65 \times 0.149 - 7 \times 0.069 + 34 = 43.202(万元)$$
$$AC_B = 650 \times 8\% + 10(A/F,\ 8\%,\ 5) + 1$$
$$= 650 \times 8\% + 10 \times 0.1705 + 1 = 54.705(万元)$$

根据计算结果，方案 A 优于方案 B。

# 三、相关方案的经济评价

要进行经济评价的相关方案包括现金流量相关方案、资金有限相关方案、混合相关方案。

## 1. 现金流量相关方案

现金流量相关方案是指各方案的现金流量之间相互影响，即方案间不完全互斥，也不完全互补，但如果若干方案中任一方案的取舍会导致其他方案现金流量的变化，这些方案之间也具有相关性。例如，一个过江交通项目有两个考虑方案，一个是建桥方案 A，另一个是轮渡方案 B。两个方案都是收费的，由于受客流量的影响，任一方案的实施或放弃都会影响另一方案的现金流量。

对现金流量相关方案不能简单地按照独立方案或互斥方案的评价方法来分析，而应首先确定方案之间的相关性，对其现金流量之间的相互影响做出准确的估计，然后根据方案之间的关系，把方案组成互斥方案。例如，跨江收费项目的建桥方案 A 或轮渡方案 B，可以考虑的方案有方案 A、方案 B 和 AB 混合方案。在 AB 混合方案中，方案 A 的收入将因另一个方案 B 的存在而受到影响。最后按照互斥方案的评价方法对组合方案进行比选。

**【例 3-19】**甲、乙两城市之间可建一条公路和一条铁路。仅建一条公路或铁路的净现金流量，如表 3-21 所示。若两个项目都上，由于客货运分流的影响，两项目都将减少净收入，其净现金流量如表 3-22 所示。试用净现值指标进行决策，基准收益率为 10%。

表 3-21　公路、铁路独立建设的现金流量　　　　　　（单位：百万元）

| | 年　数 | 0 | 1 | 2 | 3～32 |
|---|---|---|---|---|---|
| 方案 | 铁路 A | −300 | −300 | −300 | 150 |
| | 公路 B | −150 | −150 | −150 | 90 |

表 3-22　公路、铁路同时建设的现金流量　　　　　　（单位：百万元）

| | 年　数 | 0 | 1 | 2 | 3～32 |
|---|---|---|---|---|---|
| 方案 | 铁路 A | −300 | −300 | −300 | 120 |
| | 公路 B | −150 | −150 | −150 | 52.5 |
| | A+B | −450 | −450 | −450 | 172.5 |

**解：** 先将两个相关方案组合成 3 个互斥方案，然后分别计算其净现值。

$$NPV_A = -300[1 + (P/F, 10\%, 1)] + (P/F, 10\%, 2)$$
$$+ 150 \times (P/A, 10\%, 30)(P/F, 10\%, 2)$$
$$= -300 \times 2.7355 + 150 \times 7.79 = 347.91(百万元)$$

$$NPV_B = -150 \times 2.7355 + 90 \times 7.79 = 290.81(百万元)$$

$$NPV_{A+B} = -450 \times 2.7355 + 172.5 \times 7.79 = 112.87(百万元)$$

可见，在 3 个互斥方案中，A 方案净现值最大，故 A 方案为最优可行方案。

若用净年法和内部收益率对表 3-22 中的互斥方案进行评价选优，也可得到相同的结论。

### 2. 资金有限相关方案

在若干可采用的独立方案中，如果有资源约束条件，如受资金、劳动、材料、设备及其他资源拥有量限制，则只能从中选择一部分方案实施。例如，现有独立 A、B、C、D 方案，它们所需的投资分别为 20 000 元、12 000 元、8000 元、6000 元。现若资金总额限量为 20 000 元时，除 A 方案具有完全的排他性，其他方案由于所需金额不大，可以互相结合。这样，可能选择的方案共有 A、B、C、D、B+C、B+D、C+D 等 7 个组合方案。因此，当受某种资源约束时，独立方案可以组成多种组合方案，这些组合方案之间是互斥的。

在若干独立方案比较和选优过程中，最常见的约束是资金的约束。对于独立方案的比选，如果没有资金的限制，只要方案本身的 NPV≥0 或 IRR ≥$i_c$，方案就可行。但在有明确的资金限制时，受资金总拥有量的约束，不可能采用所有经济上合理的方案，只能从中选择一部分方案实施，这就出现了资金合理分配问题，此时独立方案在约束条件下成为相关的方案。有资金约束条件下的独立方案选择，其根本原则在于有限的资金获得最大的经济利益。评价方法有互斥方案组合法和净现值率排序法。

#### 1) 互斥方案组合法

在有资金约束条件下独立方案的比选，由于每个独立方案都有两种可能——选择或者拒绝，故 $N$ 个独立方案可以构成 $2^N - 1$ 个组合方案。每个方案组合可以看成一个满足约束条件的互斥方案，这样按互斥方案的经济评价方法可以选择一个符合准则的可行方案组合。因此，有约束条件的独立方案的选择可以通过方案组合转化为互斥方案的比选。

**【例 3-20】** 飞天科技公司 2014 年度有 4 个相互独立的技术攻关方案，各方案的有关数据列于表 3-23 中，该公司本年度可用于技术改造的资金计划为 400 万元，试用净现值指标选择可实施的方案组合。基准收益率为 10%。

表 3-23　方案相关数据　　（单位：万元）

| 独立方案 | 初始投资 | 净现值 NPV | NPVR |
|---|---|---|---|
| A | 200 | 180 | 0.9 |
| B | 240 | 192 | 0.8 |
| C | 160 | 112 | 0.7 |
| D | 200 | 130 | 0.65 |

**解：** 首先，列出互斥的组合方案 $2^4-1=15$ 个，如表 3-24 所示。

表 3-24　组合方案 NPV 计算表　　（单位：万元）

| 组合号 | 组合方案 * A | B | C | D | 投　资 | 可行与否 | NPV |
|---|---|---|---|---|---|---|---|
| 1 | 1 | 0 | 0 | 0 | 200 | √ | 180 |
| 2 | 0 | 1 | 0 | 0 | 240 | √ | 192 |
| 3 | 0 | 0 | 1 | 0 | 160 | √ | 112 |
| 4 | 0 | 0 | 0 | 1 | 200 | √ | 130 |
| 5 | 1 | 1 | 0 | 0 | 440 | × | 372 |
| 6 | 1 | 0 | 1 | 0 | 360 | √ | 292 |
| 7 | 1 | 0 | 0 | 1 | 400 | √ | 310* |
| 8 | 0 | 1 | 1 | 0 | 400 | √ | 304 |
| 9 | 0 | 1 | 0 | 1 | 440 | × | 322 |
| 10 | 0 | 0 | 1 | 1 | 360 | √ | 242 |
| 11 | 1 | 1 | 1 | 0 | 600 | × | 484 |
| 12 | 1 | 1 | 0 | 1 | 640 | × | 502 |
| 13 | 1 | 0 | 1 | 1 | 560 | × | 422 |
| 14 | 0 | 1 | 1 | 1 | 600 | × | 434 |
| 15 | 1 | 1 | 1 | 1 | 800 | × | 614 |

注："1"表示方案入选；"0表示方案不入选；"*"表示最佳方案组合。

其次，保留投资额不超过投资 400 万元且净现值不小于 0 的组合方案，淘汰其余组合方案。保留的组合方案中净现值最大的即为最优可行方案组合。本例中第 7 组方案(A+D)的净现值最大，为 310 万元。

在有资金约束条年下运用互斥方案组合进行比选，其优点是在各种情况下均能保证获得最佳组合方案，但缺点是在方案数目较多时计算比较繁琐。

2) 净现值率排序法

净现值率(NPVR)大小说明该方案单位投资所获得的净效益大小。应用 NPVR 评价方案时，将净现值率不小于零的各个方案按净现值率的大小依次排序，并依此次序选取方案，直至所选取的方案组合的投资总额最大限度地接近或等于投资限额为止。

按净现值率排序选择项目方案，其基本思想是单位投资的净现值越大，在一定投资限额内所能获得的净现值总额就越大。

净现值率排序法的优点是计算简便。但是，由于投资项目的不可分性，净现值率排序法在许多情况下，不能保证现有资金的充分利用，不能达到净现值最大的目标。只有在各方案投资预算的比例很小时，它才能达到或者接近于净现值最大的目标。

【例 3-21】远中集团公司年度投资预算为 2000 万元，备选方案的数据如表 3-25 所示。试按净现值率做出方案选择。基准收益率为 12%。

表 3-25　例 3-21 备选方案选优过程表　　　　　　　　　（单位：万元）

| 方　案 | 第 0 年投资 | 1～10 各年净收入 | NPV | NPVR | 排　序 |
|---|---|---|---|---|---|
| A | -160 | 38 | 54.7 | 0.34 | 1 |
| B | -160 | 34 | 32.1 | 0.20 | 2 |
| C | -240 | 50 | 42.5 | 0.177 | 3 |
| D | -240 | 48 | 31.2 | 0.13 | 4 |
| E | -200 | 40 | 26 | 0.13 | 4 |
| F | -220 | 44 | 28.6 | 0.13 | 4 |
| G | -300 | 56 | 16.4 | 0.055 | 5 |
| H | -240 | 44 | 8.6 | 0.036 | 6 |
| I | -200 | 36 | 3.4 | 0.017 | 7 |
| J | -280 | 50 | 2.5 | 0.009 | 8 |

按净现值率从大到小顺序选择方案且满足资金约束条件的方案为 A、B、C、D、E、F、G、H、I，所用资金总额为 1960 万元。

### 3. 混合相关方案

混合方案是指在一组备选方案中，既有互补方案又有替代方案，既有互斥方案又有独立方案。对于这种类型的项目决策，需要认真研究诸方案的相互关系，最终选择不是单个方案，而是最佳的方案组合。

【小贴士】在经济效果评价前，分清项目方案属于何种类型是非常重要的，因为方案类型不同，其评价方法、选择和判断的尺度也会不同。

对混合相关型方案评价，不管项目间是独立的/互斥的或是有约束的，它们的解法都一样，即把所有的投资方案的组合排列出来，计算评价指标，然后进行排序和取舍。

【例 3-22】东飞重型机械制造厂有 5 个投资方案 $A_1$、$A_2$、$B_1$、$B_2$ 及 C，它们各自的现金流量及净现值如表 3-26 所示。5 个投资方案之间的关系是：$A_1$ 及 $A_2$ 互斥，$B_1$ 及 $B_2$ 互斥，$B_1$ 及 $B_2$ 都从属于 $A_2$，C 从属于 $B_1$。设定资金限额为 220 万元，试选择出最优的投资组合方案，基准收益率为 10%。

表3-26 例3-22中各方案现金流量及净现值 （单位：万元）

| 投资方案 | 投资建议 | | | | | NPV |
|---|---|---|---|---|---|---|
| | 0 | 1 | 2 | 3 | 4 | |
| $A_1$ | −200 | 80 | 80 | 80 | 80 | 53.6 |
| $A_2$ | −120 | 48 | 48 | 48 | 48 | 32.0 |
| $B_1$ | −56 | 18 | 18 | 18 | 18 | 1.06 |
| $B_2$ | −60 | 20 | 20 | 20 | 20 | 3.6 |
| C | −40 | 24 | 24 | 24 | 24 | 36 |

**解**：5项投资建议共可组合5个互斥的投资方案，如表3-27所示。显然这些方案都未超过投资限额220万元。采用净现值指标分析，方案5的净现值最高，应优先采纳。

表3-27 组合互斥方案NPV计算表 （单位：万元）

| 组合号 | 组合方案 | | | | | 投 资 | NPV |
|---|---|---|---|---|---|---|---|
| | $A_1$ | $A_2$ | $B_1$ | $B_2$ | C | | |
| 1 | 1 | 0 | 0 | 0 | 0 | −200 | 53.6 |
| 2 | 0 | 1 | 0 | 0 | 0 | −120 | 32 |
| 3 | 0 | 1 | 1 | 0 | 0 | −176 | 33.06 |
| 4 | 0 | 1 | 0 | 1 | 0 | −180 | 35.6 |
| 5 | 0 | 1 | 1 | 0 | 1 | −216 | 71.6* |

注："*"表示最优方案。

## 阅读资料

### IRR评价与NPV评价矛盾

通常采用NPV评价方案，但IRR比较直观，它表示项目所能承担的最大贷款利率。另外，也较难确定NPV法中合适的折现率。因此，NPV与IRR的结合使用有助于全面评价投资项目的经济效益，然而对于互斥方案，NPV与IRR评价的结论常不一致，原因是由于IRR不能对"差额现金流"(differential cash flow)作出正确的反应。差额现金流是指互斥方案(mutually exclusive proposals)现金流的差。差额现金流的出现可能是由于投资费用的差别，也可能是由于投资回收速度的快慢，或者两者兼而有之。

一般地说，当NPV与IRR发生分歧时，NPV总是值得考虑的。这是因为NPV是绝对数，它能自动地评价互斥方案的差额现金流问题。

(资料来源：投资方案经济效果评价. 小木虫学术科研第一站，2014.11, http://emuch.net)

# 本 章 小 结

在技术经济分析中，经济评价方法是判定技术方案对社会贡献大小或资源节约程度的重要手段，是技术经济分析的核心内容。其目的在于保证项目决策的正确性和科学性，避免或降低项目实施后的风险，明了技术方案的盈利水平，最大限度地提高项目的综合经济效果。本章主要介绍经济评价指标体系、盈利能力分析指标、偿债能力分析指标、基准收益率的影响因素等内容。通过对本章知识的学习，使读者掌握经济的评价方法。

# 自 测 题

## 一、选择题

1. （    ）是在不考虑资金时间价值的条件下，以方案的净收益回收项目全部投资所需的时间。

    A. 静态投资回收期　　　　　　　　B. 动态投资回收期

    C. 投资回收期　　　　　　　　　　D. 预测回收期

2. 盈利能力分析指标包括（    ）。

    A. 静态投资回收期　　　　　　　　B. 动态投资回收期

    C. 总投资收益率　　　　　　　　　D. 净现值

3. 偿债能力分析指标包括（    ）。

    A. 利息备付率　　　　　　　　　　B. 偿债备付率

    C. 资产负债率　　　　　　　　　　D. 净现值

4. 权益资金与（    ）的比例可采用行业统计平均值，或者由投资者进行合理设定。

    A. 利息　　　　B. 负债　　　　C. 资产　　　　D. 偿债

5. （    ）也称已获利息倍数，指项目在借款还期内各年可用于支付利息的息税前利润与当期应付利息费用的比值。

    A. 利息备付率　　　　　　　　　　B. 偿债备付率

    C. 资产负债率　　　　　　　　　　D. 净现值

## 二、判断题

（    ）1. 评价项目技术方案经济效果的好坏，一方面取决于基础数据的完整性和可靠性，另一方面取决于选取的评价指标的合理性。

（    ）2. 对互斥方案评价，首先分别计算各个方案的净现值，剔除 NPV>0 的方案，即进行方案的绝对效果检验。

（    ）3. 混合方案是指在一组备选方案中，既有互补方案，又有替代方案，既有互斥方案，又有独立方案。

（    ）4. 基准收益率的测定可采用代数和法、资本资产定价模型法、加权平均资金成本法、典型项目模拟法、德尔菲专家调查法等方法，也可同时采用多种方法进行测算，将不同方法测算的结果互相验证，经协调后确定。

## 三、简答题

1. 简述什么是净年值。

普通高校经济管理类立体化教材·基础课系列

2. 简述什么是净现值。

## 四、案例分析

两个收益相同的互斥方案 A 与 B 的费用现金流量如表 3-28 所示。试在两个方案中选择最佳方案。基准收益率为 10%。

表 3-28　互斥方案的费用现金流量表

| 方案 | A | B | 增量费用现金流量(B-A) |
|------|-----|-----|------------------------|
| 初始投资/万元 | 150 | 225 | 75 |
| 年费用支出/万元 | 17.52 | 9.825 | −7.695 |
| 寿命/年 | 15 | 15 | |

# 第四章　资产评估原理与方法

## 【学习要点及目标】

通过对本章内容的学习，掌握资产的定义与分类、资产的评估的定义与特点、资产评估基本要素。掌握资产评估的基本方法，如成本法、收益法、市场法。学习房地产评估、机器设备评估。

## 【关键概念】

重置核算法　观测法　直接比较法　类比调整法

## 【引导案例】

待估对象为一新开发土地，因无收益记录和市场参照物，只得采用成本法进行评估，有关数据如下：拆迁补偿、安置费为 5 万元/亩，其他费用(含税费)为 3 万元/亩，开发费用为 1.5 亿元/km²，当地银行贷款年利率为 9%，土地开发周期为两年，第一年投资占总投资的 3/4，利润率为 10%，土地所有权收益为土地成本的 10%。试估算该地产的市场价值。

**解：**(1) 估算每平方米土地的取得费用和开发费用。

拆迁补偿、安置费用：50000÷667=75 元/m²

其他费用：30000÷667=45 元/m²

土地取得费用合计：75 元/m² +45 元/m² =120 元/ m²

土地开发费用：150000000÷1000000=150 元/ m²

每平方米土地的取得费用和开发费用合计为：120+150=270 元/m²

(2) 计算利息。

土地取得利息：$120×[(1+9\%)^2 -1]=22.572$

土地开发利息：$150×3/4×[(1+9\%)^{1.5} -1]+50×1/4×[(1+9\%)^{0.5} -1]$

$\qquad\qquad\qquad =15.525+1.65=17.175$

总利息：22.572+17.175=39.7(元/m²)

(3) 计算利润：270×10%=27(元/m²)。

(4) 计算土地成本：270+39.7+27=336.7(元/m²)。

(5) 计算待估土地公平市场价值：336.7×(1+10%)=370.37(元/m²)。

土地公平市场价值为 370.37 元/m²，近似等于 370 元/m²。

# 第一节　资产评估的基本概念

资产评估是市场经济的产物，其业务涉及企业间的产权转让、资产重组、破产清算、资产抵押以及财产保险、财产纳税等经济行为。经过 100 多年的发展，资产评估已经成为现代市场经济中发挥基础性作用的专业服务行业之一。

# 一、资产的定义与分类

### 1. 资产的定义

资产在资产评估中是最基本、最重要，也是使用频率较高的一个概念，理论界对此尚无统一定义。经济学中的资产泛指特定经济主体拥有或控制的，能够给特定经济主体带来经济利益的经济资源。会计学中的资产是指过去的交易或事项形成并由企业拥有或控制的资源，该资源预期会给企业带来经济利益。在国际评估准则中，强调资产的权益——"评估工作的对象与其说是有形资产或无形资产，不如说是有形资产或无形资产的所有权或所有者的权益"。而美国的 USPAP(the Uniform Standards of Professional Appraisal Practice)虽然没有对资产定义的描述，但却将资产划分为不动产、动产、无形资产和珠宝首饰等，它们强调"资产的权利事实"。评估学中所说的资产既具有经济资源的属性，强调收益性，又强调权利构成。

### 2. 资产的分类

资产作为资产评估的客体，存在多种多样的形式，为了科学地进行资产评估，可以对资产进行分类。

(1) 按资产存在形态分类，可以分为有形资产和无形资产。有形资产是指那些具有实物形态的资产，包括机器设备、房屋建筑物和流动资产等。由于这类资产具有不同的功能和特性，在评估时应分别进行。无形资产是指那些没有实物形态，但在很大程度上制约着企业物质产品生产能力和生产质量，直接影响企业经济效益的资产，主要包括专利权、商标权、非专利技术、土地使用权、商誉等。

(2) 按资产的构成和是否具有综合获利能力分类，可以分为单项资产和整体资产。单项资产是指单台、单件的资产；整体资产是指一组单项资产组成的具有整体获利能力的资产综合体。

(3) 按资产能否独立存在分类，可以分为可确指的资产和不可确指的资产。可确指的资产是指能独立存在的资产，前面所列示的有形资产和无形资产，除商誉以外都是可确指的资产；不可确指的资产是指不能脱离企业有形资产而单独存在的资产，如商誉。商誉是指企业基于地理位置优越、信誉卓著、生产经营出色、劳动效率高、历史悠久、经验丰富、技术先进等原因，所获得的投资收益高于一般正常投资收益率所形成的超额收益资本化的结果。

(4) 按资产与生产经营过程的关系分类，可以分为经营性资产和非经营性资产。经营性资产是指处于生产经营过程中的资产，如企业中的机器设备、生产用厂房、交通工具等。经营性资产又可按是否对盈利产生贡献分为有效资产和无效资产。非经营性资产是指处于生产经营过程以外的资产。

(5) 按现行企业会计制度及其资产的流动性分类，可以分为流动资产、长期投资、固定资产和无形资产等。

【小贴士】根据我国注册资产评估师考试辅导教材对资产的解释，资产具有以下 3 个基本特征。

(1) 资产必须是经济主体拥有或控制的，依法取得财产权利是经济主体拥有并支配资产的前提条件。

(2) 资产是能够给经济主体带来经济利益的资源，即可能给经济主体带来现金流入的资源。也就是说，资产具有能够带来未来利益的潜在能力。

(3) 资产必须能以货币计量，也就是说，资产价值能够运用货币进行计量；否则不能作为资产确认。

## 二、资产评估的定义与特点

资产评估经历了上百年的发展，评估范围在不断扩展，现在资产评估不仅已成为一个独立的行业，而且资产评估已成为一个约定俗成的概念和专业术语。目前学术界和执业界对资产评估比较共识的表述为：资产评估是专业机构和人员，按照国家法律、法规和资产评估准则，根据特定目的，遵循评估原则，依照相关程序，选择适当的价值类型，运用科学方法，对资产价值进行分析、估算并发表专业意见的行为和过程。

理解资产评估的特点对提高资产评估质量具有重要意义，一般来说，资产评估具有以下 6 个方面的特点。

(1) 动态性。

资产评估工作的动态性表现在两个方面：一是评估时不仅考虑现有资产目前的价格，还要考虑其可能实现的预期收益；二是资产评估不仅在经营前取得资产时进行，必要时还可以在经营过程中和经营终止后进行再评估。

(2) 市场性。

资产评估是适应市场经济要求的专业中介服务活动，其基本目标就是根据资产业务的不同性质，通过模拟市场条件对资产价值做出经得起市场检验的评定估算和报告。

(3) 公正性。

公正性是指资产评估行为服务于资产业务的需要，而不是服务于资产业务当事人的任何一方的需要。公正性的表现有两点：一是资产评估按公允、法定的准则和规程进行，公允的行为规范和业务规范是公正性的技术基础；二是评估人员是与资产业务没有利害关系的第三者，这是公正性的组织基础。

(4) 专业性。

资产评估是专业人员的活动，从事资产评估业务的机构应由一定数量和不同类型的专家及专业人士组成。一方面，这些资产评估机构形成专业化分工，使得评估活动专业化；另一方面，评估机构及其评估人员对资产价值的估计判断也都是建立在专业技术知识和经验的基础之上的。

(5) 咨询性。

咨询性是指资产评估结论是为资产业务提供专业化的评估意见，该意见本身并无强制执行的效力，评估师只对结论本身是否合乎职业规范要求负责，而不对资产业务定价决策负责。事实上，资产评估为资产交易提供的估价往往由当事人作为要价和出价的参考，最终的成交价取决于当事人的决策动机、谈判地位和谈判技巧等综合因素。

(6) 预测性。

资产评估的预测性是指用资产未来时空的获利潜能说明现实。

## 三、资产评估基本的评估要素

资产评估作为一种评价过程，要经历若干评估步骤和程序，同时也会涉及以下基本的评估要素。

(1) 评估主体，即从事资产评估的机构和人员，他们是资产评估工作的主导者。我国对汽车评估机构和人员有严格的要求和限制。

(2) 评估客体，即被评估的资产，它是资产评估的具体对象，也叫评估对象。汽车评估客体不仅仅是车辆本身，有时还包括与车辆相关的无形资产，如评估长途客运车辆时，往往还包括线路营运权等。

(3) 评估目的，即资产业务引发的经济行为对资产评估结果的要求，或资产评估结果的具体用途。它直接或间接地决定和制约资产评估的条件以及价值类型的选择。

(4) 评估依据，即资产评估工作所遵循的法律、法规、经济行为文件、重大合同协议以及收费标准和其他参考依据。

(5) 评估原则，即资产评估的行为规范，是调节评估当事人各方关系、处理评估业务的行为准则。

(6) 评估程序，即资产评估工作从开始准备到最后结束的工作程序。

(7) 评估价值类型，即对评估价值的规定，它对资产评估参数的选择具有约束性。

(8) 评估方法，即资产评估所运用的特定技术，是分析和判断资产评估价值的手段和途径。

(9) 资产评估假设，即资产评估得以进行的前提条件假设等。

(10) 资产评估基准日，即资产评估价值对应的时点。

## 四、资产评估的目的

资产评估的目的有资产评估一般目的和特定目的之分。资产评估一般目的包含着特定目的，而资产评估特定目的则是一般目的的具体化。

### 1. 资产评估的一般目的

资产评估的一般目的或资产评估的基本目标是由资产评估的性质及其基本功能决定的。资产评估作为一种专业人士对特定时点及特定条件约束下资产价值进行估计和判断的社会中介活动，它一经产生就具有为委托人以及资产交易当事人提供合理的资产价值咨询意见的功能。不论是资产评估的委托人，还是与资产交易有关的当事人，他们所需要的无非是评估师对资产在一定时间及一定条件约束下公允价值的判断。如果暂且不考虑资产交易或引起资产评估的特殊需求。资产评估所要实现的一般目的只能是资产在评估时点的公允价值。

公允价值是一个有着广泛意义的概念，是会计、资产评估等专业和行业广泛使用的专业术语。资产评估中的公允价值是一个相对抽象的价值概念。它是对评估对象在各种条件下与评估条件相匹配的合理的评估价值的抽象。评估对象在各种条件下与评估条件相匹配的合理的评估价值，是泛指相对于当事人各方的地位、资产的状况及资产面临的市场条件的合理的评估价值。它是评估人员根据被评估资产自身的条件及其面临的市场条件，对被评估资产客观价值的合理估计值。资产评估中公允价值的一个显著特点，是它与相关当事人的地位、资产的状况及资产所面临的市场条件相吻合。

**2. 资产评估的特定目的**

资产评估作为一种资产价值的判断活动，总是为满足特定资产业务的需要而进行的。据我国资产评估实践表明，资产业务主要有：资产转让，企业兼并，企业出售，企业联营，股份经营，中外合资、合作，企业清算，担保，企业租赁，债务重组等。

(1) 资产转让。资产转让是指资产拥有单位有偿转让其拥有的资产，通常是指转让非整体性资产的经济行为。

(2) 企业兼并。企业兼并是指一个企业以承担债务、购买、股份化和控股等形式有偿接收其他企业的产权，使被兼并方丧失法人资格或改变法人实体的经济行为。

(3) 企业出售。企业出售是指独立核算的企业或企业内部的分厂、车间及其他整体资产产权出售的行为。

(4) 企业联营。企业联营是指国内企业、单位之间以固定资产、流动资产、无形资产及其他资产投入组成各种形式的联合经营实体的行为。

(5) 股份经营。股份经营是指资产占有单位实行股份制经营方式的行为，包括法人持股、内部职工持股、向社会发行不上市股票和上市股票。

(6) 中外合资、合作。中外合资、合作是指我国的企业和其他经济组织与外国企业和其他经济组织或个人在我国境内举办合资或合作经营企业的行为。

(7) 企业清算。包括破产清算、终止清算和结业清算。

(8) 担保。担保是指资产占有单位，以本企业的资产为其他单位的经济行为担保，并承担连带责任的行为。担保通常包括抵押、质押、保证等。

(9) 企业租赁。企业租赁是指资产占有单位在一定期限内，以收取租金的形式，将企业全部或部分资产的经营使用权转让给其他经营使用者的行为。

(10) 债务重组。债务重组是指债权人按照其与债务人达成的协议或法院的裁决同意债务人修改债务条件的事项。

(11) 引起资产评估的其他合法的经济行为。

# 五、资产评估的假设

资产评估与其他学科一样，其理论体系和方法体系的确立也是建立在一系列假设基础之上的，其中交易假设、公开市场假设、持续使用假设和清算假设是资产评估中的基本前提假设。

## 1. 交易假设

交易假设是资产评估得以进行的一个最基本的前提假设。交易假设是假定所有待评估资产已经处在交易过程中，评估师根据待评估资产的交易条件等模拟市场进行估价。资产评估其实是在资产实施交易之前进行的一项专业服务活动，而资产评估的最终结果又属于资产的交换价值范畴。为了发挥资产评估在资产实际交易之前为委托人提供资产交易底价的专家判断的作用，同时又能够使资产评估得以进行，利用交易假设将被评估资产置于市场交易中，模拟市场进行评估就成为可能。

交易假设一方面为资产评估得以进行创造了条件；另一方面它明确限定了资产评估外部环境。资产评估不能脱离市场条件而孤立地进行。

### 2. 公开市场假设

公开市场假设是对资产拟进入的市场的条件，以及资产在这样的条件下接受何种影响的一种假设说明或限定。公开市场假设的关键在于认识和把握公开市场的实质和内涵。就资产评估而言，公开市场是指充分发展与完善的市场条件，是一个有资源的买者和卖者的竞争性市场，在这个市场上，买者和卖者的地位是平等的，彼此都有获取足够市场信息的机会和时间，买卖双方的交易行为都是在自愿的、理智的，而非强制或不受限制的条件下进行的。事实上，现实中的市场条件未必真能达到上述公开市场的完善程度。公开市场假设就是假定存在较为完善的公开市场，被评估资产将要在这样一种公开市场中进行交易。当然公开市场假设也是基于市场客观存在的现实，即资产在市场上可以公开买卖这样一种客观事实为基础的。

由于公开市场假设假定市场是一个充分竞争的市场，资产在公开市场上实现的交换价值隐含着市场对该资产在当时条件下有效使用的社会认同。

公开市场假设旨在说明一种充分竞争的市场条件，在这种条件下，资产的交换价值受市场机制的制约并由市场行情决定，而不是由个别交易决定。

【小贴士】公开市场假设是资产评估中的一个重要假设，其他假设都是以公开市场假设为基本参照。公开市场假设也是资产评估中使用频率较高的一种假设，凡是能在公开市场上交易、用途较为广泛或通用性较强的资产，都可以考虑按公开市场假设前提进行评估。

### 3. 持续使用假设

持续使用假设也是对资产拟进入的市场条件，以及在这样的市场条件下的资产状态的一种假定性描述或说明。该假设首先设定被评估资产正处于使用状态，包括正在使用中的资产和备用的资产；其次根据有关数据和信息，推断这些处于使用状态的资产还将继续使用下去。持续使用假设既说明了被评估资产面临的市场条件或市场环境，同时着重说明了资产的存续状态。按照通行的说法，持续使用假设又细分为 3 种具体情况：一是在用续用；二是转用续用；三是移地续用。在用续用指的是处于使用中的被评估资产在产权发生变动或资产业务发生后，将按其现行正在使用的用途及方式继续使用下去。转用续用则是指被评估资产将在产权变动发生后或资产业务发生后，改变资产现时的使用用途，调换新的用途继续使用下去。移地续用是说被评估资产在产权变动发生后或资产业务发生后，改变资产现在的空间位置，转移到其他空间位置上继续使用。

由于持续使用假设是在一定市场条件下对被评估资产使用状态的一种假定说明，在持续使用假设前提下的资产评估及其结果的适用范围常常是有限制的。在许多场合下评估结果并没有充分考虑资产用途替换，它只对特定的买者和卖者是公平合理的。

【小贴士】持续使用假设也是资产评估中的一个非常重要的假设，尤其在我国，经济体制处于转轨时期，市场发育尚未完善，资产评估活动大多与老企业的存量资产产权变动有关。因此，被评估对象经常处于或被推定在持续使用的假设前提下。充分认识和掌握持续使用假设的内涵和实质，对于我国的资产评估来说有着重要意义。

### 4. 清算假设

清算假设是对资产拟进入的市场条件的一种假定说明或假定。具体而言，是对资产在非公开市场条件下被迫出售或快速变现条件的假定说明。清算假设首先是基于被评估资产面临清算或具有潜在的被清算的事实或可能性，再根据相应数据资料推定被评估资产处于被迫出售或快速变现的状态。由于清算假设假定被评估资产处于被迫出售或快速变现条件之下，被评估资产的评估值通常要低于在公开市场假设前提下或持续使用假设前提下同样资产的评估值。因此，在清算假设前提下的资产评估结果的适用范围是非常有限的。当然，清算假设本身的适用也是较为特设的。

## 六、资产评估的工作原则

### 1. 资产评估工作原则

资产评估工作的性质决定了资产评估机构及其资产评估师在执业过程中应坚持独立、客观公正和专业服务等工作原则。

1) 独立性原则

资产评估中的独立性原则包含有两层含义：一是评估机构本身应是独立的、不依附他人的社会中介组织，在利益上和业务各方无任何联系；二是在执业过程中，评估工作人员应坚持独立的第三者地位，进行独立公正的评估。

2) 科学性原则

要求资产评估机构和评估人员必须遵循科学的评估标准，制定科学的评估方案，采用科学的评估方法进行工作。

3) 客观公正原则

评估机构和工作人员在评估工作中要以实际材料为基础，以事实和事物发展的内在规律为依据，以求实态度为指针，实事求是地得出评估结果。

### 2. 资产评估经济技术原则

资产评估经济技术原则是指在资产评估执业过程中的一些技术规范和业务准则。它们为评估人员在执业过程中的专业判断提供技术依据和保证。经济技术原则主要包括以下内容。

1) 预期收益原则

预期收益原则是以技术原则的形式概括出资产及其资产价值的最基本的决定因素。资产之所以有价值是因为它能带来未来经济利益，资产价值的高低主要取决于它能为其所有者或控制者带来的预期收益量的多少。

2) 供求原则

资产的价值评估必须分析市场上的供求关系，假定在其他条件不变的前提下，资产的价格随着需求的增长而上升，随着供给的增加而下降。尽管资产价格随着供求变化并不成固定比例变化，但变化的方向都带有规律性。评估人员在判断资产价值时应充分考虑供求关系。

3) 贡献原则

贡献原则是预期收益原则的一种具体化原则。它要求资产价值的高低要由该资产的贡献来决定。贡献原则主要适用于构成某整体资产的各组成要素资产的贡献，或者是当整体资产缺少该项要素时资产将蒙受的损失。

4) 替代原则

按市场规律，在同一市场上，具有相同使用价值和质量的商品，应有大致相同的交换价值。在资产评估中确实存在着评估数据、评估方法等的合理替代问题，正确运用替代原则是公正进行资产评估的重要保证。

5) 评估时点原则

市场变化，资产价值也会随着市场条件的变化而不断变化。为保证资产评估结果可以被市场检验，在资产评估时，必须假定市场条件固定在某一时点，这一时点就是评估基准日，也叫估价日期。它为资产评估提供了一个时间基准。资产评估的评估时点原则要求资产评估必须有评估基准日，而且评估值就是评估基准日的资产价值。

# 阅读资料

## 汽车鉴定评估要素

在对旧机动车鉴定评估过程中，一般要涉及以下基本的评估要素。

(1) 鉴定评估的主体。

鉴定评估的主体即是从事汽车鉴定评估的机构和人员，是汽车鉴定评估工作中的主导者。在汽车鉴定评估业务中，对汽车鉴定评估的主体资格有严格的限制条件，如鉴定评估人员必须获得劳动和社会保障部(局)颁发的二手车鉴定评估师证书，才能取得相应的职业资格。

(2) 鉴定评估的客体。

鉴定评估的客体即是待评估的车辆，是鉴定评估的具体对象。被评估车辆可以按照不同的标准进行分类。如按照公安机关管理分类，可分为大型汽车和小型汽车；依据旧标准按用途分类，可分为货车、越野汽车、自卸汽车、牵引汽车、专用汽车、客车、轿车。国家标准《汽车和挂车类型的术语和定义》(GB/T 3730.2—2001)抛弃了传统的汽车分类标准，将汽车类别从货车、越野车、自卸车、牵引汽车、专用汽车、客车和轿车等大类分为乘用车和商用车两大类。

根据国家标准，乘用车可定义为：在其设计和技术特性上主要用于载运乘客及其随身行李和/或临时物品的汽车，包括驾驶员座位在内最多不超 9 个座位。它也可以牵引一辆挂车。商用车可定义为：在设计和技术特性上用于运送人员和货物的汽车，并且可以牵引挂车。乘用车不包括在内。

按照车辆的用途，可以将机动车分为营运车辆和非营运车辆及特种车辆。其中营运车辆又可细分为公路客运、出租客运、旅游客运、货运、租赁等几种类型。特种车辆又可分为警用、消防、救护和工程抢险等若干种车型。

合理、科学地对机动车进行分类，有利于在评估过程中进行信息资料的收集和应用。如同一种车型，由于其用途不同，车辆在用状态所需要的税费就会有较大的差别，其重置成本的构成也往往差异较大。

(3) 鉴定评估的依据。

鉴定评估的依据也就是汽车鉴定评估工作所遵循的法律、法规、经济行为文件、合同协议以及收费标准和其他参考依据。

(4) 鉴定评估的目的。

鉴定评估的目的即是汽车鉴定评估所要服务的经济行为是什么。汽车鉴定评估的目的往往直接影响着车辆评估方法的选择。

(5) 鉴定评估原则。

鉴定评估原则就是汽车鉴定评估的行为规范，是调节车辆评估当事人各方关系、处理鉴定评估业务的行为准则。

(6) 鉴定评估程序。

鉴定评估程序即汽车鉴定评估工作从开始准备到最后结束的工作程序。

(7) 鉴定评估的价值类型。

鉴定评估的价值类型即对车辆评估价值的质的规定，它对评估方法的选择具有约束性。如要评估车辆的现行市价，则宜选择现行市价法进行评估；如要评估车辆的重置成本，则要使用重置成本法。

(8) 鉴定评估方法。

鉴定评估方法即汽车鉴定评估所运用的特定技术，它是实现机动车评估价值的手段和途径。目前就4种评估方法的可操作性而言，最常使用重置成本法对车辆的价值进行评定和估算。

以上8种要素构成了汽车鉴定评估活动的有机整体。它们之间相互依托，是保证汽车鉴定评估工作正常进行和评估价值科学性的重要因素。

（资料来源：天腾. 技术经济学.资产评估要素，2012.2）

# 第二节　资产评估的方法

资产评估方法是实施资产评估工作的技术手段。它是在工程技术、统计、会计等学科中的技术方法的基础上，结合自身特点形成的一整套方法体系。资产评估方法与其他学科的技术方法既有联系又有区别。区别就在于资产评估将其他学科的技术方法按照资产评估运作的内在要求，用资产评估的技术思路加以重组，从而构成了资产评估方法体系。

该体系由多种具体资产评估方法构成，这些方法按分析原理和技术路线不同可以归纳为3种基本类型，即成本法、收益法和市场法。

# 一、成本法

成本法是指首先估测被评估资产的重置成本，然后估测被评估资产业已存在的各种贬损因素，并将其从重置成本中予以扣除，而得到被评估资产价值的各种评估方法的总称。

(1) 成本法的理论基础。

生产费用价值论；资产的价值取决于购建时的成本耗费。

(2) 成本法的评估思路：评估值=重置成本-各项贬损。

用成本法对资产进行评估的基本公式为

资产评估值=资产的重置成本-资产实体性贬值-资产功能性贬值-资产经济性贬值

$$=重置成本×成新率-功能性损耗-经济性损耗 \tag{4-1}$$

$$资产评估值=重置成本×综合成新率 \tag{4-2}$$

【小贴士】成本法的基本前提包括以下 3 点。

(1) 被评估资产处于持续使用状态或被假定处于持续使用状态。

(2) 应当具备可利用的历史资料，同时，现时资产与历史资产具有相同性或可比性。

(3) 形成资产价值的耗费是必需的。

## (一) 重置成本的计算

资产的重置成本就是资产的现行再取得成本，包括复原重置成本和更新重置成本。

(1) 复原重置成本是指采用与评估对象相同的材料、建筑或制造标准、设计、规格及技术等，以现时价格水平重新购建与评估对象相同的全新资产所发生的费用。

(2) 更新重置成本是指采用新型材料，先进建筑或制造标准，新型设计、规格和技术等，以现行价格水平购建与评估对象具有同等功能的全新资产所需的费用。

【小贴士】复原重置成本与更新重置成本的相同点与不同点。

相同点：均采用现行价格计算。

不同点：采用的材料、标准、设计等方面存在差异，但是并未改变基本功能。

注意：有条件情况下，尽可能选择更新重置成本。

重置成本的计算方法多种多样，常见的有重置核算法、价格指数法、功能价值类比法。

### 1. 重置核算法

重置核算法亦称细节分析法、核算法等，它是利用成本核算的原理，根据重新取得资产所需的费用项目逐项计算，然后累加得到资产的重置成本，包括购买型和自建型。

购买型是以购买资产的方式作为资产的重置过程，资产的重置成本具体是由资产的现行购买价格、运杂费、安装调试费以及其他必要费用构成。

自建型是以自建资产作为资产重置方式，它根据重新建造资产所需的料、工、费及必要的资金成本和开发者的合理收益等分析和计算出资产的重置成本。

资产的重置成本应包括开发者的合理收益：其一，重置成本是按在现行市场条件下重新购建一项全新资产所支付的全部货币总额，应该包括资产开发和制造商的合理收益；其二，资产评估旨在了解被估资产模拟条件下的交易价格，一般情况下，价格都应该含有开发者或制造者合理收益部分。

资产重置成本中的收益部分的确定，应以现行行业或社会平均资产收益水平为依据。

【例 4-1】重置购建设备一台，现行市场价格每台 5 万元，运杂费 1000 元，直接安装成本 800 元，其中原材料 300 元，人工成本 500 元。根据统计分析，计算求得安装成本中的间接成本为每元人工成本 0.8 元，该机器设备重置成本为

| | |
|---|---|
| 直接成本 | =50000+1000+800=51 800 元 |
| 其中：买价 | 50 000 元 |
| 运杂费 | 1 000 元 |
| 安装成本 | 800 元 |
| 其中：原材料 | 300 元 |
| 人工费 | 500 元 |
| 间接成本(安装成本) | 400 元 |
| 重置成本合计 | 52 200 元 |

采用核算法的前提是能够获得处于全新状态的被估资产的现行市价。

该方法可用于计算复原重置成本，也可用于计算更新重置成本。

### 2．价格指数法

价格指数法是利用与资产有关的价格变动指数，将被估资产的历史成本(账面价值)调整为重置成本的一种方法。其计算式

$$重置成本=资产的账面原值×价格变动指数 \qquad (4-3)$$

【例 4-2】某被估资产购建于 2010 年，账面原值为 50 000 元，当时该类资产的价格指数为 95%，评估时该类资产的价格指数为 160%，则：

$$被估资产重置成本=50 000×(160\%÷95\%)×100\%=84 210(元)$$

又如，被估资产账面价值为 200 000 元，2010 年建成，2014 年进行评估，经调查已知同类资产环比价格指数分别：2010 年为 11.7%、2011 年为 17%、2012 年为 30.5%、2013 年为 6.9%、2014 年为 4.8%，则被估资产重置成本：200 000×(1+11.7%)(1+17%)(1+30.5%)(1+6.9%)(1+4.8%)×100%=200 000×191%=382 000(元)。

> 【小贴士】价格指数法与重置核算法的区别。
>
> (1) 价格指数法估算的重置成本，仅考虑了价格变动因素，因而确定的是复原重置成本；而重置核算法既考虑了价格因素，也考虑了生产技术进步和劳动生产率的变化因素，因而可以估算复原重置成本和更新重置成本。
>
> (2) 价格指数法建立在不同时期的某一种或某类甚至全部资产的物价变动水平上；而重置核算法建立在现行价格水平与购建成本费用核算的基础上。

### 3. 功能价值类比法

功能价值法，也称生产能力比例法。这种方法是寻找一个与被评估资产相同或相似的资产为参照物，根据参照资产的重置成本及参照物与被评估资产生产能力的比例，估算被

评估资产的重置成本。计算式为

$$被评估资产重置成本＝参照物重置成本×(被评估资产年产量／参照物年产量) \quad (4-4)$$

【例 4-3】某重置全新的一台机器设备价格 5 万元，年产量为 5000 件。现知被评估资产年产量为 4000 件，由此可以确定其重置成本：

$$被评估资产重置成本＝50\,000×4000/5000＝40\,000(元)$$

### (二) 实体性贬值的测算方法

资产的实体性贬值的估测一般可以选择以下几种方法估测。

#### 1．观测法(成新率法)

由具有专业知识和丰富经验的工程技术人员对被评估资产的实体各主要部位进行技术鉴定，并综合分析资产的设计、制造、使用、磨损、维护、修理、大修理、改造情况和物理寿命等因素，将评估对象与其全新状态相比较，考察由于使用磨损和自然损耗对资产的功能、使用效率带来的影响，判断被评估资产的成新率，从而估算实体性贬值。计算式为

$$资产实体性贬值＝重置成本×(1－实体性成新率) \quad (4-5)$$

其中：

$$实体性成新率＝1－实体性贬值率$$

#### 2．使用年限法

使用年限法是利用被评估资产的实际已使用年限与其总使用年限的比值来判断其实体贬值率(程度)，进而估测资产的实体性贬值。其表达式为

$$资产的实体性贬值＝\frac{重置成本－预计贬值}{总使用年限}×实际已使用年限 \quad (4-6)$$

式中，预计残值是指被评估资产在清理报废时净收回的金额。在资产评估中，通常只考虑数额较大的残值，若残值数额较小可以不计；总使用年限指的是实际已使用年限与尚可使用年限之和。

$$总使用年限＝实际已使用年限＋尚可使用年限$$

$$实际使用年限＝名义使用年限×资产利用率$$

名义已使用年限是指资产从购进使用到评估时的年限。名义已使用年限可通过会计记录、资产登记簿、登记卡片查询确定。

实际已使用年限是指资产在实际使用中实际损耗的年限。实际已使用年限与名义已使用年限的差异，可以通过资产利用率来调整。

资产利用率计算式

$$资产利用率＝\frac{截止评估日累计实际利用时间}{截止评估日累计法定利用时间}×100\% \quad (4-7)$$

(1) 当资产利用率＞1 时，表示资产超负荷运转，资产实际已使用年限比名义已使用年限要长。

(2) 当资产利用率=1 时，表示资产满负荷运转，资产实际已使用年限等于名义已使用年限。

(3) 当资产利用率<1 时，表示开工不足，资产实际已使用年限小于名义已使用年限。

【例 4-4】某资产 2005 年 2 月购进，2015 年 2 月评估时，名义已使用年限是 10 年。根据该资产技术指标，正常使用情况下，每天应工作 8h，该资产实际每天工作 7.5h。由此可以计算资产利用率为

$$资产利用率 = 10 \times 360 \times 7.5 \div (10 \times 360 \times 8) \times 100\% = 93.75\%$$

由此可确定其实际已使用年限为 9.4 年。

尚可使用年限是根据资产的有形损耗因素，预计资产的继续使用年限。

### (三) 资产的功能性贬值测算方法

功能性贬值是由于技术相对落后造成的贬值。

(1) 根据资产的效用、生产加工能力、工耗、物耗、能耗水平等功能方面的差异造成的成本增加或效益降低，相应确定功能性贬值额。(超额运营成本)

(2) 重视技术进步因素，注意替代设备、替代技术、替代产品的影响以及行业技术装备水平现状和资产更新换代速度。(超额投资成本)

功能性贬值的估算可以按下列步骤进行。

#### 1. 确定超额运营成本

(1) 将被评估资产的年运营成本与功能相同但性能更好的新资产的年运营成本进行比较。

(2) 计算二者的差异，确定净超额运营成本。

(3) 估计被评估资产的剩余寿命。

(4) 以适当的折现率将被评估资产在剩余寿命内每年的超额运营成本折现，这些折现值之和就是被评估资产功能性损耗(贬值)。计算式为

$$被估资产的功能性贬值 = \sum(被评估资产年净超额运营成本 \times 折现系数) \quad (4-8)$$

【例 4-5】某种机器设备，技术先进的设备比原有的陈旧设备生产效率高，节约工资费用，有关资料及计算结果如表 4-1 所示。

表 4-1 计算结果表

| 项　　目 | 技术先进设备 | 技术陈旧设备 |
| --- | --- | --- |
| 月产量 | 10 000 件 | 10 000 件 |
| 单件工资 | 0.80 元 | 1.2 元 |
| 月台票工资成本 | 8000 元 | 12 000 元 |
| 月台差异额 | | 12 000-8000=4000 元 |
| 年工资成本超支额 | | 4 000×12=48 000 元 |
| 减：所得税(税率33%) | | 15 840 元 |
| 扣除所得税后净超额工资 | | 32 160 元 |
| 资产剩余使用年限 | | 5 年 |
| 假设折现率10%，5年年金折现系数 | | 3.7908 |
| 功能性贬值额 | | 121 912.128 元 |

普通高校经济管理类立体化教材 · 基础课系列

新、老技术设备的对比，除生产效率影响工资成本超额支出外，还可对原材料消耗、能源消耗以及产品质量等指标进行对比，计算其功能性贬值。

### 2. 估算超额投资成本

计算式为

$$功能性贬值=复原重置成本-更新重置成本$$

## (四) 资产经济性贬值的估算

资产的经济性贬值主要表现为运营中的资产利用率下降甚至闲置，并由此引起资产的运营收益减少。强调由外部原因引起。当有确实证据表明资产已经存在经济性贬值，可参考下面方法估测其经济性贬值率或经济性贬值额，即

$$经济性贬值率=\left[1-\frac{资产预计可被利用的生产能力x}{资产原设计生产能力}\right]\times100\% \tag{4-9}$$

式中，$x$ 为功能价值指数，实践中多采用经验数据，数值一般在 $0.6\sim0.7$ 之间。

$$经济性贬值额=资产年收益损失额\times(1-所得税率)\times(P/A,r,n) \tag{4-10}$$

【例 4-6】某被估生产线设计生产能力为年产 20 000 台产品，因市场需求结构变化，在未来可使用年限内，每年产量估计要减少 6000 台，功能价值指数取 0.6。根据上述条件，该生产线的经济性贬值率大约在以下水平上，即

$$经济性贬值率=[1-(14\ 000\div20\ 000)^{0.6}\times0.6]\times100\%$$
$$=[1-0.81]\times100\%=19\%$$

接上例，假定每年减少 6000 台产量，每台产品 100 元，该生产线尚可继续使用 3 年，企业所在行业的投资回报率为10%，所得税率为33%。该资产的经济性贬值额大约为

$$经济性贬值额=(6000\times100)\times(1-33\%)\times2.48(P/A,10\%,3)$$
$$=402\ 000\times2.4869=999\ 734(元)$$

# 二、收益法

## (一) 收益法的概念及基本原理

### 1. 收益法的概念

收益法是指通过估测被评估资产未来预期收益的现值来判断资产价值的各种评估方法的总称。即依据资产未来预期收益，经折现或本金化处理来估测资产价值。

### 2. 收益法的基本原理

(1) 收益法的理论基础。

效用价值论：资产的价值取决于效用，即资产为其拥有者带来的收益。

(2) 收益法的评估思路。

预期收益折现。

【小贴士】收益法的基本前提：

(1) 被评估资产的未来预期收益可以预测并可以用货币衡量。

(2) 资产拥有者获得预期收益所承担的风险也可以预测并可以用货币衡量。

(3) 被评估资产预期获利年限可以预测。

## (二) 收益法的基本程序和基本参数

### 1. 收益法的基本程序

(1) 搜集并验证与评估对象未来预期收益有关的数据资料，包括经营前景、财务状况、市场形势及经营风险等。

(2) 分析测算被评估对象未来预期收益。

(3) 确定折现率或本金化率。

(4) 用折现率或本金化率将评估对象未来预期收益折算成现值。

(5) 分析确定评估结果。

### 2. 收益法的基本参数

运用收益法进行评估涉及许多经济技术参数，其中最主要的参数有 3 个，它们是收益额、折现率和收益期限。

1) 收益额

它指资产在正常情况下所能得到的归其产权主体的所得额，企业的收益额通常表现为净利润或净现金流量，房地产则通常表现为纯收益等。

特点：资产未来预期收益额，而不是资产的历史收益额或现实收益额；资产的客观收益，而不是资产的实际收益。

2) 折现率

折现率的本质是一种投资报酬率，它是由无风险报酬率和风险报酬率组成的。

本金化率与折现率在本质上是相同的，习惯上人们把将未来有限期预期收益折算成现值的比率称为折现率，而把将未来永续性预期收益折算成现值的比率称为本金化率。

3) 收益期限

收益期限是指资产具有获利能力持续的时间，通常以年为时间单位，它由评估人员根据被评估资产自身效能及相关条件，以及有关法律、法规、契约、合同等加以测定。

## (三) 收益法的基本计算公式

### 1. 每年收益相同的情况

1) 收益年期有限

收益年期有限时的公式为

$$P = \frac{A}{r}\left[1 - \frac{A}{(1+r)^n}\right] \tag{4-11}$$

或

$$P = \sum_{i=1}^{n} \frac{A}{(1+r)^i} = A \times \sum_{i=1}^{n} \frac{A}{(1+r)^i} = \frac{A}{r}\left[1 - \frac{1}{(1+r)^n}\right]$$

$$= A \times (P/A, r, n) \tag{4-12}$$

式中：$P$ 为被评估资产价值；$i$ 为实现收益的具体年份；$n$ 为取得收益的有效期(计算期)；

$A$ 为 $i$ 年度的资产未来净收益；$i$ 为折现率。

2) 收益年期无限

收益年期无限时的公式为

$$P = \frac{A}{r} \tag{4-13}$$

### 2. 每年收益不同的情况

1) 分段计算

(1) 收益年期有限。

收益年期有限时的公式为

$$P = \sum_{i=1}^{n} \frac{R_i}{(1+r)^i} \tag{4-14}$$

或

$$P = \sum_{t=1}^{n} \frac{R_t}{(1+r)^t} + \frac{A}{r(1+r)^t}\left[1 - \frac{1}{(1+r)^{N-n}}\right] \tag{4-15}$$

式中，$P$ 为被评估资产价值；$t$ 为实现收益的具体年份；$n$ 为取得收益的有效期(计算期)；$A$ 为 $t$ 年度的资产未来净收益。

(2) 收益年期无限。

收益年期无限时的公式为

$$P = \sum_{t=1}^{n} \frac{R_t}{(1+r)^t} + \frac{A}{r(1+r)^t} \tag{4-16}$$

图 4-1 所示为分解图解说明。

前期($i = 1,2,\cdots,n$)(设 $n = 5$)  后期($i = n+1, n+2, \cdots, \infty$)。

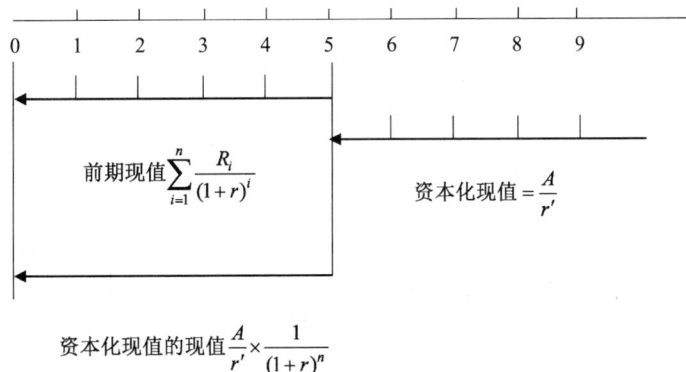

前期现值 $\sum_{i=1}^{n} \frac{R_i}{(1+r)^i}$

资本化现值 $= \frac{A}{r'}$

资本化现值的现值 $\frac{A}{r'} \times \frac{1}{(1+r)^n}$

**图 4-1 分解图解说明**

由图 4-1 可知分段法图解选择前期期限的基本原则：延至企业生产经营进入稳态；尽可能长，但也不宜过长。

2) 稳定化收益法(年金化法)

稳定化收益 $A$ 的估算方法公式为

$$A = \sum_{i=1}^{n} \frac{R_i}{(1+r)^i} \div (P/A, r, n) \tag{4-17}$$

【例 4-7】天一资产 2016—2020 年，未来 5 年的收益及折现系数如表 4-2 所示，求持续经营条件下该资产的价值。

表 4-2　例 4-7 收益及折现系数表　　　　　　(单位：万元)

| 年　份 | 收益额 | 折现系数（6%） | 现　值 |
|:---:|:---:|:---:|:---:|
| 1 | 300 | 0.9434 | 283 |
| 2 | 400 | 0.8900 | 356 |
| 3 | 200 | 0.8396 | 168 |
| 4 | 500 | 0.7921 | 396 |
| 5 | 600 | 0.7473 | 448 |
| 合计 | | 4.2124 | 1 651 |

解：年金 $= 1651 \div 4.2124 = 392$(万元)

资产评估值 $= 392$万 $\div 6\% = 6533$(万元)

【小贴士】收益法的评价适宜：

(1) 资产的购建成本与其获利能力不对称的情况。

(2) 成本费用无法或难以计算的资产。

收益法的局限性：

(1) 需具备一定的前提条件。

(2) 含有较大成分的主观性。

# 三、市场法

市场法是指利用市场上同样或类似资产的近期交易价格，经过直接比较或类比分析，以估测资产价值的各种评估技术方法的总称。

## (一) 市场比较法的基本原理

### 1. 理论基础

均衡价值论：由于资产评估是一个模拟市场过程的结果，因此均衡价值论表现为承认市价的相对合理性，并通过替代原则来为被估资产定价。公式为

$$评估值 = \left[ \sum_{i=1}^{n} (参照物成交 \times 各面调整系数) \right] \div n \tag{4-18}$$

### 2. 市场法的应用前提

(1) 充分发育活跃的资产市场(公开市场)。

公开市场是一个充分的市场，市场上有自愿的买者和卖者，他们之间进行平等交易，这就排除了个别交易的偶然性，市场成交价格基本上可以反映市场行情。

(2) 资产及其交易的可比性(参照物)。

公开市场上要有可比的资产及其交易活动。

资产及其交易的可比性，是指选择的可比资产及其交易活动在近期公开市场上已经发生过，且与被评估资产及资产业务相同或相似。

【小贴士】资产及其交易的可比性具体体现在以下3个方面。

(1) 参照物与评估对象在功能上具有可比性(包括用途、性能上的相同或相似)。

(2) 参照物与被评估对象面临的市场条件具有可比性(包括市场供求关系、竞争状况和交易条件等)。

(3) 参照物成交时间与评估基准日间隔时间不能过长，应在一个适度的时间范围内，同时，时间对资产价值的影响是可以调整的。

## (二) 市场比较法的基本程序及有关指标

市场比较法的基本程序有选择参照物、选择比较因素、指标对比、量化差异、调整差异、综合分析确定评估结果。

选择参照物包括：①成交价必须真实；②至少 3 个交易案例；③与被估资产相类似(大可替代，即功能相同)；④成交价是正常交易的结果；⑤尽可能选择近期成交的交易案例。

选择比较因素包括：①影响资产价值的共同因素；②影响资产价值的个别因素。

调整差异：在各参照物成交价格的基础上调整已经量化的对比指标差异。

运用市场法评估单项资产应考虑的可比因素主要有以下 4 点。

(1) 资产的功能。

在资产评估中强调资产的使用价值或功能，并不是从纯粹抽象意义上去讲，而是从资产的功能并结合社会需求，从资产实际发挥效用的角度来考虑。就是说，在社会需要的前提下，资产的功能越好，其价值越高；反之亦然。

(2) 资产的实体特征和质量。

资产的实体特征主要是指资产的外观、结构、役龄和规格型号等。资产的质量主要是指资产本身的建造或制造工艺水平。

(3) 市场条件。

其主要是考虑参照物成交时与评估时的市场条件及供求关系的变化情况。在一般情况下，供不应求时，价格偏高；供过于求时，价格偏低。市场条件上的差异对资产价值的影响应引起评估人员足够的关注。

(4) 交易条件。

交易条件主要包括交易批量、交易动机、交易时间等。交易批量不同，交易对象的价格就可能不同。交易动机也对资产交易价格有影响。在不同时间交易，资产的交易价格也会有差别。

## (三) 市场比较法的具体操作方法

### 1. 直接比较法

直接比较法是指利用参照物的交易价格及参照物的某一基本特征直接与评估对象的同

一基本特征进行比较而判断评估对象价值的方法。其计算式为

$$评估值 = 参照物成交价 \times \frac{被估对象A因素}{参照物A因素} \qquad (4-19)$$

适用范围：参照物与被估资产之间仅在某一方面存在差异，如成新率、功能等。

(1) 功能价值法(比较功能)。

该法以参照物的成交价格为基础，考虑参照物与被估对象之间的功能差异进行调整来估算被估对象价值的方法。计算式为

$$资产评估价值 = 参照物成交价格 \times (被估对象生产能力 \div 参照物生产能力) \qquad (4-20)$$

【例 4-8】被估资产年生产能力为 90t，参照资产的年生产能力为 120t，被估时点参照物的市场价格为 10 万元，则被估资产的价值为

$$10 \times 90 \div 120 = 7.5(万元)$$

(2) 价格指数法(比较价格变化)。

该法是以参照物成交价格为基础，考虑参照物的成交时间与被估对象的评估基准日之间的时间间隔对资产价值的影响。此方法一般只运用于评估对象与参照物之间仅有时间因素存在差异的情况。其公式为

$$资产评估价值 = 参照物成交价格 \times 物价变动指数 \qquad (4-21)$$

【例 4-9】与评估对象完全相同的参照资产 6 个月前的成交价格为 10 万元，半年间该类资产的价格上升了 5%，则

$$资产评估价值 = 10 \times (1 + 5\%) = 10.5(万元)$$

(3) 成新率价格法(比较新旧程度)。

成新率价格法是以参照物的成交价格为基础，考虑参照物与评估对象新旧程度上的差异，通过成新率调整估算出评估对象的价值。此方法一般只运用于评估对象与参照物之间仅有成新程度差异的情况。计算式为

$$资产评估价值 = 参照物成交价格 \times (评估对象成新率 \div 参照物成新率) \qquad (4-22)$$

其中：

评估对象成新率 = 资产的尚可使用年限 ÷ (资产的已使用年限 + 资产的尚可使用年限)

(4) 市价折扣法(比较市场条件)。

市价折扣法是以参照物成交价格为基础，考虑到评估对象在销售条件、销售时限等方面的不利因素，凭评估人员的经验或有关部门的规定，设定一个价格折扣率来估算评估对象价值的方法。此方法一般只适用于评估对象与参照物之间仅存在交易条件方面差异的情况。数学表达式为

$$资产评估价值 = 参照物成交价格 \times (1 - 价格折扣率) \qquad (4-23)$$

【例 4-10】评估某拟快速变现资产，在评估时点与其完全相同的资产的正常变现价为 10 万元，评估师经综合分析，认为快速变现的折扣率应为 40%，因此，拟快速变现资产价值接近 6 万元。

$$资产评估价值 = 10 \times (1 - 40\%) = 6(万元)$$

(5) 成本市价法(比较成本因素)。

成本市价法是以评估对象的现行合理成本为基础，利用参照物的成本市价比率来估算评估对象价值的方法。计算式为

普通高校经济管理类立体化教材·基础课系列

资产评估价值＝参照物成交价格×(评估对象现行合理成本÷参照物现行合理成本) (4-24)

【例 4-11】评估时点某市商品住宅的成本市价率为 150%，已知被估全新住宅的现行合理成本为 20 万元，则其市价接近 30 万元。

$$资产评估价值 = 20×150\% = 30(万元)$$

(6) 市盈率乘数法(比较收益额)。

市盈率乘数法是以参照物的市盈率作为乘数(倍数)，以此乘数与评估对象的收益额相乘估算评估对象价值的方法。数学表达式为

$$资产评估价值＝评估对象收益额×参照物市盈率 \quad (4-25)$$

【例 4-12】某被评估企业的年净利润为 1000 万元，评估时点资产市场上同类企业平均市盈率为 20 倍，则

$$评估价值 = 1000×20 = 20\,000(万元)$$

【小贴士】直接比较法直观简捷，便于操作，但通常对参照物与评估对象之间的可比性要求较高。因而，直接比较法的使用也相对受到一定制约。

### 2. 类比调整法

类比调整法是市场法中最基本的评估方法。该法并不要求参照物与评估对象必须一样或者基本一样，只要参照物与评估对象在大的方面基本相同或相似。该法通过对比分析调整参照物与评估对象之间的差异，在参照物成交价格的基础上调整估算评估对象的价值。

$$交易案例4的调整值＝参照物4的成交价×时间因素系数×区域因素系数$$
$$×功能因素系数×情总补正系数×… \quad (4-26)$$

【小贴士】类比调整法具有适用性强、应用广泛的特点。但该法对信息资料的数量和质量要求较高，而且要求评估人员要有较丰富的评估经验、市场阅历和评估技巧。

市场售价类比法是以参照物的成交价格为基础，考虑参照物与评估对象在功能、市场条件和销售时间等方面的差异，通过对比分析和量化差异，调整估算出评估对象价值的方法。计算式为

$$资产评估价值＝参照物售价+功能差异值+时间差异值+…+交易情况差异值 \quad (4-27)$$

或

$$资产评估价值＝参照物售价×功能差异修正系数×…×时间差异修正系数 \quad (4-28)$$

## 阅读资料

### 汽车重置成本法的估算

重置成本法的基本计算公式可表述为

被评估车辆的评估值＝重置成本−实体性贬值−功能性贬值−经济性贬值

被评估车辆的评估值＝重置成本×成新率

从一般意义上理解，前式优于后式。因为前式中不仅扣除了有形损耗，而且还扣除了功能性损耗和经济性损耗。但实际上评估人员在掌握和运用该式时，各项贬值的确定有相当大的难度，弹性较大，这在一定程度上影响评估值的准确性。所以，一般在评估时多采用

后式来估算。这是因为公式中的成新率综合了各项贬值，较能反映实际情况，也方便操作。

汽车交易市场在对以车辆所有权转让为目的的旧车交易业务中，对重置成本无论是国产车还是进口车，一律采用国内现行市场价作为被评估车辆的重置成本全价。而对于车辆的运输费、管理费、购置附加费(税)等税费略去不计。

对于咨询服务类的鉴定估价业务则与重置成本的确定稍有不同。如对企业或属于产权变动的评估业务，如合资、合并、兼并、企业破产清算等经济行为，则应把车辆购置附加费(税)等大额税费计入重置成本中，而其他小额费用是否计入要视情况而定，主要是防止国有资产的流失。

重置成本的确定时间，应以评估基准日车辆所在地收集到的价格资料为准。

重置成本的估算在资产评估中，其估算的方法很多，对汽车评估定价一般采用以下两种方法：重置核算法和物价指数法。

(1) 重置核算法。

重置核算法也称为细节分析法或直接法，它是以现行市价核算被评估车辆重置成本。即将车辆按成本构成分成若干组成部分，先确定各组成部分的现时价格，然后求和得出待评估车辆的重置全价。其计算式为

$$重置成本 = 直接成本 + 间接成本$$

在上述公式中，直接成本是指购置全新车辆时所花费的直接计入购置成本中的支出部分，如车辆按现行市价计算的买价，加上运输费、消费税、购置附加费、人工费等。间接成本是指购置车辆发生的管理费、专项贷款的利息、注册登记手续费等。

(2) 物价指数法。

物价指数法也可称为物价指数法或物价指数调整法，它是在车辆原始成本基础上，通过现时物价指数确定其重置成本。计算式为

$$车辆重置成本 = 车辆原始成本 \times 车辆评估时物价指数 / 车辆购买时物价指数$$

或

$$车辆重置成本 = 车辆原始成本 \times (1 + 物价变动指数)$$

物价指数是国家统计部门或物价管理部门以及政府机关发布的物价动态数据。物价指数分为定基物价指数和环比物价指数；定基物价指数，是按时间顺序编制的物价指数数列中，每一个指数都以某一固定时期作为基期，从而反映物价的长期动态。环比物价指数是按时间顺序编制的物价指数数列中，每一个指数都以其相邻的前一时期为基期，从而反映物价的逐期变化程度。在上述公式中，物价指数的选样必须是定基物价指数，物价指数的基期应和车辆的购置期一致，物价指数的计算期应和车辆评估的基准期一致。

物价指数法适用于计算车辆重置成本时，对于人工费、运杂费、管理费等项目。如果被评估车辆是淘汰产品，或是进口车辆，无法取得现行市价价格时，采用指数调整法评估是较现实的选择。

(资料来源：天腾. 技术经济学. 资产评估要素，2012.2)

# 第三节　典型资产评估示例

本节主要论述两种资产的具体评估方法，即房地产评估、机器设备评估。

# 一、房地产评估

房地产评估是一个具有内在规律性的客观过程，在此过程中，一要考虑房地产自身的物质属性以及其派生的经济特性，二要兼顾我国房地产宏观管理的体制和现行的政策法规。

## 1. 房地产评估的基本原则

### 1) 独立、客观、公正原则

这是房地产评估的最高行为准则。独立，一是要求评估机构本身应当是一个不依赖于他人、不受他人束缚的独立机构；二是要求评估机构和评估人员与评估对象及相关当事人没有利害关系；三是要求评估机构和评估人员在评估中不受外部因素的干扰和影响，不屈从于外部压力，完全凭借自己的专业知识、经验和良心进行评估。客观是要求评估机构和评估人员不带着自己的好恶、情感和偏见，完全从实际出发，按照事物的本来面目去评估。公正是要求评估机构和评估人员公平正直，不偏袒任何一方。因此，遵循该原则是评估机构和评估人员应站在中立的立场上，评估出一个对各方当事人来说都是公平合理的价值。

### 2) 合法性原则

房地产价格评估，要以有关法律为依据，这些法律包括国家和地方政府颁发的法律、法规，如城市规划法、土地管理法、城市公共房屋管理条例、城镇国有土地有偿出让、转让暂行条例及有关房地产税收的规定。评估人员在评估时，只有熟悉和遵守这些法律，才能保证评估工作的严谨性。

### 3) 最高最佳使用原则

该原则要求房地产评估应以评估对象的最高最佳使用为前提进行。最高最佳使用是指法律上许可、技术上可能、经济上合理，能使评估对象的价值达到最大的一种用途。最高最佳使用不是无条件的最高最佳使用，而是在法律(包括行政法规、城市规划、土地使用权出让合同等)允许的范围内最高最佳使用，这也是合法原则的要求。

### 4) 替代原则

根据经济学原理，在同一市场上，具有相同使用价值和质量的物品，应有同样的价格，即具有完全的替代关系。房地产价格也符合这一规律。在房地产价格评估中，房地产价格是由具有相同性质的替代性房地产来决定的。面对相同效用的房地产，价格低的会替代价格高的；相反，相等价格的房地产，效用高也会替代效用低的。

### 5) 估价时点原则

该原则要求房地产评估结果应是评估对象在估价时点的价值。影响房地产价格的因素是不断变化的，房地产市场是不断变化的，而房地产的价格也在不断变化着。因此在不同的时间上，同一宗房地产往往会有不同的价格。估价时点是评估房地产价值的时间界限。在实际评估中，通常是评估房地产现在的价值，将估价人员实地查勘估价对象期间或"估价作业期"内的某个日期确定为估价时点。

### 2. 房地产评估的方法

房地产评估的方法有成本法、收益法、市场法，且它们是最常用的方法，特点、应用步骤及适用范围如表 4-3 所示。

表 4-3　成本法、收益法、市场法

| 评估方法 | 基本特征 | 应用步骤 | 最适宜的评估对象 | 最不适宜的评估对象 |
| --- | --- | --- | --- | --- |
| 成本法 | 以分析基本投入、消耗和其他信息为特征的方法 | ① 估算被评估房地产的重置成本<br>② 估算折旧额<br>③ 估算所占土地的地价<br>④ 求得房地产估价值 | 市场狭小、成交实例不多的房地产，如新开发地区地域环境的建筑物；作特殊设计和用途的厂房、学校、公共图书馆、运动场、污水处理厂、机场等；为房地产征税、保险、申请抵押贷款而进行的估价 | 没有开发过的生地 |
| 收益法 | 以分析未来收益为特征的方法 | ① 预测被评估房地产的年总收益<br>② 估算年总费用<br>③ 计算年净收益<br>④ 确定报酬率<br>⑤ 求得房地产估价值 | 适用于有收益或有潜在收益的房地产，如公寓、仓库、购物中心等 | 机关、学校、公园等房地产，以及无设施的生地 |
| 市场法 | 以评估人员的经验知识为依据或基础的方法 | ① 寻找参照房地产交易实例<br>② 选择比较要素，完成必要计算<br>③ 针对拟评估的房地产调整参照房地产的售价<br>④ 把多个调整值平衡为拟评估的房地产市场价值 | 适用于建筑风格相似、结构造价相同、交易资料丰富、买卖实例较多、市场活跃的房地产交易 | 古建筑、教堂、寺庙、市场发育不充分情况下的房地产评估 |

### 3. 房地产评估实例

【例 4-13】估价对象概况：待估地块为江城城市规划上属于住宅区的一块空地，面积为 600m$^2$，地形为长方形。评估要求：评估该地块 2015 年 10 月的公平市场交易价格。

解：评估过程：

(1) 选择评估方法。该种类型的土地有较多的交易实例，故采用市场法进行评估。

(2) 搜集有关的评估资料。

① 搜集待估土地资料。(略)

② 搜集交易实例资料。

选择了 A、B、C、D 等 4 个买卖实例，它们的地势、形态与被评估土地相同，其他情况如表 4-4 所示。

表 4-4　买卖实例

| 项目＼交易实例 | A | B | C | D | 估价对象 |
|---|---|---|---|---|---|
| 坐落 | 落 | 落 | 落 | 落 | 落 |
| 所处位置 | 邻近 | 类似 | 类似 | 类似 | 一般市区 |
| 用地性质 | 住宅 | 住宅 | 住宅 | 住宅 | 住宅 |
| 土地类型 | 空地 | 空地 | 空地 | 空地 | 空地 |
| 交易日期 | 2015 年 4 月 | 2015 年 3 月 | 2014 年 10 月 | 2014 年 12 月 | 2015 年 10 月 |
| 价格 总价 | 19.6 万元 | 31.2 万元 | 27.4 万元 | 37.8 万元 | |
| 价格 单价 | 870 元/m² | 820 元/m² | 855 元/m² | 840 元/m² | |
| 面积 | 225m² | 380 m² | 320 m² | 450 m² | 600 m² |
| 形状 | 长方形 | 长方形 | 长方形 | 略正方形 | 长方形 |
| 地势 | 平坦 | 平坦 | 平坦 | 平坦 | 平坦 |
| 地质 | 普通 | 普通 | 普通 | 普通 | 普通 |
| 基础设施 | 较好 | 完备 | 较好 | 很好 | 很好 |
| 交通状况 | 很好 | 较好 | 较好 | 较好 | 很好 |
| 正面路宽/m | 8 | 6 | 8 | 8 | 8 |
| 容积率 | 6 | 5 | 6 | 6 | 6 |
| 剩余使用年限/年 | 30 | 30 | 35 | 30 | 30 |

(3) 进行交易情况修正。

经分析，交易实例 A、D 为正常买卖，无须进行交易情况修正；交易实例 B 较正常买卖价格偏低 2%；交易实例 C 较正常买卖价格偏低 3%。

则各交易实例的交易情况修正率：交易实例 A 为 0%；交易实例 B 为 2%；交易实例 C 为 3%；交易实例 D 为 0%。

(4) 进行交易日期修正。

根据调查，2002 年 10 月以来土地价格平均每月上涨 1%，则各参照物交易实例的交易日期修正率：交易实例 A 为 6%；交易实例 B 为 7%；交易实例 C 为 12%；交易实例 D 为 10%。

(5) 进行区域因素修正。

交易实例 A 和 D 与待估土地处于同一地区，无须作区域因素修正。

交易实例 B、C 的区域因素修正情况。假定待估地块的区域因素值为 100，则交易实例 B 为 88，交易实例 C 为 108。

(6) 进行个别因素修正。

① 经过比较，待估地块面积较大，便于利用，且外部环境较好，其价格比其他交易实例高 2%。

② 土地使用年限修正。交易实例 B、D 与待估地块相同，无须修正。假定折现率为 8%，则交易实例 A、C 的调整系数为

$$年限修正系数 = [1 - 1/(1+8\%)^{30}] \div [1 - 1/(1+8\%)^{35}]$$
$$= (1 - 0.0994) \div (1 - 0.0676)$$
$$= 0.9006 \div 0.9324 = 0.9659$$

(7) 计算待估土地的价格。

交易实例 A 修正后单价为

$$870 \times \frac{100}{100} \times \frac{106}{100} \times \frac{100}{100} \times \frac{102}{100} \times 0.9659 = 909(元/m^2)$$

交易实例 B 修正后单价为

$$820 \times \frac{100}{98} \times \frac{107}{100} \times \frac{100}{88} \times \frac{102}{100} = 1038(元/m^2)$$

交易实例 C 修正后单价为

$$855 \times \frac{100}{77} \times \frac{112}{100} \times \frac{100}{108} \times \frac{102}{100} \times 0.9659 = 901(元/m^2)$$

交易实例 D 修正后单价为

$$840 \times \frac{100}{100} \times \frac{110}{100} \times \frac{100}{100} \times \frac{102}{100} = 942(元/m^2)$$

(8) 简单平均后的待估土地价格。

单价为 (909+1038+901+942)÷4=948(元/m²)

土地总价为 600×948=568 800(元)

【小贴士】在现代市场经济条件下，单项资产和整体资产都可以作为交易对象进入市场流通，不论是单项资产还是整体资产的交易实例，都可以为运用市场法进行资产评估提供可资参照的评估依据和资料。

# 二、机器设备评估

机器设备通常是指直接用于劳动对象的劳动资料和符合固定资产条件的劳动资料。机器设备是固定资产的重要组成部分。

### 1. 机器设备的特点

机器设备从资产评估角度看具有以下特点。

(1) 凝结人类的一般社会劳动，具有一定的使用价值。

(2) 具有有限的使用寿命。

(3) 技术进步对资产的价值有明显的影响。

(4) 价值与其所具备的生产功能强弱有关。

(5) 技术鉴定在评估中有特殊的重要性。

### 2. 机器设备评估的特点

由于机器设备具有以上特点，使得机器设备的评估也具有一些特殊性。

(1) 资产评估的各种方法基本都能用于机器设备的评估。具体采用哪种方法，主要取决于被评估资产的特征和有关资料数据的取得方式。比如，对能独立产生收益的资产系统，如果收益相对稳定，则可用收益法，如果能有可靠的市场交易资料，则采用市场法。

(2) 无形损耗的估算是决定评估正确性的关键。

(3) 评估小组一定要有经验丰富的设备工程人员参与。

(4) 由于企业的机器设备种类多、技术复杂，所以要求资产评估做好充分的准备工作：一是在评估前要彻底清查所有的机器设备，做到账、物一致；二是要有周密的评估计划和细致的市场调查工作。

### 3. 机器设备实例

**【例 4-14】** 某被评估的生产控制装置购建于 1995 年，原始价值 100 万元，2010 年和 2013 年分别投资 50 000 元和 20 000 元进行了两次更新改造，1995 年对该资产进行评估。调查表明，该类设备及相关零部件的定基价格指数在 1995 年、2010 年、2013 年、2015 年分别为 110%、125%、130%、150%。该设备尚可使用年限为 6 年。另外，该生产控制装置正常运行需要 5 名技术操作员，而目前的新式同类控制装置仅需要 4 名操作员。假定待评估装置与新装置的运营成本在其他方面相同，操作人员的人均年工资福利费为 12 000 元，所得税税率为 33%，适用折现率为 10%。根据上述调查资料，求评估资产的价值。

**解：** (1) 估算重置成本。

$$重置成本 = 100 \times 150\% \div 110\% + 5 \times 150\% \div 125\% + 2 \times 150\% \div 130\%$$
$$= 144.67(万元)$$

(2) 估算加权投资年限。

$$加权投资年限 = 10 \times 136.36 \div 144.67 + 5 \times 6 \div 144.67 + 2 \times 2.3 \div 144.67$$
$$= 9.66(年)$$

(3) 估算实体性贬值率。

$$实体性贬值率 = 9.66 \div (9.66 + 6) \times 100\% = 61.69\%$$

(4) 估算实体性贬值。

$$实体性贬值 = 重置成本 \times 实体性贬值率 = 144.67 \times 61.69\% = 89.25(万元)$$

(5) 功能性贬值估算。

第一步，计算被评估装置的年超额运营成本

$$(5-4) \times 12\,000 = 12\,000(元)$$

第二步，计算被评估装置的年净超额运营成本

$$12\,000 \times (1-33\%) = 8040(元)$$

第三步，将被评估装置的年净超额运营成本，在其剩余使用年限内折现求和，以确定其功能性贬值额

$$8040 \times (P/A, 10\%, 6) = 8040 \times 4.3553 = 35\,016.61(元) = 3.5万元$$

(6) 求资产价值。

$$待评估资产的价值 = 重置成本 - 实体性贬值 - 功能性贬值$$
$$= 144.67 - 89.25 - 3.5$$
$$= 51.92(万元)$$

## 阅读资料

### 完善房地产评估、防范房地产金融风险的措施

(1) 借鉴国外的评估理论和方法。

中国由于在评估理论和方法研究上的滞后，在抵押评估实务中几乎都采用保守原则下的市场评估，未能把借款人收益、贷款比率、贷款利率、贷款年限等抵押贷款中的各项基本要素纳入评估过程的计算分析中，忽略了贷款对投资者现金流量引起的种种变化，缺乏科学依据，主观性大。

(2) 对现有评估方法进行创新和完善。

在中国由于抵押物评估和抵押物处置存在着脱钩的关系，因为一般规定抵押评估报告的有效期为一年，而在这一年中房地产市场可能发生了很大的变化，若这时对抵押房地产进行处置，抵押物的现值与评估价值就会存在相当大的差异。

(资料来源：王景升. 房地产评估. 东北财经大学出版社，2010.1)

# 本 章 小 结

资产评估是市场经济条件下一项重要的技术经济分析工作，是优化资产管理的基础工作，也是技术改造项目、合资项目、合作项目、以非货币资产对外投资以及企业的兼并、拍卖、联营项目方案论证的前期工作。本章主要介绍资产评估原理与方法，例如，资产与资产评估的定义、分类；资产评估的方法以及工作原则；房地产与机器设备的评估计算。通过本章的学习，明确了资产评估市场法、收益法和成本法的基本原理、操作思路和具体应用方法，为进一步应用于各项具体资产的评估打下了坚实的基础。

# 自 测 题

## 一、选择题

1. 从资产交易各方利用资产评估结论的角度看，资产评估结果具有( )。

　　A. 现实性　　　　B. 咨询性　　　　C. 公正性　　　　D. 市场性

2. 资产评估的( )，是指资产评估的行为服务于资产业务的需要，而不是服务于资产业务当事人的任何一方的需要。

　　A. 公正性　　　　B. 市场性　　　　C. 咨询性　　　　D. 专业性

3. 以产权变动为评估目的的有( )。

　　A. 资产抵押　　　　　　　　　　　B. 企业兼并

　　C. 财产纳税　　　　　　　　　　　D. 财产担保

4. 资产评估值与资产交易中的实际成交价格存在下列关系( )。

　　A. 前者必须高于后者　　　　　　　B. 前者必须低于后者

C. 前者必须等于后者 　　　 D. 前者可以高于、低于或者等于后者

5. 以资产保全、补偿为目的的资产评估，适用(　　)。

    A. 重置成本标准 　　　　　 B. 现行市价标准

    C. 收益现值标准 　　　　　 D. 清算价格标准

## 二、判断题

(　　)1. 用于资产评估的收益额是资产的客观收益，而不是资产的实际收益。

(　　)2. 用于资产评估的收益额是资产的未来收益额，而不是资产的历史收益额。

(　　)3. 折现率和资本化率从本质上讲是没有区别的。

(　　)4. 运用市场途径评估时，为了减少评估人员的工作量，一般只要求选择一个参照物。

## 三、简答题

1. 简述房地产评估的基本原则。

2. 简述机器设备评估的特点。

## 四、案例分析

某上市公司欲收购一家企业，需对该企业的整体价值进行评估。已知该企业在今后保持持续经营，预计前 5 年的税前净收益分别为 40 万元、45 万元、50 万元、53 万元和 55 万元；从第六年开始，企业进入稳定期，预计每年的税前净收益保持在 55 万元。折现率与资本化率均为 10%，企业所得税税率为 40%。试计算该企业的评估值是多少？

# 第五章　项目可行性研究

## 【学习要点及目标】

通过对本章内容的学习，了解可行性研究的重要性及其操作流程、作用。掌握可行性研究报告的编写依据等。了解市场调查资料的类型、市场调查资料搜集的概念及方法的类型。掌握文案调查法、访问调查法、观察法与实验调查法等的概念、特点、程序及应用情形。

## 【关键概念】

可行性研究报告　市场调查程序　小组座谈调查法　直接观察法

## 【引导案例】

设计一个软件的开发成本为 5 万元，寿命为 3 年。未来 3 年的每年收益预计为 22 000 元、2 4000 元和 26 620 元。银行年利率为 10%。试对此项目进行成本效益分析，以决定其经济可行性。

答：3 年后，5 万元的价值=50 000 元。

设银行的年利率是 10%，表 5-1 中列出了每年收益的货币时间价值。

表 5-1　每年收益的货币时间价值

| 期限/年 | 货币的时间价值 | | | |
| --- | --- | --- | --- | --- |
| | 将来值/万元 | $(1+i)^n$ | 现在值/万元 | 累计的现在值/万元 |
| 1 | 22 000 | 1.1 | 20 000 | 20 000 |
| 2 | 24 000 | 1.21 | 19 834.71 | 39 834.71 |
| 3 | 26 620 | 1.331 | 20 000 | 59 834.71 |

因此，本项目预计开发成本为 5 万元，而收益折成现在货币值为 59 834.71 元，预计收益为 9834.71 元。

# 第一节　可行性研究与可行性研究报告概述

## 一、可行性研究的定义

可行性研究是对各种工程投资建设项目在投资前，就项目及其各种可能实施方案，在商务、工程、技术、经济、社会、资源、环境等各方面所进行的详细周密调查研究，以考察项目先进合理可行性的分析论证活动。

可行性研究的基本任务是广泛地调查研究，综合论证一个项目在技术上是否先进、实用和可靠，在经济上是否合理，在财务上是否盈利，为投资决策提供科学的依据。同时，可行性研究还能为银行贷款、合作者签约、工程设计等提供依据和基础资料，它是决策科学化的必要步骤和手段。

一个建设项目要经历建设前期、勘测设计期、建设期及运营期 4 个时期，全过程如图 5-1 所示。

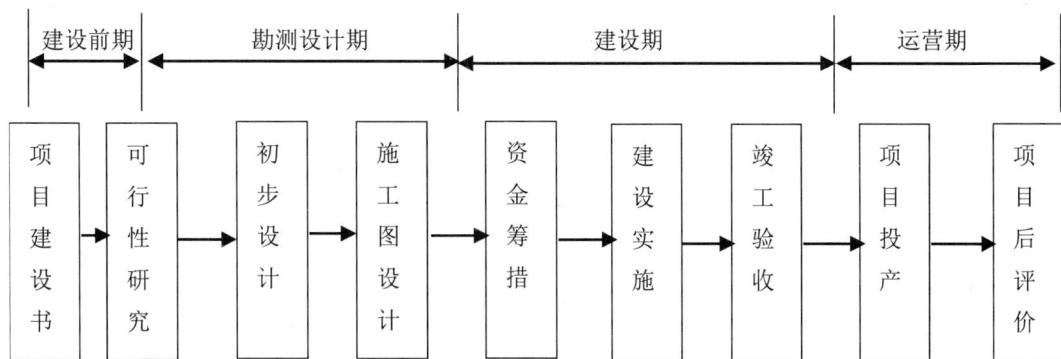

图 5-1　投资项目决策和建设全过程框图

建设前期是决定项目经济效果的关键时期，是研究和控制的重点。如果在项目实施中才发现工程费用过高，投资不足，或原材料不能保证等问题，将会给投资者造成巨大损失。因此，无论是发达国家还是发展中国家，都把可行性研究视为建设工程立项的首要环节。投资者为了排除盲目性，减少风险，在竞争中取得期望利润，宁肯在投资前花费一定的代价，也要进行投资项目的可行性研究，以提高投资获利的可靠程度。

## 二、可行性研究的工作程序

可行性研究的基本工作程序大致可以概括为签订委托协议、组建工作小组、制订工作方案、市场调查与预测、方案研制与优化、项目评价、编写可行性研究报告，与委托单位交换意见，并提供可行性研究报告。可行性研究的基本工作步骤如图 5-2 所示。

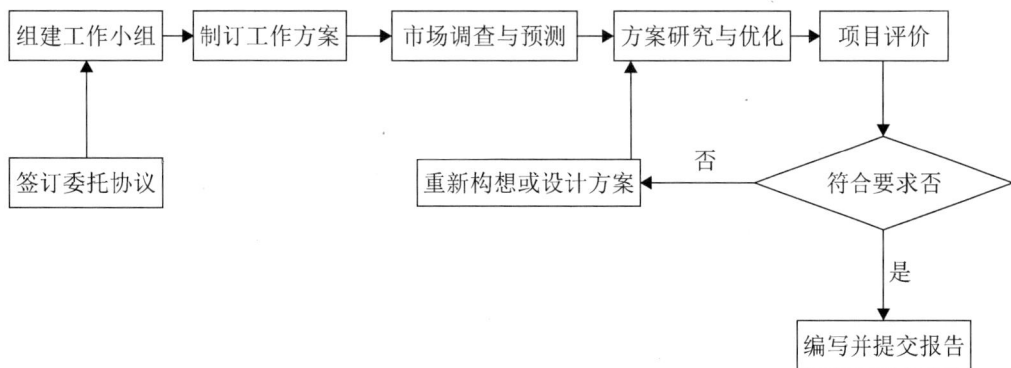

图 5-2　可行性研究的基本工作步骤框图

(1) 签订委托协议。

可行性研究编制单位与委托单位，应就项目可行性研究工作的范围、内容、重点、深度要求、完成时间、经费预算和质量要求交换意见，并签订委托协议，据此开展可行性研究各阶段的工作。具备条件和能力的建设单位也可以在机构内部安排职能部门开展可行性研究工作。

(2) 组建工作小组。

根据委托项目可行性研究的范围、内容、技术难度、工作量、时间要求等组建项目可行性研究工作小组。一般工业项目和交通运输项目可分为市场组、工艺技术组、设备组、工程组、总图运输及公用工程组、环保组、技术经济组等专业组。各专业组的工作一般应由项目负责人统筹协调。

(3) 制订工作方案。

工作方案内容包括各项研究工作开展的步骤、方式、进度安排、人员配备、工作保证条件、工作质量评定标准和费用预算，并与委托单位交换意见。

(4) 市场调查与预测。

市场调查的范围包括地区及国内外市场、有关企事业单位和行业主管部门，主要搜集项目建设、生产运营等各方面所必需的信息资料和数据。市场预测主要是利用市场调查所获得的信息资料，对项目产品未来市场供应和需求信息进行定性与定量分析。

(5) 方案研究与优化。

在调查研究、搜集资料的基础上，针对项目的建设规模、产品规格、厂址、工艺、设备、总图、运输、原材料供应、环境保护、公用工程和辅助工程、组织机构设置、实施进度等，提出备选方案。进行方案论证比选优化后，提出推荐方案。

(6) 项目评价。

对推荐方案进行财务评价、费用效益分析、费用效果分析、环境评价、风险与不确定性分析等，以判别项目的环境可行性、经济合理性和抗风险能力。当有关评价指标结论不足以支持项目方案成立时，应重新构想方案或对原设计方案进行调整，有时甚至完全否定该项目。

(7) 编写可行性研究报告。

项目可行性研究各专业方案，经过技术经济论证和优化后，由各专业组分工编写。经项目负责人衔接协调综合汇总，提出可行性研究报告初稿。与委托单位交换意见，修改完善后，向委托方提交正式的可行性研究报告。

# 三、可行性研究报告的作用

可行性研究过程形成的工作成果一般通过可行性研究报告固定下来，构成下一步研究工作的基础。可行性研究不必将所有工作过程都展现出来，只需详细说明最优方案，而简述其他备选方案的情况。

## 1. 作为经济主体投资决策的依据

可行性研究对与建设项目有关的各个方面都进行了调查研究和分析，并以大量数据论证了项目的必要性、可实现性以及实施后的结果，项目投资者或政府主管部门可以根据项目可行性研究的评价结果，并结合国家财政经济条件和国民经济长远发展的需要，做出是否应该投资和如何进行投资的决定。

## 2. 筹集资金向银行申请贷款的重要依据

银行通过审查项目可行性研究报告，确认项目的经济效益水平、偿债能力和风险状况，才能做出是否同意贷款的决定。

## 3. 作为编制科研试验计划和新技术、新设备需用计划以及大型专用设备生产预安排的依据

项目拟采用的重大新技术、新设备必须经过周密慎重的技术经济论证，确认可行的，方能拟定研究和制订计划。

## 4. 作为从国外引进技术、设备以及与国外厂商谈判签约的依据

利用外资项目，不论是申请国外银行贷款，还是与合资、合作方进行技术谈判和商务谈判，编制可行性研究报告都是一项至关重要的基础性工作，甚至决定了谈判的成功与否。

## 5. 作为与项目协作单位签订经济合同的依据

根据批准的可行性研究报告，项目法人可以与有关协作单位签订原材料、燃料动力、运输、土建工程、安装工程、设备购置等方面的合作或协议。

## 6. 作为向当地政府、规划部门、环境保护部门申请有关建设许可文件的依据

可行性研究报告经审查，符合市政局的规定或经济立法，对污染处理得当，不造成环境污染时，方能取得有关部门的许可。

## 7. 作为该项目工程建设的基础资料

建设项目的可行性研究报告是项目工程建设重要的基础资料。项目建设过程中的任何技术性和经济性更改，都可以在原可行性研究报告的基础上通过认真分析得出项目经济效益指标变动程度的信息。

## 8. 作为项目科研试验、机构设置、职工培训、生产组织的依据

根据批准的可行性研究报告，进行与建设项目有关的生产组织工作，包括设置相应的组织机构、进行职工培训以及合理地组织生产等工作安排。

## 9. 作为对项目考核和后评价的依据

项目竣工、正式投产后的生产考核，应以可行性研究所制订的生产纲领、技术标准以及经济效果指标作为考核标准。

# 四、可行性研究报告的编制依据

## 1. 国家有关法律、法规、政策、规划

项目策划首先必须遵守国家的法律、法规。国家和地方国民经济和社会发展规划是一个时期国民经济发展的纲领性文件，对项目建设具有指导作用。另外，产业发展规划也同

样可作为项目建设的依据。例如，国家关于一定时期内优先发展产业的相关政策，国家为缩小地区差别确立的地区开发战略，以及国家加强民族团结而确定的地区发展规划。

### 2. 项目建议书

项目建议书是项目投资决策前的总体设想，主要论证项目的必要性，同时初步分析项目建设的可能性，它是进行各项投资准备工作的主要依据。基础性项目和公益性项目只有经国家主管部门核准后，并列入建设前期工作计划后，方可开展可行性研究的各项工作。可行性研究确定的项目规模和标准，原则上不应突破项目建议书相应的指标。

### 3. 委托方的意图

可行性研究的承担单位应充分了解委托方建设项目的背景、意图、设想，认真听取委托方对市场行情、资料来源、协作单位、建设工期以及工作范围等情况的说明。

### 4. 资源储量权威报告

资源储量权威报告主要包括国家矿产储量委员会批准的矿产储量报告以及矿产勘探最终报告。

### 5. 有关的基础资料

进行厂址选择、工程设计、技术经济分析需要可靠的自然、地理、气象、水文、地质、经济、社会等基础资料和数据。对于基础资料不全的，还应进行地形勘测、地质勘探、工业试验等补充工作。

### 6. 有关的技术经济规范、标准、定额等指标

有关机构发布的工程建设方面的标准、规范、定额。例如，钢铁联合企业单位生产能力投资指标、饭店单位客房投资指标，都是进行技术经济分析的重要依据。

### 7. 有关经济评价的基本参数和指标

例如，基准收益率、基准投资回收期、汇率等，这些参数和指标都是对项目经济评价结果进行衡量的重要依据。

## 五、可行性研究报告的深度要求

可行性研究及其报告应达到以下深度要求。

(1) 可行性研究报告应达到内容齐全、数据准确、论据充分、结论明确的要求，以满足决策者制定方案、确定项目的需要。

(2) 可行性研究中选用的主要设备的规格、参数应能满足预订货的要求。引进技术设备的资料应能满足合同谈判的要求。

(3) 可行性研究中的重大技术、财务方案，应有两个以上方案的比选。

(4) 可行性研究中确定的主要工程技术数据，应能满足项目初步设计的要求。

(5) 可行性研究阶段对投资和成本费用的估算应采用分项详细估算法。

(6) 可行性研究确定的融资方案，应能满足项目资金筹措及使用计划对投资数额、时

间和币种的要求，并能满足银行等金融机构信贷决策的需要。

(7) 可行性研究报告应反映可行性研究过程中出现的某些方案的重大分歧及未被采纳的理由，以供决策者权衡利弊进行决策。

(8) 可行性研究报告应附有供评估、决策审批所必需的合同、协议和城市规划、土地使用、资源利用、节约能源、环境保护、水土保持、交通运输等相关主管部门的意见，出具相应行政许可文件。

【小贴士】可行性研究报告的基本内容可概括为三大部分：市场研究、技术研究、经济评价。这三部分构成了可行性研究的三大支柱。

## 六、项目可行性研究报告必需的附件

项目可行性研究报告必需的附件如下。

(1) 银行承贷证明(省分行以上)文件。

(2) 开户行出具的企业自有资金证明文件。

(3) 地方、部门配套资金及其他资金来源证明文件。

(4) 工商局颁发的企业营业执照及企业主管部门提供的企业性质证明材料。

(5) 前期科研成果证明材料(省部级科技成果鉴定材料、专利证书或其他证明材料)。

(6) 环境保护主管部门意见。

(7) 有关部门出具的产品生产许可证明文件(医药、生物等)。

(8) 所需材料及外部配套条件证明文件(场地、水、电、汽等)。

(9) 所需其他证明材料。

## 七、高技术产业化项目可行性研究报告

2006 年 4 月 1 日起施行的国家发改委颁布的《国家高新技术产业发展项目管理暂行办法》(发展改革委令第 43 号)中规定的高技术产业化项目，是指以关键技术的工程化集成、示范为主要内容，或以规模化应用为目标的科技主创新成果转化项目。可行性研究的承担单位在编制高技术产业化项目可行性研究报告时应注意以下几个方面。

### (一) 项目建设的必要性

#### 1. 项目提出的背景

要对项目提出相应的背景，越详细越好。

#### 2. 项目的意义及必要性

一般从项目可获利润、提高产品质量、加强市场竞争力、扩大生产能力、促进行业技术进步、改变产品结构、采用新工艺、节约能源、减少环境污染、提高劳动生产率、产品进入国际市场的优越条件和竞争力等情况说明项目对促进宏、微观经济发展的必要性。从项目增加税收、提高就业率或带动当地农民增收、提高科技水平方面对社会发展所产生的影响说明项目的必要性。

### 3. 国内外现状和技术发展趋势

其包括技术形成及发展过程、目前技术水平(主要生产厂的生产技术情况、优点和缺点)、技术发展方向等。

### 4. 产业关联度分析

1) 项目的产业链效应简述

概要陈述项目建设产品对其上游和下游哪些行业或产业会产生什么样的影响和效应。主要概述各环节消费市场的形成,从而影响相关产业规模的扩大和发展、乃至产业结构和产品结构将会发生相应调整。

2) 项目建设主要关联到产业

叙述本项目建设或产品对关联到产业(行业)的影响和带动作用,包括产品增长、质量提高、新产品的出现。

### 5. 市场分析

1) 项目产品的用途概况

说明项目产品有无代替其他现有产品的作用,在主要使用行业生产中的用途(主要原料、基本原料、辅料及添加料)及单位消耗量情况,产品经济寿命期论述,更新周期特点,有效经济寿命长短。

2) 项目产品的市场情况

(1) 国内外市场需求情况。包括产品进入市场及发展过程中的情况和现状,主要有哪些消费对象、消费对象的数量情况等,产品销售量、消费水平等。

(2) 生产能力情况。包括生产能力总量估计、主要生产厂家生产能力利用率等情况。

(3) 市场预测。根据了解的市场信息资料和分析结论对项目产品未来市场需求量及相关因素进行定量与定性判断和分析,给出产品市场前景结论。

## (二) 项目的技术基础

### 1. 技术成果来源及知识产权

如果项目采用的是自主知识产权的技术成果,则需说明开展技术研究的依据、研究成果验收情况和技术水平状况,是否申请了技术专利。

如果项目采用的是合作技术,则需说明技术合作方的技术实力及贡献以及技术研究的依据、研究成果验收情况和技术水平状况,是否申请了技术专利。

如果项目采用引进技术,则需说明引进来源情况及其技术水平(要有权威性的证明),技术专利状况,何时签订的引进合同,引进技术的基本条件、使用方式和期限等。

### 2. 项目产品中试情况和鉴定年限

已经实现的中试生产能力,需说明形成了哪些主要生产线、生产工艺是否成熟、产品质量是否稳定等情况,同时说明通过了哪些组织的中试验收、验收结果情况。另外,需说明有无工业化生产基础,要附有关验收证书或有效证明。

### 3. 项目产品标准

如果采用的是企业标准，需附省级标准管理部门登记的备案批件。同时说明与国家标准、国际常用标准比较情况。

### 4. 技术或工艺特点

报告应说明项目主要采用的技术，其中包括关键技术的创新性和亮点，并说明该重大关键技术的突破对行业技术进步的重要意义和作用，对本行业及相关行业、产业技术进步、优化升级将能产生怎样的带动作用和影响力。

## (三) 建设方案

### 1. 项目主要建设内容

概述项目建设的主厂区或主厂房、生产线、附属设施及公共工程、原料生产基地等。

### 2. 项目建设方案

(1) 建设规模。

建设规模包括项目产品结构及设计年产量(逐一列出主打产品和主要副产品)、产品的规格及采用的产品标准。

(2) 基建规模。

说明项目拟建总规模×××万/$m^2$，包括主厂房基建规模、特殊基础工程规模(有不良地质条件的项目或重要建筑结构与大型工艺设备的基础工程、需要防震、防腐及其他有特殊要求的建(构)筑物基础理论以及对基础沉降有严格要求的工艺设备的基础工程)、动力及公用工程规模(供电、供热、电讯、采暖通风与制冷、自控仪表、辅助生产设施等项目)、生活福利设施建设规模、厂区内道路建设规模、绿地建设面积、原料生产基地部分的建设规模等。

(3) 建设用地规模。

根据项目拟订规划出厂址的用地面积，并对建设项目作建设资金方面的估算。

(4) 项目建设地点。

说明项目所在地市、该地市地理与外界交通连接情况、项目的具体位置、具体建设地点、建设地区环境概况、地形地貌、土壤地质、水文气象等情况。

(5) 项目建设期限及建设计划。

## (四) 项目的技术特点、工艺技术路线、设备选型及主要技术经济指标

(1) 项目的主要技术参数及选定依据(产品质量、制造成本、各种消耗等要求)的说明。

(2) 生产过程自动化程度。

(3) 在生产过程中规定的各种技术条件技术标准说明。

(4) 设备选型及主要技术经济指标。

## (五) 原材料供应及外部配套条件落实情况

(1) 原材料供应。

如果靠采购解决原料供应，则说明原料来源、保障供应的措施及可靠性。如果项目自

行组织原料生产，则说明原料生产(基地)建设的依据、规模依据，保障供应的措施和可靠性。

(2) 外部配套条件。

项目投产所需燃料、水供应条件情况。

### (六) 环境污染防治

环境污染防治包括对项目投产产生的废渣、废液和废气的分析，采取的处理办法及技术手段。

### (七) 建设工期和进度安排

项目在建设之前需要安排好建设进度，并且在建设期间，临时成立的工程监督部门要随时查看建设工期和进度，保障项目按照原有计划顺利完功。

### (八) 项目实施管理、劳动定员及人员培训

项目实施管理包括生产管理与安全生产(安全管理、防火、防爆等)。

劳动定员包括劳动人员前期规划与人员数量。

人员培训要安排出培训人数以及培训地点。

### (九) 项目承担单位或项目法人的所有制性质及概况

(1) 项目单位基本情况。

所有制性质：说明建设项目单位是否具有企业法人资格等(要有附件：工商注册登记证复印件)，项目单位在国内同行业中的位置。

(2) 项目单位近期生产经营状况。

项目单位近期生产经营状况包括：近期经营业绩情况(销售收入、利润、税金、现有固定资产)、企业资历负债率水平、项目业主银行信用情况(附带：开户行资信证明、银行资信等证明)。

(3) 项目负责人基本情况。

侧重组织技术研究、企业管理和市场开拓能力人员。

(4) 项目组织及运作方式。

说明项目是否采用现代企业组织方式实施项目建设和运作。

(5) 项目单位技术支撑状况。

有无与国内外大学进行技术合作关系，经营管理中是否应用信息技术。

### (十) 投资估算与资金筹措

(1) 项目投资估算。

项目投资估算包括：项目估算总投资××万元，其中固定资产投资××万元，铺底流动资金××万元(按流动资金的 1/3 计算)。

(2) 资金筹措方案。

资金筹措方案包括：项目业主自有资金、自筹及具体计划，落实的可能性及落实程度，其中项目资金要达到国家规定的比例要求，是否申请银行贷款(须附银行贷款承诺

书）；是否申请国家资金支持。

(3) 所需流动资金的来源。

### (十一) 项目财务评价指标

项目财务评价指标包括内部收益率、总投资利润、投资回收期、还贷能力分析、贷款偿还期、还贷计划等。

### (十二) 费用效益分析和费用效果分析

对投资的项目要统计制定出费用效益分析结果，这样有更利于得出项目是否值得投资。

### (十三) 项目风险与不确定性分析

每一个投资项目都有一定的风险性，要对每个投资项目做出相应的风险预测，并拟定出风险对策，使投资项目能够减少风险。

### (十四) 结论

(1) 项目可行性研究报告必需的附件。

① 银行承贷证明(省分行以上)的文件。

② 开户行出具的企业自有资金证明文件。

③ 地方、部门配套资金及其他资金来源证明文件。

④ 工商局颁发的企业营业执照及企业主管部门提供的企业性质证明材料。

⑤ 前期科研成果证明材料(省部级科技成果鉴定材料、专利证书或其他证明材料)。

⑥ 环境保护主管部门意见。

⑦ 有关部门出具的产品生产许可证明文件(医药、生物、农药等)。

⑧ 原材料及外部配套条件证明文件(场地、水、电、汽等)。

⑨ 所需其他证明材料。

(2) 项目可行性研究报告编写框架及思路的提供依据。

① 《国家计委、财政部印发关于组织国家高技术产业发展项目计划实施意见的通知》(计高技〔2000〕2433 号)。

② 《中国建设项管理实用大全》(ISBN 7-80025-427-5/F.331)

## 八、公共项目可行性研究报告的内容

### (一) 总论

(1) 项目背景：主要内容包括项目名称、承办单位情况、可行性研究报告编制依据、项目提出的理由与过程。

(2) 项目概况：主要内容包括拟建地点、建设规模与目标、主要建设条件、项目投入总资金及效益情况、主要技术经济指标。

(3) 问题与建议。

### (二) 需求分析与建设规模

(1) 需求分析。

(2) 建设规模方案比选：主要内容包括结构形式、建筑面积、使用功能等。

(3) 推荐建设规模方案。

### (三) 场址选择

(1) 场址现状：主要内容包括地点与地理位置、场址土地权属类别及占地面积、扩建项目现有场址利用情况。

(2) 场址条件：主要内容包括地形、地貌条件；工程地质与水文地质条件；周边建筑物与环境条件；城市规划或区域性规划要求；交通条件；社会环境条件；法律支持条件；公共设施条件，给水、排水、供热、燃气、道路等；征地拆迁条件；施工条件。

(3) 场地条件比选：主要内容包括建筑条件比选、建设投资比选、投资条件比选、推荐场址方案、场址地理位置图。

### (四) 建筑方案选择

(1) 建筑设计的指导思想与原则。

(2) 项目总体规划方案：主要内容包括总平面布置和功能要求、规划设计方案描述、规划设计图，选定主要参数。

(3) 建筑方案。主要内容包括：

① 建筑方案描述，包括建筑艺术与风格、建筑特征与结构、构筑功能、建筑物与城市的协调。

② 主体工程与辅助工程，包括平面布置和功能要求、主体工程、辅助工程。

③ 主要工艺设备系统。

④ 配套设施(给排水、供电、供热、燃气、通风、空调等)。

(4) 建筑方案比选。

(5) 主要技术经济指标。

### (五) 节能节水措施

(1) 节能措施：主要内容包括节能措施、能耗指标分析。

(2) 节水措施：主要内容包括节水措施、水耗指标分析。

### (六) 环境影响评价

环境影响评价的主要内容包括项目场址的环境现状、项目建设与运营对环境的影响、环境保护措施、环境保护设施与投资、环境影响评价。

### (七) 劳动安全及卫生消防

(1) 危害因素及危害程度分析：主要内容包括主要隐患部位、有害物质种类及危害性分析。

(2) 安全设施。

(3) 消防设施。

### (八) 组织机构与人力资源配置

(1) 组织机构设置及其适应性分析：主要内容包括确定组织机构模式、确定项目的管理层次、设置相应的管理职能部门。

(2) 人力资源配置：主要内容包括确定各类人员，其中各类人员指生产人员、技术人员和管理人员。

### (九) 项目的实施进度

(1) 建设工期：主要内容包括土建施工、设备采购与安装、生产准备、设备调试、联合试运转和交付使用等阶段所需的时间。

(2) 项目实施进度安排：主要内容包括根据工程实施各阶段的工作量和所需时间，对时序做出大体安排。

### (十) 投资估算与资金筹措

(1) 投资估算：主要内容包括投资估算依据；建设投资估算(包括建筑工程费、设备及工器具购置费、安装工程费、工程建设其他费用、基本预备费、涨价预备费、建设期利息)。

(2) 投资估算表：主要内容包括项目建设投资估算汇总表、分年投资计划表。

(3) 资金筹措方式与来源：主要内容包括各级政府财政拨款、社会集资、国内外捐赠资金、个人出资及银行借款。

### (十一) 财务评价

(1) 服务收入支出预测：主要内容包括服务收入估算、服务成本估算。

(2) 财务评价指标：主要内容包括单位功能(或者使用效益)投资、单位功能运营成本、借款偿还期(指负债建设项目)。

### (十二) 社会评价

社会评价的主要内容包括：项目对社会的影响分析；项目与所在地区互适性分析，包括不同利益群体对项目的态度及参与程度、各级组织对项目的态度及支持程度、地方文化状况对项目的适应程度、社会风险分析、费用效果分析结论。

### (十三) 研究结论与建议

研究结论与建议的主要内容包括：推荐方案的总体描述；推荐方案的优缺点描述，包括优点、存在问题、主要争论与分歧意见；主要对比方案，包括未被采纳的理由；结论与建议。

### (十四) 附图、附表、附件

(1) 附图：项目总体规划图的主要内容包括各种类型建筑方案图；平、立、剖面图及标准楼层图；辅助工程及配套设施图。

(2) 附表：项目建设投资估算总表。

(3) 附件：主要内容包括项目建议书(初步可行性研究报告)的批复文件；环保部门对项目环境影响的审批文件；当地政府有关场地、建筑规划、拆迁等的批复文件；有关水、电、汽、燃气等供应协议；合资单位有关承诺的协议；项目资金来源的承诺函。

# 阅读资料

## 软件工程可行性研究报告

### (一) 引言

#### 1. 编写目的

可行性研究的目的是为了对问题进行研究，以最小的代价在最短的时间内确定问题是否可解决，对此项目进行详细的调查研究后，初拟系统实现报告，对软件开发中将要面临的问题及其解决方案进行初步设计及合理安排。明确开发风险及其所带来的经济效益。本报告经审核后，交软件经理审查。

#### 2. 项目背景

开发软件名称：机票预订系统。

项目任务提出者：中国民航及中国国际旅游开发公司。

项目开发者：浙江大学 IMK 开发小组。

用户：中国民航及中国国际旅游开发公司。

实现软件单位：中国国际旅游开发公司及浙江大学。

项目与其他软件、系统的关系：本项目采用客户机/服务器原理，客户端的程序是建立在 Windows 系统上的以 Visual C++为开发软件的应用程序，服务器端采用 Linux 操作系统，并且配备 Oracle 11g 数据库服务程序。

#### 3. 参考资料

《软件工程导论》，张海藩，清华大学出版社。

《实用软件工程》，郑人杰等，清华大学出版社。

### (二) 可行性研究的前提

#### 1. 要求

主要功能：为游客提供机票预订服务，方便旅游局的售票工作，提高旅游局的服务质量和服务效率。

性能要求：机场提供的信息必须及时反映在旅游局的工作平台上。售票系统的订单必须无差错地存储在机场的主服务器上。对服务器上的数据必须进行及时、正确的刷新。

输出要求：数据完整，翔实。

输出要求：简捷，快速，实时。

安全与保密要求：服务器的管理员享有对机场航班信息库及机票信息库和订票信息库的管理与修改。售票员只享有对订票信息库的部分修改(写入与读出)。

完成期限：预计 6 个月。

#### 2. 目标

系统实现后，大大提高旅游局的机票预订服务效率。降低售票服务中的错误发生率，减少信息交流的繁琐过程及其带来的开销。

### 3．条件、假定和限制

建议软件寿命：5 年。

经费来源：中国国际旅游开发公司。

硬件条件：服务器为 Sun 工作站，终端为 PC 机(即个人计算机)。

运行环境：Linux。

数据库：Oracle llg。

### 4．决定可行性的主要因素

成本/效益分析结果：效益>成本。

技术可行性：现有技术可完全承担开发任务。

操作可行性：软件能被原有工作人员快速接受。

### (三) 技术可行性分析

系统简要描述：旅游局的终端是安装了 Windows 的 PC 机，主要目的是向机场的服务器传递数据。当顾客在旅游局进行咨询时，终端向服务器发出查询请求，服务器根据航班信息库的实时数据，向终端发送数据，显示在终端的屏幕上。当顾客向售票员订票时，终端向服务器发出一份详尽的订单，服务器核对后，存入订票信息库，并修改机票信息库。当顾客再次来取票时，终端向服务器发出查询订票请求，服务器接收后，查询订票信息库，核对后传送机票确认表单，终端打印出机票。

### (四) 经济可行性分析

#### 1．支出

基础投资：终端 PC 机 20 台，8000×20=16 万元；网络设备，10 万元；辅助配置，10 万元。合计：36 万元。

其他一次性投资：Oracle 11g(20 万元)、Windows(10 万元)、操作员培训费(5 万元)，合计 35 万元。

经常性支出：人工费用：6(月)×20(人)×5000(元)=60 万元；其他不可知额外支出 20 万元。合计 80 万元。

支出总计：151 万元。

#### 2．收益

一次性收益：0 元。

经常性收益：

减少员工 20 人(设员工工资为 2000 元/人)，5 年收益：20×2000×12×5=240 万元；

工作效率提高收益(设原工作效益为 30 万元，工作效率提高 30%)：30 万×30%×5=45 万元；

经常性收益合计 285 万元；

不可定量收益：

因服务质量提高增加旅客量 10%(设原运营收益为 1000 万元)：

$1000 万 \times 10\% \times (90\% + (90\%)^2 + (90\%)^3 + (90\%)^4 + (90\%)^5) \approx 369 万元。$

收益总计：654 万元。

#### 3．收益/投资比

$(654/151) \times 100\% = 433\%$

**4. 投资回收周期**

2～3 年

**5. 敏感性分析**

设计系统周期为 5 年，估计最长可达 10 年。

处理速度：一般查询速度<4 秒。

关键数据查询速度：<2 秒。

**(五) 用户使用可行性**

使用本软件的人员要求有一定计算机基础，系统管理员要求有计算机的专业知识，所有人员都要经过本公司培训，管理人员也需经一般培训，经过培训人员将会熟练使用本软件，两名系统管理员，一名审计员将进行专业培训，他们将熟练管理本系统。

**(六) 其他可供选择的方案**

客户端与服务器端联系在一起，在旅游局中只设立终端，在机场设立服务器，数据由终端输入，所有数据都由服务器处理，只在终端上显示数据结果。此设计简化了数据处理，但加重了服务器的数据处理负担。而使用客户端/服务器机理，简化数据流量，加快数据处理。

**(七) 结论意见**

由于投资效益比远大于100%，技术、经济、操作都有可行性，可以进行开发。

(资料来源：陆琦琦. 软件工程可行性研究报告. 财新网，2011.7)

# 第二节 市 场 调 查

## 一、市场调查的定义和内容

### 1. 市场调查的定义

市场调查是指运用科学的方法，系统、全面、有目的地搜集、记录、整理有关市场营销信息和资料，分析市场情况，了解市场的现状及其发展趋势，为市场预测和营销决策提供客观的、正确的资料。

可以说市场调查的定义有广义、狭义之分。

广义上的市场调查，其调查对象除消费外，还包括商品的零售、批发、广告、产品包装等。本章所指的市场调查为广义的市场调查。

狭义的市场调查是以购买商品的消费者为对象，运用科学方法和手段，搜集消费者购买力、购买习惯及对商品使用的意见、动机等有关资料，并进行分析和研究。

### 2. 市场调查的内容

市场调查的内容涉及市场营销活动的整个过程，主要包括有以下 5 个方面。

1) 市场环境的调查

市场环境的调查主要包括经济环境、政治环境、社会文化环境、科学环境和自然地理环境等方面的调查。具体的调查内容可以是市场的购买力水平、经济结构、国家的方针、政策和法律法规，风俗习惯，科学发展动态，气候等各种影响市场营销的因素。

2) 市场需求的调查

市场需求的调查主要包括消费者需求量调查、消费者收入调查、消费结构调查、消费者行为调查，包括消费者为什么购买、购买什么、购买数量、购买频率、购买时间、购买方式、购买习惯、购买偏好和购买后的评价等。

3) 市场供给的调查

市场供给的调查主要包括产品生产能力调查、产品实体调查等。具体为某一产品市场可以提供的产品数量、质量、功能、型号、品牌等以及生产供应企业的情况等。

4) 市场营销因素的调查

市场营销因素的调查主要包括产品、价格、渠道和促销的调查。①产品的调查主要有了解市场上新产品开发的情况、设计的情况、消费者使用的情况、消费者的评价、产品生命周期阶段、产品的组合情况等。②产品的价格调查主要有了解消费者对价格的接受情况、对价格策略的反应等。③渠道的调查主要包括了解渠道的结构、中间商的情况、消费者对中间商的满意情况等。④促销活动的调查主要包括对各种促销活动的效果(如广告实施的效果、人员推销的效果、营业推广的效果)和对外宣传的市场反应等进行调查。

5) 市场竞争情况的调查

市场竞争情况的调查主要包括对竞争企业的调查和分析，了解同类企业的产品、价格等方面的情况，他们采取了什么竞争手段和策略，做到知己知彼，通过调查帮助企业确定竞争策略。

## 二、市场调查的程序

在进行市场调查时，应按一定程序来进行。通常有 7 个方面，具体包括确定问题及调研目的、收集信息资料、初步调查、调查设计、现场调查、资料分析、撰写和提交调查报告。

### (一) 确定调查目的

这是进行市场调查时应首先明确的问题。目的确定以后，市场调查就有了方向，不至于出现太大的过失。也就是说，调查人员应明确为什么要进行市场调查，通过调查要解决哪些问题，有关调查结果对于企业来说有什么作用。一般来说，确定调查目的要有一个过程，一下子是确定不下来的。根据调查目的的不同，可以采用探测性调查、描述性调查、因果性调查来确定。

#### 1. 探测性调查

当企业对需要研究的问题和范围不明确，无法确定应该调查哪些内容时，可以采用探测性调查来找出症结所在，然后再作进一步研究。例如，某房地产公司近几个月来销售下降，公司一时弄不清楚原因，是宏观经济形势不好所致，还是广告支出减少或是销售代理效率低造成的，抑或是消费者偏好转变的原因等。在这种情况下，可以采用探测性调查，从中间商或者消费者那里收集资料，以便找出最有可能的原因。

### 2. 描述性调查

描述性调查只是从外部联系上找出各种相关因素，并不回答因果关系问题。例如，在销售过程中，发现销售量和广告有关，并不说明何者为因，何者为果。也就是说，描述性调查旨在说明什么、何时、如何等问题，并不解释为何的问题。与探测性调查比较，描述性调查需要有一事先拟定的计划，需要确定收集的资料和收集资料的步骤，需要对某一专门问题提出答案。

### 3. 因果性调查

这种调查是要找出事情的原因和结果。例如，价格和销售之间的因果关系如何？广告与销售间的因果关系如何？通常对于一个房地产公司经营业务范围来说，销售、成本、利润、市场占有率皆为因变量。而自变量较为复杂，通常有两种情况，一类是企业自身可以加以控制的变量，又称内生变量，如价格、广告支出等；另一类是企业市场环境中不能控制的变量，也称外生变量，如政府的法律、法规、政策的调整、竞争者的广告支出与价格让利等。因果关系研究的目的在于了解以上这些自变量对某一因变量(如对成本)的作用或影响。

## (二) 收集信息资料

市场营销调查需要搜集大量的信息资料，其中有些资料需要经常不断地搜集，有些需要定期搜集，大多数是需要时才进行搜集。

## (三) 初步调查

初步调查的目的是了解产生问题的一些原因，通常有 3 个过程；其一，研究搜集的信息材料，了解一些市场情况和竞争概况；其二，与企业有关领导进行非正式谈话，寻找市场占有率上升或下降的原因；其三，了解市场情况，即消费者对该公司所开发经营的商品的态度。

## (四) 调查设计

根据前面信息资料搜集以及上面初步调查的结果，可以提出调查的命题及实施的计划。在收集原始资料时，一般需要被调查者填写或回答各种调查表格或问卷。调查表及问卷的设计既要具有科学性又要具有艺术性，以利于市场调查工作的条理化、规范化。例如，一项房地产市场调查工作至少应设计以下 4 种调查表格。

(1) 当地房地产资源统计表，包括房地产分布、面积、类型、单位价格、单位总价、开发程度、居住密度、交易状况和规模、使用期限、抵押保险、政策限制、竞争程度、发展远景、其他具体情况和调查日期等项目。

(2) 房地产出租市场统计表，包括出租房地产名称、所在地区、出租面积、租金水平、出租房的类型和等级、室内设备状况(暖气、煤气、电话、家用电器、厨卫设备)、环境条件(影响房租市场的最大因素)、具体房东记录、房地产出租公司的资料和调查日期等项目。

(3) 房地产出售统计表，包括已售和待售房地产的名称、地区、开发商、数量、结构类型、成交期、成交条件(预付款、贷款额和利率、偿还约束、其他附加条款等)、出售时的房龄和状况、客户资料和调查日期等项目。

(4) 房地产个案市场调查分析表,包括案名、区位、投资公司、产品规划、推出日期、入住日期、基础面积、建筑密度、土地使用年限、单位售价、付款方式、产品特色、销售策略、客源分析、媒体广告、调查日期等项目。

### (五) 现场调查

现场调查即按调查计划通过各种方式到调查现场获取原始资料和收集由他人整理过的二手资料。现场调查工作的好坏,直接影响到调查结果的正确性。为此,必须重视现场调查人员的选拔和培训工作,确保调查人员能按规定的进度和方法取得所需资料。

### (六) 调查资料的整理分析

这一步骤是将调查收集到的资料进行汇总整理、统计和分析。首先,要进行编辑整理。就是把零碎的、杂乱的、分散的资料加以筛选,去粗取精,去伪存真,以保证资料的系统性、完整性和可靠性。在资料编辑整理过程中,要检查调查资料的误差,剔除那些错误的资料;之后要对资料进行评定,以确保资料的真实与准确。其次,要进行分类编号,就是把调查资料编入适当的类别并编上号码,以便于查找、归档和使用。再次,要进行统计,将已经分类的资料进行统计计算,有系统地制成各种计算表、统计表、统计图。最后,对各项资料中的数据和事实进行比较分析,得出一些可以说明有关问题的统计数据,直至得出必要的结论。

### (七) 撰写和提交调查报告

撰写和提交调查报告是市场调查工作的最后一环。调查报告反映了调查工作的最终成果。要十分重视调查报告的撰写,并按时提交调查报告。撰写调查报告应做到以下几点。

(1) 客观、真实、准确地反映调查成果。

(2) 报告内容简明扼要,重点突出。

(3) 文字精练,用语中肯。

(4) 结论和建议应表达清晰,可归纳为要点。

(5) 报告后应附必要的表格和附件与附图,以便阅读和使用。

(6) 报告完整,印刷清楚美观。

在作出结论以后,市场营销调查部门必须提出若干建议方案,写出书面报告,提供给决策者。在撰写调查报告时,要指出所采用的调查方法、调查的目的、调查的对象、处理调查资料的方法以及通过调查得出的结论,并以此提出一些合理化建议。

## 三、市场调查的方法

市场调查是运用适当的方法,有目的、系统地搜集整理市场信息资料,分析市场的客观实际情况。市场调查是市场预测的基础,是工程项目可行性研究的起点。市场调查方法如图5-3所示。

```
                          ┌─── 文案调查法                    ┌─── 入户访问调查法
                          │                                  ├─── 拦截访问调查法
                          │                                  ├─── 小组座谈法
                          ├─── 访问调查法 ───────────────────┼─── 深度访谈法
                          │                                  ├─── 投影访谈法
                          │                                  └─── 电话访问调查法
          市场调查方法 ───┼─── 邮寄问卷调查法
                          │
                          ├─── 网络调查法
                          │
                          ├─── 直接观察法
                          │
                          └─── 直接实验法
```

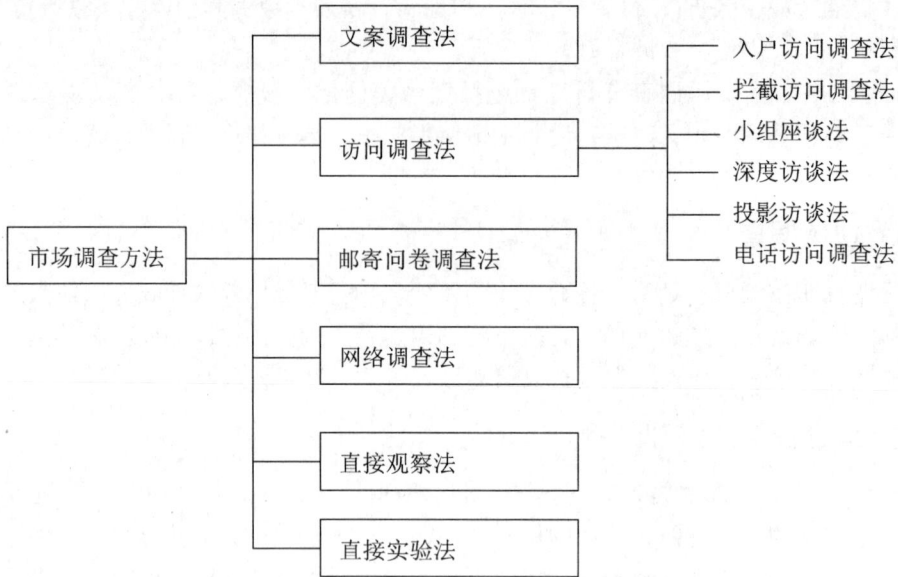

**图 5-3　市场调查方法框图**

## (一) 文案调查法

文案调查又称间接调查法，是指通过各种手段收集二手资料的一种调查方法。文案调查主要用于搜集与市场调研课题有关的二手资料，它与访问法、观察法等搜集原始资料的方法是相互依存、相互补充的。

### 1. 文案调查法的优、缺点及适用范围

文案调查法的优、缺点及适用范围如表 5-2 所示。

**表 5-2　文案调查法的优、缺点及适用范围**

| 优点 | 缺点 | 适用范围 |
| --- | --- | --- |
| ① 花费时间、费用较少<br>② 不受时间和空间的限制<br>③ 不受调查人员和被调查者主观因素的干扰 | ① 时效性较差<br>② 针对性较低<br>③ 利用率较低<br>④ 不可预见性 | ① 资料来源比较广泛时<br>② 直接搜集信息需要文案调查结果提供指导时<br>③ 需要弥补修正直接调查结果时<br>④ 需要鉴定、证明直接调查结果的可信度时 |

### 2. 文案调查资料来源

文案调查的资料来源主要有企业的内部渠道和外部渠道。内部渠道主要是企业各个部门提供的各种业务、统计、财务及其他有关资料。外部渠道主要是企业外部的各类机构、情报单位、国际互联网、在线数据库及图书馆等所持有的可供用户共享的各种资料。

1) 内部资料的来源

主要包括统计资料、财务资料、业务资料及其他资料。

2）外部资料的来源

主要包括从企业外部搜集的二手资料，主要有以下几个渠道。

(1) 各级政府部门发布的有关资料。

(2) 各级统计部门发布的有关统计资料。

(3) 行业协会或行业管理机构发布的本行业的数据和资料。

(4) 各种信息中心和信息咨询公司提供的市场信息资料。

(5) 各种公开出版物。

(6) 电视广播提供的各类资料。

(7) 各类研究机构的各种调研报告、研究论文集；各类专业组织的调查报告、统计报告以及相关资料。

(8) 参加各种博览会、展销会、交易会和订货会获取的有关资料。

(9) 建立公共关系网获取的资料。

(10) 各种国际组织、外国使馆、驻外使馆、办事处等提供的各种国际市场资料。

3）国际互联网、在线数据库

国际互联网和在线数据库也是企业搜集外部信息的重要渠道。对于特定的市场调研课题来说，可以获得以下重要的信息资源。

(1) 与调研课题有关的环境资料，包括总体环境、产业环境、竞争环境的资料。

(2) 与调研课题有关的主体资料和相关资料。

(3) 与调研课题有关的各类公司、组织机构的资料。

(4) 同类研究课题的报告、案例分析、研究思路与参考性方案。

(5) 与调研课题有关的产品知识、市场知识和相关知识。

### 3. 文案调查的应用

文案调查主要应用于以下 4 个方面。

(1) 用于市场探测性研究。

(2) 可开展经常性的市场研究。

(3) 为调查方案设计提供帮助。

(4) 配合原始资料更好地研究问题。

【小贴士】文案调查的要求：注意针对性、时间性、全面性、系统性、准确性。

### 4. 文案调查的统计分析方法

统计分析就是利用间接信息资料，根据统计原理，分析市场及销售变化情况。一般统计分析法有趋势分析法及相关分析法两种。

1）趋势分析法

将过去的资料按时间顺序排列，寻找出其变化方向，再进行合理地延伸，以推测将来变化方向的方法，其中较常见的是移动平均法。

2）相关分析法

相关分析就是分析统计资料中各变量彼此间关系的有无，及相关程度大小的一种方法。依相关的方向可分为正相关、负相关及不相关。

**【例 5-1】**江城商品住宅平均价 2005—2014 年的变动情况如表 5-3 所示，求该市商品住宅平均价格每 5 年的移动平均值，并绘出该市商品住宅的价格走势。

表 5-3　江城各年商品住宅均价　　　　　　　　　　（单位：元/m²）

| 年份 | ①销售量 | ②5 年平均值 |
|---|---|---|
| 2005 | 2000 | — |
| 2006 | 2600 | — |
| 2007 | 2300 | 2120 |
| 2008 | 1800 | 2460 |
| 2009 | 1900 | 2580 |
| 2010 | 3700 | 3000 |
| 2011 | 3200 | 3460 |
| 2012 | 4400 | 4080 |
| 2013 | 4100 | — |
| 2014 | 5000 | — |

表 5-3 中②栏是每 5 年的移动平均值。将第①栏每年的商品住宅均价在图 5-4 上描点绘实线，第②栏的移动平均值描点绘虚线，可以看出，虚线较实线更容易推测出来未来房价上涨的趋势。

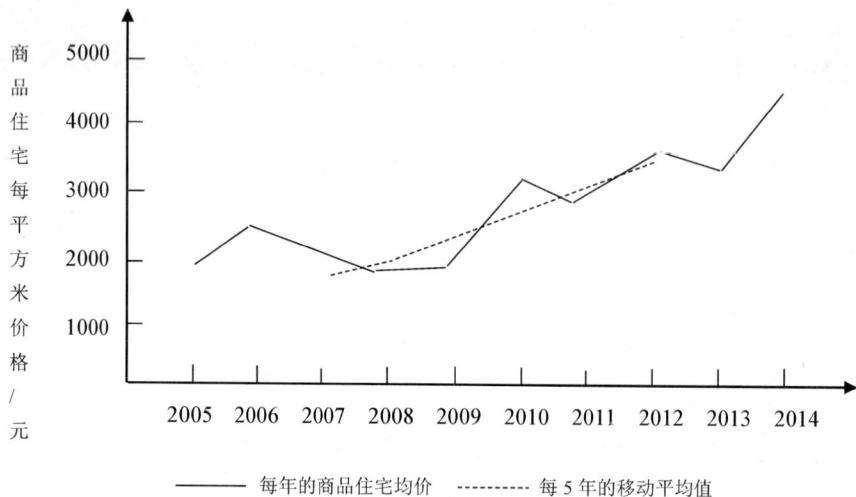

图 5-4　商品住宅价格走势

## (二) 访问调查法

访问调查法简称访问法或询问法，是指调查者以访谈询问的形式，或通过电话、邮寄、留置问卷、小组座谈、个别访问等询问形式向被调查者搜集市场调查资料的一种方法。基本原理是以问和听的形式获取信息、挖掘信息。访问调查法是市场调查资料搜集最基本、最常用的调查方法，主要用于原始资料的搜集。

访问调查法按不同标志划分，可以分为许多类型，主要有以下几种：

(1) 按访问形式的不同划分，有面谈访问、电话询问、留置问卷访问、邮寄访问等方法。这几种方法将在后面作重点介绍。

(2) 按访问方式的不同划分，有直接访问和间接访问。

直接访问是调查者与被调查者直接面对面地进行访问交谈，如面谈访问。间接访问是调查者通过电话或书面形式间接地向被调查者进行访问，如电话询问、邮寄询问、留置问卷询问等。

(3) 按访问内容的不同划分，有标准化访问和非标准化访问。

标准化访问又叫结构性访问，是指调查者事先拟好调查问卷或调查表，有条不紊地向被调查者访问。主要应用于数据收集和市场的定量研究。非标准化访问又叫非结构性访问，是指调查者按粗略的提纲自由地向被调查者访问。主要应用于非数据信息收集和市场的定性研究。

### 1. 入户访问调查法

入户访问是指调查员到被调查者的家中或工作单位进行访问，直接与被调查者接触，然后利用访问式问卷逐个问题进行询问，并记录下对方的回答；或者将自填式问卷交给被调查者，讲明方法后，等待对方填写完毕或稍后再回来收取问卷的调查方式。其工作程序如图 5-5 所示。

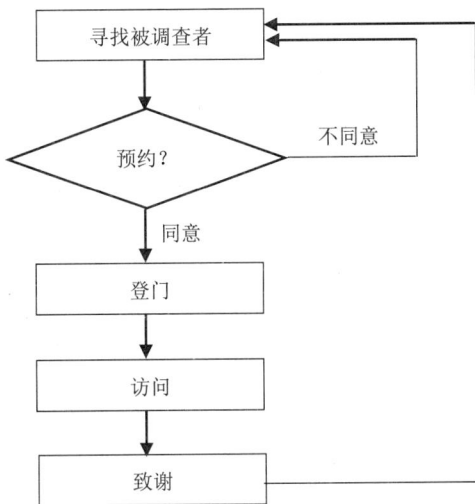

**图 5-5 入户访问调查流程框图**

入户访问调查法的优、缺点及适用范围如表 5-4 所示。

**表 5-4 入户访问调查法的优、缺点及适用范围**

| 优　点 | 缺　点 | 适用范围 |
|---|---|---|
| ① 调查有深度<br>② 直接性强<br>③ 灵活性强<br>④ 准确性较高<br>⑤ 拒答率较低 | ① 费用高<br>② 时间长<br>③ 对访问员要求高<br>④ 调查质量容易受气候、调查时间、被访者情绪等其他因素的干扰 | 调查项目比较复杂的产品测试、广告效果测试、消费者调查、顾客满意度研究、社情民意调查等 |

### 2. 拦截式访问调查法

拦截式访问是指在某个场所拦截在场的一些人进行面访调查。其流程如图 5-6 所示。拦截式访问有 3 种方式：①街头拦截法；②商场拦截法；③点拦截法。

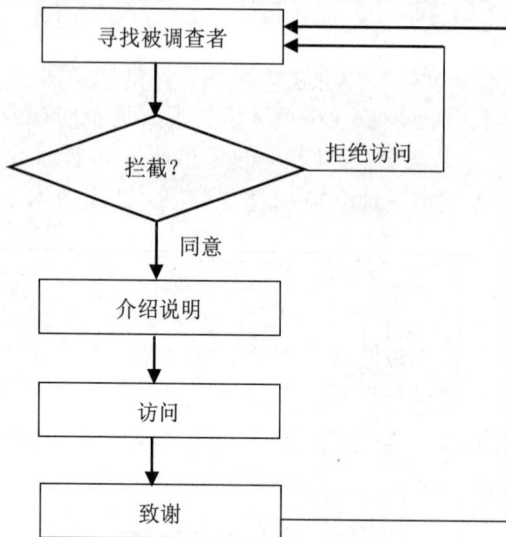

图 5-6 拦截式访问调查法流程示意图

拦截式访问调查法的优、缺点及适用范围如表 5-5 所示。

表 5-5 拦截式访问调查法的优、缺点及适用范围

| 优 点 | 缺 点 | 适用范围 |
|---|---|---|
| ① 访问地点比较集中，时间短，可节省访问费和交通费<br>② 可以避免入户访问的一些困难，便于对访问员进行监控<br>③ 受访者有充分的时间来考虑问题，能得到比较准确的答案；对拒访者可以放弃，重新拦截新的受访者，确保样本量不变 | ① 不适合内容较复杂、不能公开的问题的调查<br>② 调查对象的身份难以识别<br>③ 拒访率高 | ① 常用于商业性的消费者意向调查，如在商场的化妆品柜台前拦截女性顾客询问她们对各种化妆品的偏好以及购买习惯、行为<br>② 需要快速完成的小样本的探索性研究<br>③ 需要进行实物显示或特别要求有现场控制的探索性研究 |

### 3. 小组(焦点)座谈法

小组(焦点)座谈是由一个经过训练的主持人以一种无结构的、自然的形式与一个小组的被调查者交谈。主持人负责组织讨论。其特点如下。

(1) 小组大小：8～12 人。

(2) 小组构成：同质性：预先筛选被调查者。

(3) 座谈环境：放松的、非正式的气氛。

(4) 时间长度：1～3 小时。

(5) 记录：使用录音带和录像带。

(6) 观察：主持人可以观察、可相互接触，主持人有熟练的交流技术。

小组(焦点)座谈法的过程如下。

(1) 调查研究的目标以及问题的定义。

(2) 规定定性研究的目标。

(3) 界定小组座谈会成员回答的问题，即获取哪些信息。

(4) 筛选参加者准备会议材料。

(5) 制定主持人的提纲(规定调查方向)。

(6) 组织小组座谈会调查(引导、控制、讨论、评论)。

(7) 重温录像并分析资料

(8) 总结并计划随后的研究或行动。

【小贴士】小组(焦点)座谈法能否取得成功，关键取决于主持者主持会议和组织讨论的能力和水平。从小组(焦点)座谈的要求来看，主持人应具备的基本素质和要求有坚定、中立、和善、容许、介入、不完全理解、鼓励、灵活、敏感。

小组(焦点)座谈法的优、缺点及适用范围如表 5-6 所示。

表 5-6　小组(焦点)座谈法的优、缺点及适用范围

| 优　点 | 缺　点 | 适用范围 |
|---|---|---|
| ① 协同增效<br>② 滚雪球效应<br>③ 刺激性<br>④ 安全感<br>⑤ 自发性<br>⑥ 发现灵感<br>⑦ 专门化<br>⑧ 科学监视<br>⑨ 灵活<br>⑩ 速度快 | ① 误用。小组座谈会是探索性的，但可能会误用和滥用而将结果当作结论性的来对待<br>② 错误判断<br>③ 主持有难度<br>④ 意见性资料凌乱<br>⑤ 代表性较差 | ① 理解消费者对某类产品的认识、偏好及行为<br>② 获取对新的产品概念的印象<br>③ 产生关于老产品的新想法<br>④ 研究广告创意<br>⑤ 获取价格定位的印象<br>⑥ 获取消费者对具体的市场促销策略的初步反应 |

### 4. 深层访谈法

深层访谈法是一种无结构的、直接的、个人的访问，又称个别访问法。即调研者按照拟定的调查提纲或腹稿，对受访者进行个别询问，以获取有关信息。深层访谈技术主要有3 种：阶梯前进、隐蔽问题探寻以及象征性分析。

(1) 阶梯前进。这是顺着一定的问题线索进行访问探索，如从产品的特点一直到使用者的特点。使得调查员有机会了解被访者思想的脉络。

(2) 隐蔽问题探寻。这是将重点放在个人的"痛点"而不是社会的共同价值观上；放在个人深切相关的而不是一般的生活方式上。

(3) 象征性分析。这是通过反面比较来分析对象的含义。要想知道"是什么"，先设法知道"不是什么"。例如，在调查某产品时，其逻辑反面是：产品的不适用方面，"非

产品"形象的属性以及对立的产品类型。

深层访谈法的优、缺点及适用范围如表 5-7 所示。

表 5-7  深层访谈法的优、缺点及适用范围

| 优 点 | 缺 点 | 适用范围 |
|---|---|---|
| ① 排干扰性<br>② 新颖性<br>③ 保密性<br>④ 启发性 | ① 调查成本高<br>② 调查周期长<br>③ 对特殊群体的回收率低<br>④ 对调查过程控制困难 | 用于获取对问题的理解和深层了解的探索性研究。新的概念、设计、广告和促销方案都可采用这种方法 |

【小贴士】调查员的作用对深层访谈的成功与否是十分重要的。调查员应当做到以下几点。

(1) 避免表现自己的优越和高高在上,要让被访者放松。

(2) 超脱并客观,但又要有风度和人情味。

(3) 以提供信息的方式问话。

(4) 不要接受简单的"是"或"不是"的回答。

(5) 刺探被访人的内心。

【拓展阅读】深层访谈的有效情况

深层访谈不如小组座谈会使用那么普遍。尽管这样,深层访谈在有些特殊情况下也是有效的,如在有以下需要时。

(1) 详细地刺探被访者的想法(如汽车的买主)。

(2) 讨论一些保密的、敏感的或让人为难的话题。

(3) 了解被调查者容易随着群体的反应而摇摆的情况(如大学生对古典音乐的态度、对出国留学的态度等)。

(4) 详细地了解复杂行为(如选择购物的商店、见义勇为行动)。

(5) 访问专业人员(如某项专门的调研、对新闻工作者的调研)。

(6) 访问竞争对手(他们在小组座谈的情况下不太可能提供什么信息)。

(7) 调查的产品比较特殊,如在性质上是一种感觉、会引起某些情绪以及很有感情色彩的产品(如香水、洗浴液等)。

例如,在研究洗澡用香皂的广告时,被调查者总是说好的香皂让他(她)们在浴后感到"又干净又清爽"。不过他们常常无法解释"干净清爽"到底意味着什么。广告研究者想要用一种新方式来谈论"清爽",但从大量文献的研究中找不到有帮助的资料。因此,调研人员通过深层访谈刺探"又干净又清爽"对被访者到底意味着什么。调查员从有关干净清爽的所有方面来刺探:有这种感觉的次数、他们心目中的图像、与此相关的情绪和感觉、浮现什么音乐和色彩,甚至还有什么幻想等。从深层访谈中发现的一个主旋律是"从日常生活中逃脱出来",即脱离拥挤的匆忙都市,自由地、放松地、无阻碍地、被大自然所包围。由这个主旋律所激发出的词语和形象给广告创意提供了新的思路,制作出了与其

他竞争对手完全不同的令人清爽的成功的广告作品。这个例子说明了深层访谈在揭示隐蔽的反应时所表现的价值。

(资料来源：刘晓君. 项目可行性研究. 技术经济学，2012.3)

### 5. 投影技法

投影技法是一种无结构的非直接的询问形式，可以鼓励被调查者将他们对所关心问题的潜在动机、信仰、态度或感情投射出来。在投影技法中，并不要求被调查者描述自己的行为，而是要他们解释他人的行为。在解释他人的行为时，被调查者就间接地将他们自己的动机、信仰、态度或感情投影到了有关的情景之中。因此，通过分析被调查者对那些没有结构的、不明确而且模棱两可的"剧本"的反应，来揭示他们的态度和情感。剧情越模糊，被调查者就更多地投影他们的感情、需要、动机、态度和价值观，就像心理咨询诊断中利用投影技法来分析患者的心理那样。与心理学中的分类一样，投影技法可分成联想技法、完成技法、结构技法和表现技法。

投影技法的优、缺点及适用范围如表 5-8 所示。

表 5-8　投影技法的优、缺点及适用范围

| 优 点 | 缺 点 | 适用范围 |
| --- | --- | --- |
| ① 调查人员的动机可藏而不露<br>② 具有客观性<br>③ 具有真实性<br>④ 对人的心理活动发现将比较深入 | ① 分析比较困难，需要有经过专门培训的调查人员，调查成本高<br>② 不能大规模运用 | 对高层次的管理人员访谈中可考虑采用 |

### 6. 计算机辅助访问调查法

计算机辅助个人访问调查是将问卷设置在笔记本电脑或台式计算机中，以辅助入户访问或拦截式访问。DGI 软件系统一般包括问卷设计系统、访问管理系统、数据录入和问卷统计系统 4 个子系统部分。计算机辅助访问有两种情形。

1) 计算机辅助入户访问

计算机辅助入户访问是入户访问的新的发展形式，它是将问卷设置在笔记本电脑中，由调查员随身入户访问，向受访者介绍调查的目的及操作方法，由受访者按计算机上的提问自行输入要回答的问题，或由调查员代为输入。这样可以节省访问的时间和资料录入整理的时间，也可避免逻辑性错误，还可提高受访者的兴趣。

2) 计算机辅助拦截访问

计算机辅助拦截访问是拦截式访问的新的发展形式，它是由调查员先拦截被调查者并征得其同意后，直接带到放有计算机的地方，介绍说明调查目的，请求其配合支持，然后由被调查者按计算机上的提问自行输入要回答的问题，或由调查员按计算机上的提问边询问边输入。它具有自动录入数据、编辑数据、逻辑检查、自动汇总统计等优势，因而速度快、效率高、节省调查时间和调查费用。

### 7. 电话访问调查法

电话访问是调查者通过查找电话号码簿用电话向被调查者进行访问，以搜集市场调查资料的一种方法。其流程如图 5-7 所示。

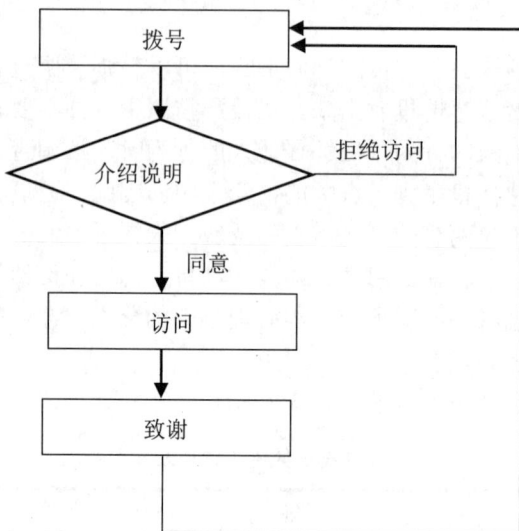

**图 5-7　电话访问调查法流程示意图**

电话访问法的优、缺点及适用范围如表 5-9 所示。

**表 5-9　电话访问法的优、缺点及适用范围**

| 优　点 | 缺　点 | 适用范围 |
| --- | --- | --- |
| ① 搜集市场调查资料速度快、费用低，可节省大量调查时间和调查经费<br>② 搜集市场调查资料覆盖面广<br>③ 可以免去被调查者的心理压力，易被人接受。特别对于那些难以见面的某些名人，采用电话询问尤为重要 | ① 电话访问只限于有电话的地区、单位和个人，电话普及率高才能广泛采用。在通信条件落后地区，这种方法受到限制<br>② 电话访问由于不能见到被调查者，无法观察到被调查者的表情和反应，也无法出示调查说明、图片等背景资料，只能凭听觉得到口头资料。因此，电话访问不能使问题深入，也无法使用调查的辅助工具<br>③ 对于回答问题的真实性很难作出准确的判断 | ① 主要用于不太复杂的问题采访<br>② 需要快速完成的小样本的探索性研究 |

## （三）邮寄问卷调查法

邮寄问卷访问是指调查者将印制好的调查问卷或调查表格，通过邮政系统寄给选定的被调查者，由被调查者按要求填写后，按约定的时间寄回的一种调查方法。有时，也可在报纸上或杂志上利用广告版面将调查问卷登出，让读者填好后寄回。调查者通过对调查问卷或调查表格的审核和整理，即可得到有关数据和资料。

邮寄问卷访问法的优、缺点及适用范围如表5-10所示。

表5-10 邮寄问卷访问法的优、缺点及适用范围

| 优 点 | 缺 点 | 适用范围 |
| --- | --- | --- |
| ① 调查范围较广，问卷可以有一定的深度<br>② 调查费用较低，在没有物质奖励时，只需花费印刷费和邮资费<br>③ 被调查者有充分的时间作答，还可查阅有关资料，因而取得的资料可靠程度较高<br>④ 被调查者不受调查者态度、情绪等因素的影响，问题更客观，可消除调查者误差<br>⑤ 无须对调查员进行选拔、培训和管理 | ① 调查问卷回收率低，其原因可能是被调查者对调查问题不感兴趣，问卷设计太复杂，被调查者不在家或事务太忙等<br>② 调查时间长，由于需要联系、等待、再联系、再等待，致使调查时间拉长，影响调查资料的时效性<br>③ 问卷回答可靠性较差。由于无法交流，被调查者可能产生误解，也可能请人代答填写 | ① 政府主管部门采用行政手段进行的调查<br>② 上级对下级进行的指令性调查<br>③ 行业协会组织的同行都比较关注的专项调查 |

【小贴士】应用邮寄访问应注意的问题：①用电话或跟踪信提醒；②注意提前通知或致谢；③需要设置一定的物质奖励；④附上回信的信封并贴足邮资；⑤增加问卷的趣味性，如填空、补句、判断、图片等；⑥最好由知名度较高且受人尊敬的机构主办，如大学、政府机构、私人调查机构等。

## (四) 网络调查法

网络调查又称网上调查或网络调研，是指企业利用互联网搜集和掌握市场信息的一种调查方法。主要特点有经济性好、范围广、周期短、互动性好、客观、可靠。

网络调查的方法包括：①站点法；②电子邮件法；③随机 IP 法；④视频会议法；⑤在线访谈法；⑥搜索引擎。

网络调查法的应用领域十分广泛，主要集中在产品消费、广告效果、生活形态、社情民意等方面的市场调查研究。

网络调查法的优、缺点及适用范围如表5-11所示。

表5-11 网络调查法的优、缺点及适用范围

| 优 点 | 缺 点 | 适用范围 |
| --- | --- | --- |
| ① 调查对象广泛<br>② 调查速度快<br>③ 调查成本低廉<br>④ 富有灵活性和趣味性<br>⑤ 视觉效果好 | ① 调查结果的可信度不容乐观<br>② 对被调查者身份的验证有很大难度<br>③ 受互联网安全性影响较大 | 适用于专业的市场调查研究公司使用 |

### (五) 直接观察法

直接观察法是调查者直接深入到调查现场，对正在发生的市场行为和状况进行观察和记录。其主要观察方式有以下几种。

(1) 参与性观察。如"伪装购物法"或"神秘购物法"。它是让接受过专门训练的"神秘顾客"作为普通消费者进入特定的调查环境(商场、超市)，进行直接观察，其任务一般有 4 个方面：①观察购物环境以及倾听顾客对购物环境的评价言论；②了解服务质量；③观察消费者的购买行为；④了解同类产品的市场情况。

伪装购物法是一种有效的直接观察法，常用于竞争对手调查、消费者调查、产品市场研究等方面。

(2) 非参与性观察。非参与性观察又称局外观察，是指调查者以局外人的身份深入调查现场，从侧面观察、记录所发生的市场行为或状况，用以获取所需的信息。非参与性观察按观察的现场不同，又分为供货现场观察、销售现场观察、使用现场观察。

(3) 跟踪观察。跟踪观察是指调查员对被调查者进行跟踪性的观察。例如，服装设计师为寻找新式服装设计的创意，可在大街上跟踪特定的消费者进行观察，或者到商场的服装柜对顾客进行跟踪观察。跟踪观察获取的信息往往具有连续性和可靠性。

直接观察法的优、缺点及适用范围如表 5-12 所示。

表 5-12　直接观察法的优、缺点及适用范围

| 优　点 | 缺　点 | 适用范围 |
|---|---|---|
| ① 直观可靠<br>② 简便易行<br>③ 可发现新情况、新问题，不需语言交流，还可克服语言交流带来的干扰 | ① 时间长，费用高<br>② 只能观察表象资料，不能观察内在原因，因而观察的深度往往不够 | ① 商场顾客流量的测定或车站码头顾客流量测定<br>② 主要交通道口车流量测定<br>③ 对竞争对手进行跟踪或暗访观察<br>④ 消费者购买行为、购买动机、购买偏好调查<br>⑤ 产品跟踪测试<br>⑥ 商场购物环境、商品陈列、服务态度调查<br>⑦ 生产经营者现场考察与评估<br>⑧ 弥补询问调查法的不足 |

### (六) 实验调查法

实验调查法又称实验观察法，它是通过实验设计和观测实验结果而获取有关的信息。即从影响调查问题的许多可变因素中选出一个或两个因素，将它们置于同一条件下进行小规模实验，然后对实验观察的数据进行处理和分析，确定研究结果是否值得大规模推广。它是研究特定问题的各因素之间的因果关系的一种有效手段。

实验调查的最大特点是把调查对象置于非自然状态下开展实验观察，将实验变量或所测因素的效果从多因素的作用中分离出来，并给予鉴定。

实验调查法的工作程序如下。

(1) 根据调查项目的目的要求，提出需要研究的假设，确定实验变量。例如，某种新产品在不同的地区销售是否有显著的差异？哪个地区的销售效应最好？

(2) 进行实验设计。一般来说，应根据因素个数、因素的不同状态或水平、可允许的重复观察次数、试验经费和试验时间等综合选择实验方案。

(3) 进行实验。即按实验设计方案组织实施实验，并对实验结果进行认真观测和记录。

(4) 数据处理与统计分析。

(5) 编写实验调查报告。

实验调查法的优、缺点及适用范围如表 5-13 所示。

表 5-13　实验调查法的优、缺点及适用范围

| 优　点 | 缺　点 | 适用范围 |
|---|---|---|
| ① 调查结果具有较强的客观性和实用性<br>② 实验调查可以主动地进行实验控制，以及较为准确地观察和分析某些现象之因的因果关系及其相互影响<br>③ 可以探索在特定的环境中不明确的市场关系或行动方案<br>④ 实验结果具有较强的说服力，可以帮助决定行动的取舍 | ① 时间长、费用多<br>② 具有一定的局限性。实验调查法只能识别实验变量与有关因素之间的关系，而不能解释众多因素的影响，不能分析过去或未来的情况<br>③ 具有一定的时间限制 | 主要应用于产品测试、包装测试、价格测试、广告测试、销售测试等方面 |

【例 5-2】宏文集团生产 A、B、C 等 3 种产品，企业打算提高 A 产品价格，以刺激 B、C 两种产品的市场需求。在特定的商场实验一个月，实验前后均统计一个月的产品销售量，结果如表 5-14 所示。

表 5-14　A、B、C 产品销售统计

| 产　品 | 销售价格/元 | | 销售量/件 | | 销售变动/件 |
|---|---|---|---|---|---|
| | 实验前 | 实验后 | 实验前 | 实验后 | |
| A | 80 | 100 | 3 000 | 2 000 | −1 000 |
| B | 90 | 90 | 2 000 | 3 200 | 1 200 |
| C | 95 | 95 | 1 800 | 2 800 | 1 000 |
| 合计 | — | — | 6 800 | 8 000 | 1 200 |

实验测试表明，A 产品提价后，销售量下降 1000 件，但 B、C 两种产品销售量分别增加了 1200 件和 1000 件，表明 A 产品提价，对 B、C 两种产品的销售具有刺激作用，故 A 产品价格调整是成功的。

## 四、市场调查的技术

调查技术是市场调查中为实现特定目的所采用的措施和技巧。

问卷调查是一种应用较广泛的调查方式，它是通过设计调查问卷将调查意图清晰展现给被调查者的调查方式。

问卷调查能在短时间内使被调查者了解调查意图，特别是设置了选择项的问卷，节省了被调查者思考的时间；消除了由于调查人员本身素质差异造成的调查结果误差；加强了调查工作的计划性和条理性。因此，要特别注意掌握问卷调查技术。

### (一) 问卷设计时应注意的问题

(1) 问卷的内容不宜太多，问题应具有代表性。

(2) 问句应词义清楚，不能模棱两可。

(3) 每个问句后，最好有选择项供被调查人员判断。

(4) 问题要引起被调查者的兴趣，使其愿意回答。

例如，江城房地产信息网信息中心调研部，为了获得该市消费者购买商品房的意向，采用问卷调查和街头拦截访问调查相结合的方式，在该市的 6 个城区内进行了市场调查。通过调查，获得了以下调查结果：

(1) 在购房的消费者中，25～40 岁的人占主导力量；

(2) 72%的消费者有意购买普通住宅；

(3) 41%的消费者会选择郊区住宅；

(4) 在商品房销售面积中，高层住宅占 58%，多层住宅占 27%，商服用房占 11%，其他商品房占 4%。

【小贴士】确定问卷的版面格式需要注意的问题如下。

(1) 调查人员为节省费用压缩版面，问题的空间太小，不仅调查者提问或被调查者回答时容易疏漏或串行，后期数据编码录入也容易出错。

(2) 低档的纸张和粗糙的印刷会引起负效应。

(3) 问卷中重要的地方没有突出，尤其对于自填式问卷，如果答题的规则或提问的提示不醒目，很容易被忽略掉，导致被调查者回答错误。

### (二) 限制回答技术

#### 1. 二项选一法

该法将回答项目分为两个，回答者选择其一。例如，"你使用过本产品吗？""你参加过住宅博览会吗？"等询问法形式，均属二选一法。

二项选一法的优点如下。

(1) 态度与意见不明确时，可以求得明确的判断，并在短暂的时间内，求得回答。

(2) 使持中立意见者偏向一方。

二项选一法的缺点是：不能表示意见程度的差别。

### 2. 多项选择法

事先预备几个回答，提示给被访者，使其选择其中之一项或数项的方法。

多项选择法可缓和二项选一强制法的缺点，统计时也比自由回答法简单。

使用多项选择时要注意以下几点。

(1) 须将供选择的答案事先编号。

(2) 答案须包括所有的可能情况，但应避免重复。

(3) 备选的答案不宜过多，以不超过 5 个最理想。

## (三) 自由回答技术

自由回答法就是指回答者自由陈述意见，不受访问者的限制。例如当访问者提问："你认为这种型号的电动车还能卖多久？"而并没有给出备选选项时，这时回答者完全可以根据自己的推断作出回答。

(1) 自由回答的优点如下。

① 拟定问卷时较简单，准备工作量小。

② 对回答者不限制回答范围，可收集回答者建设性的意见。

(2) 自由回答的缺点如下。

① 不能明确表明意见，或不太了解情况者，大都回答"不知道"等含糊的词，造成废卷增多。

② 调查结果受调查员询问方式和表达能力的影响，容易产生很大的出入。

③ 调查结果统计工作量大，但难以进行精细分析，可信度偏低。

## (四) 排序技术

### 1. 直接比较法

1) 直接比较法的询问方式

(1) 下面几项最重的是哪一项。

(2) 下面各项中，请将你认为重要的选出两项或三项。

(3) 下面各项中，请将你认为重要的选出若干项。

(4) 将下列各项，按照重要次序注上号码。

(5) 将下列各项分为极其重要、稍微重要、不大重要、一点也不重要等 4 种。

2) 用直接比较法拟订问卷时要注意的问题

(1) 决策顺位的项目，不宜超过 10 个。

(2) 顺位取到第几位，须按调查目的而定。例如，对所设计的项目，到底是从第一位取到第五位，还是从第一位取到第二位，因调查目的而异。

(3) 可选初选，再在初选结果基础上终选的办法比较，这样可得到更可靠的判断结果。

### 2. 数值分配法

设定分值标准，如 5 分制、10 分制或 100 分制，再按调查对象所具有的各种性能满足需要的程度分配一定的分值。例如，要被调查者就座位舒适程度，将 100 分分配给两个牌子的轿车，如果被调查者觉得 A 牌比 B 牌舒适 1.5 倍，则应给 A 牌轿车 60 分，B 牌轿车 40 分。

将所有 A 牌轿车性能的分数加在一起，和 B 牌轿车得分的总和比较，即可得出 A 牌轿车与 B 牌轿车综合性能的排序。如有 $N$ 个牌子，则将各牌的得分相比较，就可得出总排序。

直接比较法和数值分配法常用于对商品和企业印象评价。

### (五) 声誉测定技术

#### 1. 回忆法

设定某种产品的类型，请被调查者凭借自己的记忆说出他或她最熟悉的品牌，由此推断企业或产品的知名度。例如，"请说出你所知道的本市最著名的广告设计公司的名称"。"请列举你最熟悉的化妆品名称。"

用回忆法拟订调查问卷时应注意以下事项。

(1) 传递信息应直截了当，并须说明清楚，如"请你举出最近在报纸上看过的商品广告。"此种询问未能具体地表示何种商品广告，让被调查者无法回忆。

(2) 当被调查者记不清企业或商品名称，但能确切地回忆起该企业或商品部分信息时，可以适当地给被调查人一些提示。

回忆法用于测验品牌、公司名、广告等印象强度。

#### 2. 确认法

提供某商品品牌的若干信息，如文字、照片、图画等，令其回忆确认。例如，提示若干笔记本电脑牌名的目录，向被调查者询问："这儿列有几种笔记本电脑的品牌名，请举出你所知道的。"回答标准分为"知道、好像听过、不知道"，"看过、似乎看过、没看过"。

确认法多用于调查产品、公司、广告等知名度。

回忆法可与确认法配合使用，回忆法多用于测定记忆的强度，确认法多用于测定记忆的分量。

#### 3. 偏好程度询问法

当得知被调查者喜欢目标产品时，诱使他们转移偏好，观察被调查者对目标产品的偏好或支持的程度，例如：

问题 1：现在你用什么牌子的洗发水？

回答 1：海飞丝。

问题 2：目前选用清扬牌子的洗发水的人很多，今后你还打算买海飞丝牌子的洗发水吗？

回答 2：视情况而定。

# 第三节 技 术 预 测

## 一、技术预测的定义

技术预测(technological forecast)是通过科学的方法、技术和手段，对未来较长时期的科学、技术发展进行系统研究，其目标是确定具有战略性的研究领域，选择对经济和社会利益具有最大贡献的技术群。

技术测验是随着科学技术发展而产生的，其预测方法和内容在科技发展的不同阶段有所区别。

20 世纪 30 年代，技术预测在美国出现，并在第二次世界大战期间进行了广泛应用，例如，空军和海军已经利用技术预测来制订科技计划。由于当时的科技发展相对缓慢，预测方法大多数是已有技术发展轨道的外推。

第二次世界大战之后，由于科学技术的突飞猛进，新型多学科和交叉学科相继出现，越来越多的机构开始重视对未来科技的发展研究，尤其是在军事、航天领域，开展了大规模的技术预测。由于当时航空航天、电子、通信、计算机等新领域的发展，技术发展的不确定性因素越来越多，技术预测的难度越来越大，传统的预测方法已经不能满足对新技术发展预测的要求，因而发明了许多预测方法，主要依靠专家的远见卓识，最著名的是美国兰德公司创建的德尔菲(Delphi)法。

进入 21 世纪，随着材料与加工、先进制造、信息与通信、资源与能源、生命科学、医疗保健、海洋、地球和空间等技术的发展，技术预测受到世界各国的重视。尽管方法各异，侧重点不同，但各国出发点都是立足于本国实际情况，综合分析本国的优势和劣势，在正确把握未来科技发展趋势的基础上，选择适合本国发展的关键技术和技术路径。

【小贴士】技术预测主要是对新技术、新设备、新工艺、新材料、新产品发展动态的预测，包括：产品生命周期及更新换代的预测；新产品所占比例的预测；先进的工艺方法及其所带来的技术经济效益的预测；专业化与协作水平的预测；产品标准化程度的预测。

## 二、技术预测的分类

技术预测按其对象与内容的不同，可以分为基础研究预测、应用研究预测、开发研究预测和高技术研究预测。基础研究预测主要是对基础理论和新的科学原理的未来发展情况进行预测；应用研究预测主要是对工业技术基础的发展情况进行预测；开发研究预测主要是直接对新产品、新技术发展进行预测；高技术研究预测主要是对集基础研究、应用研究、开发研究和商品化生产于一体的多学科、多技术交叉的高技术进行前景分析。

技术预测按预测的期限不同可以分为：长期预测，一般考虑 15～30 年后基础研究的成效；中期预测，一般考虑 10～15 年后基础研究成果与应用研究成功对接的可能性，与一项新技术的研究、开发到生产中应用的期限相一致；短期预测，一般考虑 5 年后开发研究的成效，与某些产品的寿命周期一致；机会预测，一般辨别 1 年以内的新技术创业机会。

按预测方法的不同，技术预测又可分为专家判断预测和数理统计预测。

技术预测的分类如图 5-8 所示。

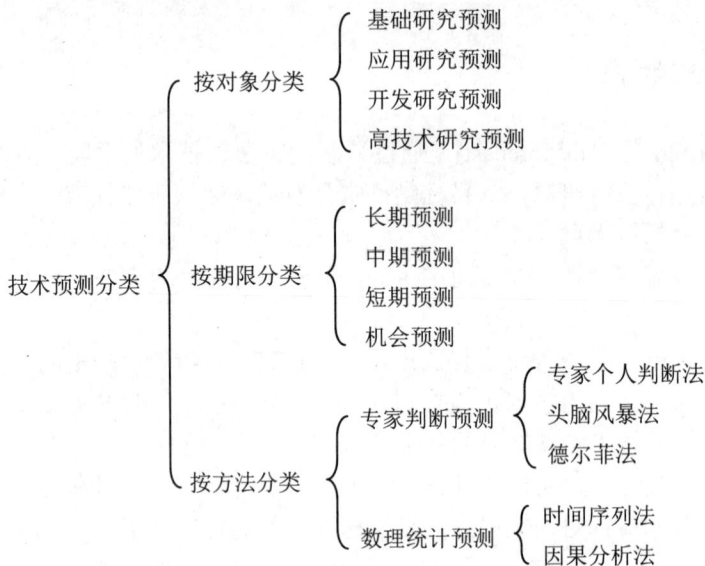

图 5-8　技术预测分类

## 三、技术预测的程序

对整个技术预测过程精心组织，并按照一定工作程序组织实施，是保证技术预测达到目标的基础。一般来说，预测过程分为 3 个阶段：预测前期、实施预测和预测后期(见图 5-9)。

### 1. 预测前期

预测前期(pre-foresight)，包括确定技术预测目标和任务、建立技术预测组织和收集相关信息等。

### 2. 实施预测

实施预测(foresight)，包括对经济、社会和科技现状趋势进行研究、对社会经济需求进行分析、确定技术预测领域、专家网络、形成备选技术清单、设计调查问卷、实施调查、统计分析、各领域预测报告、专家论证会、技术预测数据库和综合预测报告等。

### 3. 预测后期

预测后期(post-foresight)，是指将技术预测结果与科技政策和计划的制定相结合，成为目标更加明确的战略计划的基础。在这一阶段，对预测成果进行广泛宣传，使之成为各政府部门制定科技政策和计划、企业制定中长期发展战略、科研机构明确 R&D 研究方向和研究重点的基础，这是一项十分艰巨而重要的任务。在许多国家，技术预测实际上已经和国家战略计划的制定结合在一起。

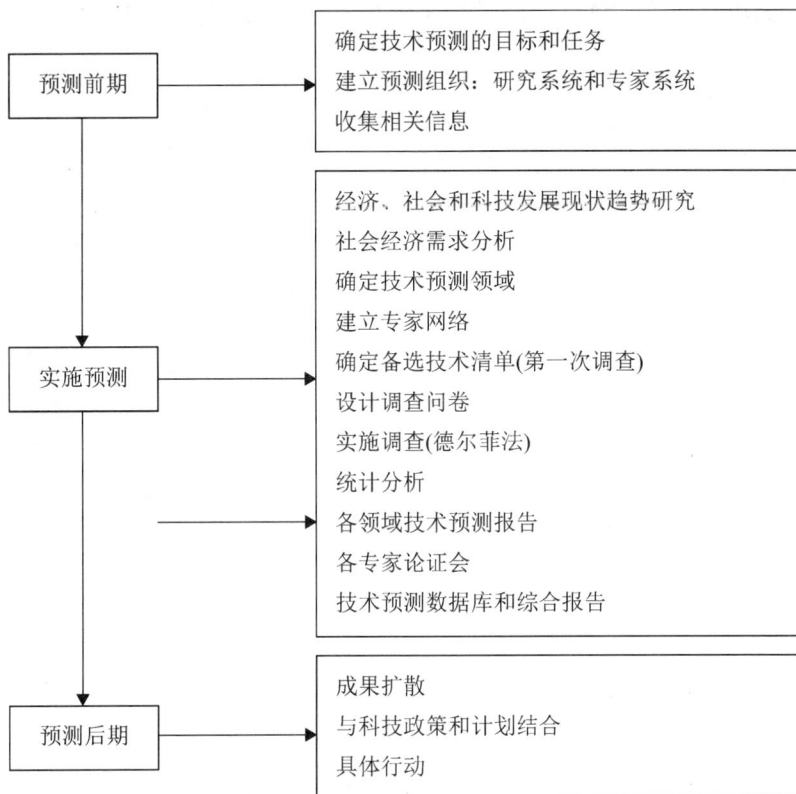

**图 5-9　预测过程示意图**

【小贴士】在实施技术预测过程中，应根据各阶段的特点，合理选择技术预测方法，并将各种方法组合运用。例如，在科技发展现状和社会经济需求分析时，可采用文献调查与分析、专家会议等方法；在征询专家意见时可采用德尔菲法调查、专家访谈等；对调查结果进行评价时可采用专家会议论证及文献分析评估等；此外，情景分析法能动态描述未来多种可能发展趋势，也被许多国家广泛运用于技术预测分析中。

# 四、技术预测的方法

技术预测方法分为专家判断预测和数理统计预测，如图 5-10 所示。

对于短期预测，若可以判断该技术领域基本处于渐进式发展阶段，则可以考虑采用数理统计预测，一方面可以降低预测费用，另一方面准确度也较高。对于中长期预测，由于不确定因素较多，则适宜采用融入了人的智慧的专家判断预测。

专家判断预测法是一种定性预测方法，依靠的是预测者的知识和经验，往往带有主观性，适合在对技术预测准确度要求不高的时候采用。专家判断预测法有专家个人判断法、头脑风暴、德尔菲法。

数理统计预测包括时间序列法和因果分析法。时间序列法是依据产品技术性能指标来预测它随时间的发展趋势，一般不涉及影响技术创新的科技、经济、产业、市场、社会及政策等多方面因素。因果分析法是利用过去横向和纵向的历史数据中的某些影响产品技术创新的因素，求出具体的回归预测式，来断定技术发展趋势。

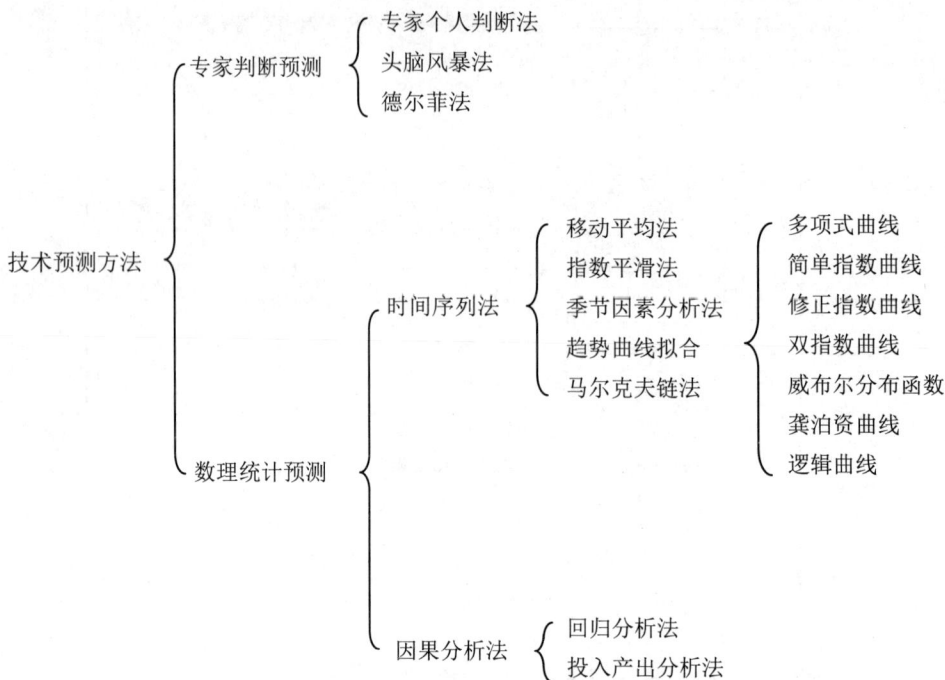

```
                          ┌ 专家个人判断法
              专家判断预测 ┤ 头脑风暴法
                          └ 德尔菲法


                                              ┌ 移动平均法        ┌ 多项式曲线
                                              │ 指数平滑法        │ 简单指数曲线
                                   时间序列法 ┤ 季节因素分析法    │ 修正指数曲线
技术预测方法 ┤                                │ 趋势曲线拟合 ─────┤ 双指数曲线
                                              └ 马尔克夫链法      │ 威布尔分布函数
                                                                  │ 龚泊资曲线
              数理统计预测 ┤                                      └ 逻辑曲线


                                   因果分析法 ┤ 回归分析法
                                              └ 投入产出分析法
```

图 5-10　技术预测方法

## （一）专家个人判断法

专家个人判断预测是以专家意见作为信息来源，通过系统的调查征询专家的意见，分析和整理出预测结果。

【例 5-3】为引导我国产业务展方向，必须对"未来 15 年先进制造领域最重要的核心技术是什么？"的问题做出回答。

有关部门聘请了 139 位来自企业、研究机构、高校以及国外的专家，对我国能源、资源环境和先进制造 3 个重点技术领域的技术进行预测，专家们从各自的角度提出了自己的判断。经过归纳统计分析，集成了未来 15 年先进制造领域最重要的 14 类核心技术，即：

(1) 高档数控机床及基础制造装备关键技术。

(2) 数字化、智能化设计制造与管理技术。

(3) 小于 45nm 极大规模集成电路专用设备关键技术。

(4) 微米/纳米制造技术。

(5) 百万千瓦级核电机组设计制造技术。

(6) 流程工业绿色制造与自动化技术。

(7) 节能轿车和新能源汽车技术。

(8) 高速铁路成套装备设计制造技术。

(9) 网络家电技术。

(10) 网络制造技术。

(11) 超临界和重型燃气轮机发电设备设计制造技术。

普通高校经济管理类立体化教材·基础课系列

(12) 绿色制造技术。

(13) 深海资源开发装备设计制造技术。

(14) 关键基础件设计制造技术。

## (二) 德尔菲法

德尔菲预测法是在专家个人判断和专家会议方法的基础上发展起来的一种新型直观预测方法。该方法以匿名方式向一组专家轮番、分别征询意见，通过对意见综合整理，逐步取得一致意见而进行预测的方法。该方法一般采用通信方式分别向一组专家提出问题，然后将专家们的意见加以综合整理、归纳、匿名反馈给各个专家，经过这样多次反复循环，逐步取得一致意见。

### 1. 德尔菲法的特点

德尔菲法具有匿名性、反馈性、收敛性 3 个特点。派生德尔菲法对经典德尔菲法的修正以克服其某些不足之处，对专家的选择方法，编制调查表，四轮预测过程和组织预测应遵循对德尔菲法充分说明，问题要集中，避免组合事件，语义清晰明确，领导小组的意见不强加于调查表中，调查表简化，问题数量有限制，支付适当报酬，考虑对结果处理的工作量，各轮之间有一定时间间隔等原则，以及应答结果的处理与表达方式，都说明了德尔菲法的优点和长处。

### 2. 德尔菲法的优、缺点

德尔菲法的优点：德尔菲法应用非常广泛，不仅可以用于短期预测，而且还可以用于长期预测；不仅可以预测事物的量变过程，而且还可以预测事物的质变过程，因而德尔菲已逐渐成为一种重要的预测工具。它是"系统方法"在意见和价值判断领域内的一种有益的延伸，突破了传统的数量分析限制，为更合理、更有效地进行决策提供了支撑、依据。基于对未来发展中的各种可能出现和期待出现的前景的概率评价，德尔菲法能够为决策提供可供选择的多种方案。

德尔菲法的缺点如下。

(1) 受主观因素制约，取决于已形成的观点和观点包含的问题、专家的学识和权威、利用的评价尺度、专家的生理状态以及专家对预测对象的兴趣程度。

(2) 专家通常不具备了解未来所必需的思想方法。专家的精力主要用于解决日常问题，以及用来考虑问题的变化动向及其相互联系。专家通常属于某个较窄的知识领域，他们一般不了解相关学科和相关部门的成就，因此思维难免会有局限性。

(3) 专家评价通常建立在直观基础上，缺乏严格的考证。因而专家预测的方案结论往往是不稳定的。组织者需要比较接近的评价意见协调集中，并排除极端意见，才能得到大体一致的意见。

(4) 专家的评价意见往往受到传统观点的束缚。对发展趋势的预测是通过直接外推得到的，因而难以估计到那些大大超前于现实的新思想。

### 3. 德尔菲法调查结果的处理

当预测结果需要用数量(含时间)表示时，一般用"中位数"进行数据处理，即分别求出预测结果的中位数、上四分位数和下四分位数。

设参加预测的专家数为 $n$，对某一问题各专家回答的定量值为 $x_i$ ( $i=1, 2, \cdots, n$ )，设 $x_i$ 由大到小或由前至后顺序排列，即 $x_1 \leqslant x_2 \leqslant \cdots \leqslant x_n$，则调查结果的中位数为

$$\overline{x} = \begin{cases} x_{\frac{n+1}{2}} \\ \dfrac{1}{2}\left(x_{\frac{n}{2}} + x_{\frac{n+2}{2}}\right) \end{cases} \tag{5-1}$$

中位数可看作调查结果的期望值。在不大于 $\overline{x}$ 的定量值中再取中位数，即为调查结查的下四分位数，在不小于 $\overline{x}$ 的定量值中再取中位数，即为调查结果的上四分位数。上、下四分位数之间的区域为四分位区间。四分位区间大小反映专家意见的离散程度。区间越小，说明意见越集中。函询过程中，调查人员可根据四分位区的大小确定是否需要进行下一轮函询。

### 4. 移动平均法

移动平均法是用分段逐点推移的平均方法对时间序列数据进行处理，找出预测对象的历史变动规律，并据此建立预测模型的一种时间序列预测方法。

1) 一次移动平均值的计算

设实际的预测对象时间序列数据为 $y_t (t=1, 2, \cdots, m)$，一次移动平均值的计算式为

$$M_{t-1}^{[1]} = \frac{1}{n}(y_{t\ 1} + y_{t\ 2} + \cdots + y_{t-n})$$

$$M_t^{[1]} = \frac{1}{n}(y_t + y_{t-1} + \cdots + y_{t-n+1})$$

$$= M_{t-1}^{[1]} + \frac{1}{n}(y_t + y_{t-n}) \tag{5-2}$$

式中：$M_{t-1}^{[1]}$ 为第 $t$ 周期的一次移动平均值；$n$ 为计算移动平均值所取的数据个数。

采取移动平均法作预测，关键在于选取用来求平均数的时期数 $n$。$n$ 值越小，表明对近期观测值在预测中的作用越为重视，预测值对数据变化的反应速度也越快，但预测的修匀程度较低。反之，$n$ 值越大，预测值的修匀程度越高，但对数据变化的反应程度较慢。一般对始终围绕一条水平线上下波动的数据，$n$ 值的选取较为随意；对于具有向上或向下趋势型特点的数据，为提高预测值对数据变化的反应速度，$n$ 值宜取得小一些；同时，$n$ 的取值还应考虑预测对象时间序列数据点的多少及预测限期的长短。通常 $n$ 的取值范围可在 3～20 之间。

移动平均法的优点：简单易行、容易掌握。缺点：值的选取没有统一的规则，事实上，不同 $n$ 值的选取对所计算的平均数有较大的影响。

【例 5-4】已知采用了某项节能新技术的家庭小轿车连续 20 个月的全国销售量如表 5-15 所示。取 $n=3$，试计算该款小轿车销售量的一次移动平均值。

普通高校经济管理类立体化教材 · 基础课系列

表 5-15 家庭小轿车销售表 （单位：千辆）

| 月 | 1 | 2 | 3 | 4 | 5 | 6 | 7 | 8 | 9 | 10 |
|---|---|---|---|---|---|---|---|---|---|---|
| 销售量 | 1.0 | 1.5 | 2.0 | 2.2 | 2.0 | 2.5 | 3.2 | 3.1 | 3.0 | 3.4 |
| $M_t^{[1]}$ | — | — | 1.50 | 1.90 | 2.07 | 2.23 | 2.57 | 2.93 | 3.10 | 3.17 |
| 月 | 11 | 12 | 13 | 14 | 15 | 16 | 17 | 18 | 19 | 20 |
| 销售量 | 3.3 | 3.8 | 4.2 | 4.3 | 4.4 | 4.8 | 5.0 | 5.1 | 5.2 | 5.2 |
| $M_t^{[1]}$ | 3.23 | 3.50 | 3.77 | 4.10 | 4.30 | 4.50 | 4.73 | 4.97 | 5.10 | 5.17 |

**解：** 由式(5-2)得

$$M_3^{[1]} = \frac{1}{3}(y_3 + y_2 + y_1) = \frac{1}{3}(2 + 1.5 + 1) = 1.50$$

$$M_4^{[1]} = M_3^{[1]} + \frac{1}{3}(y_4 - y_1) = 1.5 + \frac{1}{3}(2.2 - 1) = 1.90$$

$$M_5^{[1]} = M_4^{[1]} + \frac{1}{3}(y_5 - y_2) = 1.9 + \frac{1}{3}(2 - 1.5) = 2.07$$

依次类推，可得出一次移动平均值序列如表 5-15 所示。

2) 二次移动平均值的计算

二次移动平均值要在一次移动平均值序列的基础上进行，计算式为

$$M_t^{[2]} = \frac{1}{n}(M_t^{[1]} + M_{t-1}^{[1]} + \cdots + M_{t-n+1}^{[1]})$$

$$= M_{t-1}^{[2]} + \frac{1}{n}(M_t^{[1]} - M_{t-n}^{[1]}) \tag{5-3}$$

式中，$M_t^{[2]}$ 为第 $t$ 周期的二次移动平均值。

**【例 5-5】** 根据例 5-4 的表 5-15 中的数据，取 $n=3$，计算二次移动平均值。

**解：** 由式(5-3)得

$$M_5^{[2]} = \frac{1}{3}(M_5^{[1]} + M_4^{[1]} + M_3^{[1]}) = \frac{1}{3}(1.5 + 1.9 + 2.07) = 1.82$$

$$M_6^{[2]} = M_5^{[2]} + \frac{1}{3}(M_6^{[1]} - M_3^{[1]}) = 1.82 + \frac{1}{3}(2.23 - 1.5) = 2.07$$

$$M_7^{[2]} = M_6^{[2]} + \frac{1}{3}(M_7^{[1]} - M_4^{[1]}) = 2.07 + \frac{1}{3}(2.56 - 1.9) = 2.29$$

依次类推，可得出二次移动平均值序列如表 5-16 所示。

表 5-16 家庭小轿车销售表 （单位：千辆）

| 月 | 1 | 2 | 3 | 4 | 5 | 6 | 7 | 8 | 9 | 10 |
|---|---|---|---|---|---|---|---|---|---|---|
| 销售量 | 1.0 | 1.5 | 2.0 | 2.2 | 2.0 | 2.5 | 3.2 | 3.1 | 3.0 | 3.4 |
| $M_t^{[1]}$ | — | — | 1.50 | 1.90 | 2.07 | 2.23 | 2.57 | 2.93 | 3.10 | 3.17 |
| $M_t^{[2]}$ | — | — | — | — | 1.83 | 2.07 | 2.29 | 2.58 | 2.87 | 3.07 |
| 月 | 11 | 12 | 13 | 14 | 15 | 16 | 17 | 18 | 19 | 20 |
| 销售量 | 3.3 | 3.8 | 4.2 | 4.3 | 4.4 | 4.8 | 5.0 | 5.1 | 5.2 | 5.2 |
| $M_t^{[1]}$ | 3.23 | 3.50 | 3.77 | 4.10 | 4.30 | 4.50 | 4.73 | 4.97 | 5.10 | 5.17 |
| $M_t^{[2]}$ | 3.17 | 3.30 | 3.50 | 3.79 | 4.06 | 4.30 | 4.51 | 4.73 | 4.93 | 5.08 |

3) 利用移动平均值序列作预测

预测模型为

$$\hat{y}_{t+T} = a_t + b_t \cdot T \tag{5-4}$$

式中：$t$ 为目前的周期序号；$T$ 为目前到预测周期的周期间隔数；$\hat{y}_{t+T}$ 为第 $t+T$ 周期的预测值；$a_t$ 为线性预测模型的截距；$b_t$ 为线性预测模型的斜率，即每周期预测值的变化量。

【例 5-6】根据例 5-5 中表 5-16 的数据建议预测方程，预测第 21 个月的家庭小轿车的销售量，目前的月序为 20。

**解：** $a_{20} = 2M_{20}^{[1]} - M_{20}^{[2]} = 2 \times 5.17 - 5.08 = 5.26$

$b_{20} = \dfrac{2}{3-1}(M_{20}^{[1]} - M_{20}^{[2]}) = 5.17 - 5.08 = 0.09$

$\hat{y}_{21} = a_{20} + b_{20} \times T = 5.26 + 0.09 \times 1 = 5.35 \,(千辆)$

### 5. 回归分析法

回归分析法是根据预测变量(因变量)与相关因素(自变量)之间存在的因果关系，借助数理统计中的回归分析原理，确定因果关系，建立回归模式并进行预测的一种定量预测方法。回归分析分为一元回归模型和多元回归模型，下面是采用一元线性回归模型预测的过程。

1) 建立一元线性回归方程

一元线性回归方程为

$$y = a + bx \tag{5-5}$$

式中，$y$ 为因变量，即拟进行预测的变量；$x$ 为自变量，即引起因变量 $y$ 变化的变量；$a$、$b$ 为回归系数，即表示 $x$ 与 $y$ 之间关系的系数。

2) 用最小二乘法拟合回归曲线

利用普通最小二乘法对回归系数 $a$、$b$ 进行估计，即

$$b = \frac{n\sum xy - \sum x \sum y}{n\sum x^2 - (\sum x)^2} \tag{5-6}$$

$$a = \frac{1}{n}(\sum y - b\sum x) \tag{5-7}$$

式中，$n$ 为样本数目，一般最好大于 20。

3) 计算相关系数 $r$，进行相关检验

$r$ 的计算式为

$$r = \frac{n\sum xy - \sum x \sum y}{\sqrt{\left[n\sum x^2 - (\sum x \sum y)^2\right] \cdot \left[n\sum y^2 - (\sum y)^2\right]}} \tag{5-8}$$

$0 \leqslant |r| \leqslant 1$，$|r|$ 越接近 1，说明 $x$ 与 $y$ 的相关性越大，预测结果可信度越高。一般可用计算出的相关系数 $r$ 与相关系数临界值 $r_c$ 相比较，$r_c$ 是由样本数 $n$ 和显著性水平 $a$ 两个参数决定的，可由表 5-17 查出。只有当 $|r| > r_c$ 时，用回归方程描述 $x$ 与 $y$ 的关系才有意义。

4) 求置信区间

由于回归方程中自变量 $x$ 与因变量 $y$ 之间的关系并不是确定的,对于任意的 $x_0$,无法确切地知道相应的 $y_0$,只能通过求置信区间判定在给予概率下 $y_0$ 实际值的取值范围。当置信度为 95% 时, $y_0$ 的置信区间近似为 $\hat{y} \pm 2\hat{\sigma}$,这意味着 $y_0$ 的实际值发生在 $(\hat{y} - 2\hat{\sigma}, \hat{y} + 2\hat{\sigma})$ 区上的概率为 95%。当置信度为 99% 时, $y_0$ 的置信区间近似为 $\hat{y}_0 \pm 3\hat{\sigma}$。 $\hat{y}_0$ 是 $x_0$ 与相对应的根据回归方程计算的 $y_0$ 的估计值, $\hat{\sigma}$ 为标准差的估计值, $\hat{\sigma}$ 的计算式为

$$\hat{\sigma} = \sqrt{\frac{\sum(y_i - \hat{y}_i)^2}{n-2}} \tag{5-9}$$

表 5-17　相关系数临界值表

| $n-2$ \ $a$ | 0.05 | 0.01 | $n-2$ \ $a$ | 0.05 | 0.01 |
|---|---|---|---|---|---|
| 1 | 0.997 | 1.000 | 21 | 0.413 | 0.526 |
| 2 | 0.950 | 0.990 | 22 | 0.404 | 0.515 |
| 3 | 0.878 | 0.959 | 23 | 0.396 | 0.505 |
| 4 | 0811 | 0.917 | 24 | 0.388 | 0.496 |
| 5 | 0.754 | 0.874 | 25 | 0.381 | 0.487 |
| 6 | 0.707 | 0.834 | 26 | 0.374 | 0.478 |
| 7 | 0.666 | 0.798 | 27 | 0.367 | 0.470 |
| 8 | 0.632 | 0.765 | 28 | 0.361 | 0.463 |
| 9 | 0.602 | 0.735 | 29 | 0.355 | 0.456 |
| 10 | 0.576 | 0.708 | 30 | 0.349 | 0.449 |
| 11 | 0.553 | 0.684 | 35 | 0.325 | 0.418 |
| 12 | 0.532 | 0.661 | 40 | 0.304 | 0.393 |
| 13 | 0.514 | 0.641 | 45 | 0.288 | 0.372 |
| 14 | 0.497 | 0.623 | 50 | 0.273 | 0.354 |
| 15 | 0.482 | 0.606 | 60 | 0.250 | 0.325 |
| 16 | 0.468 | 0.590 | 70 | 0.232 | 0.302 |
| 17 | 0.456 | 0.575 | 80 | 0.217 | 0.283 |
| 18 | 0.444 | 0.561 | 90 | 0.205 | 0.267 |
| 19 | 0.433 | 0.549 | 100 | 0.195 | 0.254 |
| 20 | 0.423 | 0.537 | 200 | 0.138 | 0.181 |

【例 5-7】唐山城市统计部门用一元线性回归模型对采用纳米材料生产的整体式橱柜销量进行预测。根据对已收集数据的观测,历年整体式橱柜销量与同期商品房一级市场销售量之间有相关关系。有关历史数据如表 5-18 所示。根据城建部门的规划,2016 年该城市商品房建设量将达到 180 万平方米,空置率按 8% 考虑,一级市场销售量将达到 165.6 万平方米,试预测该年度整体式橱柜的销售量。

表 5-18　整体式橱柜和商品房销售量的基础数据

| 年　份 | 整体式橱柜销售 $y_i$/万平方米 | 商品房销售量 $x_i$/万平方米 | 年　份 | 整体式橱柜销售 $y_i$/万平方米 | 商品房销售量 $x_i$/万平方米 |
|---|---|---|---|---|---|
| 2004 | 0.20 | 20.0 | 2011 | 4.07 | 118.6 |
| 2005 | 0.26 | 40.0 | 2012 | 4.20 | 120.8 |
| 2006 | 1.20 | 60.5 | 2013 | 4.88 | 133.6 |
| 2007 | 1.80 | 96.0 | 2014 | 5.19 | 143.5 |
| 2008 | 2.49 | 102.5 | 2015 | 5.17 | 145.0 |
| 2009 | 3.98 | 110.0 | 2016 | 5.32 | 146.4 |
| 2010 | 4.12 | 116.4 | | | |

**解**：整体式橱柜销售量为 $y$，同期商品房销售量为 $x$，回归方程为 $y = a + b$。求回归系数：

$$b = \frac{n\sum xy - \sum x \sum y}{n\sum x^2 - (\sum x)^2} = 0.0448$$

$$a = \frac{1}{n}\left(\sum y - b\sum x\right) = -1.3696$$

由此可得：$\hat{y} = a + bx = -1.3696 + 0.0448x$

求相关系数：$r = \dfrac{n\sum xy - \sum x \sum y}{\sqrt{\left[n\sum x^2 - \left(\sum x \sum y\right)^2\right] \cdot \left[n\sum y^2 - (\sum y)^2\right]}} = 0.9674$

已知 $n-2=11$，取 $a=0.05$，由表 5-17 可查得相关系数临界值 $r_c = 0.553$，$r > r_c$，说明本例中的回归方程具有显著性，可用于预测。

求置信区间为

$$\hat{\sigma} = \sqrt{\frac{\sum(y_i - \hat{y}_i)^2}{n-2}} = 0.4969, \quad y_0 \pm 2\hat{\sigma} = \hat{y}_0 \pm 2 \times 0.4968$$

$$= \hat{y}_0 \pm 0.9936$$

$$\hat{y}_0 = -1.3696 + 0.0448 \times 165.6 = 6.05 \,(\text{万 m}^2)$$

考虑到置信度，到 2016 年，有 95%的可能，该年份的整体橱柜销售量在(6.05-0.9936, 6.05+0.9936)即(5.06, 7.04)区间内，单位为万 m$^2$。

# 阅读资料

### 高新技术产业化的风险收益预测

高技术产业化具有开创性，往往会遇到技术风险、财务风险、市场风险和法律风险，甚至涉及团队风险和社会风险。这就需要测算"冒险将高技术产业化"的风险收益。

**（一）高技术产业化的风险评估**

在高技术产业化之前，必须进行相应的风险评估，分析判断产业化的风险源、发生概率、程度大小。

### 1. 高技术产业化的市场风险

高技术市场化风险主要是由高技术产品"市场的潜在性、成长性"引起的。高技术产品不像传统技术产品的市场需求那么明显，事先很难预期市场是否会接受某一高技术产品及其接受能力和接受速度。一般而言，越是高技术密集的新产品，用户接受起来越是谨慎小心。另外，对一项新的高技术产品，很难预测它的市场成长速度，也很难确定它未来的市场竞争力。因为产品竞争力是企业竞争力与产品优势、营销策略综合的结果。一方面，高技术产品营销要求有效的售前、售中、售后技术服务；另一方面，高技术产品上市之初，产品成本多数会被前期的研发成本抬高，在过高售价下才不致亏损，由此导致它缺少甚至失去价格竞争力。

### 2. 高技术产业化的财务风险

高技术产业化的财务风险主要是由高技术产业化通过投资巨大，前期资金周转太慢，而高技术产业化者往往普遍缺乏持续投资能力引起的。事实上，有许多高技术产业化失败都是由于接续资金不能按时按需到位造成的。一般而言，高技术产业创业阶段的资金需求很难判定，很容易造成创业阶段的资金缺口，而如不能持续投资，创业活动就可能"搁浅"。另外，即便新创业企业开发出了新产品，若无持续的投资能力，创业的企业也可能在批量生产阶段陷入困境。接下来，高技术产品市场的潜在性和成长性又需要创业者去开发市场，这又得增加资金投入，用于宣传、推广、介绍的促销资金周转。这些都会增加高技术产业化的资金压力，从而加大高技术产业化的财务风险。

### 3. 高技术产业化的法律风险

高技术产业化的法律风险具有这样的特征，政府基于自己的社会责任和整个社会的利益，有时会对负面效应较大的高技术产业化项目，在产品开发成功后采取某些"事后措施"或法律安排，来"规制"某些高技术产品的生产、销售或使用。这样，所有产业化投入就可能转化为"沉没成本"，产业化投资人甚至可能"颗粒无收"。这主要是因为科技界和政府事先也不清楚特定的高技术产品是否会有较大的负面效应；否则，不会提前给予法律规制。但无论怎样，一旦政府采用凭借法律的"事后规制"，企业就可能得不到商业利益。

### 4. 高技术产业化的团队风险

高技术产业化的团队风险是指团队遣散导致商业化活动无法持续下去。这通常起因于4个方面，一是团队制度、机构和机制设计不利于激励团队成员，致使部分成员失去工作积极性而离开团队；二是起步之初团队成员之间缺乏共同的目标、利益、思路、纲领、规划等，这样，一段时间后，部分人就会发现"原来大家想的不是一回事"，这时这个团队就可能散伙；三是团队磨合中发生了问题，成员之间特别是关键位置上的团队成员与整个团队出现了不一致、不协调，这时团队就可能散伙；四是团队中的个别关键成员或多或少数成员出现了"畏惧心理"，而团队中的"坚定的创业者"又没有能力消除这种消极的情绪，就可能导致团队的解体。

### (二) 高技术产业化的风险收益测算

估计了各项风险因素的发生概率之后，即需要测算产业化的风险收益，依此判断是否值得冒险产业化。通常，只有风险收益达到足够的程度，才值得冒险去搞高技术的产业化。测算特定产业化的风险收益可以按式(5-12)进行，即

$$F = \frac{(M_t + M_b)BP_sP_m}{R + T + P} \times S \qquad (5\text{-}10)$$

式中，$F$ 为产业化的风险收益指数；$M_t$ 为产业化的技术优势指数；$M_b$ 为产业化的市场优势指数；$B$ 为产品市场寿命周期内的预期收益；$P_m$ 为市场成功概率；$P_s$ 为技术成功概率；$S$ 为产业化团队的凝聚力指数；$R$ 为产业化的研究开发投资总额；$T$ 为产业化的生产试制投资总额；$P$ 为产业化的批量生产投资总额。

当且仅当产业化的风险收益指数 $F$ 不小于冒险产业化的期望收益率时，才值得冒险去开发特定高技术的产业化。

**（三）风险承受能力分析**

即便预测有较高的风险收益，也有必要估计自己的风险承受能力。这通常需要从技术风险、市场风险、财务风险、法律风险等 4 个方面进行估计，判断自己能否承受可能的风险，特别是那些发生概率较大、可能导致较大损失的风险。

（资料来源：刘晓君. 技术经济学. 科学出版社，2010.12）

# 本 章 小 结

项目可行性研究是运用多学科专业知识对项目前景进行科学预见的系统工程，是项目设想细化和项目方案创造的过程，是经济分析理论在项目前期的应用，是建设项目前期决策的一项重要内容。项目可行性研究的质量直接影响着项目的决策水平。做好项目前期工作特别是可行性研究工作，对提高项目投资效益有着极为重要的意义。本章主要介绍可行性研究的定义、工作程序；可行性研究报告的定义、作用、编制依据、深度要求等；同时，还阐述各种市场调查方法的概念、特点、程序及应用情形。最后介绍技术预测的定义、分类、程序等内容。通过学习本章内容，使读者能够对项目可行性研究有更加深入的了解。

# 自 测 题

## 一、选择题

1. 研究开发所需要的成本和资源是属于可行性研究中的(    )研究的一方面。
   A. 技术可行性　　　　　　　　B. 经济可行性
   C. 社会可行性　　　　　　　　D. 法律可行性

2. 经济可行性研究的范围包括(    )。
   A. 资源有效性　　　　　　　　B. 管理制度
   C. 效益分析　　　　　　　　　D. 开发风险

3. 可行性研究主要从(    )几个方面进行研究。
   A. 技术可行性，经济可行性，操作可行性
   B. 技术可行性，经济可行性，社会可行性

普通高校经济管理类立体化教材·基础课系列

C. 经济可行性，系统可行性，操作可行性

D. 经济可行性，系统可行性，时间可行性

4. 在软件工程项目中，不随参与人数的增加而使软件的生产率增加的主要问题是（  ）。

A. 工作阶段的等待时间　　　　　B. 生产原型的复杂性

C. 参与人员所需的工作站数　　　D. 参与人员之间的通信困难

5. 制订软件计划的目的在于尽早对要开发的软件进行合理估计，软件计划的任务是（  ）。

A. 组织与管理　　　　　　　　　B. 分析与估算

C. 设计与测试　　　　　　　　　D. 规划与调整

## 二、判断题

（　　）1. 市场调查过程的 5 个阶段有确定调查问题、设计调查方法、数据的采集、数据的整理与分析、拟写调查报告。

（　　）2. 投资回收期是衡量一个开发工程价值的经济指标。

（　　）3. 技术可行性是最难决断和最关键的问题。根据客户提出的系统功能、性能及实现系统的各项约束条件，从技术的角度研究系统实现的可行性。

（　　）4. 投资回收期就是积累的经济效益等于最初的投资所需要的时间。

## 三、简答题

1. 简述市场调查与市场调查的作用。

2. 简述文案调研的优、缺点。

## 四、案例分析

自然堂化妆品有限责任公司开发出适合东方女性需求特点的具有独特功效的系列化妆品，并在多个国家获得了专利保护。营销部经理初步分析了亚洲各国和地区的情况，首选日本作为主攻市场。为迅速掌握日本市场的情况，公司派人员直赴日本，主要运用调查法搜集一手资料。调查显示，日本市场需求潜量大，购买力强，且没有同类产品竞争者，使公司人员兴奋不已。在调查基础上又按年龄层次将日本女性化妆品市场划分为 15～18 岁、18～25 岁(婚前)、25～35 岁及 35 岁以上 4 个子市场，并选择了其中最大的一个子市场进行重点开发。营销经理对前期工作感到相当满意，为确保成功，他正在思考再进行一次市场试验。另外，公司经理还等着与他讨论应采取新产品定价策略。

问题:

(1) 该公司运用的搜集一手资料的调查法一般有哪几种方式?

(2) 作为新产品，你认为该公司应采取何种定价策略? 为什么?

# 第六章　项目融资方案

## 【学习要点及目标】

通过对本章内容的学习，掌握融资主体与融资方式的定义；了解项目资本金的来源和筹措，认识国内外债务筹资；掌握融资租赁的定义及方式；了解债券的种类及特点；掌握 PPP 模式的内涵及其融资方式；应用 PPP 模式所需哪些条件；掌握融资成本的作用及其分析。

## 【关键概念】

政策性银行贷款　商业银行贷款　国内非银行金融机构贷款　PPP 模式

## 【引导案例】

由英国和法国两大建筑公司分别建立了 CT 和 GFM 公司以合伙人的形式组成了 CTG-FM 欧洲隧道公司(Eurotunnel)；该项目是 BOOT 项目融资模式。欧洲隧道项目所有权结构是一个双重跨国联合体结构。两家公司是分别注册的。Eurotunnel PLC 的注册地在英国，而 Eurotunnel S.A 的注册地在法国，联合起来称为 Eurotunnel Gennera Limited(本书称欧洲隧道公司)。融资的其他费用之后折旧和税收之前的所有收益和损失由 CTG-FM 两家公司平均分担。项目的建设由一个建筑公司团体 Tansmanch Link 承担。它是一个由 5 家主要的英国建筑公司成立的合资公司。Tansmanch Link 与 CTG-FM 签订了一个全面责任合同。负责工程的设计施工、测试，计划施工期为 7 年，即 7 年后交付使用。

欧洲隧道公司估计要 48 亿英镑来建立此系统。

项目的融资方案为表 6-1 所示。

表 6-1　项目的融资方案

(单位：亿英镑)

| 项目名称 | 金　额 |
| --- | --- |
| 建筑成本 | 28 |
| 公司和其他成本 | 5 |
| 通货膨胀 | 5 |
| 净融资成本 | 10 |

为了满足这些成本及可能的成本超支，欧洲隧道公司计划融资 60 亿英镑。

计划融资结构如表 6-2 所示。

表 6-2　计划融资结构

(单位：亿英镑)

| | |
| --- | --- |
| 股权 | 10 |
| 债务 | 50 |
| 总额 | 60 |

总之，对大规模的交通设施而言，采用项目融资方式筹集资金，能将各个投资者以合同的形式捆绑在一起，降低项目风险。但并不意味投资者就可以放松对项目的管理和监督，合理地进行成本预算和估计项目风险对项目的成败很重要。应客观评价来自政府对项目的支持，以确定项目是否在市场需求量及需求持久力方面存在着竞争优势。从实施项目过程来看，严格谨慎的财务预算对项目的成功至关重要。此工程也表明高杠杆融资会带来财务危机。

请问：通过对欧洲隧道工程项目的简介，从中可以得到哪些启示？

答：通过此项目可以得到以下启发。

① 对大规模的交通设施而言，采用项目融资方式筹集资金，能将各个投资者以合同的形式捆绑在一起，降低项目风险。但并不意味投资者就可以放松对项目的管理和监督，合理地进行成本预算和估计项目风险对项目的成败很重要。

② 应客观评价来自政府对项目的支持，以确定项目是否在市场需求量及需求持久力方面存在着竞争优势。

③ 从实施项目的过程来看，严格谨慎的财务预算对项目的成功至关重要。

④ 此工程也表明高杠杆融资会带来财务危机。

# 第一节　融资主体与融资方式

## 一、项目融资主体

项目融资主体是指进行融资活动，承担融资责任和风险的项目法人单位。确定项目的融资主体应该考虑项目投资的规模和行业的特点以及项目自身的盈利能力等因素。

项目融资主体可分为两类：既有法人融资、新设法人融资。

### 1. 既有法人融资主体适用条件

(1) 既有法人为扩大生产能力而兴建的扩建项目或原有生产线的技术改造项目。

(2) 既有法人为新增生产经营所需水、电、汽等动力供应及环境保护设施而兴建的项目。

(3) 项目与既有法人的资产以及经营活动联系密切。

(4) 现有法人具有为项目进行融资和承担全部融资责任的经济实力。

(5) 项目盈利能力较差，但项目对整个企业的持续发展具有重要作用，需要利用既有法人的整体资信获得债务资金。

【例 6-1】深圳缔高电气公司投资 5000 万元，在西安建立一家电气分厂，其中 3000 万元为自有资金，2000 万元为贷款。试分析这一新项目的融资主体。

**解：**该项目的投资关系如图 6-1 所示。

分析投资关系图可知：

(1) 尽管深圳与西安相距甚远，但分厂是没有法人地位的，虽然从物理形态上看，项目完全是"新建"，但这个项目仍属于既有法人为融资主体兴建的扩建项目。

(2) 项目财务分析是针对深圳缔高电气公司的，按 5000 万元进行项目现金流量分析，按 3000 万元进行增量资本现金流量分析，按 2000 万元进行清偿能力分析。

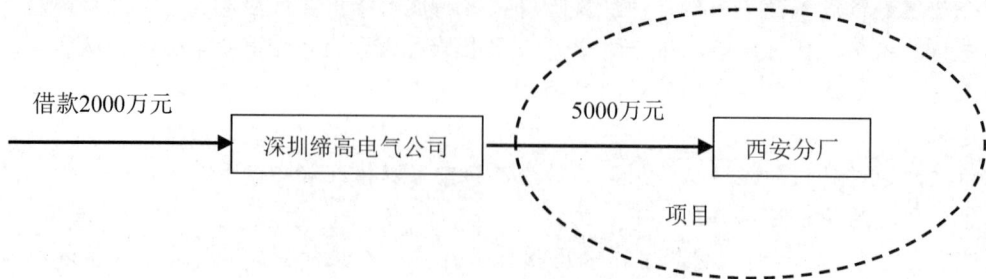

图 6-1　项目的投资关系示意图

### 2. 新设法人融资主体适用条件

(1) 项目发起人希望拟建项目的生产经营活动相对独立，且拟建项目与既有法人的经营活动联系不密切。

(2) 拟建项目的投资规模较大，既有法人财务状况较差，不具有为项目进行融资和承担全部融资责任的经济实力，需要新设法人募集股本金。

(3) 项目自身具有较强的盈利能力，依靠项目自身未来的现金流量可以按期偿还债务。

【例 6-2】深圳缔高电气公司借款 2500 万元，动用企业内部资金 500 万元，总计投资并注册 3000 万元，在西安建立一家电气子公司。注册后，子公司贷款 2000 万元，完成总计 5000 万元的投资项目。试分析这一新项目的融资主体。

**解**：该项目的投资关系如图 6-2 所示。

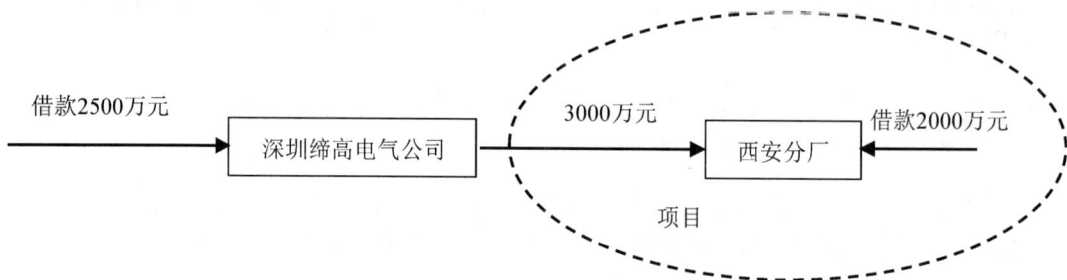

图 6-2　项目的投资关系示意图

分析投资关系图可知：

(1) 西安子公司是有法人地位的，所以在这一融资模式中，项目是新设法人——西安子公司作为融资主体。

(2) 项目财务分析是针对西安子公司的，遵循新设法人项目财务评价方法：按 5000 万元进行项目现金流量分析；按 3000 万元进行资本现金流量分析，按 2000 万元进行清偿能力分析。

【例 6-3】深圳缔高电气公司与南京秦淮电气公司商定，按六四开比例投资并注入 3000 万元，在西安建设一家合资电气公司；注册后，合资公司借款 2000 万元，完成总计 5000 万元的投资项目。合资的两家企业所投资金中，各含 50%的借款。试分析这一新项目的融资主体。

**解：** 该项目的投资关系如图 6-3 所示。

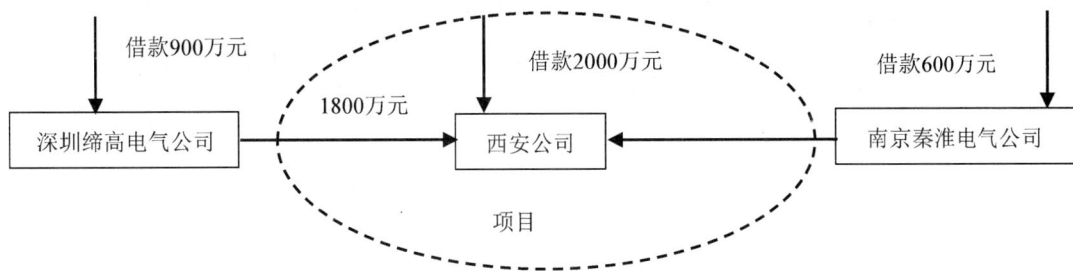

图 6-3　项目的投资关系示意图

分析投资关系图可知：

(1) 西安合资公司是项目法人，所以在这一投资模式中，项目是新设法人——西安合资公司作为融资主体。

(2) 项目财务分析是针对西安合资公司的，遵循新设法人项目财务评价方法：按 5000 万元进行项目现金流量分析，按 3000 万元进行资本现金流量分析，分别按 1800 万元和 1200 万元进行深圳缔高电气公司和南京秦淮电气公司各方投资的现金流量分析，按 2000 万元进行清偿能力分析。

# 二、既有法人融资方式

既有法人融资是指建设项目所需的资金，来源于既有法人内部融资、新增资本金和新增债务资金。新增债务资金依靠既有法人整体的盈利能力来偿还，并以既有法人整体的资产和信用承担债务担保。既有法人项目总投资构成及资金来源如图 6-4 所示。

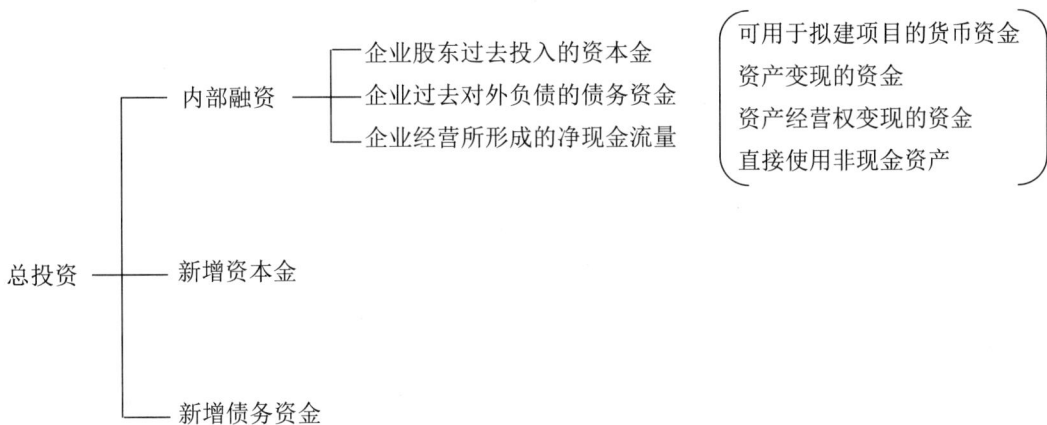

图 6-4　既有法人项目总投资的构成及资金来源

可用于项目建设的货币资金包括既有法人现有的货币资金和未来经营活动中可以获得的盈余现金。现有的货币资金是指现有的库存现金和银行存款，这些资金扣除必要的日常经营所需的货币资金额后，可用于拟建项目。未来经营活动中可能获得的盈余现金是指在拟建项目的建设期内，企业在经营活动中获得的净现金节余，这些资金可抽出一部分用于项目建设。

资产变现资金包括转让长期投资、提高流动资产使用效率、出售固定资产而获得的资金。企业的长期投资包括长期股权投资和长期债权投资，一般都可通过转让而变化。存货和应收账款对流动资金需要量影响较大，企业可以通过加强财务管理，提高流动资金周转率，减少存货、应收账款等流动资产占用而取得现金，也可以出让有价证券获取现金。企业的固定资产中，有些由于产品方案改变而被闲置，有些由于技术更新而被替换，都可以出售变现。

资产经营权变现的资金指既有法人可以将其所属资产经营权的一部分或全部转让，取得现金用于项目建设。例如，荣升公司将其已建成的一条高速公路30%的经营权转让给另一家公司，转让价格为未来30年这条高速公路收益的30%，所取得的资金用于建设另一条高速公路。

非现金资产包括实物、工业产权、非专利技术、土地使用权等，当这些资产适用于拟建项目时，经资产评估可直接用于项目建设。

# 三、新设法人融资方式

新设法人融资是指由项目发起人(企业或政府)发起组建的具有独立法人资格的项目公司，由新组建的项目公司承担融资责任和风险，依靠项目自身的盈利能力来偿还债务，以项目投资形成的资产、未来收益或权益作为融资担保的基础。

### 1. 项目资本金

项目资本金是指在项目总投资中，由投资者认缴的出资额。投资者可以转让其出资，但不能以任何方式抽回。我国除了公益性项目等部分特殊项目外，大部分投资项目都实行资本金制度。

项目资本金的出资方式，项目投资资本金可以用货币出资，也可以用实物、工业产权、非专利技术、土地使用权等出资，但必须经过有资格的资产评估机构依照法律、法规评估作价。以工业产权、非专利技术作价出资的比例不得超过投资项目资本金总额的20%，但经特别批准，部分高新技术企业可达到35%以上。

### 2. 债务资金

新设法人项目公司债务资金的融资能力取决于股东能对项目公司借款提供多大程度的担保。实力雄厚的股东，为项目公司借款提供完全的担保，可以使项目公司取得低成本资金，降低项目的融资风险；但担保额度过高会使项目公司承担过高的担保费，从而增加项目公司的费用支出。在项目本身的财务效益好、投资风险可以有效控制的条件下，可以考虑采用项目融资方式。

## 阅读资料

### 债务资金的定义与特征

债务资金又称 "负债资金"、"借入资金"，是企业依法筹措并依约使用、按期偿还的资金，主要包括银行和金融性公司借款、应付债券、应付票据等。与主权资本比较，债务资金具有以下特征：①债务资本体现企业与债权人的债权与债务关系，属于企业债务；②企业对债务资金在约定期限内享有使用权，并承担按期还本付息的责任，偿债压力和筹资风险较大；③债权人有权按期索取利息并到期要求还本，但无权参与企业经营，对企业的经营状况不承担责任；④企业的债务资金主要通过银行、金融性公司、居民个人等渠道，采用银行借款、发行债券、融资租赁、商业信用等方式筹措取得。又在特定的条件下，有些债务资金可转换为主权资本，如可将企业债券转换为股票。但主权资本不能转换为债务资金。

(资料来源：财务之窗. 债务资金的定义与特征.《财会》周刊，2015.6，http://www.jscj.com)

# 第二节　项目资本金及债务资金融通

## 一、项目资本金的来源及筹措

### 1. 项目资本金的来源

项目资本金的来源可以是以下几个渠道。

(1) 中央和地方各级政府预算内资金。

(2) 国家批准的各项专项建设资金。

(3) "拨改贷" 和经营性基本建设基金回收的本息。

(4) 土地批租收入。

(5) 国有企业产权转让收入。

(6) 地方政府按国家有关规定收取的各项税费及其他预算外资金。

(7) 国家授权的投资机构及企业法人的所有者权益(包括资本金、资本公积金等)。

(8) 企业折旧基金以及投资者按照国家规定从资本市场上筹措的资金。

(9) 经批准，发行股票或可转换债券。

(10) 国家规定的其他可用作项目资本金的资金。

### 2. 项目资本金的筹措

#### 1) 股东直接投资

股东直接投资包括政府授权投资机构入股资金、国内外企业入股资金、社会团体和个人入股的资金以及基金投资公司入股的资金，分别构成国家资本金、法人资本金、个人资本金和外商资本金。

既有法人融资项目，股东直接投资表现为扩充既有企业的资本金，包括原有股东增资扩股和吸收新股东投资。新设法人融资项目，股东直接投资表现为投资者为项目提供资本金。合资经营公司的资本金由企业的股东按股权比例认缴，合作公司的资本金由合作投资方按预先约定的金额投入。

2) 股票融资

无论是既有法人融资项目还是新设法人融资项目，凡符合规定条件的，均可以通过发行股票在资本市场募集股本资金。股票融资可以采取公募和私募两种形式。

3) 政府投资

政府投资包括各级政府的财政预算内资金、国家批准的各项专项建设基金、统借国外贷款、土地批租收入、地方政府按规定收取的各种费用及其他预算外资金等。政府投资主要用于基础性项目和公益性项目，如三峡工程、青藏铁路等。

# 二、国内债务筹资

国内借入资金的来源渠道如图 6-5 所示。

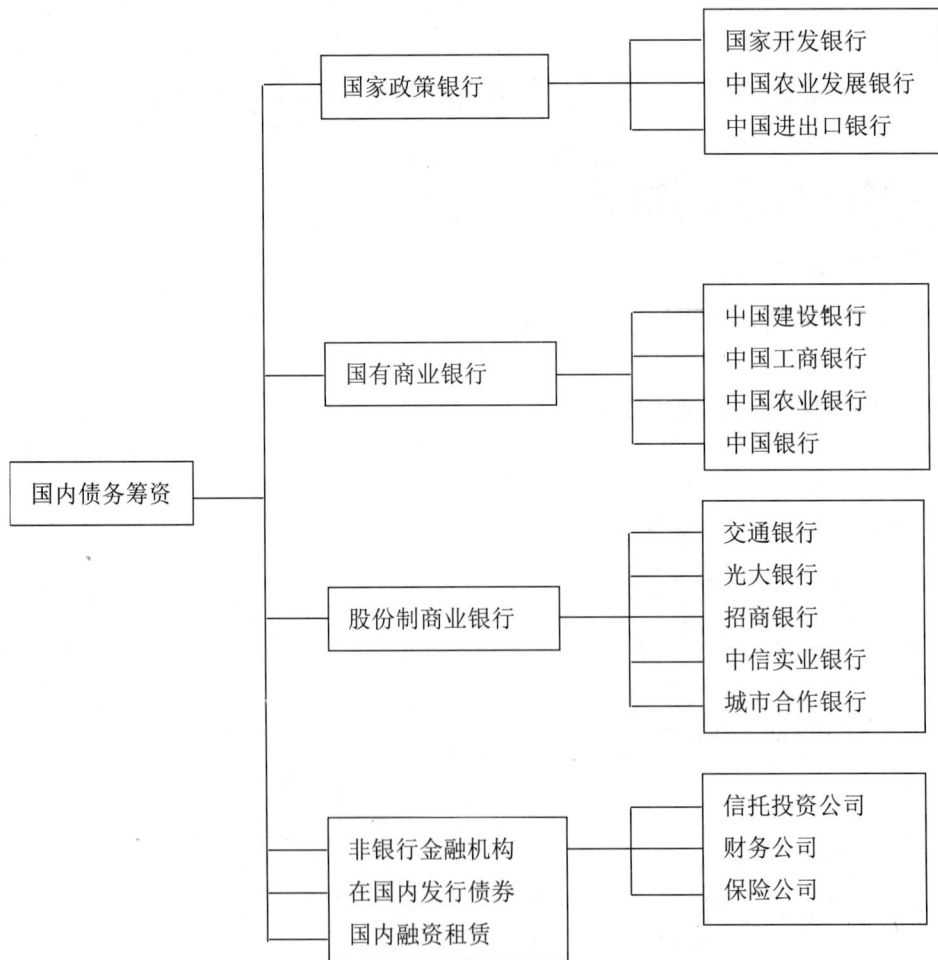

图 6-5　国内借入资金的来源渠道

### 1. 政策性银行贷款

政策性银行是指由政府创立、参股或保证的，专门为贯彻和配合政府特定的社会经济政策或意图，直接或间接地从事某种特殊政策性融资活动的金融机构。1994 年，我国组建了 3 家政策性银行：国家开发银行、中国进出口银行和中国农业发展银行。

【小贴士】政策性银行贷款的特点是：贷款期限长、利率低，但对申请贷款的企业或项目有比较严格的要求。

国家开发银行贷款主要用于支持国家批准的基础设施项目、基础产业项目、支柱产业项目以及重大技术改造项目和高新技术产业化项目建设。贷款期限可分为短期贷款(1 年以下)、中期贷款(1～5 年)和长期贷款(5 年以上)，贷款期限一般不超过 15 年。国家开发银行执行中国人民银行统一颁布的利率规定，对长期使用国家开发银行贷款并始终保持优良信誉的借款人，项目贷款利率可适当下浮，下浮的幅度控制在中国人民银行规定的幅度之内。

中国进出口银行通过办理出口信贷、出口信用保险及担保、对外担保、外国政府贷款转贷、对外援助优惠贷款以及国务院交办的其他业务，贯彻国家产业政策、外经贸政策和金融政策，为扩大我国机电产品、成套设备和高新技术产品出口和促进对外经济技术合作与交流，提供政策性金融支持。

中国农业发展银行按照国家的法律、法规和方针、政策，以国家信用为基础，筹集农业政策性信贷资金，承担国家规定的农业政策性金融业务，代理财政性支农资金的拨付，为农业和农村经济发展服务。

### 2. 商业银行贷款

1) 商业银行贷款的特点

筹资手续简单，速度较快。筹资成本较低。借款人与银行可直接商定信贷条件，在经济形势发生变化的情况下，如果需要变更贷款协议的有关条款，借、贷双方可采取灵活的方式，进行协商处理。

2) 商业银行贷款的期限

商业银行和贷款人签订贷款合同时，一般会对贷款期、提款期、宽限期和还款期做出明确规定。贷款期是指自贷款合同生效日起，到最后一笔贷款本金和利息还清日止的这段时间，一般可分为短期贷款(1 年以下)、中期贷款(1～3 年)和长期贷款(3 年以上)。提款期是从合同签订生效日起，到合同规定的最后一笔贷款本金提取日止；宽限期是从贷款合同签订生效日起，到合同规定的第一笔贷款本金归还日止；还款期是从合同规定的第一笔贷款本金归还日起，到贷款本金和利息全部还清日止。

若不能按期归还贷款，借款人应在贷款到期日之前，向银行提出展期，至于是否展期，则由银行决定。申请保证贷款、抵押贷款、质押贷款展期的，还应由保证人、抵押人、出质人出具书面的同意证明。短期贷款展期期限累计不得超过原贷款期限；中期贷款展期期限累计不得超过原借款期限的一半；长期贷款展期期限累计不得超过 3 年。若借款人未申请展期或申请展期未得到批准，其贷款从到期日次日起，转入逾贷款账户。若借款人根据自身的还贷能力，要提前归还贷款，应与银行协商。

3) 商业银行贷款的金额

贷款金额是银行就每笔贷款向借款人提供的最高授信额度，借款金额由借款人在申请贷款时提出，银行核定。借款人在决定贷款金额时应考虑 3 个因素：第一，贷款种类、贷款金额通常不能超过所规定的最高限额；第二，客观需要，根据项目建设、生产和经营过程中对资金的需要来确定；第三，偿还能力，贷款金额应与自身的财务状况相适应，保证能按期还本付息。

### 3. 国内非银行金融机构贷款

国内非银行金融机构有信托投资公司、财务公司、保险公司等。

1) 信托投资公司贷款

信托贷款是信托投资公司运用吸收的信托贷款、自有资金和筹集的其他资金对审定的贷款对象和项目发放的贷款。其特点：①银行贷款由于现行信贷制度的限制，无法对一些企业特殊但合理的资金需求予以满足，信托贷款恰好可以满足企业特殊的资金需求；②银行贷款按贷款的对象、期限、用途不同，有不同的利率，但不能浮动。信托贷款的利率则相对比较灵活，可在一定范围内浮动。

【小贴士】信托贷款主要有技术改造信托贷款、补偿贸易信托贷款、单位住房信托贷款、联营投资信托贷款和专项信托贷款等。

2) 财务公司贷款

财务公司是由企业集团成员单位组建，又为集团成员单位提供中长期金融业务服务为主的非银行金融机构。财务公司贷款分为短期贷款(一般为 1 年、6 个月、3 个月以及 3 个月以下不定期限的临时贷款)和中长期贷款(一般为 1～3 年、3～5 年以及 5 年以上的贷款)。

3) 保险公司贷款

虽然我国目前不论是法律法规的规定，还是现实的操作，保险公司尚不能对项目提供贷款，但从西方经济发达国家的实践来看，保险公司的资金，不但可以进入证券市场，用于购买各种股票和债券，而且可对项目提供贷款，特别是向有稳定市场和收益的基础设施项目提供贷款。

## 三、国外债务筹资

国外贷款来源渠道主要有外国政府贷款、外国银行商业贷款、出口信贷、混合贷款、联合贷款和银团贷款、国际金融机构贷款等。

### 1. 外国政府贷款

外国政府贷款是指一国政府向另一国政府提供的，具有一定赠予性质的优惠贷款。它具有政府间开发援助或部分赠予的性质，在国际统计上又叫双边贷款，与多边贷款共同组成官方信贷。其资金来源一般分两部分：软贷款和出口信贷。软贷款部分多为政府财政预算内资金；出口信贷部分为信贷金融资金。双边政府贷款是政府之间的信贷关系，由两国政府机构或政府代理机构出面谈判，签署贷款协议，确定具有契约性偿还义务的外币债务。外国政府贷款的特点是期限长、利率低、指定用途、数量有限。

外国政府贷款的期限一般较长，通常在 10～40 年，并含有 2～15 年的宽限期。如德国政府贷款的期限最长达 50 年(其中宽限期为 10 年)。在政府贷款协议中除规定总的期限外，还要规定贷款的提取期、偿还期和宽限期。

外国政府贷款具有经济援助性质，其利率较低，一般为 0.2%～0.3%，个别贷款无息，如德国以受石油涨价影响较大的发展中国家提供的政府贷款的年利率为 0.75%。

外国政府贷款具特定的使用范围，主要用于基础设施建设、社会发展和环境保护。

【小贴士】外国政府贷款有限制性采购的要求，如要求贷款总额的 50%～85%用于购买贷款国的设备和技术，贷款货币币种由贷款国指定，汇率风险较大。

### 2. 外国银行商业贷款

外国银行商业贷款指从外国银行借入的贷款资金，多为银行间的同业贷款。由于借入的资金可自由使用，所以利息按市场利率计算，属于商业性质贷款。其特点是筹措资金迅速、限制条件少、手续简单、利率高、还款期限短、风险大。外国政府贷款和国际金融机构贷款条件优惠，但不易争取，且数量有限。因此吸收国外银行贷款已成为各国利用国外间接投资的主要形式。

### 3. 出口信贷

出口信贷亦称长期贸易信贷，是一种国际信贷方式，是一国为了支持和鼓励该国大型机械设备、工程项目的出口，加强国际竞争力，以向该国出口商或国外进口商提供利息补贴和信贷担保的优惠贷款方式，鼓励该国的银行对该国出口商或国外的进口商提供利率较低的贷款，以解决该国出口商资金周转的困难，或满足国外进口商对该国出口商支付货款需要的一种融资方式。

### 4. 混合贷款、联合贷款和银团贷款

混合贷款(mixed credit)是指由外国政府或商业银行联合起来向借款国提供贷款，用于购买贷款国的资本商品和劳务。外国政府提供低息优惠贷款或赠款和出口信贷或商业贷款结合适用，是出口方信贷的一种业务形式。目前，各国政府向发展中国家提供的贷款，大都采用这种形式。此种贷款的特点是：政府出资必须占有一定比例，目前一般达到50%；有指定用途，如必须进口贷款国出口商品的产品；利率比较优惠，一般达到 1.5%～2.0%，贷款期限也较长，最长可达到 30～50 年(宽限期可达 10 年)，贷款金额可达合同的100%，比出口信贷优越，贷款手续比较复杂，对项目的选择和评估都有一套特定的程序和要求，较之出口信贷要复杂得多。

联合贷款是指商业银行与世界性、区域性国际金融组织以及和另外的发展基金、对外援助机构共同联合起来，向某一国家提供资金的一种形式。此种贷款比一般贷款更具有灵活性和优惠性，其特点是：政府与商业金融机构共同经营；援助与筹资互相结合；利率比较低；贷款期比较长；有指定用途。

银团贷款也叫辛迪加贷款，它是指由一家或几家银行牵头，多家国际商业银行参加，共同向一家政府、企业的某个项目(一般是大型的基础设施项目)提供金额较大、期限较长的一种贷款。此种贷款的特点是：必须有一家牵头银行，该银行与贷款人共同议定一切贷

款的初步条件和相关文件，然后再由其安排其他银行参加，协商确定贷款额，达成正式协议后，即把下一步工作转移交给代理银行；必须有一个代理银行，代表银团严格按照贷款协议履行其权利和义务，并按各行出资份额比例提款、计息和分配收回的贷款等一系列事宜；贷款管理十分严密；贷款利率比较优惠，贷款期限也比较长，并且没有指定用途。

### 5. 国际金融机构贷款

国际金融机构贷款是由一些国家的政府共同投资组建并共同管理的国际金融机构提供的贷款，旨在帮助成员国开发资源、发展经济和平衡国际收支。其贷款发放对象主要方面有：对发展中国家提供以发展基础产业为主的中长期贷款，对低收入的贫困国家提供开发项目以及文教建设方面的长期贷款，对发展中国家的私人企业提供小额中长期贷款。

国际金融贷款的特点为：贷款条件优惠，国际金融组织的贷款一般利率较低，期限较长，如国际开发协会，主要是对低收入的贫困国家提供开发项目以及文教建设方面的长期贷款，最长期限可达 50 年，只收 0.75%的手续费。审查严格，手续繁多，从项目申请到获得贷款，往往需要很长的时间。

国际金融机构包括世界性开发金融机构、区域性国际开发金融机构以及国际货币基金组织覆盖全球的机构。世界性开发金融机构一般指世界银行集团五大成员机构的 3 个金融机构：复兴开发银行(IBRD)、国际开发协会(IDA)、国际金融公司(IFC)；区域性国际开发金融机构指亚洲开发银行、欧洲开发银行、泛美开发银行等。在这些国际金融机构中，可以为中国提供项目贷款的银行有复兴开发银行(IBRD)、国际开发协会(IDA)、国际金融公司(IFC)、亚洲开发银行。虽然国际金融机构筹资的数量有限，程序也比较复杂，但这些机构所提供的项目贷款一般利率较低、期限较长。所以项目如果符合国际金融机构的贷款条件，应尽量争取从这些机构筹资。

1) 国际复兴开发银行

国际复兴开发银行主要通过组织和发放长期贷款，鼓励发展中国家经济增长和国际贸易，来维护国际经济的正常运行。贷款对象是会员国政府、国有企业、私营企业等，若借款人不是政府，则要由政府担保。贷款用途多为项目贷款，主要用于工业、农业、运输、能源和教育等领域。贷款期一般为 20 年左右，宽限期为 5 年左右；利率低于国际金融市场利率；贷款额为项目所需资金总额的 30%～50%。

【小贴士】在一般情况下，国际复兴开发银行为了减少风险，对单一项目的贷款一般不超过总投资额的 50%，除特殊项目外，绝对金额不超过 4 亿等值美元，其余外汇资金可由国际复兴开发银行担保，贷款国政府作为贷款人，在国际市场上筹集，由于以主权国家作为贷款人，因而能获得优惠贷款。

2) 国际开发协会

国际开发协会成立于 1960 年，既是世界银行集团成员，也是世界银行的无息贷款(软贷款)和赠款窗口。其宗旨是：对欠发达国家提供比国际复兴开发银行条件更为优惠的贷款，以促进这些国家经济和居民生活水平的提高，从而补充国际复兴开发银行活动，促成国际复兴开发银行目标的实现，且国际开发协会属于软贷款。

国际开发协会的贷款对象为人均国民生产总值在 765 美元以下的贫穷发展中国家会员

或国营、私营企业；贷款期限为 50 年，宽限期为 10 年，偿还贷款时可以全部或部分用本国货币；贷款为无息贷款，只收取少量的手续费和承诺费。

3) 国际金融公司

国际金融公司于 1956 年 7 月正式成立，宗旨主要是：配合世界银行的业务活动，向成员国特别是其中的发展中国家的重点私人企业提供无须政府担保的贷款或投资，鼓励国际私人资本流向发展中国家，以推动这些国家的私人企业的成长，促进其经济发展。

国际金融公司的投资目标是非国有经济，投资项目中国有股份权比例应低于 50%；一般要求企业的总资产在 2000 万美元左右，项目投资额在 1000 万元以上，项目在行业中处于领先地位，有着清晰的主营业务和高素质的管理队伍。

【小贴士】国际金融公司在中国投资的重点是：①通过有限追索权项目筹资的方式，帮助项目融通资金；②鼓励包括中小企业在内的中国本土私营部门发展；③投资金融行业，发发具有竞争力的金融机构，使其能达到国际通行公司治理机制和运营标准；④支持中国西部和内际省份的发展；⑤促进基础设施、社会服务和环境产业的私营投资。

4) 亚洲开发银行

亚洲开发银行(亚行)是亚行对亚洲和太平洋地区政府间国际金融机构，目的是为了鼓励各国政府和私人资本向亚洲和太平洋地区投资，对本地区国家提供长期贷款和技术援助，促进本地区国家的经济合作和发展。

亚行贷款分为普通贷款和特种贷款。普通贷款(ordinary operation)也称为硬贷款，主要用于帮助成员国提高其经济发展水平，浮动利率，贷款期限为 15～25 年，宽限期为 2～7 年，贷款利率按金融市场利率，借方每年还需交 0.75% 的承诺费，在确定贷款期后固定不变。此种贷款主要用于农业、林业、能源、交通运输及教育卫生等基础设施建设。特种贷款(special operation)也称为软贷款，主要是为贫困成员国提供的优惠贷款。这种贷款不收取利息，贷款期限为 40 年，宽限期为 10 年，只收 1% 的手续费。

# 四、融资租赁

## 1. 融资租赁的含义

融资租赁亦称金融租赁或资本租赁，是指不带维修条件的设备租赁业务。融资租赁与分期付款购入设备类似，实质上是承租者通过设备租赁公司筹集设备投资的一种方式。

在融资租赁下，设备(即租赁物件)出租人完全按承租人的要求选定的，所以出租人对设备的性能、物理性质、老化风险以及维修保养不负任何责任。在大多数情况下，出租人在租期内分期回收全部成本、利息和利润，租赁期满后，出租人通过收取名义货价的形式，将租赁物件的所有权转移给承租人。

【小贴士】融资租赁特点。
① 融资性租赁的出租物，价值大，专用性强，期限长，中途不得解约。
② 租赁结束时，出租物可以留购，也可退租。
③ 融资性租赁在资金缺乏时，加快技术更新。

### 2. 融资租赁的方式

融资租赁的方式有 3 种，即自营租赁、回租租赁、转租赁。

1) 自营租赁

承租者根据自己所需的设备，先同厂商洽谈供货条件，然后向出租者申请租赁预约，经出租者审查同意后，签订租赁合同。然后，出租者再向厂商订货，并让其向承租者直接发货，设备经承租者验收或使用被认为合格，租期即行开始。承租者按合同交付租金，并负责设备的维修保养。

2) 回租租赁

回租租赁也称售出与回租，是先由租赁公司买个企业正在使用的设备，然后将原设备租赁给该企业的租赁方式。

3) 转租赁

转租赁是指国内租赁公司在国内用户与国外厂商签订设备买卖合同的基础上，选定一家国外租赁公司或厂商，以承租人身份与其签订租赁合同，然后再以出租人身份将该设备转租给国内用户，并收取租金转付给国外租赁公司的一种租赁方式。

> 【小贴士】融资租赁方式的特点。
> ① 经营性租赁一般价值小，资产专用性弱，可中途停止，出租期短。
> ② 经营性租赁结束后，出租物可以退租，也可以续租。

## 五、发行债券

债券(bond)是借款单位为筹集资金而发行的一种信用凭证，它证明持券人有权按期取得固定利息并到期收回本金。

### 1. 债券的种类

债券的种类很多，主要分类如表 6-3 所示。

表 6-3　债券种类

| 划分标准 | 种　类 |
| --- | --- |
| 按发行方式分类 | 记名债券、无记名债券 |
| 按还本期限分类 | 短期债券、中期债券、长期债券 |
| 按发行条件分类 | 抵押债券、信用债券 |
| 按可否转换为公司股票分类 | 可转换债券、不可转换债券 |
| 按偿还方式分类 | 定期偿还债券、随时偿还债券 |
| 按发行主体分类 | 国家债券、地方政府债券、企业债券、金融债券 |

### 2. 债券筹资的特点

(1) 支出固定。对不可转换债券而言，不论企业将来盈利如何，它只需付给持券人固定的债券利息。

(2) 股东控制权不变。一般而言，债券持有者无参与权和决策权，因此原有股东的控制权不因发行债券而受到影响。

(3) 少纳所得税。债券利息可进成本，实际上等于政府为企业负担了中分债券利息。

(4) 提高股东投资回报率。如果项目投资回报率大于利息率，由于财务杠杆作用，发行债券筹资可提高股东回报率。

(5) 提高企业负债比率，增加企业风险。发行债券会降低企业的财务信誉，增加企业风险。

## 阅读资料

### 新疆发行 251 亿元地方债券

2015 年，新疆第二批政府一般债券 251 亿元将分为四期于 6 月 17 日正式发行。

此次新疆发行的第二批政府一般债券期限分别为 3 年、5 年、7 年和 10 年，计划发行规模分别为 50.2 亿元、75.3 亿元、75.3 亿元和 50.2 亿元。其中，3 年期、5 年期、7 年期的自治区政府一般债券利息按年支付，10 年期的利息按半年支付，票面利率分别为 2.89%、3.26%、3.54% 和 3.61%。发行后，可按规定在全国银行间债券市场和证券交易所债券市场上市流通，各期债券到期后一次性偿还本金。

5 月 21 日，新疆已成功发行第一批自治区政府一般债券 59 亿元。自今年以来，国内经济面临严峻的下行压力，为缓解地方政府还债压力，支持地方经济发展，经国务院批准，2015 年各地可发行一定额度的地方政府债券，置换清理甄别后纳入预算管理的地方政府存量债务。上海财经大学副教授郑春荣在接受记者采访时说，根据审计署 2013 年 6 月开展全国债务审计认定的 2015 年各级政府应偿还政府债务额度 3.35 万亿的情况和各级政府的实际偿债能力，财政部下达总量 1 万亿的地方政府债务置换存量债务额度。

(资料来源：刘书成. 新疆发行 251 亿元地方债券. 新疆天山网，2015.6，http://news.163.com)

# 第三节　基础设施项目 PPP 模式

PPP(Public-Private-Partnership)模式是指政府与私人组织之间，为了合作建设城市基础设施项目，或是为了提供某种公共物品和服务，以特许权协议为基础，彼此之间形成一种伙伴式的合作关系，并通过签署合同来明确双方的权利和义务，以确保合作的顺利完成，最终使合作各方达到比预期单独行动更为有利的结果。

2008 年，亚洲开发银行、世界银行和国际货币基金组织联合编写了教程，用英、法、西、俄 4 种语言向全世界推广 PPP。

## 一、PPP 模式的内涵

关于 PPP 没有统一严格的定义，2011 年世界银行专家 Ned White(奈德白)对 PPP 给出了一个较简洁、全面的描述：PPP 是公共部门与私人部门签署的长期协议，要求私人合作投资(包括货币、技术、经验或信誉)，并承担某些关键风险(设计/技术、建设/安装、交付和市场需求),同时交付传统上应由政府提供的服务,并按照业绩获得报偿。

PPP 模式的内涵如下。

(1) PPP 是一种新型的项目融资模式。项目 PPP 融资是以项目为主体的融资活动,是项目融资的一种实现形式,主要根据项目的预期收益、资产以及政府扶持措施的力度而不是项目投资人或发起人的资信来安排融资。项目经营的直接收益和通过政府扶持所转化的效益是偿还贷款的资金来源,项目公司的资产和政府给予的有限承诺是贷款的安全保障。

(2) PPP 融资模式可以使民营资本更多地参与到项目中,以提高效率、降低风险。这也正是现行项目融资模式所欠缺的。政府的公共部门与民营企业以特许权协议为基础进行全程的合作,双方共同对项目运行的整个周期负责。PPP 方式的操作规则使民营企业参与到城市轨道交通项目的确认、设计和可行性研究等前期工作中来,这不仅降低了民营企业的投资风险,而且能将民营企业在投资建设中更有效率的管理方法与技术引入项目中来,还能有效地实现对项目建设与运行的控制,从而有利于降低项目建设投资的风险,较好地保障国家与民营企业各方的利益。这对缩短项目建设周期,降低项目运作成本甚至资产负债率都有值得肯定的现实意义。

(3) PPP 模式可以在一定程度上保证民营资本"有利可图"。私营部门的投资目标是寻求既能够还贷又有投资回报的项目,无利可图的基础设施项目是吸引不到民营资本的投入的。而采取 PPP 模式,政府可以给予私人投资者相应的政策扶持作为补偿,从而很好地解决了这个问题,如税收优惠、贷款担保、给予民营企业沿线土地优先开发权等。通过实施这些政策可提高民营资本投资城市轨道交通项目的积极性。

(4) PPP 模式在减轻政府初期建设投资负担和风险的前提下,提高城市轨道交通服务质量。在 PPP 模式下,公共部门和民营企业共同参与城市轨道交通的建设和运营,由民营企业负责项目融资,有可能增加项目的资本金数量,进而降低较高的资产负债率,而且不但能节省政府的投资,还可以将项目的一部分风险转移给民营企业,从而减轻政府的风险。同时双方可以形成互利的长期目标,更好地为社会和公众提供服务。

【小贴士】PPP 涵盖大量不同类型的合作关系,主要的家庭成员包括私人融资计划(private finance initiative,PFI)、特许权经营(concession)、基础设施战略合作(strategic infrastructure partnership)、整合(integration)、同盟(alliance)。

## 二、基础设施项目的公私合营

基础设施项目一般由政府借债兴建,然后向公众提供服务,并以获得的报偿还本付息,在这个过程中,建设、经营和管理项目的责任全由政府承担。同样的基础设施建设过程由私人承建商来完成,则可利用私人承建商的管理技术使公众享受到更高质量和更低价格的服务,同时政府制定运作规则,共担风险,保证公众利益。这种政府让私人承建商参与基础设施项目融资、建设、运营的方式就是 PPP 家庭中的 PFI。PFI 作为政府与承建商合作经营项目的一种特殊运作模式,从 20 世纪 80 年代产生以来,越来越受到各国政府的重视,成为各国基础设施建设及资源开发等大型项目建设中较受欢迎的一种融资模式。

PFI 主要形式包括 BOT、BOOT、BOO、FDBO、DBMO 项目融资方式。

### 1. BOT 项目融资方式

BOT(build-opreate-transfer，建设—经营—移交)是指政府一个基础设施项目的特许经营权授予承建商(一般为国际财团)，承建商在特许期内负责项目设计、融资、建设和运营，并加收成本、偿还债务、赚取利润，特许经营结束后将项目所有权再移交给政府的一种项目融资模式。

### 2. BOOT 项目融资方式

BOOT(build-own-operate-transfer，建设—拥有—经营—移交)是指私人合伙人，或某国际财团融资建设基础设施项目，项目建成后，在规定的期限内拥有所有权并进行经营，期满后将项目移交给政府。BOOT 与 BOT 的主要区别：一是 BOT 方式下的项目建成后，私人只拥有所建成项目的经营权，但 BOOT 方式下项目建成后，在规定的期限内既有经营权，也有所有权；二是时间的差别，采取 BOOT 方式，从项目建成到移交给政府这一段时间一般比采用 BOT 要长一些。

### 3. BOO 项目融资方式

BOO(build-own-operate，建设—拥有—经营)方式是承建商根据政府赋予的特许权，建设并经营某项基础设施，但是并不将此基础设施移交给公共部门。

### 4. FDBO 项目融资方式

FDBO(finance-design-build-operate)，即筹资—设计—建设—经营。

### 5. DBMO 项目融资方式

DBMO(design-build-maintain-operate)，即设计—建设—维护—经营。

这些变化的形式说明，虽然 PFI 项目融资有公私合作的共同特征，但是其具体形式并不是固定的，可以根据项目的特征进行微调。

## 三、应用 PPP 模式所需的条件

### 1. 健全的法律法规制度

PPP 项目的运作需要在法律层面上，对政府部门与企业部门在项目中需要承担的责任、义务和风险进行明确界定，保护双方利益。在 PPP 模式下，项目设计、融资、运营、管理和维护等各个阶段都可以采纳公共民营合作，通过完善的法律法规对参与双方进行有效约束，是最大限度发挥优势和弥补不足的有力保证。

### 2. 政府支持

政府部门的有力支持。在 PPP 模式中公共民营合作双方的角色和责任会随项目的不同而有所差异，但政府的总体角色和责任，即为大众提供最优质的公共设施和服务，却是始终不变的。PPP 模式是提供公共设施或服务的一种比较有效的方式，但并不是对政府有效治理和决策的替代。在任何情况下，政府均应从保护和促进公共利益的立场出发，负责项目的总体策划，组织招标，理顺各参与机构之间的权限和关系，降低项目总体风险等。

### 3. 专业人才

专业化机构和人才的支持。PPP 模式的运作广泛采用项目特许经营权的方式，进行结构融资，这需要比较复杂的法律、金融和财务等方面的知识。一方面，要求政策制定参与方制定规范化、标准化的 PPP 交易流程，对项目的运作提供技术指导和相关政策支持；另一方面，需要专业化的中介机构提供具体专业化的服务。

# 阅读资料

## PPP 更加强调发展模式而非融资

受政策驱动，近期政府与社会资本合作模式(PPP)项目如雨后春笋般加速推进。而"智慧城市"在国家层面的大力推动下，也成为诸多金融机构和企业关注的热点。

近日，"智慧城市建设资金解决方案(PPP 模式)"行业研讨会在北京召开。来自住建部、金融机构、智慧城市试点城市以及企业界的代表围绕"如何运用 PPP 模式促进智慧城市发展"的主题展开了讨论。

**1. 智慧城市建设引入市场机制**

"智慧城市建设是一项复杂的系统工程，所需资金量巨大，涉及政府、企事业单位和市民家庭等多元主体，涵盖投融资、建设、运营、监管等多个过程。传统的企业自建自营模式远不能满足投资需求，更多的资金需要由企业和融资机构去筹措，将市场机制引入智慧城市建设已成为必然选择。"住建部数字工程研究中心副主任马桂芳表示。

智慧城市是在新一代信息技术条件下，我国城市信息化建设的必然选择。据 IDC 预测，未来 10 年，智慧城市建设相关投资将超过 2 万亿元，预计 2015 年将达到 150 亿美元，而在细分市场中，智能交通、智慧医疗、智能教育、公共安全等解决方案市场将实现较快增长。

2014 年 9 月，财政部发布《关于推广运用政府和社会资本合作模式有关问题的通知》称，要尽快形成有利于促进政府和社会资本合作模式(PPP)发展的制度体系。

针对 PPP 模式下的智慧城市建设，同方股份有限公司智慧城市泛集成事业部总经理夏宗春在项目实践中有自己的思考。他认为，运用 PPP 模式解决智慧城市建设的资金问题是大势所趋，但 PPP 模式在目前的实际应用中却雷声大、雨点小。

"对于 PPP 模式，一方面政府动力不强，在政府地方债务问题没有很好解决的情况下，很难投入资金进行增量建设；另一方面是来自企业的焦虑，由于智慧城市建设往往缺少明确的收益时间、收益标准及验收标准，企业的收益往往存在不明确性，风险较大。这些原因导致企业和政府很难达成共识。"夏宗春说。

"无论是 PPP 模式还是融资租赁模式，都一定要着眼增量的同时兼顾存量。"夏宗春说，建设方企业一定要主动帮助地方政府卸下包袱。比如，给政府牵线搭桥去做一些回租租赁，帮助政府用长周期、低利率的资金来置换地方债务中短周期、高成本的部分，以此减轻地方政府债务负担。

在解除企业顾虑方面，专家建议，要明确收益标准和收益细则，避免政府和企业就验收细节纠缠不清，比如，"如果收益达不到约定的情况，政府负责兜底。"

**2. PPP 模式需要建立认证标准**

与会专家认为，PPP 模式的优势显著，可以在不增加政府债务负担的情况下满足基础设施和公共服务的建设需求，而且 PPP 模式结合了政府和社会资源的优势，有助于引入先进的管理和技术，提高公共服务的质量和效率。

"只有解决存量问题，政府才有兴趣做。智慧城市建设开始争取试点资源，最后落实不下来，为什么？因为资金没法解决，因为有更多的存量问题解决不了，想让地方政府马上解决智慧城市怎么落地的问题，确实压力很大。"内蒙古阿拉善盟副盟长田德志坦言。

对此，夏宗春解释说："我们的方法是把政府的一些存量项目包装到智慧城市建设项目里去，用这样的方式去解决存量问题。还要明确标准，细化收入，收费标准和验收标准一定要明确。如果这个不明确，跟政府是谈不拢的。"

"PPP 模式下的智慧城市收益问题需要一个认证标准。城市建设的收益是长期的、动态的，并非立竿见影。所以，PPP 模式需要建立一个标准制定机构，或者是验收机构，专门针对 PPP 模式。"马桂芳建议。

目前地方政府对 PPP 模式的反应迅速，很多地方把 PPP 模式当作一种新的融资渠道，来替代城市投资等传统融资方式。"这是对 PPP 模式的极大误解。"夏宗春认为，PPP 更加强调发展模式，侧重于政府职能的转变，侧重于公共部门与私人部门的分工协作。术业有专攻，各机构明确职能，减轻政府压力，给政府省钱是 PPP 模式的主要功能。融资职能是次要的、附加的功能。

(资料来源：姜华.PPP 更加强调发展模式而非融资.中国经济新闻网.中国经济时报，2015.6，http://www.cet.com.cn)

# 第四节　融资成本分析

在初步确定项目的资金筹措方式和资金来源后，应进一步对融资方案进行分析，以降低融资成本和融资风险。

## 一、资金成本的定义

资金是一种资源，筹集和使用资金要付出代价，资金成本就是投资者在项目实施前和实施中，为筹集和使用资金而付出的代价。资金成本由两部分组成：筹集成本($F$)和使用成本($D$)。

### 1. 筹集成本

筹集成本是指投资者在资金筹措过程中支付的各种费用。主要包括向银行借款的手续费；发行股票、债券而支付的各项代理费用。一般属于一次性费用，筹资次数越多，筹资成本就越大。

### 2. 使用成本

使用成本又称资金占用费，包括支付给股东的各种股利、向债权人支付的贷款利息及支付给其他债权人的利息费用等。其与所筹资金的多少、使用时间有关，具有经常性、定期支付的特点。

## 二、资金成本的作用

资金成本是选择资金来源、拟定筹资方案的重要依据。企业筹集资金的方式多种多样，如发行股票、债券、银行借款等，不同筹资方式的资金成本也不尽相同。资金成本的高低可作为比较各种筹资方式优、缺点的一项依据。

资金成本可作为投资者进行资金结构决策的基本依据。如上所述，一个项目的资金结构一般是由借入资金与自有资金组合而成，这种组合有多种方案，如何寻求两者间的最佳组合，一般可通过计算综合资金成本作为项目筹资决策的依据。

资金成本是评价各项目是否可行的一个重要尺度。国际上，通常将资金成本视为项目的"最低收益率"，在评价投资方法是否可行的标准上，一般要以项目本身的投资收益率与其资金成本进行比较。如果项目的预期投资收益率小于其资金成本，则项目不可行。

## 三、资金成本的计算

### 1. 资金成本计算的一般形式

资金成本一般用相对数表示，称为资金成本率，其一般计算式为

$$K = \frac{D}{P - F}$$

或

$$K = \frac{D}{P(1 - f)} \tag{6-1}$$

式中：$K$ 为资金成本率(一般通称为资金成本)；$P$ 为筹集资金总额；$D$ 资金占用费；$F$ 为筹资费；$f$ 为筹资费费率(即筹资费占筹集资金总额的比率)。

### 2. 各种资金来源的资金成本计算

1) 银行借款的资金成本

(1) 不考虑资金筹集成本时的资金成本。

$$K_d = (1 - T) \times R \tag{6-2}$$

式中：$K_d$ 为银行借款的资金成本；$T$ 为所得税税率；$R$ 为银行借款利率。

(2) 对项目贷款实行担保时的资金成本。

$$K = (1 - T) \times (R + V_d)$$

$$V_d = \frac{V}{Pn} \times 100\% \tag{6-3}$$

式中：$V_d$ 为担保费率；$V$ 为担保费总额；$P$ 为企业借款总额；$n$ 为担保年限。

(3) 考虑资金筹集成本时的资金成本。

$$K_d = \frac{(1 - T) \times (R + V_d)}{1 - f} \tag{6-4}$$

普通高校经济管理类立体化教材·基础课系列

【例 6-4】荣达集团为一号建设项目申请银行长期贷款 5000 万元，年利率为 10%，每年付息一次，到期一次还本，贷款管理费及手续费率为 0.5%。荣达集团所得税税率为 25%，试计算该项目长期借款的资金成本。

**解：** 根据式(6-4)，该项目长期借款的资金成本为

$$K_d = \frac{(1-T) \times R}{1-f} = \frac{(1-25\%) \times 10\%}{1-0.5\%} = 7.54\%$$

2) 债券资金成本

发行债券的成本主要是指债券利息和筹资费用。债券利息的处理与长期借款利息的处理相同，应以税后的债务成本为计算依据。债券的筹资费用一般比较高，不可在计算融资成本时省略。债券资金成本的计算式为

$$K_d = \frac{I_b(1-T)}{B(1-f_b)} \tag{6-5}$$

式中：$K_b$ 为债券资金成本；$B$ 为债券筹资额；$f_b$ 为债券筹资费率；$I_b$ 为债券年利息；$T$ 为所得税率。

若债券溢价或折价发行，为了更精确地计算资金成本，应以其实际发行价格作为债券筹资额。

【例 6-5】枫康公司发行面值为 100 万元的 10 年期债券，票面利率 8%，发行费率 5%，发行价格 120 万元，公司所得税税率为 25%。试计算该公司债券的资金成本。如果公司以 85 万元发行面额为 100 万元的债券，则资金成本又为多少？

**解：**(1) 根据式(6-5)，以 120 万元价格发行时资金成本为

$$K_d = \frac{I_b(1-T)}{B(1-f_b)} = \frac{100 \times 8\%(1-25\%)}{120 \times (1-5\%)} = 5.26\%$$

(2) 以 85 万元价格发行时资金成本为

$$K_d = \frac{I_b(1-T)}{B(1-f_b)} = \frac{100 \times 8\%(1-25\%)}{85 \times (1-5\%)} = 7.43\%$$

3) 优先股成本

与负债利息的支付不同，优先股的股利不能在税前扣除，因而在计算优先股成本时无须经过税赋的调整。优先股成本的计算式为

$$K_p = \frac{D_p}{P_p(1-f_p)} \quad \text{或} \quad K_p = \frac{P_p i}{P_p(1-f_p)} = \frac{i}{1-f_p} \tag{6-6}$$

式中：$K_p$ 为优先股资金成本；$D_p$ 为优先股每年股息；$P_p$ 为优先股票面值；$f_p$ 为优先股筹资费率；$i$ 为股息率。

【例 6-6】枫康公司为二号项目发行优先股股票，票面额按正常市价计算为 200 万元，筹资费率为 4%，股息年利率为 14%。试求其资金成本。

**解：** 根据式(6-6)得

$$K_p = \frac{i}{1-f_p} = \frac{14\%}{1-4\%} = 14.58$$

4) 普通股资金成本

普通股资金成本属权益融资成本。权益资金的资金占用费是向股东分派的股利，而股

利是以所得税后净利润支付的，不能抵减所得税。计算普通股资金成本，常用的方法有评价法和资本资产定价模型法。

(1) 评价法。

$$K_c = \frac{D_c}{P_c(1-f_c)} + G \tag{6-7}$$

式中：$K_c$ 为普通股资金成本；$D_c$ 为预期年股利额；$P_c$ 为变通股筹资额；$f_c$ 为普通股筹资费率；$G$ 为普通股利年增长率。

**【例 6-7】** 枫康公司发行普通股正常市价为 300 万元，筹资费率为 4%，第一年的股利率为 10%，以后每年增长 5%。试求其资金成本率。

**解：** 根据式(6-7)得

$$K_c = \frac{D_c}{P_c(1-f_c)} + G = \frac{300 \times 10\%}{300 \times (1-4\%)} + 5\% = 15.4\%$$

(2) 资本资产定价模型法。

$$K_c = R_f + \beta(R_m + R_f) \tag{6-8}$$

式中，$R_f$ 为无风险报酬率；$R_m$ 为平均风险股票必要报酬率；$\beta$ 为股票的风险校正系数。

**【例 6-8】** 第一期证券市场无风险报酬率为 11%，平均风险股票必要报酬率为 15%，枫康公司普通股 $\beta$ 值为 1.15。试计算该普通股的资金成本。

**解：** 根据式(6-8)得

$$\begin{aligned} K_c &= R_f + \beta(R_m + R_f) = 11\% + 1.15 \times (15\% - 11\%) \\ &= 15.6\% \end{aligned}$$

5) 融资租赁资金成本

企业租入某项资产，获得其使用权，要定期支付租金，并且租金列入企业成本，可以减少应付所得税，应考虑税负因素。因此，其租金成本率为：

$$K_l = \frac{E}{P_l} \times (1-T) \tag{6-9}$$

式中：$K_l$ 为融资租赁资金成本；$E$ 为年租金额；$P_l$ 为租赁资产价值。

6) 留存盈余资金成本

留存盈余是指企业未以股利等形式发放给投资者而保留在企业的那部分盈利，即经营所得净收益的积余，包括盈余公积和未分配利润。

留存盈余是纳所得税后形成的，其所有权属于股东，实质上相当于股东对公司的追加投资。股东将留存盈余用于公司，是想从中获取投资报酬，所以留存盈余也有资金成本，即股东失去的向外投资的机会成本。它与普通股东成本的计算方法基本相同，只是不考虑筹资费用。如按评价法，计算式为

$$K_r = \frac{D_c}{P_c} + G \tag{6-10}$$

式中：$K_r$ 为留存盈余资金成本；其他符号含义同前。

7) 加权平均资金成本

项目的资金筹集一般采用多种融资方式，不同来源的资金，其成本各不相同。由于投机倒把制约，项目不可能只从某种低成本的来源筹集资金，而是各种筹资方案的有机组

合。为了对整个项目的融资方案进行筹资决策，在计算各种融资方式个别资金成本的基础上，还要计算整个融资方案的加权平均融资成本，以反映项目的整个融资方案的融资成本状况。其计算式为

$$K_{\mathrm{w}} = \sum_{j=1}^{n} K_j + W_j \qquad (6\text{-}11)$$

式中：$K_{\mathrm{w}}$ 为加权平均资金成本；$K_j$ 为第 $j$ 种融资渠道的资金成本；$W_j$ 为第 $j$ 种融资渠道筹集的资金占全部资金的比例(权数)。

【例 6-9】根据一个投资项目的资金来源渠道，列出其资本结构如表 6-4 所示，同时假设枫康公司各种资本的税后货币支付资本成本如表 6-5 所示。试用加权平均资本成本计算资金成本。

表 6-4  资本结构表

| 序 号 | 资金来源 | 数 量 | 比 例 |
|-------|---------|-------|-------|
| 1 | 短期借款 | 50 | 0.05 |
| 2 | 借券 | 100 | 0.10 |
| 3 | 优先股票 | 150 | 0.15 |
| 4 | 普通股票 | 600 | 0.60 |
| 5 | 保留盈余 | 100 | 0.10 |
|  |  | 1 000 | 1.00 |

表 6-5  各种资本的税后货币支付资本成本表

| 序 号 | 资金来源 | 数 量 | 税后资本成本 |
|-------|---------|-------|-------------|
| 1 | 短期借款 | 50 | 6.08% |
| 2 | 借券 | 100 | 5.56% |
| 3 | 优先股票 | 150 | 10.00% |
| 4 | 普通股票 | 600 | 11.56% |
| 5 | 保留盈余 | 100 | 11.56% |

**解：** $K = 0.05 \times 6.08\% + 0.10 \times 5.56\% + 0.15 \times 10.00\%$
$\qquad + 0.6 \times 11.56\% + 0.10 \times 11.56\% = 10.45\%$

# 四、融资风险分析

融资方案的实施经常会受到各种风险因素的影响。融资风险分析就是对可能影响融资方案的风险因素进行识别和预测。

通常可能的融资风险因素有下列几种。

## 1. 投资缺口风险

项目在建设过程中由于技术设计、施工图设计及施工过程中增加工程，由于价格上涨引起工程造价变化等，都会引起投资额的增加，导致原估算投资额出现缺口。

### 2. 资金供应风险

资金供应风险是指融资方案在实施过程中，可能出现资金不落实，导致建设工期拖长，工程造价升高，原定投资收益目标难以实现的风险。主要风险有以下几个。

(1) 原定筹资额全部或部分落空。

(2) 原定发行股票、债券计划不能实现。

(3) 既有项目法人融资项目由于企业经营状况恶化，无力按原定计划出资。

(4) 其他资金不能按建设进度足额及时到位。

### 3. 利率风险

利率水平随着金融市场行情而变动，如果融资方案中采用浮动利率计算，则应分析贷款利率变动的可能性及其对项目造成的风险和损失。

### 4. 汇率风险

汇率风险是指国际金融市场外汇交易结算产生的风险，包括人民币对各种外币币值的变动风险和各种外币之间比价变动的风险。利用外资数额较大的投资项目应对外汇汇率的趋势进行分析，估测汇率发生较大变动时，对项目造成的风险和损失。

# 阅读资料

## 银行化解地方政府融资平台风险分析

2014年9月23日，国务院印发《关于加强地方政府性债务管理的意见》以下简称《意见》指出，剥离融资平台公司政府融资职能，融资平台公司不得新增政府债务。至此，占据地方政府性债务主要部分的融资平台贷款将成为银行业金融机构化解地方政府债务风险的关键。

**1. 地方政府融资平台贷款面临的问题**

(1) 平台贷款集中到期，贷款回收压力较大。自2008年11月以来，为应对金融危机的冲击，我国采取了积极的财政政策，在这一背景下，地方政府融资平台贷款得到了快速发展。平台贷款的期限以长期为主，大部分在5～15年，2014年以后，地方政府融资平台贷款将集中到期，银行贷款的回收压力较大。

(2) 经济发展进入新常态，还款来源没有保障。地方政府融资平台贷款的第一还款来源是融资平台项目自身收益，第二还款来源是地方政府的财政收入和土地收益。而平台贷款项目大多是无收益项目或低收益项目，整体盈利率低下，地方财政收入和土地收益就成为平台贷款还款的主要保障。随着我国经济从高速增长到中高速增长的新常态的转变，各地的税收收入受到影响，地方财政收入增长趋势有所放缓。加之2010年后国家又不断出台严厉的房地产调控政策，监管土地销售，控制房地产价格，影响了地方政府的土地出让收益。地方融资平台的土地出让金减少，融资平台贷款的还款来源自然减少。

(3) 监管部门缺乏预警管理机制，易造成风险积聚与蔓延。当前金融监管部门对于银行业金融机构贷款在其管理上主要以规模控制为主，即主要监控短期贷款和中长期贷款的规模，但对于中长期贷款的期限管理和预警机制缺乏，缺乏根据当前金融机构的资本情况定期对未来贷款的期限安排做进一步引导和管理的机制。同时，金融监管部门尚未建立起完善的与地方政府融资平台公司的沟通协商机制，对融资平台贷款的风险状况只能通过银行的报表掌握，难以科学、合理地评估与度量贷款风险，极易造成风险的积累和蔓延。

**2. 产生风险的原因**

(1) 地方政府资金筹措渠道有限，过度使用平台贷款。2008 年，为应对金融危机，中央出台 4 万亿元经济刺激计划，同时由中央代地方政府发行 2000 亿元的地方政府债券。目前，基层地方政府仍不具备独立的直接融资债务主体资格，债券必须由省级财政代发代还，地方政府筹措资金的渠道受限。同时，《意见》指出，鼓励社会资本通过特许经营等方式，参与城市基础设施等有一定收益的公益性事业投资和运营，推广使用政府与社会资本合作模式，即 PPP 模式，但地方政府由于受上级政府的垂直管理，其在运用 PPP 模式时缺乏自主权，需经一定的行政审批和授权同意，因此难以及时有效、独立自主地与社会资本有效融合。在筹资无方，社会资本难以有效投资到政府相关项目建设的情况下，平台贷款成为地方政府筹措资金的便捷通道。

(2) 信息不对称，平台贷款风险评估难。地方政府融资平台资金被纳入预算外管理，游离于公共监管体系之外，使得财务信息缺乏透明度，银行很难全面掌握了解平台公司的实际负债情况，而其以政府为背景又提高了银行的信任度，导致银行无法对贷款风险作出正确的估计。

(3) 地方财政过度依赖土地财政，经济结构不尽合理。地方政府融资平台贷款主要以土地作为抵押，以土地出让金和财政收入为偿还来源，地方政府对土地收入的依赖性较强，短期来看，土地收益大，但长期来看，易受宏观政策、经济形势的影响，极易产生波动，难以促进财政收入的持续稳定增长。

**3. 化解风险手段**

(1) 建立贷款期限的预警机制，提高平台贷款管理水平。建立综合反映政府融资平台贷款运行的风险指标体系，对贷款运行状况进行定性描述和定量分析，实现政府融资平台债务的预警和风险防范。一是尽快出台地方政府融资平台风险监测实施办法，确定风险指标，明确警戒范围；二是建立贷款期限风险预警机制，按季对地方政府融资平台实施风险提示，并适时发布相关信息，保证政府债务阳光化运行；三是建立监管部门联席会议制度，定期分析研究地方政府融资平台贷款情况、偿债能力及风险情况。

(2) 妥善处理存量平台贷款，确保平台贷款合规使用。对于存量的地方政府融资平台贷款，一方面，要尽量推进平台贷款的整改，将平台贷款整改为一般公司类贷款，对于原有的由地方政府和人大开具"担保函"等方式提供财政担保的贷款，应追加并落实新的规范的具备足够财务实力的担保主体，确保贷款项目抵押担保足值合规，手续齐全，合规合法，贷款期限和还款方式满足监管要求。另一方面，要加强对存量平台贷款的贷后管理，密切跟踪监控信贷资金的用途、流向，及时掌握资金变化，融资平台公司经营状况，综合评估政府财力并跟踪关注变化情况，及时对贷款期限、方式及风险缓释措施作出相应的安排，减少存量平台贷款的违约风险。

(3) 建立偿债准备金制度，确保平台贷款按期偿还。政府要充分认识到银行贷款是发展地方经济的重要因素，有责任保证融资平台贷款的按期偿还。为了保证平台贷款的按期偿还，在目前经济发展的新常态下，可以根据行业的风险形式，建立贷款偿债准备金，要求政府每年将贷款偿还安排进政府预算支出并取得人大同意，在银行设立偿债准备金专户，将财政资金定期拨入偿债资金专户。也可以每年在预算收入中安排一定规模的资金，从已经建立或拥有的防范化解金融风险的准备金、政府及其所属部门或机构的专项基金中提取。在偿债高峰期，可以考虑通过出售、转让部分国有资产偿还融资平台贷款。

(资料来源：党海丽.银行化解地方政府融资平台风险分析.金融时报，2015.3, http://bank.hexun.com)

# 本 章 小 结

项目成功兴建的决定因素之一是总资金和分年所需资金能否得到足够的、持续的供应，只有项目总投资的数量、币种及投入时序与项目建设进度和投资使用计划相匹配，才能确保项目建设和运营顺利进行。融资方案与项目经济分析密切相关，融资方案确定项目资本金和项目债务资金的数额是进行融资后资本金盈利能力分析、项目清偿能力分析、项目财务生存能力分析的基础数据，而融资后财务分析结论，又是比选、确定融资方案的依据。本章主要介绍项目融资方案的内容，包括融资主体与融资方式、项目资金来源及筹措、国内国外债务筹资、PPP 模式、融资成本分析。通过对本章内容的学习，使读者掌握项目融资方案必备的要点及计算方法。

# 自 测 题

## 一、选择题

1. 利息预提税是主权国家对外国资金的一种管理方式，其税率通常为贷款利息的( )。

 A. 5%～10%       B. 5%～20%

 C. 10%～20%      D. 10%～30%

2. 我国经国家批准的第一个 BOT 试点项目是( )。

 A. 重庆地铁项目      B. 深圳沙角 B 电厂项目

 C. 北京京通高速公路项目   D. 广西来宾 B 电厂项目

3. 已知流动资产总额为 800 万元，流动比率为 2∶1，速动比率为 1∶1，则速动资产总额为( )。

 A. 800 万元       B. 400 万元

 C. 200 万元       D. 1600 万元

4. ( )被称为结构性融资模式。

 A. 杠杆租赁融资模式    B. ABS 融资模式

 C. 产品支付模式      D. BOT 模式

5. 下列属于 TOT 项目融资方式的是( )。

 A. 以一条高速公路 20 年的经营权为抵押发行债券筹集资金建设该条高速公路

 B. 将一条已修建好的公路的经营权拍卖筹集资金建设其他基础设施

C. 私人部门修建基础设施向公共部门收费补偿其投资

D. 修建一条公路，并将这条公路 50 年的经营权交给投资者

## 二、判断题

(　　) 1. 任命项目融资顾问属于融资决策阶段。

(　　) 2. 在 BOT 项目融资中出现的以政府特许权形式提供的担保属于意向性担保。

(　　) 3. 在项目的试生产期，贷款银团的经理人主要职责有确认项目是否达到融资文件规定的有关标准。

(　　) 4. 项目债务覆盖率的合理取值范围是 1.0~1.5。

## 三、简答题

1. 简述项目融资的特点。

2. 简述项目融资中风险评价指标。

3. BOT 融资模式有哪些具体形式？简述其各自的特点。

## 四、案例分析

广东省深圳沙角火力发电厂 B 处(简称深圳沙角 B 电厂)于 1984 年签署合资协议，1986 年完成融资安排并动工兴建，1988 年建成投入使用。项目总投资为 42 亿港元，被认为是中国最早的一个有限追索的项目融资案例。深圳沙角 B 电厂的融资安排是我国企业在国际市场举借外债开始走向成熟的一个标志。在亚洲发展中国家中，尽管有许多国家不断提出要采用 BOT 融资模式兴建基础设施，但是在实际应用中却因为这样或那样的问题无法解决而搁置。截至 1991 年，真正成功地采用 BOT 模式兴建的电厂只有两家——深圳沙角 B 电厂和菲律宾马尼拉拿渥它电厂。粤方为深圳特区电力开发公司(A 方)，港方是一家在香港注册专门为该项目成立的公司——合力电力有限公司(B 方)，项目合作期为 10 年。在合作期内，B 方负责安排提供项目的全部外汇资金，组织项目建设，并且负责经营电厂 10 年作为回报，B 方获得在扣除经营成本、煤炭成本和支付给 A 方的管理费之后 100%的项目收益。

合作期满时，B 方将深圳沙角 B 电厂的资产所有权和控制权无偿地转让给 A 方，退出该项目。

由 A 方提供项目使用的土地、工厂的操作人员以及为项目安排优惠的税收政策，为项目提供一个具有"供货或付款"性质的煤炭供应协议，为项目提供一个具有"提货或付款"性质的电力购买协议，为 B 方提供一个具有资金缺额担保性质的贷款协议，同意在一定的条件下，如果项目支出大于项目收入，则为 B 方提供一定数额的贷款。

深圳沙角 B 电厂的资金结构包括股本资金、从属性贷款和项目贷款 3 种形式。B 方为项目安排了一个有限追索的项目融资结构。首先，B 方与以日本三井公司等几个主要日本公司组成的电厂设备供应和工程承包财团谈判，获得了一个固定价格的"交钥匙"合同。项目主要风险即完工风险被转移出去了。其次，融资结构中使用了日本政府进出口银行的出口信贷作为债务资金的主要来源，用于支持日本公司在项目中的设备出口。再次，A 方对项目的主要承诺是电力购买协议和煤炭供应协议，以及广东省国际信托投资公司对 A 方的承诺担保。最后，在 A 方与 B 方之间，对于项目现金流量中的外汇问题也做出了适

当的安排。对于 B 方的利润收入部分的汇率风险由双方共同分担，30%由 A 方承担，70%由 B 方承担。

融资模式中的信用保证机构：①A 方的电力购买协议；②A 方的煤炭供应协议；③广东省国际信托公司为 A 方的电力购买协议和煤炭供应协议所提供的担保；④广东省政府为上述 3 项安排所出具的支持信；⑤设备供应及工程承包财团所提供的"交钥匙"工程承包合同，以及为其提供担保的银行所安排的工程履行担保；⑥中国人民保险公司安排的项目保险。

项目的合作协议及其商业合约具备了明显的政府特许权合约的性质。

(1) BOT 模式中的建设，经营一方必须是一个有电力工业背景，具有一定资金力量，并且能够被银行、金融界接受的公司。

(2) 项目必须有一个具有法律保障的电力购买合约作为支持。

(3) 项目必须要有一个长期的燃料供应协议。

(4) 根据提供电力购买协议和燃料供应协议的机构的财务状况和背景，有时项目贷款银行会要求更高一级机构提供某种形式的财务担保。

(5) 与项目有关的基础设施的安排，必须要在项目文件中作出明确的规定。

(6) 与项目有关的政府批准，必须在项目动工之前得到政府有关部门的批准。

请问：

(1) B 方为项目安排的有限追索的项目融资结构是怎样的？

(2) 该融资模式中的信用保证机构是什么？

(3) 该案例给我们的启示是什么？

# 第七章　项目财务分析

**【学习要点及目标】**

通过对本章内容的学习，熟悉财务评价的概念、目的、内容、程序；掌握财务评价的内容、基本财务报表与评价指标的对应关系；掌握建设投资和流动资金的估算方法；熟悉建设项目经济分析中的计算期；熟悉负债比例与财务杠杆；掌握生产经营期利息的计算；了解财务评价中的税前和税后分析以及评价报表中的价格；了解通货膨胀对财务评价的影响和考虑通货膨胀的财务评价方法；掌握完整项目财务评价。

**【关键概念】**

财务评价的内容　基本财务报表　建设投资流动资金估算　负债比例与财务风险　建设期利息和生产经营期利息

**【引导案例】**

越龙公司流动资产由速动资产和存货构成，年初存货为 145 万元，年初应收账款为 125 万元，年末流动比率为 300%，年末速动比率为 150%，存货周转率为 4 次，年末流动资产余额为 270 万元。一年按 360 天计算。

试求：

(1) 计算该公司流动负债年末余额。

(2) 计算该公司存货年末余额和年平均余额。

(3) 计算该公司本年主营业务成本。

(4) 假定本年赊销净额为 960 万元，应收账款以外的其他速动资产忽略不计，计算该公司应收账款周转天数。

**解：**

(1) 流动负债年末余额=270÷300%=90(万元)

(2) 存货年末余额=270-90×150%=135(万元)

存货年平均余额=(145+135)÷2=140(万元)

(3) 本年主营业务成本=140×4=560(万元)

(4) 账款年末余额=270-135=135(万元)

应收账款平均余额=(135+125)÷2=130(万元)

应收账款周转天数=130×360÷960=48.75(天)

# 第一节　财务分析概述

## 一、财务分析的定义与必要性

### 1. 财务分析的定义

财务分析是在国家现行财税制度和市场价格体系下，站在企业或项目的立场，计算财务分析指标，考察拟建项目的盈利能力、清偿能力和财务生存能力，据以判断项目的财务可行性的经济管理活动，它可以帮助投资者明确项目对财务主体的价值以及对投资者的贡献，为投资决策、融资决策及银行审贷提供依据。

### 2. 财务分析的必要性

(1) 衡量经营性项目的盈利能力。我国实行企业(项目)法人责任制后，企业法人要对建设项目的筹划、筹资、建设直至生产经营、归还贷款或债券本息以及资产的保值、增值实行全过程负责，承担投资风险。为了防范投资风险，提高投资回报水平，需要进行项目财务分析。

(2) 衡量非经营性项目的财务生存能力。对于非经营性项目，如公益性项目和基础性项目，在经过有关部门批准的情况下，可以实行还本付息价格或微利价格。在这类项目决策中，为了权衡项目在多大程度上要由国家或地方财政给予必要的支持，如进行政策性的补贴或实行减免税等经济优惠措施，同样需要进行财务分析。

(3) 合营项目谈判签约的重要依据。合同条款是合资项目和合作项目双方协作的首要前提，而合同的正式签订是以财务分析为基础的，实际上合同条款的谈判过程就是财务分析的过程。

(4) 项目资金规划的重要依据。建设项目的投资规模、资金的可能来源、用款计划的安排和筹资方案的选择都是财务分析要解决的问题。为了保证项目所需资金按时提供到位，投资者(国家、地方或企业)、项目经营者和贷款部门都要知道拟建项目的投资金额，并据此安排资金计划和国家预算。

## 二、财务分析的基本步骤

财务分析主要是利用有关基础数据，通过财务分析报表，计算财务分析指标。财务分析的一般步骤如下。

### 1. 财务分析前的准备工作

(1) 熟悉拟建项目的基本情况，收集整理有关基础数据资料。主要包括可行性研究阶段财务分析前的工作成果；项目的类型和性质；在现行财税法规范围内项目能享受的优惠等。

(2) 估算项目财务效益和费用。编制财务分析辅助报表，包括：建设投资估算表，流动资金估算表，建设进度计划表，固定资产折旧费估算表，无形资产及递延资产摊销费估算表，资金使用计划与资金筹措表，销售收入、销售税金及附加和增值税估算表，总成本费用估算表等。

### 2. 进行融资前分析

财务分析可分为融资前分析和融资后分析，分别满足投资决策和融资决策的需要。一般宜先进行融资前分析，在融资前分析结论满足要求的情况下，初步设定融资方案，再进行融资后分析。在项目的初期研究阶段，如项目建议书阶段，可只进行融资前分析。

融资前分析属项目决策中的投资决策，是不考虑债务融资条件下的财务分析，重在考察项目净现金流量的价值是否大于其投资成本。由于未考虑资金来源，融资前分析只进行盈利能力分析。融资前分析的基本步骤如下：

(1) 估算建设投资、营业收入、经营成本和流动资金。

(2) 编制项目投资现金流量表，计算项目投资内部收益率、净现值和项目静态投资回收期等指标。

(3) 如果分析结果表明项目效益符合要求，再考虑融资方案，继续进行融资后分析。

(4) 如果分析结果不能满足要求，可通过修改方案设计完善项目方案，必要时甚至可据此做出放弃项目的建议。

### 3. 进行融资后分析

融资后分析属项目决策中的融资决策，是以设定的融资方案为基础进行的财务分析，重在考察项目资金筹措方案能否满足要求。融资后分析包括盈利能力分析、偿债能力分析和财务生存能力分析。融资后分析的基本步骤如下。

(1) 在融资前分析结论满足要求的情况下，初步设定融资方案。

(2) 在已有财务分析辅助报表的基础上，编制项目总投资使用计划与资金筹措表和建设期利息估算表。

(3) 编制项目资本金现金流量表，计算项目资本金财务内部收益率指标，考察项目资本金可获得的收益水平。

(4) 编制投资各方现金流量表，计算投资各方的财务内部收益率指标，考察投资各方可获得的收益水平。

## 三、财务分析报表

### 1. 现金流量表

现金流量表反映项目计算期内各年的现金收支，用以计算各项目静态和动态评价指标，进行项目财务盈利能力分析。现金流量表分为以下几种。

(1) 项目投资现金流量表。

对于新设项目法人项目，该表以项目为一个独立系统，从融资前的角度出发，不考虑投资来源，假设全部投资都是自有资金。

(2) 资本金财务现金流量表。

用于计算项目资本金财务内部收益率。该表从项目法人(或投资者整体)的角度出发，以项目资本金作为计算基础，把借款还本付息作为现金流出。

(3) 投资各方财务现金流量表。

用于计算投资各方财务内部收益率。该表分别从各个投资者的角度出发，以投资者的出资额作为计算的基础。

### 2. 损益和利润分配表

反映项目计算期内各年的营业收入、总成本费用、利润总额等情况，所得税及税后利润的分配情况，用以计算总投资收益率、项目资本金净利润等指标。

### 3. 财务计划现金流量表

反映项目计算期内各年的营业收入、融资及经营活动的资金流入和流出，用于安排资金使用计划，计算累计盈余资金，分析项目的财务生存能力。

### 4. 资产负债表

用于综合反映项目计算期内各年年末资产、负债和所有者权益的增减变化及对应关系，计算资产负债率。

### 5. 借款偿还计划表

用于反映项目计算期内各年借款的使用、还本付息以及偿债资金来源，计算借款偿还期或者偿债备付率、利息备付率等指标。

计算财务评价指标，进行财务评价分析，如图 7-1 所示。

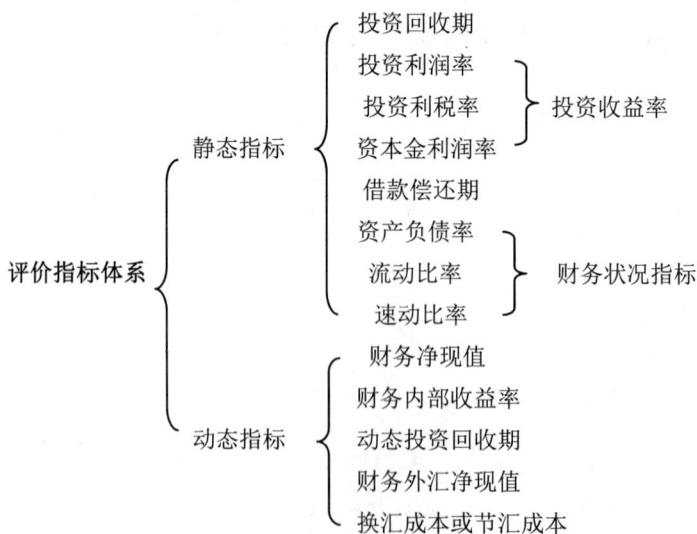

图 7-1 评价指标体系

财务评价的内容、基本财务报表与评价指标的对应关系，如表 7-1 所示。

表 7-1　财务分析报表与财务分析指标的关系

| 评价内容 | 基本报表 | 静态指标 | 动态指标 |
|---|---|---|---|
| 盈利能力分析 | 项目财务现金流量表 | 静态投资回收期 | 项目财务内部收益率<br>项目财务净现值<br>项目动态投资回收期 |
| | 项目资本金财务现金流量表 | — | 资本金财务内部收益率 |
| | 投资各方财务现金流量表 | — | 投资各方财务内部收益率 |
| | 利润和利润分配表 | 投资利润率<br>投资利税率<br>项目资本金利润率 | — |
| 清偿能力分析 | 资产负债表<br>建设期利息估算及还本付息计划表 | 借款偿还期<br>偿债备付率<br>利息备付率 | — |
| 财务生存能力 | 财务计划现金流量表 | 累计盈余资金 | |

# 阅读资料

## 瑞士央行乔丹：若有必要或使用资产负债表干预汇市

　　瑞士央行行长乔丹称，如有必要，央行准备使用资产负债表影响汇市，以压低瑞士法郎汇率；理事祖布鲁克今天称，尽管瑞士法郎汇率强劲，但央行目前政策对于当前经济环境是适当的。

　　FX168 讯瑞士央行行长乔丹周四(6 月 18 日)称，如有必要，央行准备使用资产负债表影响汇市，以压低瑞士法郎汇率。

　　乔丹指出，"如果未来我们断定使用资产负债表有益处，而且也有必要，并可以影响货币政策环境，我们会毫不犹豫去做。"

　　由于干预汇市以削弱瑞士法郎汇率，瑞士央行的资产负债表大幅膨胀，该行称资产负债表规模扩张是 2015 年 1 月放弃瑞士法郎汇率上限的一个原因。

　　"即便在当前瑞士法郎明显被高估的情况下，我们认为经济增长和通胀率预估仍与 3 月时的一样，因此当前没有(影响环境的)迫切需要。"祖布鲁克在记者会上表示。

　　不过祖布鲁克暗示，如果希腊与其债权人的谈判产生不利结果的情况下，瑞士央行将会可能会干预(货币政策环境)。

　　"希腊将是一种假设情况，取决于最终结果如何，(若出现假设情况)，我们将需要确保货币环境对于瑞士经济而言依然适当。"祖布鲁克说。

　　他并未详述瑞士央行计划对希腊问题作何应对，只表示瑞士央行正在密切关注形势的发展。

　　(资料来源：robot. 瑞士央行乔丹：若有必要或使用资产负债表干预汇市.FX168 财经网，2015.6，
http://finance.ifeng.com)

# 第二节　财务效益和费用估算

财务效益和费用估算是财务分析的重要基础，其估算的准确性与可靠程度将直接影响着财务分析结论。

## 一、财务效益和费用的估算步骤

财务效益和费用的估算步骤应该与财务分析的步骤相匹配，分融资前分析和融资后分析两个阶段，如图 7-2 所示。

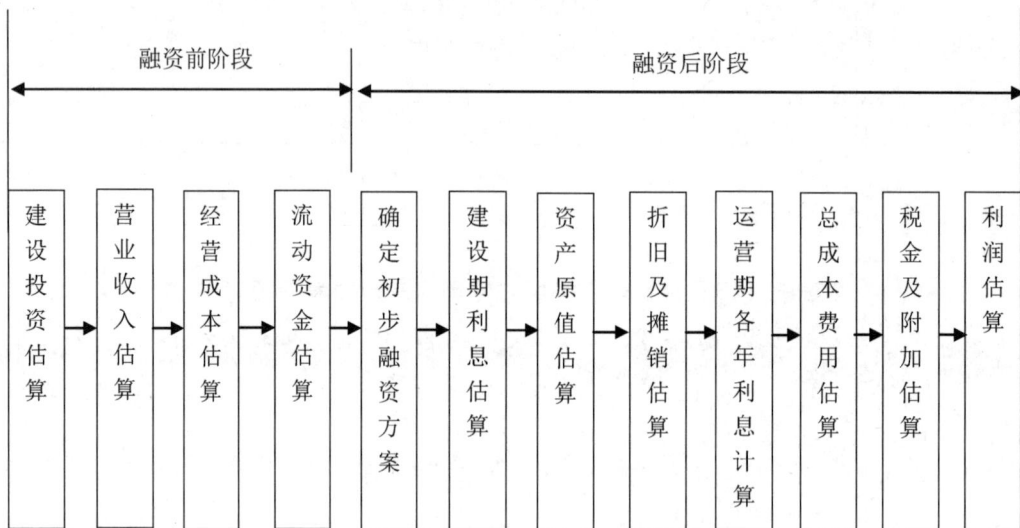

图 7-2　财务效益和费用估算步骤框图

## 二、建设投资的构成及估算

### (一) 建筑投资概略估计方法

概略估算是指根据实际经验和历史资料，对建设投资进行综合估算。这类方法精确度不是很高，但适合在建设投资中毛估或初估阶段采用。建设投资典型的概略估算方法有生产规模指数法、资金周转率法、分项比例估算法和单元指标估算法。

#### 1. 生产规模指数法

生产规模指数是利用已建成项目的建设投资额或其他设备投资额，估算同类而不同生产规模项目的建设投资或其他设备投资的方法，估算数学式为

$$C_2 = C_1 \left( \frac{x_2}{x_1} \right)^n \times C_f \tag{7-1}$$

式中：$C_2$ 为拟建项目的建设投资额；$C_1$ 为已建同类型项目的建设投资额；$x_2$ 为拟建项目

的生产规模；$x_1$ 为已建同类型项目的生产规模；$C_f$ 为价格调整系数；$n$ 为生产规模指数。

该法中生产规模指数 $n$ 是一个关键因素，不同行业、性质、工艺流程、建设水平、生产率水平的项目，应取不同的指数值。选取 $n$ 值的原则是：靠增加设备、装置的数量，以及靠增大生产场所扩大生产规模时，$n$ 取 $0.8 \sim 1.0$；靠提高设备、装置的功能和效率扩大生产规模时，$n$ 取 $0.6 \sim 0.7$。另外，拟估投资项目生产能力与已建同类项目生产能力的比值应有一定的限制范围，一般这一比值不能超过 50 倍，而在 10 倍以内效果较好。

### 2. 资金周转率法

这是一种国际上普遍使用的方法，它是从资金周转的定义出发推算出建设投资的一种方法。

当资金周转率为已知时，则

$$C = \frac{QP}{T} \tag{7-2}$$

式中：$C$ 为拟建项目建设投资；$Q$ 为产品年产量；$P$ 为产品单价；$T$ 为资金周转率，即

$$T = \frac{年销售总额}{建设投资}$$

该法概念简单明了，方便易行，但不同性质的工厂或生产不同产品的车间，资金周转率都不同，要提高投资估算的精确度，必须要做好相关的基础工作。

### 3. 分项比例估算法

分项比例估算法是拟建项目的设备费为基数，根据已建成的同类项目的建筑安装工程费和其他费用等占设备价值的百分比，求出相应的建筑安装工程费及其他有关费用，其总和即是拟建项目建设投资，其计算式为

$$C = E(1 + f_1 P_1 + f_2 P_2 + f_3 P_3) + I \tag{7-3}$$

式中：$C$ 为拟建项目的建设投资；$E$ 为根据设备清单按现行价格计算的设备费(包括运杂费)的总和；$P_1$、$P_2$、$P_3$ 为已建成项目中的建筑、安装及其他工程费用分别占设备费的百分比；$f_1$、$f_2$、$f_3$ 为由于时间因素引起的定额、价格、费用标准等变化的综合调整系数；$I$ 为拟建项目的其他费用。

【小贴士】式(7-3)中各个部分的系数及指数都是通过对大量的统计数据进行处理得出的。

### 4. 单元指标估算法

(1) 民用建筑项目总单元指标估算法，有

$$项目建设投资额 = 民用建筑功能 \times 单元指标 \times 物价浮动指数 \tag{7-4}$$

(2) 工业建筑项目总单元指标估算法，有

$$项目建设投资额 = 生产能力 \times 单元指标 \times 物价浮动指数 \tag{7-5}$$

单元指标是指每个估算单位的建设投资额。例如，饭店单位客房投资指标、医院每个床位投资指标、钢铁厂每吨钢投资指标、民用建筑单位面积或单位体积投资指标等。

【小贴士】在使用单元指标估算法时，要注意以下 3 点。

① 指标是否包括管理费、试车费以及工程的其他各项费用。

② 产量少、规模小的工程，指标可适当调增；反之指标可适当调减。

③ 当拟建项目的结构、建筑与指标局部不相符时，应对指标进行适当的修正。

## (二) 建筑投资构成及其估算

项目评价中总投资是指项目建设和投入运营所需要的全部投资，为建设投资、建设期利息和全部流动资金之和。可见，建设投资项目总投资的重要组成部分，是财务分析中的重要基础数据。建设投资构成及与项目总投资的关系如图 7-3 所示。

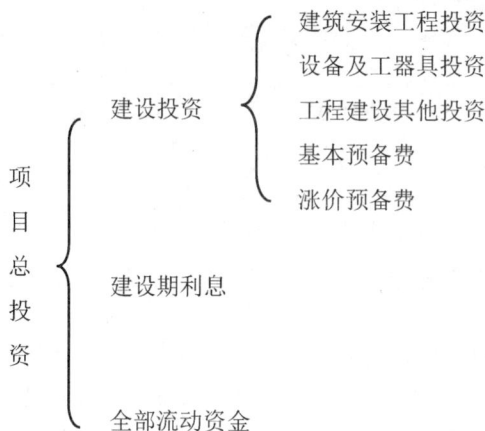

图 7-3　项目总投资构成

【小贴士】新建项目的总投资由固定投资(fixed investment)总额和项目建成投产后所需的流动资金(working capital)两大部分组成。按照国家控制投资规模的要求，流动资金总额的 30%算作项目的铺底流动资金，则项目总投资是固定投资总额与铺底流动资金之和。

建筑工程投资估算一般采用以下方法。

(1) 单位建筑工程投资估算法。

此方法是以单位建筑工程量投资乘以建筑工程总量计算建筑工程投资。一般工业与民用建筑以单位建筑面积($m^2$)的投资、工业窑炉砌筑以单位容积($m^3$)的投资、水库以水坝单位长度(m)的投资、铁路路基以单位长度(km)的投资、矿山掘进以单位长度(m)的投资、乘以相应的建筑工程总量计算建筑工程费。

(2) 概算指标投资估算法。

对于没有上述估算指标且建筑工程费占总投资比例较大的项目，可采用概算指标估算法。采用这些估算法，应占有较为详细的基础数据和工程资料。

建筑工程费估算一般应编制建筑工程费用估算表，如表 7-2 所示。

普通高校经济管理类立体化教材·基础课系列

表 7-2 小型水电工程建筑工程费用估算表

| 序号 | 工程或费用 | 单位 | 数量 | 单价/元 | 合价/万元 |
|---|---|---|---|---|---|
| 1 | 覆盖层开挖 | $m^3$ | 1 550 | 16.87 | 2.61 |
| 2 | 石方明挖 | $m^3$ | 9 469 | 38.61 | 36.56 |
| 3 | 灌浆平洞石方 | $m^3$ | 684 | 203.32 | 13.91 |
| 4 | 土石回填 | $m^3$ | 2 500 | 24.24 | 6.06 |
| 5 | 混凝土 | $m^3$ | 10 595 | 341.18 | 361.48 |
| 6 | 倒垂孔 | m | 20 | 1 509.92 | 3.02 |
| 7 | 帷幕灌浆 | m | 551 | 483.95 | 26.67 |
| 8 | 钢筋 | t | 104 | 5 077.35 | 52.80 |
| 9 | 其他工程 | $m^3$ | 10 595 | 10.70 | 11.34 |
| 合计 | | | | | 514.45 |

## 1. 建筑安装工程投资及其估算

建筑安装工程投资由建筑工程费和安装工程费两部分组成。其特点是必须通过兴工动料、追加活劳动才能实现。建筑安装工程投资的构成如图 7-4 所示。

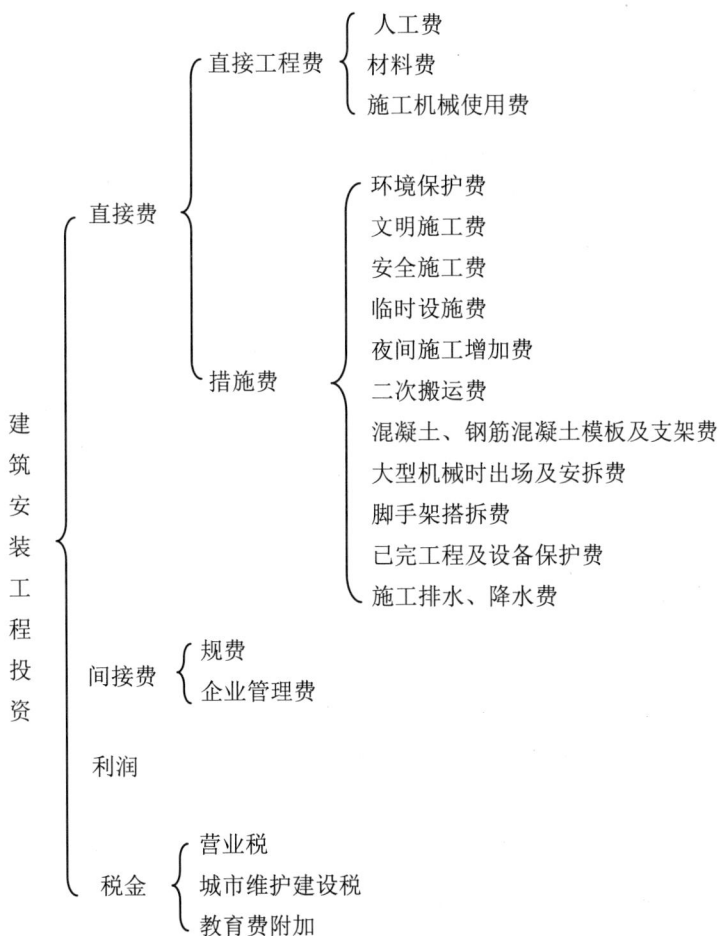

图 7-4 建筑安装工程费构成

建筑安装工程估算：

安装工程费包括各种机电设备装配和安装工程费用；与设备相连的工作台、梯子及其安装工程费用；附属于被安装设备的管线敷设工程费用；安装设备的绝缘、保温、防腐等工程费用；单体试运转和联动无负荷试运转费用等。

安装工程费按行业或专业机构发布的安装工程定额，取费标准和指标估算安装工程费。具体计算可按安装费率、每吨设备安装费或者每单位安装实物工程量的费用估算，即

$$安装工程费 = 设备原价 \times 安装费率 \tag{7-6a}$$
$$安装工程费 = 设备吨位 \times 每吨安装费 \tag{7-6b}$$
$$安装工程费 = 安装工程实物量 \times 安装费用标准 \tag{7-6c}$$

### 2. 设备及工器具投资及其估算

设备及工器具投资是指按照项目设计文件要求，经济主体购置或自制达到固定资产标准的设备和新、扩建项目配置的首套工器具及生产工具所需的投资，如图 7-5 所示。其中，设备原价系指国产标准设备、非标准设备和进口设备的原价；设备运杂费系指设备供销部门手续费、设备原价中未包括的包装和包装材料费、运输费、装卸费、采购费及仓库保管费之和。如果设备是由设备成套公司供应的，成套公司的服务费也应计入设备运杂费中。在生产性项目中，设备工具投资可称为"积极投资"，它占项目投资费用比例的提高，标志着技术的进步和生产部门有机构成的提高。

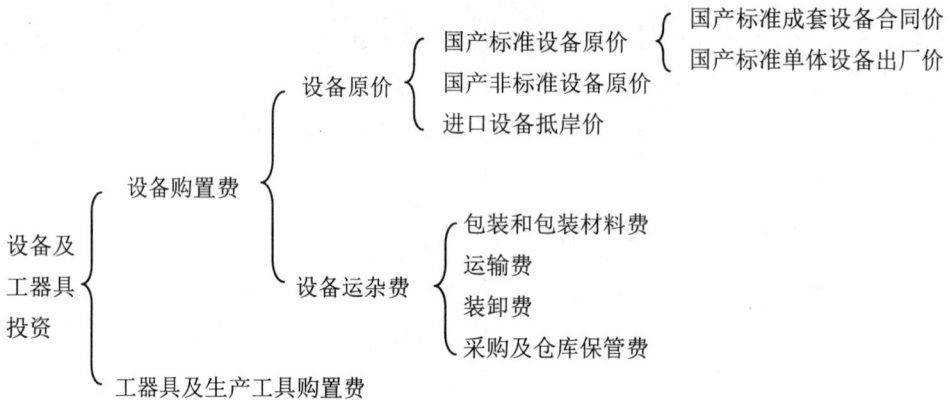

图 7-5　设备及工器具投资的构成

设备购买费(含工具及生产家全购置费)估算：

设备购置费估算应根据项目主要设备表及价格、费用资料编制。工器具及生产工具购置费一般按占设备费的一定比例计取。

对于价值高的设备应按单台(套)估算购置费；对于价值较低的设备可按类估算。国内设备和进口设备的购置费应分别估算。

1) 国产标准设备原价

国产标准设备原价一般指的是设备制造厂的交货价，即出厂价。设备的出厂价分为两种情况：①带有备件的出厂价；②不带备件的出厂价。

2) 非标准设备原价

非标准设备原价有多种计价方法，如成本计算法、系列设备插入估价法、分部组合估价法、定额估价法等。按成本计算估价法，非标准设备的原价由以下各项组成。

① 材料费。

$$材料费 = 材料净重 \times (1 + 加工损耗系数) \times 每吨材料综合价 \qquad (7\text{-}7)$$

② 加工费：包括生产工人工资和工资附加费、燃料动力费、设备折旧费、车间经费等。

$$加工费 = 设备总重量(t) \times 设备每吨加工费 \qquad (7\text{-}8)$$

③ 辅助材料费：包括焊条、焊丝、氧气、氮气、油漆、电石等。

④ 专用工具费：按①～③项之和乘以一定百分比计算。

⑤ 废品损失费：按①～④项之和乘以一定百分比计算。

⑥ 外购配套件费：按设备设计图纸所列的外购配套件的名称、型号、规格、数量、重量，根据相应的价格加运杂费计算。

⑦ 包装费：按以上①～⑥项之和乘以一定百分比计算。

⑧ 利润：可按①～⑥项之和乘以一定利润率计算。

⑨ 税金。主要指增值税。

$$增值税 = 当期销项税额 \times 进项税额 \qquad (7\text{-}9)$$

$$当期销项税额 = 销售额 \times 适用增值税率 \qquad (7\text{-}10)$$

⑩ 非标准设备设计费。按国家规定的设计费收费标准计算。

因此，单台非标准设备原价为

单台非标准设备原价 = {[(材料费 + 加工费 + 辅助材料费) × (1 + 专用工具费率)

× (1 + 废品损失费率) + 外购配套件费]

× (1 + 包装费率) − 外购配套件费}

× (1 + 利润率) + 增值税

+ 非标准设备设计费 + 外购配套件费 $\qquad (7\text{-}11)$

3) 国内设备购置费

国内设备购置费为设备原价加运杂费。设备运杂费(运输费、装卸费、供销手续费和仓库保管费等)一般按运杂费率和设备出厂价的百分比计算。

$$设备运杂费 = 设备原价 \times 运杂费率 \qquad (7\text{-}12)$$

4) 进口设备购置费

进口设备购置费由进口设备货价、进口从属费用及国内运杂费组成。进口设备货价按交货地点和方式的不同，分为离岸价(FOB)和到岸价(CIF)两种。如果采用 FOB 价格，进口从属费用包括国外运费、国外运输保险费、进口关税、进口环节消费税、增值税、外贸手续费、银行财务费和海关监管手续费。

进口设备到岸价与离岸价的关系为

$$进口设备到岸价(CIF) = 离岸价(FOB) + 国外运费 + 国外运输保险费 \qquad (7\text{-}13)$$

其中：

$$国际运费 = 离岸价(FOB) \times 运费率 或 国际运费$$
$$= 单位运价 \times 运量国外运输保险费$$
$$= (离岸价 + 国际运费) \times 国外运输保险费率 \div$$
$$(1 - 国外运输保险费率) \tag{7-14}$$

式中：运费率或单位运价参照有关部门或进出口公司的规定执行；保险费率按照保险公司规定的进口货物保险费率计算。

进口设备的其他几项从属费用计算式为

$$进口关税 = 进口设备到岸价 \times 人民币外汇牌价 \times 进口关税率 \tag{7-15}$$
$$消费税 = (到岸价 + 进口关锐) \times 消费税率 \div (1 - 消费税率) \tag{7-16}$$
$$进口环节增值税 = 进口设备到岸价 \times 人民币外汇牌价 \times 外贸手续费率 \tag{7-17}$$

式(7-17)中，增值税税率根据规定的税率计算，目前进口设备适用税率为 17%；外贸手续费率按国家对外贸易经济合作部规定的外贸手续费率计算，一般取 1.5%

$$银行财务费 = 进口设备到货价 \times 人民币外汇牌价 \times 海关监管手续费率 \tag{7-18}$$

式(7-18)中，银行财务费一般指中国银行手续费，银行财务费率目前为 0.4%～0.5%；海关监管手续费是指海关发生减免进口税或实行保税的进口设备实施监管和提供服务收取的手续费。全额征收关税的设备，不收取海关监管手续费。

5) 国内运杂费

国内运输方式，根据运量或者设备费用金额估算。国内运杂费通常由下面几项构成：①运费和装卸费；②包装费；③设备供销部门的手续费；④采购与仓库保管费。

设备运杂费按设备原价乘以设备运杂费率计算，其公式为

$$设备运杂费 = 设备原价 \times 设备运杂费率 \tag{7-19}$$

式中，设备运杂费率按各部门及省、市等的规定计取。

设备购置费及安装工程费用估算一般应编制相应的表格，如表 7-3 所示。

表 7-3　江宁建筑工程水轮机设备及安装工程费估算

| 序号 | 设备名称及规格 | 单位 | 数量 | 单价/元 | | 合价/万元 | |
|---|---|---|---|---|---|---|---|
| | | | | 设备费 | 安装费 | 设备费 | 安装费 |
| 1 | 水轮机 | 台 | 3 | 2 924 000.0 | | 877.20 | |
| 2 | 微机调速器 | 台 | 3 | 350 000.0 | | 105.00 | |
| 3 | 油压装置 | 台 | 3 | 85 000.0 | | 25.50 | |
| 4 | 自动化元件 | 套 | 3 | 85 000.0 | | 25.50 | |
| 5 | 透平油 | t | 57 | 7 500.0 | | 42.75 | |
| 6 | 运杂费(费率6.81%) | | | | | 73.27 | |
| 7 | 安装费(费率10.52%) | 台 | 3 | | 362 219.25 | | 108.67 |
| 合计 | | | | | | 1 149.22 | 108.67 |

普通高校经济管理类立体化教材·基础课系列

【例 7-1】江宁公司从国外进口一套机电设备，质量为 1500t，装运港船上交货价，即离岸价(FOB 价)为 400 万美元。其他有关费用参数为：国际运费标准为 360 美元/t；海上运输保险费率为 0.266%；中国银行费率为 0.5%；外贸手续费率为 1.5%；关税税率为 22%；增值税税率为 17%；当时的美元银行牌价为 8.27 元人民币，设备的国内运杂费率

为 2.5%。试对该套设备进行估价。

**解：** 根据上述各项费用的计算公式，则有

进口设备货价 = $400 \times 8.27 = 3308$(万元)

国际运费 = $360 \times 1500 \times 8.27 = 446.6$(万元)

国外运输保险费 = $(3308 + 446.6) \times 0.266\% = 10$(万元)

进口关税 = $(3308 + 446.6 + 10) \times 22\% = 828.2$(万元)

增值税 = $(3308 + 446.6 + 10 + 828.2) \times 17\% = 780.8$(万元)

银行财务费 = $3308 \times 0.5\% = 16.5$(万元)

外贸手续费 = $(3308 + 446.6 + 10) \times 1.5\% = 56.5$(万元)

进口设备原价 = $3308 + 446.6 + 10 + 828.2 + 780.8 + 16.5 + 56.5 = 5446.6$(万元)

设备估价 = $5446.6 \times (1 + 2.5\%) = 5582.8$(万元)

### 3. 工程建设其他投资与估算

工程建筑其他投资是指未纳入建筑安装、设备及工器具投资项的项目投资支付的为保证工程顺利进行而发生的各项费用总和。其中主要包括：建设单位管理费、可行性研究费、勘察设计费、场地准备及临时设施费、引进技术和引进设备其他费、工程保障费、联合试运转费、特殊设备安全监督检验费和市政工程公用设施建设及绿化费等。

工程建设其他费用按各项科目的费率或者取费标准估算。江宁水电工程建设其他费用估算表如表 7-4 所示。其中，费用内容可根据每个项目的情况进行取舍。

表 7-4　江宁水电工程建设项目其他费用估算

| 序　号 | 费用名称 | 费率或标准% | 计算依据/万元 | 合价/万元 |
|---|---|---|---|---|
| 1 | 土地费用 | | | 380.50 |
| 2 | 建设单位管理费 | 0.50 | 28 018.18 | 140.09 |
| 3 | 勘察设计费 | | | 384.29 |
| 4 | 研究试验费 | 0.50 | 28 018.18 | 140.09 |
| 5 | 建设单位临时设施费 | | | 154.00 |
| 6 | 工程建设监理费 | | | 350.00 |
| 7 | 工程保险费 | 0.50 | 33 569.00 | 167.85 |
| 8 | 施工机构迁移费 | 3.5 | 28 018.00 | 980.64 |
| 9 | 联合试运转费 | | | 3.62 |
| 10 | 生产职工培训费 | | | 335.47 |
| 11 | 办公及生活家具购置费 | | | 254.10 |
| 合计 | | | | 3 290.62 |

工程建筑其他费按其内容大体可分为 3 类：①指与土地使用有关的费用；②指与工程建设有关的其他费用；③指与未来企业生产经营有关的其他费用。

土地使用费包括：

(1) 土地征用及迁移补偿费，包括土地补偿费、安置补助费、地上附着物和青苗补偿费。

(2) 土地使用权出让金。土地使用权出让金是指建设单位为取得有限制的土地使用权，依照《中华人民共和国城镇国有土地使用权出让和转让暂行条例》，向国家支付的土地使用费。

**【例 7-2】**江宁集团为了水坝工程建设项目，需要征用耕地 100 亩，被征用前第一年平均每亩产值 1200 元，征用前第二年平均每亩产值 1100 元，征用前第三年平均每亩产值 1000 元，该单位人均耕地 2.5 亩，地上附着物共有树木 3000 棵，按照 20 元/棵补偿，青苗补偿按照 100 元/亩计取。试对该土地费用进行估价。

**解：**根据国家有关规定，取被征用前 3 年平均产值的 8 倍计算土地补偿费，则有

土地补偿费为(1200+1100+1000)×100×8/3=880 000(元)

取该耕地被征用前 3 年平均产值的 5 倍计算安置补助费，则

需要安置的农业人口数为 100/2.5=40(人)

人均安置补助为(1200+1100+1000)×2.5×5/3=13 800(元)

安置补助费为 13 800×40=552 000(元)

地上附着物补偿费为 3000×20=60 000(元)

青苗补偿费为 100×100=10 000(元)

则该土地费用估价为 880 000+552 000+60 000+10 000=1 502 000(元)。

### 4. 预备费与估算

预备费包括基本预备费和涨价预备费。基本预备费是指工程在初步设计及概算内难以预料的工程和费用，涨价预备费是指项目在建设期间由于价格等变化引起工程造价变化的预留费用。

基本预备费用以建筑工程、设备购置费、安装工程费及工程建设其他费用之和为计算基数，乘以预备费率计算，公式为

基本预备费 = (设备及工器具购置费 + 建筑安装工程费用 + 工程建设其他费用)
$$\times 基本预备费率 \tag{7-20}$$

涨价预备费以建筑工程费、安装工程费、设备购置费之和为计算基数，计算式为

$$P = \sum_{t=1}^{n} I_t \left[ (1-f)^t - 1 \right] \tag{7-21}$$

式中：$P$ 为涨价预备费；$I_t$ 为第 $t$ 年的建筑工程费、安装工程费、设备及工器具购置费之和；$f$ 为建设期价格平均上涨率；$n$ 为建设期。

**【小贴士】**建设期价格上涨指数，政府部门有规定的按规定执行，没有规定的由可行性研究人员预测。

**【例 7-3】**江宁水坝项目的静态投资为 250 000 万元，按本项目进度计划，项目建设期为 5 年，3 年的投资分年度使用比例为第一年 10%，第二年 20%，第三年 30%，第四年 30%，第五年 10%，建设期内年平均价格变动率为 6%。试估计该项目建设期的涨价预备费。

**解：**第一年投资计划用款额：$I_1 = 250\,000 \times 10\% = 25\,000$(万元)

第一年涨价预备费：

$$P_{C1} = I_1[(1+f)-1] = 25\ 000 \times [(1+6\%)-1] = 1500\,(万元)$$

第二年投资计划用款额：$I_2 = 250\ 000 \times 20\% = 50\ 000\,(万元)$

第二年涨价预备费：

$$P_{C2} = I_2[(1+f)2-1] = 50\ 000 \times [(1+6\%)^2 - 1] = 6180\,(万元)$$

第三年投资计划用款额：$I_3 = 250\ 000 \times 30\% = 75\ 000\,(万元)$

第三年涨价预备费：

$$P_{C3} = I_3[(1+f)3-1] = 75\ 000 \times [(1+6\%)^3 - 1] = 14\ 326.2\,(万元)$$

第四年投资计划用款额：$I_4 = 250\ 000 \times 30\% = 75\ 000\,(万元)$

第四年涨价预备费：

$$P_{C4} = I_4[(1+f)4-1] = 75\ 000 \times [(1+6\%)^4 - 1] = 19\ 685.8\,(万元)$$

第五年投资计划用款额：$I_5 = 250\ 000 \times 10\% = 25\ 000\,(万元)$

第五年涨价预备费：

$$P_{C5} = I_5[(1+f)5-1] = 25\ 000 \times [(1+6\%)^5 - 1] = 8455.6\,(万元)$$

所以，项目建设期的涨价预备费为

$$
\begin{aligned}
P_C &= P_{C1} + P_{C2} + P_{C3} + P_{C4} + P_{C5} \\
&= 1500 + 6180 + 14\ 326.2 + 19\ 685.8 + 8455.6 \\
&= 50\ 147.6\,(万元)
\end{aligned}
$$

## 三、营业收入的估算

营业收入是指向社会出售商品或提供劳务所取得的货币收入，是现金流量表中现金流入的主体，也是利润与利润分配表的主要科目。营业收入是财务分析的重要数据，其估算的准确性影响着项目财务效益的估计。

### 1. 营业收入的计算范围

营业收入的估算基于一项重要假定，即当期的产出(扣除自用量后)当期全部销售，简言之，产量等于销量。工业企业的主、副产品(或不同等级产品)的销售收入应全部计入营业收入；其他行业提供的不同类型服务收入也应计入营业收入。

### 2. 价格的选取

$$年营业收入 = 分年运营量 \times 商品单价 \tag{7-22}$$

从式(7-22)可以看出，营业收入是指销售产品或提供劳务的货币收入，其中产品或服务的数量价格，都与市场预测密切相关。在估算营业收入时应对市场预测的相关结果以及建设规模、产品或服务方案进行确认，特别是要保证采用价格的合理性。

### 3. 运营量的选取

分年运营量的确定可采用以下两种方法。

(1) 根据经验确定负荷率后计算确定。

按照市场预测的结果和项目具体情况，根据经验直接判定分年的负荷。判定是要考虑项目性质、技术掌握难易程度、产品的成熟度及市场的开发程度等诸多因素。

(2) 根据营销计划确定。

根据市场预测结果，结合项目性质、产品特性和市场的开发程度制定分年营销计划，进而确定各年产出数量。该方法更具有合理性，国际上多采用。

> **【小贴士】** 运营计划一般开始投产时负荷较低，以后各年逐步提高。当然，运营计划的模式也不是一成不变的。有些项目的产出寿命期较短，更新快，在快速达到一定负荷后，要在适当的年份减产，甚至适时终止生产。

## 四、经营成本的构成及估算

经营成本涉及产品生产及销售、企业管理过程中的物料、人力和能源的投入费用，它反映企业的生产和管理水平。经营成本是财务中所使用的特定概念，是项目现金流量表中运营期现金流出的主体部分，其构成和估算可采用以下公式，即

经营成本 = 外购原材料、燃料和动力费 + 工资及福利费 + 修理费 + 其他费用    (7-23)

其他费用是指从制造费用、管理费用和营业费用中扣除折旧费、摊销费、修理费、工资及福利费以后的其余部分。

经营成本与会计学中总成本费用的区别是：总成本费用系指运营期内为生产产品提供服务所发生的全部费用，等于经营成本与折旧费、摊销费和财务费用之和。而经营成本是从总成本中扣除折旧费、摊销费和财务费用以后的成本。

经营成本另一公式为

经营成本 = 总成本费用-折旧费-摊销费-财务费用(利息支出)    (7-24)

计算经营成本之所以要从总成本中剔除折旧费、摊销费和财务费用(利息支出)，主要有以下两个原因。

(1) 现金流量表反映项目在计算期内逐年发生的现金流入和流出。现金收支在何时发生就在何时计入，不做分摊，而投资在其发生的时候已作为一次性支出计入现金流出，所以不能再以折旧和摊销的方式计为现金流出，以免重复计算。作为经常性支出的经营成本中不包括折旧费和摊销费。

(2) 融资前财务分析的项目现金流量表以全部投资作为计算基础，不分投资资金来源，利息支出不作为现金流出；而融资后财务分析的资本金现金流量表和投资各方现金流量表中已将利息支出单列，因此经营成本中也不包括利息支出。可见，经营成本与融资方案无关，是融资前后财务分析的重要数据。

## 五、流动资金的构成及估算

流动资产是可以在一年内或超过一年的一个营业周期内变现或运用的资产，它是企业在生产经营中长期占用并用于周转的永久性流动资金，它是流动资产与流动负债的差额(即净流动资金)。

### 1. 流动资金的构成

流动资金的构成如图 7-6 所示。工业项目一经建成投产，流动资产就分别在生产领域和流通领域以储备资金、生产资金、产品资金、结算资金和货币资金等 5 种形态存在并周而复始地循环。

按照管理方式，流动资金可分为定额流动资金和非定额流动资金。定额流动资金包括储备资金、生产资金和产品资金，这部分资金属于企业流动资金的主要部分，应实行严格的定额管理。非定额流动资金包括结算资金和货币资金，这部分资金的需用量受多种因素的影响，且影响因素变化较大，故占用额不稳定。

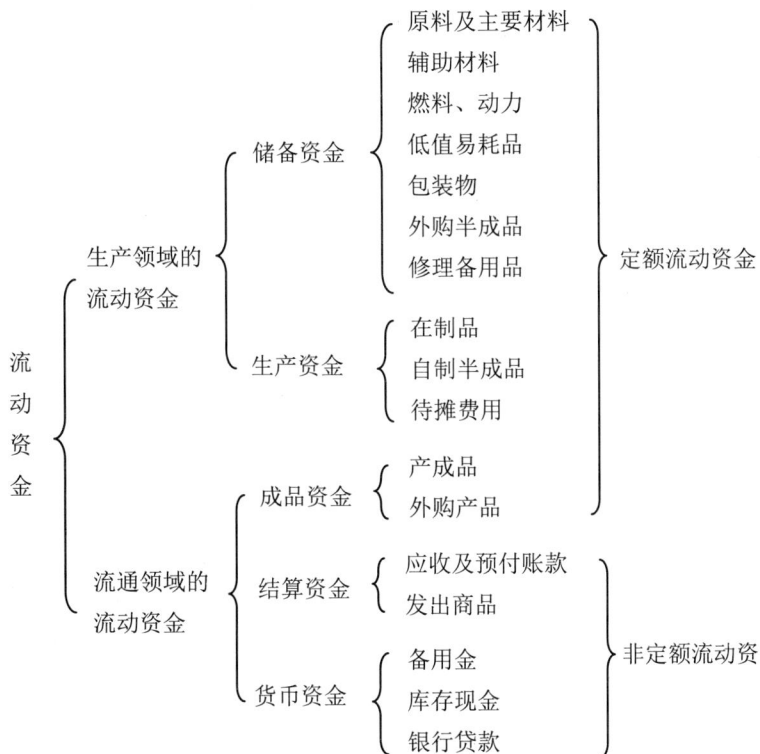

图 7-6　流动资金构成

### 2. 流动资金的估算

流动资金估算一般是参照现有同类企业的状况采用分项详细估算法，个别情况或者小型项目可采用扩大指标法。

1) 分项详细估算法。

对计算流动资金需要掌握的流动资产和流动负债这两类因素应分别进行估算。在可行性研究中，为简化计算，仅对存货、现金、应收账款、预付账款等流动资产和应付账款、预收账款等流动负债进行估算，计算公式为

$$流动资金 = 流动资产 - 流动负债 \tag{7-25}$$

$$流动资产 = 应收账款 + 预付账款 + 存货 + 现金 \tag{7-26a}$$

$$流动负债 = 应付账款 + 预收账款 \tag{7-26b}$$

$$流动资金本年增加额 = 本年流动资金 - 上年流动资金 \tag{7-26c}$$

$$应收账款 = \frac{年经营成本}{应收账款周转次数} \tag{7-26d}$$

$$预付账款 = \frac{外购商品或服务年费用金额}{预付账款周转次数} \tag{7-26e}$$

$$存货 = 外购原材料 + 外购燃料 + 其他材料 + 在产品 + 产成品 \tag{7-26f}$$

$$外购原材料 = \frac{年外购原材料}{按种类分项周转次数} \tag{7-26g}$$

$$外购原燃料 = \frac{年外购原燃料}{按种类分项周转次数} \tag{7-26h}$$

$$在产品 = \frac{(年外购原材料 + 年外购原燃料 + 年工资及福利费 + 年修理费 + 年其他制造费)}{在产品周转次数} \tag{7-26i}$$

$$产成品 = \frac{年经营成本}{产成品周转次数} \tag{7-26j}$$

$$现金需要量 = \frac{年工资及福利费 + 年其他费用}{现金周转次数} \tag{7-26k}$$

$$年其他费用 = 制造费用 + 管理费用 + 营业费用$$
$$- 以上3项费用中所含的工资及福利、拆旧费、摊销费、修理费 \tag{7-26l}$$

$$应付账款 = \frac{年外购原材料 + 年外购原燃料 + 年其他材料}{应付账款周转次数} \tag{7-26m}$$

$$预收账款 = \frac{预收的营业收入年金额}{预收账款周转次数} \tag{7-26n}$$

2) 扩大指标估算法

按建设投资的一定比例估算。例如，国外化工企业的流动资金，一般是按建设投资的15%~20%计算。

按经营成本的一定比例估算。

按年营业收入的一定比例估算。

按单位产量占用流动资金的比例估算。

流动资金一般在投产前开始筹措。在投产第一年开始按生产负荷进行安排，其借款部分按全年计算利息。流动资金利息应计入财务费用。项目计算期末回收全部流动资金。

【例 7-4】天湖一号建设项目达到设计生产能力后，每年发放的工资及福利费为 720 万元，每年其他费用为 810 万元(其中：其他年制造费用为 660 万元)；年外购原材料、燃料、动力费估算为 18 990 万元；年经营成本为 21 000 万元，年销售收入 37 000 万元，年修理费为 2500 万元，年预付账款为 700 万元，年预收账款为 1300 万元。各项流动资金最低周转天数分别为应收账款 30 天、现金 40 天、应付账款 30 天、存货 40 天、预付账款 30 天、预售账款 30 天。请用分项详细估算法估算拟建项目的流动资金。

**解：**根据上述各项计算公式，则有

(1) 流动资产计算，流动资产由应收账款、存货、现金、预付账款组成，各分项计算如下：

① 应收账款=21000÷(360÷30)=1750(万元)

② 存货。

外购原材料、燃料、动力费=18990÷(360÷40)=2110(万元)

在产品=(720+660+18990+2500)÷(360÷40)=2541.11(万元)

产成品=21000÷(360÷40)=2333.33(万元)

存货=2110+2541.11+2333.33=6984.44(万元)

③ 现金=(720+810)÷(360÷40)=170(万元)

④ 预付账款=700÷(360÷30)=58.33(万元)

(2) 流动负债计算。

① 应付账款=18990÷(360÷30)=1582.5(万元)

② 预收账款=1300÷(360÷30)=108.33(万元)

(3) 流动资金计算。

流动资产=1750+6984.44+170+58.33=8962.77(万元)

流动负债=1582.5+108.33=1690.83(万元)

流动资金=8962.77-1690.83=7271.94(万元)

## 六、建设期利息的构成及估算

### 1. 建设期利息的构成

建设期利息是指项目在建设期内因使用债务资金而支付的利息。在偿还债务资金时，这部分利息一般要资本化为建设期的借款本金，参与项目投入使用后各期的利息计算，除非建设期利息是用自有资金按期支付的。对于分期建成投产的项目，应按各期投产时间分别停止借款费用的资本化，即投产后发生的借款费用不作为建设期利息计入固定资产原值，而是作为运营期利息计入总成本费用。

建设期利息中还应包括融入债务资金时发生的手续费、承诺费、管理费、信贷保险费等融资费用。这些费用应按该债务资金的债权人的要求单独计算，并计入建设期利息。

### 2. 建设期利息的估算

在项目经济分析中，无论各种债务资金是按季还是按月计息，均可转化为按年计息，即将年名义利率或周期实际利率折算成实际利率，计算式为

$$i = \left(1 + \frac{r}{m}\right)^m + 1 \tag{7-27}$$

式中：$i$ 为实际年利率；$r$ 为名义年利率；$m$ 为每年计息次数；$r/m$ 为周期利率。

在计算建设期利息时，假定各处债务资金均在年中支用，即当年借款按半年计息，其余各年份按全年计息，计算式为

$$各年应计利息 = \left(年初借款本息累计 + \frac{本年借款率}{2}\right) \times 实际年利率 \tag{7-28}$$

采用自有资金付息时，计算式为

$$各年应计利息 = \left(年初借款本金累计 + \frac{本年借款率}{2}\right) \times 实际年利率 \qquad (7\text{-}29)$$

【例 7-5】天湖二号新建项目，建设期为 3 年，第一年贷款 300 万元，第二年 400 万元，第三年 300 万元，年利率为 5.6%。用复利法理论计算建设期借款利息。

**解**：建设期各年利息计算如下。

第一年初末的建设利息=0.5×300×5.6%=8.4(万元)

第二年初末的建设利息=(308.4+0.5×400)×5.6%=28.47(万元)

第三年初末的建设利息=(736.87+0.5×300)×5.6%=49.66(万元)

天湖二号新建项目到建设期末累计借款本利为 1086.53 万元。

## 七、资产原值的估算

根据资本保全原则，当项目建成投入经营时，项目总投资将形成固定资产、无形资产及其他资产三部分。

### 1. 固定资产原值的估算

固定资产原值是指项目投产时按规定由投资形成固定资产的部分，一般包括以下 4 个部分：

1) 工程费用

工程费用包括建筑工程费、设备购置费和安装工程费。

2) 工程建设其他费用

工程建设其他费用中应计入固定资产原值的部分，也称为固定资产其他费用。即除了按规定计入无形资产和其他资产以外的工程建设其他费用，一般包括建设单位管理费、勘察设计费、可行性研究费、环境影响评价费、场地准备及临时设施费、引进技术和引进设备其他费用、工程保险费和联合试运转费等。

3) 预备费

预备费包含基本预备费和涨价预备费，如果整个建设项目含两个以上的单项工程，预备费按各单项工程的建筑工程、安装工程、需安装设备价值总额作等比例分摊。

4) 建设期利息

如果整个建设项目含两个以上单项工程，建设期利息按各单项工程的建筑工程、安装工程、需安装设备价值总额作为等比例分摊。

### 2. 无形资产原值的估算

无形资产是指企业拥有的或者控制的没有实物形态的可辨认的非货币性资产，包括专利权、非专利技术、商标权、著作权、土地使用权和特性经营权等。其他资产原称递延资产，是指固定资产、无形资产和流动资产以外的其他资产，如长期待摊费用。

按照有关规定，无形资产从开始使用之日起，在有效使用期限内平均摊入成本。法律和合同规定了法定有效期限或者受益期限的，在有效期限从其规定；否则摊销年限应注意符合税法的要求。无形资产的摊销一般采用年限平均法，不计残值。

### 3. 其他资产原值的估算

其他费用包括其他制造费用、其他管理费用和其他营业费用 3 项，是指由制造费用、管理费用和营业费用中分别扣除工资及福利费、折旧费、摊销费、修理费后的其余部分。

【小贴士】在财务评价中 3 项费用一般采用简化估算方法。其中其他制造费用一般按固定资产原值(扣除所含建设期利息)的百分数或者按人员定额进行估算；其他管理费用采用工资及福利费总额的倍数或按人员定额估算；其他营业费用按营业收入百分数进行估算。

## 八、折旧及摊销的计算

### 1. 折旧的含义

固定资产在使用过程中会受到磨损，其价值损失通常是通过提取折旧费方式补偿。按财税制度规定，企业固定资产应当按月计提折旧，并根据用途计入相关资产的成本或者当期损益。按生产要素法估算总成本费用时，固定资产折旧费可直接列支于总成本费用。

固定资产折旧可在税法允许的范围内自行确定，一般采用直线折旧法，包括年限平均法和工作量法。我国税法也允许对某些机械设备采用快速折旧费，即双倍余额递减法和年数总和法。

### 2. 折旧的计算方法

1) 直线折旧法

(1) 平均年限法。

它假定折旧是时间而不是使用程度的函数，即决定固定资产服务能力降低的决定因素是时间的增加，而与使用频繁程度无关。因此固定资产的折旧费可以均衡地分摊于其使用寿命的各个期间。

设固定资产原值为 $P$，估计净残值为 $R$，估计使用年限为 $N$，年折旧额为 $D$，折旧率为 $d$，净残值率为 $r$，则平均年限法的计算式为

$$D = \frac{P-R}{N} = Pd \tag{7-30}$$

$$d = \frac{D}{P} = \frac{P-R}{PN} \times 100\% = \frac{P(1-r)}{PN} \times 100\% = \frac{1-r}{N} \times 100\% \tag{7-31}$$

式中：$P$ 为固定资产原值；$R$ 为估计净残值；$N$ 为估计使用年限；$d$ 为年折率；$r$ 为净残值率；$D$ 为年折旧额。

一般情况下，固定资产的预计残值率 $r$ 近似按固定资产原值的 3%～5%计算。

【小贴士】平均年限法适用条件：生产任务较为均衡的固定资产。

(2) 工作量法。

工作量法是以固定资产应折旧总额除以预计工作时间或工作量平均计算单位工作量折旧的方法。例如，价值大而又不经常使用的某些大型机器设备，可以按其完成的工作时间计算折旧；汽车等运输设备，可按其行驶里程计算折旧。

设总工作量为 $Q$，单位工作量折旧额为 $m$，某时期实际完成工作量为 $q$，其他符号含义同前，则工作量法的计算式为

$$D = qm \tag{7-32}$$

$$m = \frac{P - R}{Q} = \frac{P(1-r)}{Q} \tag{7-33}$$

【小贴士】采用工作量计算的折旧额，在各个使用年份或月份中不是等额的，单位时间折旧额的多少与工作量完成的多少相联系。这种折旧计算方法适合于各期完成工作量不均衡的固定资产。

2) 加速折旧法

加速折旧法是指在使用固定资产的初始阶段计提的折旧费较多，以后逐渐递减，使固定资产成本在使用年限内尽早得到价值补偿的折旧计算方法。加速折旧法的最大特点是提前收回投资，把握再投资的机会，减少由于无形损耗引起的资产价值损失，促使企业技术进步。

(1) 余额递减法。

余额递减法又称定率递减法，采用此方法，固定资产任一年的折旧费，应等于它上一年年末的账面价值乘以一固定的折旧率。设 $B$ 表示账面价值，其他符号含义同前，则余额递减法公式为

$$D_t = dB_{t-1} = dB_0 \times (1-d)^{t-1} \tag{7-34}$$

式中，$B_{t-1}$ 为第 $t$-1 年的账面原值，其他符号含义同前。

由于固定资产的账面价值是逐年减少的，故按式(7-34)计算出的折旧费也是递减的，各年的折旧费及账面价值如表 7-5 所示。

表 7-5　各年的折旧费及账面价值

| 年　度 | 年折旧费 $D_t$ | 年末账面价值 $B_{t-1}$ |
|---|---|---|
| 1 | $D_1 = B_0 d$ | $B_1 = B_0 - D_1 = B_0(1-d)$ |
| 2 | $D_2 = B_1 d = B_0(1-d)d$ | $B_2 = B_0 - D_1 - D_2 = B_0(1-d)^2$ |
| 3 | $D_3 = B_2 d = B_0(1-d)^2 d$ | $B_3 = B_0 - D_1 - D_2 - D_3 = B_0(1-d)^3$ |
| ⋮ | ⋮ | ⋮ |
| $t$ | $D_t = B_{t-1}d = B_0(1-d)^{t-1}d$ | $B_t = B_0 - D_1 - D_2 - \cdots - D_t = B_0(1-d)^t$ |

采用余额递减法，折旧率的大小应恰好使固定资产折旧期终了时，资产的账面价值等于其净残值，即

$$B_0(1-d)^N = R \quad d = 1 - \sqrt[N]{\frac{R}{B_0}} \tag{7-35}$$

(2) 双倍余额递减法。

双倍余额递减法是在不考虑固定资产预计残值的情况下，将固定资产的期初账面余额(原值减累计折旧)乘以一个固定不变的百分率，计算该期折旧额的一种方法。固定不变的百分率约为 2 倍的平均年限法折旧率，公式为

$$d = \frac{2}{N} \tag{7-36}$$

**【小贴士】** 如果在某一折旧年度，按双倍余额递减法计算的折旧额小于按平均年限法计算的折旧额，应改为平均年限法计提折旧。

(3) 年数总和法。

年数总和法是指在折旧期 $N$ 年内，各年年份数的累计之和，公式为

$$1 + 2 + 3 + \cdots + (N-1) + N = \frac{N(N+1)}{2}$$

使用年数总和折旧法，固定资产在任一年的折旧费 $D_t$ 等于其原值减去净残值后的余额，乘以逐年递减的年折旧额，公式为

$$D_t = (P - R) \cdot \frac{N - (t-1)}{N(N+1)/2} \tag{7-37}$$

相应年末的账面价值为

$$B_t = P - \sum_{j=1}^{t} (P - R) \cdot \frac{N - (j-1)}{N(N+1)/2} \tag{7-38}$$

加速折旧法日渐受到各方重视主要是因为其具有平均折旧法不具备的优点：第一，该方法计算的早期折旧费高于后期折旧费，这和固定资产早期生产能力比后期大，早期营业收入也比后期多相吻合，符合收入成本配比原则；第二，随着固定资产的使用，后期的修理维护费要比前期多，采用加速折旧法，早期折旧费用比后期多，可以使固定资产的成本费用在其整个使用期内比较平衡。

**【例 7-6】** 设固定资产原值为 2000 万元，综合折旧年限为 4 年，净残值率 8%。试分别按年限平均法、双倍余额递减法和年数总和法计算折旧。

**解：** (1) 按年限平均。

年折旧率=(1-8%)÷4=23%

各年折旧额=2000×23%=460(万元)

(2) 按双倍余额递减法。

年折旧率=2÷4×100%=50%

第 1 年折旧额=2000×50%=1000(万元)

第 2 年折旧额=(2000-1000)×40%=400(万元)

第 3、4 年折旧额=(2000-1000-400)-(2000×8%)=220(万元)

(3) 年数总和法。

第 1 年折旧率=(4-0)÷[4×(4+1)÷2]=40%

第 1 年折旧额=(2000-2000×8%)×40%=736(万元)

第 2 年折旧率=(4-1)÷[4×(4+1)÷2]=30%

第 2 年折旧额=(2000-2000×8%)×30%=552(万元)

第 3 年折旧率=(4-2)÷[4×(4+1)÷2]=20%

第 3 年折旧额=(2000-2000×8%)×20%=368(万元)

第 4 年折旧率=(4-3)÷[4×(4+1)÷2]=10%

第 4 年折旧额=(2000-2000×8%)×10%=184(万元)

【小贴士】估算人员应当分析判断无形资产的使用寿命，使用寿命有限的无形资产应进行摊销，而使用寿命不确定的无形资产不应摊销。例如，一些商标权、非专利技术等使用寿命不确定的无形资产，随着时间的推移，实际价值可能不变甚至增加，如果也进行摊销，使得账面价值一直减少直至为零，此时账面价值显然不能反映无形资产的真正价值，无形资产和其他资产摊销一般采用平均年限法，不计残值。

## 九、运营期各年利息的估算

运营期借款利息支出包括长期借款利息、流动资金借款利息和短期借款利息。

### 1. 长期借款利息

长期借款利息是指未支付的建设期间借款本息累计应在生产期支付的利息，建设投资借款的利息计算方式与建设投资借款的还本付息方式密切相关，其计算方法有等额利息法、等额本金法、等额摊还法、一次性偿付法、量入偿付法。

1) 等额利息法

每期付息额相等，期中不还本金，最后一期归还本期利息和本金。

$$I_t = L_a i \quad t = 1, 2, \cdots, n$$
$$CP_t = \begin{cases} 0 & t = 1, 2, \cdots, n-1 \\ L_a & t = n \end{cases} \tag{7-39}$$

式中：$I_t$ 为第 $t$ 期付息额；$CP_t$ 为第 $t$ 期还本额；$n$ 为贷款期限；$i$ 为借款利率；$L_a$ 为借款总额。

2) 等额本金法

每期偿还相等的本金和相应的利息。

3) 等额摊还法

每期偿还本利相等。

4) 一次性偿付法

最后一次偿还本利。

5) 量入偿付法

根据项目的盈利大小，任意偿还本利，到期末全部还清本息。

在以上建设投资借款的还本付息方式中，最常见的是量入偿付法。对于量入偿付法，建设投资借款在生产期发生的利息的计算式为

$$每年支付利息 = 年初借款余额 × 年利率 \tag{7-40}$$

为简化计算，还款当年按年末偿还，全年计息。

### 2. 流动资金借款和短期借款利息估算

流动资金和短期借款的利息计算式同式(7-40)，只不过其利息分别计入流动资金借款利息和短期借款利息。项目评价中的流动资金借款从本质上来说应归类为长期借款，流动资金借款利息计算式为

$$流动资金借款利息 = 年初流动资金借款余额 × 流动资金借款年利率 \tag{7-41}$$

短期借款利息的计算与流动资金借款利息计算相同。

# 十、总成本费用的构成及估算

## 1. 总成本费用的构成

总成本费用是指在运营期内为生产产品或提供服务所发生的全部费用，等于经营成本与折旧费、摊销费和财务费用之和。

## 2. 总成本费用的估算

总成本费用可按以下两种方法估算。

1) 生产成本加期间费用估算

$$总成本费用 = 生产成本 + 期间费用 \tag{7-42}$$

其中：

$$生产成本 = 直接材料费 + 直接燃料和动力费 +$$
$$+ 直接工资 + 其他直接支出 + 制造费用 \tag{7-42a}$$

制造费用是指企业为生产产品和提供劳务而发生的各项间接费用，包括生产单位管理人员工资及福利费(计件工资除外)、折旧费、摊销费、修理费、办公费、水电费、机物消耗、劳动保护费、季节性和修理期间的停止损失等。

$$期间费用 = 管理费 + 营业费用 + 财务费用 \tag{7-42b}$$

管理费用是指企业行政管理部门为管理和组织生产经营活动发生的各项费用，包括公司经费(工厂总部管理人员工资、职工福利费、差旅费、办公费、折旧费、修理费、物料消耗、低值易耗品摊销以及公司其他经费)、工会经费、职工教育经费、劳动保险费、董事会费、咨询费、顾问费、交际应酬费、税金(指企业按规定支付的房产税、车船使用税、土地使用税和印花税等)、土地使用费(或海域使用费)、技术转让费、无形资产摊销、开办费摊销、研究发展费以及其他管理费用。

营业费用是指企业在销售产品、自制半成品和提供劳务等过程中发生的各项费用以及专设销售机构的各项经费，包括应由企业负担的运输费、装卸费、包装费、保险费、委托代销费、广告费、展览费、租赁费(不包括融资租赁费)和销售服务费、销售部门人员工资、职工福利费、差旅费、办公费、折旧费、修理费、物料消耗、低值易耗品摊销以及公司其他经费。

财务费用是指企业为筹集资金而发生的各项费用，包括运营期间的利息净支出、汇兑净损失、调剂外汇手续费、金融机构手续费以及筹资过程中发生的其他财务费用等。

2) 生产要素估算法

$$总成本费用 = 外购原材料、燃料动力费 + 人工工资及福利费 + 修理费 + 折旧费$$
$$+ 摊销费 + 财务费用(利息支出) + 其他费用 \tag{7-42c}$$

式中，其他费用同经营成本中的其他费用。

## 3. 固定成本和变动成本

总成本费用可以分解为不随产量变动的固定成本和随产量变动的可变成本。

固定成本一般包括折旧费、摊销费、修理费、工资及福利费(计件工资除外)和其他费用等，通常把运营期发生的全部利息也作为固定成本。

可变动成本主要包括外购原材料、燃料及动力费和计件工资等。

总成本费用中的有些成本属于半可变成本，必要时可进一步分解为固定成本和变动成本。项目财务评价时可简化处理。

## 十一、财务税金及附加的估算

财务评价涉及的税金主要包括增值税、营业税、消费税、城市维护建设税、关税、资源税、土地增值税、教育费附加、企业所得税等，有些行业还涉及土地增值税。财务评价时应说明税种、征税方式、计税依据、税率等，如有减免应当说明减免依据及减免方式。不同项目涉及的税金种类和税率可能各不相同，要依据项目的具体情况选择适宜的税种和税率。

### 1. 增值税

增值税是对我国境内销售货物、进口货物以及加工、修理修配劳务的单位和个人，就其取得的货物销售额、进口货物金额、应税劳务额计算税额，并实行税款抵扣制的一种流转税。

财务评价中计算增值税应符合税法计算规定。当采用含增值税价格计算销售收入和原材料、燃料动力成本时，利润和利润分配表以及现金流量表中应单列增值税科目，采用不含增值税价格计算时，利润和利润分配表以及现金流量表中不包含增值税科目。

### 2. 营业税

营业税是对我国境内从事交通运输业、建筑业、金融保险业、邮电通信业、文化体育业、娱乐业、服务业或有偿转让无形资产、销售不动产行为的单位和个人，就其营业额所征收的一种税。营业税税率在 3%～20%之间，应纳税额的计算式为

$$应纳税额 = 营业额 \times 适用税率 \tag{7-43}$$

一般情况下，营业额为纳税人提供应税劳务、转让无形资产、销售不动产时向对方收取的全部价款和价外费用。

### 3. 消费税

消费税是对工业企业生产、委托加工和进口的部分应税消费品按差别税率或税额征收的一种税。消费税是在普遍征收增值税的基础上，根据消费政策、产业政策的要求，有选择地对部分消费品征收的一种特殊税种。目前，我国的消费税设有 11 个税目，13 个子目。消费税的税率有从价定率和从量定额两种，其中，黄酒、啤酒、汽油、柴油产品采用从量定额计征的方法；其他消费品均为从价定率计税，税率从 3%～45%不等。

### 4. 城市建设维护税、教育费附加

城市建设维护税和教育费附加是以流转税(包括增值税、营业税和消费税等)为计税基数征收的一种税。城市建设维护税按纳税人所在地区实行差别税率，项目所在地为市区、县城及镇、乡村的税率分别为 7%、5%、1%。教育费附加征收税率为 3%。

应纳税额计算式为

$$应纳税额 = (增值税 + 消费税 + 营业税)的实纳税额 \times 适用税率 \tag{7-44a}$$

### 5. 关税

关税是以出口税货物为纳税对象的税种。财务评价中涉及应税货物的进出口时，应按规定计算。引进技术、设备材料的关税体现在投资估算中，而进口原材料的关税体体现在成本中。

### 6. 资源税

资源税是国家对开采特定矿产品或者生成盐的单位和个人征收的税种，通常按矿产的产量计算。实质上，它是对因资源生成开发条件的差异而客观形成的级差收入征收的。资源税的征收范围包括以下几个。

1) 矿产品

矿产品包括原油、天然气、煤炭、金属矿产品和其他非金属矿产品。

2) 盐

盐包括固体盐、液体盐。

资源税的应纳税额，按照应税产品的课税数量和规定的单位税额计算，应纳税额的计算式为

$$应纳税额 = 应税产品的课税数量 \times 单位税额 \tag{7-44b}$$

【小贴士】课税数量是指纳税人开采或者生产应税产品用于销售的，以销售数量为课税数量；纳税人开采或者生产应税产品自用的，以自用数量为课税数量。

### 7. 土地增值税

土地增值税是按转让房产取得的增值税额征收的税种。房地产项目应按规定计算土地增值税。

### 8. 教育费附加

教育附加费是为了加快地方教育事业的发展，扩大地方教育经费的来源而征收的一种附加费。根据有关规定，凡缴纳消费税、增值税、营业税的单位和个人，都是教育费附加的缴纳人。教育费附加随消费税、增值税、营业税同时缴纳。教育费附加的计征依据的是各缴纳人实际缴纳的消费税、增值税、营业税的税额，征收率为3%，其计算式为

$$应纳教育附加费额 = (消费税 + 增值税 + 营业税)的实纳税额 \times 3\% \tag{7-45}$$

### 9. 企业所得税

企业所得税是针对企业应纳税所得额征收的税种。纳税人每一纳税年度的收入总额减去准予扣除项目的余额为应纳税所得额；纳税人发生年度亏损的，可用下一纳税年度的所得弥补，下一纳税年度所得不足弥补的可以逐年延续弥补，但是延续弥补期最长不得超过5年。企业所得税计算式为

$$所得税应纳税额 = 应纳税所得额 \times 25\% \tag{7-46}$$

在项目技术经济分析中，一般是按照利润总额作为企业所得，乘以25%税率计算所得税，计算式为

$$所得税应纳税额 = 利润总额 \times 25\% \qquad (7\text{-}47)$$

## 十二、利润的估算

利润是企业经营所追求的目标，体现企业在一定时期内的经营成果。

企业运营后所获得的销售收入扣除总成本费用后的盈余部分为企业纯收入(或称盈利)，纯收入中的一部分由国家以税收方式无偿征收，作为国家的财政收入，另一部分留给企业作为企业化积金(含公益金)、投资者利润、未分配利润。

根据分析的需要，企业利润可分为营业利润、实现利润(利润总额)和税后利润 3 个层次。

$$营业利润 = 销售收入 - 成本费用 - 营业税金及附加 - 增值税 \qquad (7\text{-}48)$$
$$实现利润 = 营业利润 + 投资净收益 + 营业外收支净额 \qquad (7\text{-}49)$$
$$税后利润 = 实现利润 - 所得税 \qquad (7\text{-}50)$$

营业收入、成本和税金的关系如图 7-7 所示。

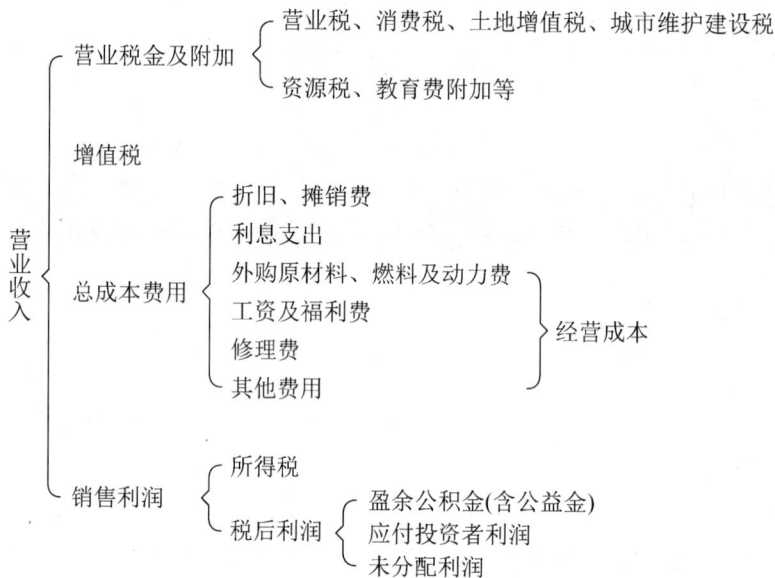

图 7-7　营业收入、成本和税金的关系

## 阅读资料

### 深圳地税共免征营业税及附加税费 8300 万元

自 2013 年 8 月 1 日起，国家对小微企业中月销售额、营业额不超过 2 万元的增值税和营业税纳税人，暂免征收增值税和营业税。据深圳市地税局统计，此项政策实施一年来，我市每月平均有 1.58 万户地税控管纳税人享受到这一优惠，一年来共免征营业税、城建税、教育费附加等税费 8300 万元。

由于该项优惠政策关系到广大小微企业的切身利益，为让纳税人能够更加方便快捷地享受优惠，深圳市地税局优化了税收征管系统，简化了纳税人的办理手续，确保政策及时高效落地。

深圳地税推出了营业税及附加税费改按月征收为按季征收政策，凡是符合条件的小微企业可按季申报缴纳营业税及其附加税费。值得一提的是，纳税人无须专门办理营业税减免税手续，只要在深圳地税申报系统每月申报的营业额不超过 2 万元或者季申报营业额不超过 6 万元，系统将会自动不扣缴其营业税，纳税人可自动享受营业税减免优惠。

（资料来源：马琳. 深圳地税共免征营业税及附加税费 8300 万元. 深圳报业集团系列报刊，2014.8，http://jb.sznews.com）

# 第三节　项目财务分析的若干问题

## 一、负债比例与财务杠杆

负债比例是指项目所使用的债务资金与资本金的数量比率。财务杠杆是指负债比例对资本收益率的放大作用。不同来源的资金所需付出的代价是不同的，因此，项目资本金收益率不仅与项目收益率有关，也与负债比例密切相关。所以有必要对负债比例加以分析。

在有负债的情况下，全部资金的投资效果与资本金的投资效果是不同的。拿总投资收益率指标来说，项目总投资收益率一般不等于借款利率，这两种利率差额后果将被资本金所承担，从而使资本金利润上升或下降。

设项目总投资为 $K$，资本金为 $K_0$，借款为 $K_L$，项目总投资收益率为 $R$，借款利率为 $R_L$，资本金利润率为 $R_0$，由资本金利润率公式可得

$$K = K_0 + K_L$$

$$R_0 = \frac{(KR - K_L R_L)}{K_0} = \frac{(K_0 + K_L)R - K_L R_L}{K_0}$$

$$= R + \frac{K_L}{K_0} \cdot (R - R_L) \tag{7-51}$$

由式(7-51)可知，当 $R > R_L$ 时，$R_0 > R$；当 $R < R_L$ 时，$R_0 < R$。资本金利润率与总投资收益率的差别被负债比例所放大，这种放大效应就称为财务杠杆效应。

【例 7-7】唐门一品工程有 3 种方案，总投资收益率 $R$ 分别为 6%、10%、15%，借款利率为 10%。试比较负债比例分别为 0、1 和 4 时的资本金利润率。

**解：** 利用式(7-51)，将计算结果列于表 7-6 中。

表 7-6　不同负债比例下的资本金利润率

| 资本金利润率 $R_0$　负债比例　方案 | $\frac{K_L}{K_0} = 0$ | $\frac{K_L}{K_0} = 1$ | $\frac{K_L}{K_0} = 4$ |
|---|---|---|---|
| 方案 A($R$=6%) | 6% | 2% | −10% |
| 方案 B($R$=10%) | 10% | 10% | 10% |
| 方案 C($R$=6%) | 15% | 20% | 35% |

方案 A，$R < R_L$，负债比率越大，$R_0$ 越低，甚至为负值。

方案 B，$R = R_L$，不随负债比例改变。

方案 C，$R > R_L$，负债比率越大，$R_0$ 越高。

由此可以看出负债比例的放大作用。

假设投资在 100 万～500 万元的范围内，上述 3 种方案的总投资收益率不变，借款利息率为 10%，若唐门集团拥有资本金 100 万元，现在来分析该企业在以上 3 种情况下如何选择负债比例。

对于方案 A，如果总投资等于资本金 100 万元，则项目的获利就是投资者的获利，为每年利润 6 万元；如果资本金和借款各为 100 万元，则可得总利润 12 万元，在借款偿还之前，要付利息 10 万元，投资者获利 2 万元；如果除资本金 100 万元以外，项目又借款 400 万元，则项目总利润为 30 万元，每年应付利息 40 万元，投资者亏损 10 万元，显然，在这种情况下，项目不宜借款，借得越多，损失越多。

对于方案 B，借款多少对投资者的利润都没有影响。

对于方案 C，如果仅用资本金 100 万元作项目总投资，项目的获利就是投资者的获利，为 15 万元；如果除资本金外，项目又借款 100 万元，则在偿付利息后，投资者可获利 20 万元；如果项目除资本金外借款 400 万元，在付利息后投资者可获利达 35 万元，在这种情况下，项目有借款比无借款有利，且负债比例越大越有利。

可见，选择不同的负债比例对投资者的收益会产生很大的影响。

## 二、所得税前分析与所得税后分析

在融资前针对建设项目投资总获利能力进行的财务评价中，通常有两种基本的分析形式：一种是企业所得税前分析(简称税前分析)；另一种是企业所得税后分析(简称税后分析)。所得税前和所得税后分析的现金流入完全相同，但现金流出略有不同，所得税前分析将所得税作为现金流出，所得税后分析视所得税为现金流出。

项目投资息税前财务内部收益率(FIRR)和项目投资息税前财务净现值(FNPV)，是投资盈利能力的完整体现，用以考察由项目方案设计本身所决定的财务盈利能力，它不受融资方案和所得税政策变化的影响，仅体现项目方案本身的合理性。所得税前指标特别适用于建设方案设计中的方案比选，是初步投资决策的主要指标，用于考察项目是否基本可行，是否值得去为之融资。在国外，公共项目、政府所属的公司和特殊免税的非盈利项目，一般也只进行所得税前分析。

为了体现与融资方案无关的要求，项目投资现金流量表中的基础数据都需要剔除运营期利息的影响。因此项目投资现金流量表中的"所得税"应根据利润与利润分配表中的息税前利润(EBIT)乘以所得税率计算，称为"调整所得税"。

所得税后分析是所得税前分析的延伸，主要用于在融资条件下判断项目投资对企业价值的贡献，是企业投资经营性项目决策依据的主要指标。另外，当各个方案的折旧方法具有显著差别以及其减免税优惠条件不同时，更需进行税后分析。

有时决定是进行所得税前分析还是所得税后分析，主要取决于财务基准收益率是所得税前确定的还是所得税后确定的。

## 三、基本财务报表中的价格

目前，我国实行以增值税为基础的流转税制，增值税实行价外计税的形式。

$$不含税价格=\frac{含税价格}{1+增值税率} \tag{7-52a}$$

$$不含税销售额=\frac{含税销售额}{1+增值税率} \tag{7-52b}$$

如果项目成本计算中剔除了增值税的因素，则项目成本不受增值额的影响，同时，产品销售额如果也不含增值税，则增值税与现金流入量之间就不再存在彼此消长的联系。无论税赋如何变化，对项目利润均不会产生影响，增值税是由最终消费者负担，并不增加项目的实际负担。

按投入物和产出物的价格中是否包括增值税，基本报表可归纳为含增值税和不含增值税两种处理方法。直接涉及增值税的基本报表有利润与利润分配表和现金流量表。下面通过一个项目日常生产年份的利润与利润分配表和现金流量说明基本报表的两种处理方法及结果。

(1) 利润与利润分配表，按含增值税与不含增值税计算，如表 7-7 所示。

表 7-7　利润与利润分配表　　　　　　　　　（单位：万元）

| 序　号 | 项　目 | 按不含增值税计算 | 按含增值税计算 |
|---|---|---|---|
| 1 | 营业收入 | 10 000 | 10 000 |
| 2 | 销项增值税额 |  | 1700 |
| 3 | 增值税(2-7) |  | 1400 |
| 4 | 城市维护建设税(税率 7%) | 98 | 98 |
| 5 | 教育费附加(税率 3%) | 42 | 42 |
| 6 | 总成本费用 | 3000 | 3000 |
| 7 | 进项增值税额 |  | 300 |
| 8 | 利润总额(1+2-3-4-5-6-7) | 6860 | 6860 |
| 9 | 所得税 | 1715 | 1715 |
| 10 | 净利润 | 5145 | 5145 |

(2) 项目财务现金流量表，仅考虑经营期的现金流量，按含增值税与不含增值税计算，如表 7-8 所示。

表 7-8　项目财务现金流量表　　　　　　　　（单位：万元）

| 序　号 | 项　目 | 按不含增值税计算 | 按含增值税计算 |
|---|---|---|---|
| 1 | 现金流入 | 10 000 | 11 700 |
| 1.1 | 营业收入 | 10 000 | 10 000 |
| 1.2 | 销项增值税额 |  | 1 700 |
| 2 | 现金流出 | 5 275.6 | 6 975.6 |
| 2.1 | 经营成本 | 2 850 | 2 850 |

| 序　号 | 项　目 | 按不含增值税计算 | 按含增值税计算 |
|---|---|---|---|
| 2.2 | 进项增值税额 | | 300 |
| 2.3 | 增值税 | | 1 400 |
| 2.4 | 城市维护建设税(税率 7%) | 98 | 98 |
| 2.5 | 教育费附加(税率 3%) | 42 | 42 |
| 2.6 | 调整所得税 | 2 285.6 | 2 285.6 |
| 3 | 净现金流量 | 4 724.4 | 4 724.4 |

从上面的比较可以看出，两种方法的计算结果完全相同。相比之下，含税计算方法的优点是：如实地反映了增值税通过价格附加的形式全部转嫁给产品用户的过程。从财务分析的主要功能来看，不含增值税计算方法的优点是：简单、方便，有助于指标的计算。一般来说，为了真实反映项目的清偿能力和盈利能力，项目投资估算应采用含增值税价格，包括建设投资、流动资金和运营期内的维持运营投资。在项目运营期内，为与企业实际财务报表数字相匹配，投入与产出采用的价格统一采用不含增值税价格。

# 四、通货膨胀与项目财务分析

通货膨胀(inflation)是指物价水平的持续、普遍提高。它使货币贬值、购买力降低。和通货膨胀相对的是通货萎缩(deflation)，它会使货币的购买力提高。通货膨胀引起不同商品和劳务的价格升降幅度不同，变化的时间也不一样，所以，对通货膨胀的度量是困难的，通常是以各种物价指数的变化情况来衡量其大小。主要的物价指数有消费品价格指数(CPI)和生产资料物价指数(PPI)等。价格指数的增长率，基本反映了通货膨胀率的大小。

通货膨胀对项目财务分析的影响表现为以下 4 个方面。

### 1. 财务分析数据

1) 建设投资

建设投资是以基期的价格水平为依据来估算的。在几年的建设中，由于存在通货膨胀，实际的投资额高于基期的建设投资。为了使投资不留缺口，通常的做法是，在通货膨胀率不高的情况下，结合投资构成中的基本预备费一并考虑；在通货膨胀率较高的情况下，除去基本预备费外，再加一项专门应付通货膨胀的涨价预备费。

2) 投入物价格

通货膨胀会使产品市场价格(时价)持续升高，从而直接影响营业收入的大小。

3) 产出物价格

通货膨胀对原材料、辅助材料、燃料动力等价格都产生影响，从而直接影响产品的成本估算。

### 2. 借款利率

设 $f$ 表示通货膨胀率，由于 $f$ 的介入，利率可分为浮动利率 $i_m$ 和实际利率 $i_r$。浮动利率是指不剔除通货膨胀等因素的影响的利率，即银行执行的利率。实际利率是指人们预期价格不变时所要求的利率，即扣除通货膨胀后的利率。$f$、$i_m$、$i_r$ 之的关系可以推导如下。

由

$$i_{\mathrm{m}} = (1+i_{\mathrm{r}})(1-f)-1 \tag{7-53}$$

得

$$i_{\mathrm{r}} = \frac{1+i_{\mathrm{m}}}{1+f}-1$$

$$i_{\mathrm{r}} = i_{\mathrm{m}} - f - i_{\mathrm{r}}f \tag{7-54}$$

式中：$f$ 为通货膨胀；$i_{\mathrm{m}}$ 为浮动利率；$i_{\mathrm{r}}$ 为实际利率。

当 $i_{\mathrm{r}}f$ 很小时，可以忽略利息购买力的贬值，式(7-54)可简化为

$$i_{\mathrm{r}} = i_{\mathrm{m}} - f \tag{7-55}$$

**【例 7-8】** 康荣公司有一笔 100 万元的借款，期限为 1 年，浮动利率为 10%，通货膨胀为 5%。试求实际利率。

**解：**(1) 较为精确的方法。

$$i_{\mathrm{r}} = \frac{1+i_{\mathrm{m}}}{1+f}-1 = \frac{1+10\%}{1+5\%}-1 = 4.76\%$$

(2) 较为粗略的方法。

$$i_{\mathrm{r}} = 10\% - 5\% = 5\%$$

从上述计算公式中可以看出，$i_{\mathrm{r}}$ 不外乎 3 种情况。

第一，当 $i_{\mathrm{r}} > 0$ 时，即 $i_{\mathrm{m}} > f$，为正值，则银行借款除回收本金外，还可得到利率为 $i_{\mathrm{r}}$ 的利息。

第二，当 $i_{\mathrm{r}} = 0$ 时，即 $i_{\mathrm{m}} = f$，为正值，则银行借款只能回收本金，利息为零。

第三，当 $i_{\mathrm{r}} < 0$ 时，即 $i_{\mathrm{m}} < f$，为正值，则银行借款不仅得不到利息，而且要亏本。

### 3. 项目财务盈利能力分析

1) 所得税税前分析

当项目净现金流量在计算期内各年受相同通货膨胀影响时，有通货膨胀和无通货膨胀两种情况下的所得税税前财务内部收益率的实际值是相同的。由于通货膨胀的影响，税前内部收益率的实际值($\mathrm{IRR_r}$)将低于其浮动值($\mathrm{IRR_m}$)。二者的换算公式为

$$\mathrm{IRR_r} = \frac{1+\mathrm{IRR_m}}{1+f}-1 \tag{7-56}$$

$$\mathrm{IRR_r} = \mathrm{IRR_m} - f - \mathrm{IRR_r}f \tag{7-57}$$

或

$$\mathrm{IRR_r} = \mathrm{IRR_m} - f \tag{7-58}$$

显然，以上公式与实际利率和浮动利率的换算公式完全相同。

2) 所得税税后分析

在有、无通货膨胀两种情况下的所得税税后内部收益率的实际值是不相同的。这是因为虽然未来的收益将因通货膨胀而增加，但是各年的折旧费却是一个固定值，并不因通货膨胀而增加。因此，应纳税所得额和所得税额将因通货膨胀而增加，从而使各年税后净现金流减少，进而税后内部收益率降低。通货膨胀率越高，税后内部收益率的实际值越小。有、无通货膨胀的内部收益率的关系可通过某实例体现出来，其对照表如表 7-9 所示。

表7-9　税前、税后内部收益率比较表

| 情　况 | 税前内部收益率/% | | 税后内部收益率/% | |
|---|---|---|---|---|
| | 名义值 | 实际值 | 名义值 | 实际值 |
| 无通货膨胀($f$=0) | 11.99 | 11.99 | 8.24 | 8.24 |
| 有通货膨胀 | | | | |
| ① $f$=6% | 18.71 | 11.99 | 12.78 | 6.4 |
| ② $f$=12% | 25.43 | 11.99 | 17.61 | 5.01 |

#### 4. 考虑通货膨胀的财务评价方法

##### 1) 不变价格法

该方法采用基期不变价格，投入物和产出物都不考虑通货膨胀率。优点是：在经济稳定通货膨胀率较小时，可以获得较可靠的评价数据，且简单易行；缺点是在通货膨胀率较高情况下，按不变价格计算的各项收支金额，不能满足项目在建设期用款计划。

##### 2) 建设期时价法

该方法最常用，只考虑建设期的通货膨胀因素，以基期数据为基础，投入物和产出物考虑通货膨胀因素到建设期末，但不考虑生产期各种因素的通货膨胀因素。该方法仅考虑到建设期价格变动，其通货膨胀率较好预测。缺点是通货膨胀因素考虑得不够全面。

##### 3) 简单时价法

该方法是在考虑建设期通货膨胀的基础上再进一步考虑生产期的通货膨胀因素。优点是克服了前两种方法的不足。缺点是整个计算期的通货膨胀率不好预测。

【小贴士】进行偿债能力分析时，如预测计算期内可能存在较为严重的通货膨胀，应在整个计算期采用包括通货膨胀影响的变动价格计算偿债能力指标，以反映通货膨胀因素对清偿能力的影响。

【例7-9】华晨制衣厂新建项目财务效益分析实例。

华晨公司拟建一个年产1.2万件滑雪衫的小型制衣厂，设计建设期为两年，投产期为两年，正常生产期为10年。调查、设计的数据材料如表7-10至表7-12所示。

表7-10　投资基建表

| 时间/年 | 建设期 | | 投产期 | | 达到生产能力生产期 | | | | |
|---|---|---|---|---|---|---|---|---|---|
| | 1 | 2 | 3 | 4 | 5 | 6 | … | 13 | 14 |
| 基建投资投入/% | 40 | 60 | | | | | … | | |
| 流动资金投入/% | | | 80 | 20 | | | … | | |
| 生产负荷/% | | | 80 | 100 | 100 | 100 | … | 100 | 100 |

表7-11　设备与工程表

| 序　号 | 设备与工程名称 | 单　位 | 数　量 | 单价/元 |
|---|---|---|---|---|
| 1 | 2kW 缝纫机(备用1台) | 台 | 20 | 400 |
| 2 | 2kW 裁剪机 | 台 | 1 | 300 |

| 序　号 | 设备与工程名称 | 单　位 | 数　量 | 单价/元 |
|:---:|:---:|:---:|:---:|:---:|
| 3 | 人货两用汽车 | 辆 | 1 | 25 000 |
| 4 | 蒸汽发生机 | 台 | 1 | 600 |
| 5 | 厂房 | m$^2$ | 240 | 90 |
| 6 | 库房 | m$^2$ | 60 | 500 |
| 7 | 行政办公房 | m$^2$ | 50 | 700 |
| 8 | 宿舍 | m$^2$ | 750 | 700 |
| 9 | 土石方 | m$^3$ | 800 | 15 |

表 7-12　原材料表

| 序　号 | 原材料名称 | 单　位 | 数　量 | 单价/元 |
|:---:|:---:|:---:|:---:|:---:|
| 1 | 尼龙绸面 | m | 2.33 | 2.4 |
| 2 | 尼龙绸里 | m | 2.00 | 1.8 |
| 3 | 腈纶丝棉 | kg | 0.3 | 10.0 |
| 4 | 拉链 | 条 | 1 | 2.0 |

注：原材料运杂费为6%。

根据同类型企业的实际资料分析，$K_2$ 为 30%，$K_3$ 为 50%；流动资金占销售收入的 25%。固定资产形成率为 94%，固定资产期末净残值为：设备 20%，建筑工程 40%，其余 10%。直接生产工人定员为 20 人，年工作日为 300 天，每天工作 7 小时，平均月工资为 220 元，附加工资率为 11%。电价为 0.2 元/度，每件滑雪衫售价为 45 元，销售税金费率 10%。流动资金为公司自有资金；固定资产投资自有资金占 50%，50% 向银行贷款，年利率 3.6%，在建设期第 2 年支用，投产后用全部折旧和利润首先还贷。目标收益率取 10%。

试计算和分析评价该项目是否合理、可行？

**解：** 财务数据估算与效益评价。

1) 总投资估算

(1) 固定资产投资估算。

① 设备投资。

主要设备 = 33 900 元

$K_A$ = 33 900×1.2 = 40 680(元)

② 建筑工程投资。

建筑工程 = 818 000 元

③ 安装工程及主要材料费用投资。

$K_2$ = 0.3

④ 其他投资。

$K_3$ = 0.5

⑤ 固定资产投资。

$$K_C^1 = \left[ K_A (1 + K_1 + K_2 + K_3) \right] \times 1.15$$
$$= [40\ 680 \times (1 + 0.3 + 0.5) + 818\ 000] \times 1.15$$
$$= 46\ 782 + 14\ 035 + 23\ 391 + 940\ 700$$
$$= 1024\ 908(元)$$
$$= 102.5(万元)$$

其中第一年投入 41 万元(占 40%)、第二年投入 61.5 万元(占 60%)。

$$涨价预备费 = I_t \left[ (1 + f)^{m+t-1} - 1 \right]$$
$$= 41 \times \left[ (1 + 8\%)^{1+1-1} - 1 \right] + 61.5 \times \left[ (1 + 8\%)^{1+2-1} - 1 \right]$$
$$= 3.28 + 10.21$$
$$= 13.49(万元)$$

则固定资产投资为

$$K_C = K_C^1 + 涨价预备费$$
$$= 102.5 + 13.49$$
$$= 115.99$$
$$= 116(万元)$$

其中第一年投入 44.3 万元(41+3.28),第二年投入 71.7 万元(61.5+10.21)。

固定资产投资借款为 58 万元(占固定资产投资的 50%),在第二年一次投入使用。

(2) 流动资金估算。

$$流动资金 = 年产量 \times 单价 \times 25\%$$
$$= 12\ 000 \times 45 \times 25\%$$
$$= 135\ 000(元)$$

即 13.5 万元。

其中第三年投入 10.8 万元(占 80%),第四年投入 2.7 万元(占 20%)。

(3) 建设期借款利息计算。

$$第2年应计利息 = (年初借款累计 + 本年借款支用 / 2) \times 年利率$$
$$= (0 + 58 / 2) \times 3.6\%$$
$$= 1.04(万元)$$

所以建设期借款利息为 1.04 万元。

(4) 总投资($K$)。

$$K = 116 + 13.5 + 1.04 = 130.54(万元)$$

即项目总投资为 130.54 万元。

2) 财务基础数据估算

(1) 产品成本费用的估算。

先估算单位产品成本,后估算年总成本。

① 原材料及主要材料费用($C_1$)。

依给出的数据计算得 $C_1$=15.05 元

② 辅助材料费用($C_2$)。

$$C_2 = C_1 \times 12\% = 15.05 \times 12\% = 1.81(元)$$

③ 直接生产工人工资费用($C_3$)。

工人工资实行月薪制，属于固定成本，不同产量的单位产品成本不同。第三年为投产年，生产负荷为 80%，即年产量为 $12000 \times 80\% = 9600$(件)，所以第三年的单位产品成本 $C_{33}$ 为

$$C_{33}=(220 \times 20 \times 12/9600)(1+11\%)=6.11(元)$$

正常年份的成本：

$$C_3=(220 \times 20 \times 12/12000)(1+11\%)=4.88(元)$$

④ 燃料动力费用($C_4$)。

装机容量 $= (19+1) \times 2\text{kW} = 40\text{kW}$，每天工作 7 小时，电机效率系数取 0.8，每年开工 300 天，则每天产量：

第三年 $Q_3=12000 \times 80\%/300=32$(件)

正常年份 $Q =12000/300=40$(件)

则单位产品的电耗：

第三年 $E_3=40 \times 7 \times 0.8/32=7$(度)

正常年份 $E=40 \times 7 \times 0.8/40=5.6$(度)

已知电费单价为 0.2 元/度，所以，各年单位产品电费为

第三年 $C_{43}=7 \times 0.2=1.4$(元)

正常年份 $C_4=5.6 \times 0.2=1.12$(元)

⑤ 车间经费($C_5$)。

第三年 $C_3=(C_1+C_2+C_{33}+C_{43}) \times 20\%=4.87$(元)

正常年份 $C=(C_1+C_2+C_3+C_4) \times 20\%=4.57$(元)

⑥ 单位产品生产成本($C$)。

第三年 $C_3=C_1+C_2+C_{33}+C_{43}+C_5=29.24$(元)

正常年份 $C=C_1+C_2+C_3+C_4+C_5=27.43$(元)

⑦ 固定资产折旧费($C_6$)。

$$\begin{aligned}
\text{固定资产净残值}&=46782 \times 0.94 \times 0.2+940700 \times 0.94 \times 0.4\\
&\quad +(14035+23391) \times 0.94 \times 0.1\\
&=(9356+376280+3743) \times 0.94=366016(元)
\end{aligned}$$

即 36.6 万元。

年折旧费$=(116 \times 0.94+1.04-36.6)/12=6.12$(万元)

第三年单位产品折旧费 $C_{63}=6.12$ 万$/9600=6.35$(元)

正常年份单位产品折旧费 $C_6=6.12$ 万$/12000=5.10$(元)

⑧ 企业管理费($C_7$)。

第三年 $C_{73}=(C_3+C_{63}) \times 3\%=(29.24+6.35) \times 3\%=1.07$(元)

正常年份 $C_7=(C+C_6) \times 3\%=(27.43+5.10) \times 3\%=0.98$(元)

⑨ 销售费用($C_8$)。

$C_8 = 45 \times 3\% = 1.35(元)$

⑩ 单位产品总成本费用($C_t$)。

第三年 $C_{t3} = 29.24 + 6.35 + 1.07 + 1.35 = 38.01(元)$

正常年份 $C_t = 27.43 + 5.10 + 0.98 + 1.35 = 34.86(元)$

⑪ 单位产品经营成本。

第三年 $C_{J3} = 38.01 - 6.35 = 31.66(元)$

正常年份 $C_J = 34.86 - 5.10 = 29.76(元)$

⑫ 年总成本费用($T_C$)。

第三年 $T_{C3} = 38.01 \times 0.96 = 36.49(万元)$

正常年份 $T_C = 34.86 \times 1.2 = 41.83(万元)$

⑬ 年经营成本($T_{CJ}$)。

第三年 $T_{CJ3} = 31.66 \times 0.96 = 30.39(万元)$

正常年份 $T_{CJ} = 29.76 \times 1.2 = 35.71(万元)$

(2) 销售收入估算。

第三年 $S_3 = 45 \times 0.96 = 43.2(万元)$

正常年份 $S = 45 \times 1.2 = 54(万元)$

(3) 销售税金及附加($T_x$)。

第三年 $T_{x3} = 43.2 \times 10\% = 4.32(万元)$

正常年份 $T_x = 54 \times 10\% = 5.40(万元)$

(4) 利润及还贷能力。

损益表如表 7-13 所示。

表 7-13　损益表　(单位：万元)

| 序　号 | 项　　目 | 第三年 | 正常年 | 备　注 |
|---|---|---|---|---|
| | 生产负荷/% | 80 | 100 | |
| 一 | 产品销售收入 | 43.2 | 54 | |
| 二 | 总成本费用 | 36.49 | 41.83 | |
| | 其中：折旧费 | 6.12 | 6.12 | |
| 三 | 销售税金及附加 | 4.32 | 5.40 | |
| 四 | 销售利润 | 2.39 | 6.77 | |
| 五 | 所得税 | 0.79 | 2.23 | |
| 六 | 税后利润 | 1.60 | 4.54 | |
| | 还贷能力(税后利润+折旧费) | 7.72 | 10.66 | |

3) 全部投资现金流量表的编制

根据项目总投资的估算和投资使用计划以及估算得到的财务基础数据,编制财务现金流量表(全部投资),如表 7-14 所示。

普通高校经济管理类立体化教材·基础课系列

表 7-14　财务现金流量表(全部投资)　　(单位：万元)

| 年号 | 年份 项目 | 合计 | 建设期 1 | 建设期 2 | 投产期 3 | 达到设计能力生产期 4 | 5 | 6 | ⋯ | 14 |
|---|---|---|---|---|---|---|---|---|---|---|
|  | 生产负荷/% |  |  |  | 80 | 100 | 100 | 100 | ⋯ | 100 |
| 一 | 现金流入 |  |  |  |  |  |  |  | ⋯ |  |
| 1 | 产品销售收入 | 637.2 |  |  | 43.2 | 54 | 54 | 54 | ⋯ | 54 |
| 2 | 回收固定资产余值 | 36.6 |  |  |  |  |  |  | ⋯ | 36.6 |
| 3 | 回收流动资金 | 13.5 |  |  |  |  |  |  | ⋯ | 13.5 |
|  | 流入小计 | 687.3 |  |  | 43.2 | 54 | 54 | 54 | ⋯ | 104.1 |
| 二 | 现金流出 |  |  |  |  |  |  |  | ⋯ |  |
| 1 | 固定资产投资 | 116.0 | 44.3 | 71.7 |  |  |  |  | ⋯ |  |
| 2 | 流动资金 | 13.5 |  |  | 10.8 | 2.7 |  |  | ⋯ |  |
| 3 | 经营成本 | 423.2 |  |  | 30.39 | 35.71 | 35.71 | 35.71 | ⋯ | 35.71 |
| 4 | 销售税金及附加 | 63.72 |  |  | 4.32 | 5.4 | 5.4 | 5.41 | ⋯ | 5.4 |
| 5 | 所得税 | 25.32 |  |  | 0.79 | 2.23 | 2.23 | 2.23 | ⋯ | 2.23 |
|  | 流出小计 | 641.74 | 44.3 | 71.7 | 46.30 | 46.04 | 43.34 | 43.34 | ⋯ | 43.34 |
| 三 | 净现金流量 | 45.56 | −44.3 | −71.7 | −3.1 | 7.96 | 10.66 | 10.66 | ⋯ | 60.76 |
| 四 | 累计净现金流量 |  | −44.3 | −116.0 | −119.1 | −111.14 | −100.48 | −89.82 | ⋯ | 45.56 |
| 五 | 税前净现金流量 | 70.88 | −44.3 | −71.7 | −2.31 | 10.19 | 12.89 | 12.89 | ⋯ | 62.99 |
| 六 | 累计税前净现金流量 |  | −44.3 | −116.0 | −118.31 | −108.19 | −95.23 | −82.34 | ⋯ | 70.88 |

4) 借款偿还期的计算

根据财政制度规定和项目所在企业的实际情况，将项目税后利润和全部折旧用于归还借款，编制借款还本付息计算表，借款偿还期为 7.53 年，如表 7-15 所示。

表 7-15　借款还本付息计算表　　(单位：万元)

| 年号 | 年份 项目 | 建设期 1 | 建设期 2 | 投产期 3 | 达到设计能力生产期 4 | 5 | 6 | 7 | 8 | 9 |
|---|---|---|---|---|---|---|---|---|---|---|
|  | 年初借款累计 |  |  | 59.04 | 53.31 | 44.38 | 35.13 | 25.54 | 15.60 | 5.53 |
| 一 | 本年借款 |  | 58 |  |  |  |  |  |  |  |
| 二 | 本年应计利息 |  | 1.04 | 1.99 | 1.73 | 1.41 | 1.07 | 0.72 | 0.37 | 0.10 |
| 三 | 本年还本付息 |  |  |  |  |  |  |  |  |  |
|  | 其中：还本 |  |  | 4.69 | 8.93 | 9.25 | 9.59 | 9.94 | 10.29 | 5.53 |
|  | 付息 |  |  | 3.03 | 1.73 | 1.41 | 1.07 | 0.72 | 0.37 | 0.10 |
| 四 | 年末借款累计 |  | 59.04 | 53.31 | 44.38 | 35.13 | 25.54 | 15.60 |  | 0.00 |
|  | 其中：利息累计 |  | 1.04 |  |  |  |  |  |  |  |
| 五 | 还款资金来源 |  |  |  |  |  |  |  |  |  |
|  | 1. 利润 |  |  | 1.60 | 4.54 | 4.54 | 4.54 | 4.54 | 4.54 | 4.54 |
|  | 2. 折旧 |  |  | 6.12 | 6.12 | 6.12 | 6.12 | 6.12 | 6.12 | 6.12 |
|  | 合计(利润+折旧) |  |  | 7.72 | 10.66 | 10.66 | 10.66 | 10.66 | 10.66 | 10.66 |

在表 7-15 中:

$$当年应计利息(借款期)=(年初借款累计+当年借款/2)×年利率$$

$$(还款期)=(年初借款累计-当年还款/2)×年利率$$

$$(还清借款年)=(年初借款累计/2)×年利率$$

5) 项目财务效益分析

(1) 静态分析。

① 投资利润率。

税前指标=(正常年份年销售利润总额/项目总投资)×100%

$\qquad$=(6.67÷130.54)×100%

$\qquad$=5.11%

税后指标=(正常年份年税后利润总额/项目总投资)×100%

$\qquad$=(4.54÷130.54)×100%

$\qquad$=3.48%

② 投资利税率。

投资利税率=(正常年份年利税总额÷项目总投资)×100%

$\qquad$=[(54-41.83)÷130.54]×100%

$\qquad$=9.32%

③ 投资回收期($P_t$)。

$P_t$=累计净现金流量出现正值的年份-1

$\qquad$+上年累计净现金流量的绝对值÷当年净现金流量

税前 $P_t$=13-1+5÷12.89=12.39(年)

税后 $P_t$=14-1+15.2÷60.76=13.25(年)

(2) 动态分析。

① 财务净现值(FNPV)。

$$FNPV=(CI-CO)_t÷(1+i_c)^{-t}$$

$$=(CI-CO)_t÷(1+10\%)^{-t}$$

税前 FNPV=-26.96(万元)(见表 7-16)

表 7-16　税前财务净现值计算表　　　　　　　　　(单位: 万元)

| 年份 $t$ | 1 | 2 | 3 | 4 | 5 | 6 | 7 |
|---|---|---|---|---|---|---|---|
| CI-CO | -44.3 | -71.7 | -2.31 | 10.19 | 12.89 | 12.89 | 12.89 |
| 1+10% | 0.909 | 0.826 | 0.751 | 0.683 | 0.621 | 0.565 | 0.513 |
| FNPV | -40.27 | -59.22 | -1.73 | 6.96 | 8.00 | 7.28 | 6.61 |
| 累计 FNPV | -40.27 | -99.49 | -101.22 | -94.26 | -86.26 | -78.98 | -72.37 |
| 年份 $t$ | 8 | 9 | 10 | 11 | 12 | 13 | 14 |
| CI-CO | 12.89 | 12.89 | 12.89 | 12.89 | 12.89 | 12.89 | 62.99 |
| 1+10% | 0.467 | 0.424 | 0.386 | 0.351 | 0.319 | 0.290 | 0.263 |
| FNPV | 6.02 | 5.47 | 4.98 | 4.52 | 4.11 | 3.74 | 16.57 |
| 累计 FNPV | -66.35 | -60.88 | -55.90 | -51.38 | -47.27 | -43.53 | -26.96 |

② 财务内部收益率(FIRR)。

因为 FNPV<0，所以 FIRR<10%。

6) 项目财务效益评价

本项目固定资产投资 50%是向银行借款，虽借款年利率不高，但自借款年算起需要 7.53 年才能还清借款。项目计算期只有 14 年，而全部投资的税前投资回收期却需要 12.39 年。项目财务净现值(FNPV)为-26.96 万元，远小于零，说明项目财务内部收益率(FIRR)远达不到目标收益率水平。其他财务效益指标值也是低水平的，说明该项目的财务效益是不好的，即在财务上不具备可行性。从企业经济效益角度出发，不宜上马该项目，而应另找投资项目为好。或者进一步开展市场调查，挖掘市场潜力，开发生产其他新产品满足市场需要，以实现企业良好的经济效益。

## 阅读资料

### 6 月 17 日全国民间借贷市场利率为 13.36%

中国经济网深圳 6 月 19 日讯，第一网贷(深圳钱诚)发布的周三(17 日)中国民间借贷市场利率指数日报显示，该日全国民间借贷市场年利率为 13.36%。

第一网贷(深圳钱诚)日报显示，借款期限 1 个月内，6 月 17 日全国民间借贷市场年利率为 14.28%，较前一个工作日(6 月 16 日)14.02%，上升了 0.26 个百分点；较上个月工作日平均利率 13.57%，上升了 0.71 个百分点；是基期利率的 62%，基期法定工作日平均综合年利率的 64%。

借款期限 1～3 个月内，6 月 17 日全国民间借贷市场年利率为 13.23%，较前一个工作日(6 月 16 日)13.33%，下降了 0.10 个百分点；较上个月工作日平均利率 13.57%，下降了 0.34 个百分点；是基期利率的 49%，基期法定工作日平均综合年利率的 48%。

借款期限 3～6 个月内，6 月 17 日全国民间借贷市场年利率为 13.18%，较前一个工作日(6 月 16 日)14.18%，下降了 1.00 个百分点；较上个月工作日平均利率 13.57%，下降了 0.39 个百分点；是基期利率的 59%，基期法定工作日平均综合年利率的 59%。

借款期限 6～12 个月内，6 月 17 日全国民间借贷市场年利率为 13.68%，较前一个工作日(6 月 16 日)14.36%，下降了-0.68 个百分点；较上个月工作日平均利率 13.57%，下降了 0.11 个百分点；是基期利率的 59%，基期法定工作日平均综合年利率的 66%。

借款期限 1 年以上，6 月 17 日全国民间借贷市场年利率为 10.11%，较前一个工作日(6 月 16 日)11.18%，下降了 1.07 个百分点；较上个月工作日平均利率 13.57%，下降了 3.46 个百分点；是基期利率的 92%，基期法定工作日平均综合年利率的 96%。

(资料来源：robot. 6 月 17 日全国民间借贷市场利率 13.36%.中国经济网，2015.6，http://finance.ifeng.com)

## 本 章 小 结

项目经济评价是在完成市场调查与预测、拟建规模、营销策划、资源优化、技术方案论证、投资估算与资金筹措等可行性分析的基础上，对拟建项目各方案投入与产出的基础数据进行推测、估算，对拟建项目各方案进行评价和选优的过程。经济评价的工作成果融汇了可行性研究的结论性意见和建议，是投资主体决策的重要依据。

建设项目经济评价主要分为财务评价和费用效益评价。本章主要介绍财务评价的主要内容及其理论和方法。通过对本章的学习，使读者能够掌握财务评价的相关知识。

# 自 测 题

## 一、选择题

1. 企业( )必须对其投资的安全性首先予以关注。
   A. 所有者　　　　　　　　　　B. 债权人
   C. 经营者　　　　　　　　　　D. 国家

2. 下列各项中属于效率比率的是( )。
   A. 资产负债率　　　　　　　　B. 速动比率
   C. 成本利润率　　　　　　　　D. 流动资产占总资产的比率

3. 关于因素分析法，下列说法不正确的是( )。
   A. 在使用因素分析法时要注意因素替代的顺序性
   B. 使用因素分析法分析某一因素对分析指标的影响时，假定其他因素都不变
   C. 因素分析法包括连环替代法和差额分析法
   D. 因素分析法的计算结果都是准确的

4. 目前企业的流动比率为 120%，假设此时企业赊购一批材料，则企业的流动比率将会( )。
   A. 提高　　　　　　　　　　　B. 降低
   C. 不变　　　　　　　　　　　D. 不能确定

5. 关于已获利息倍数的说法错误的是( )。
   A. 已获利息倍数不仅反映了获利能力而且反映了获利能力对偿还到期债务的保证程度
   B. 已获利息倍数等于税前利润与利息支出的比率
   C. 已获利息倍数是衡量企业长期偿债能力的指标
   D. 在进行已获利息倍数指标的同行业比较分析时，从稳健的角度出发应以本企业该指标最低的年度数据作为分析依据

## 二、判断题

(　　) 1. 企业经营者必然高度关心其资本的保值和增值状况。

(　　) 2. 流动比率较高时说明企业有足够的现金或存款用来偿债。

(　　) 3. 速动比率较流动比率更能反映流动负债偿还的安全性，如果速动比率较低，则企业的流动负债到期绝对不能偿还。

(　　) 4. 现金流动负债比率等于现金比流动负债。

### 三、简答题

1. 简述财务分析的定义。
2. 简述融资前分析的步骤。
3. 简述融资后分析的步骤。

### 四、案例分析

唐门集团年销售额为 180 万元,变动成本率为 70%,全部固定成本和费用为 40 万元,总资产为 100 万元,资产负债率为 40%,负债的平均成本为 8%,假设所得税率为 40%。该公司拟改变经营计划,欲以 10% 的利率借入 40 万元来追加投资,这样可使年销售额达到 212 万元,固定成本增加 5 万元,变动成本率不变。若改变经营计划的目的是提高权益净利率并同时降低风险。

试计算权益净利率、经营杠杆系数、财务杠杆系数,并判断是否应改变经营计划。

# 第八章 项目费用效益与效果分析

## 【学习要点及目标】

通过对本章内容的学习，掌握费用效益分析与财务评价的异同点；学习费用效益分析费用、效益的识别原则；认识外部效果的概念；掌握影子价格的概念和计算原理；了解费用效益分析参数；掌握费用效益分析指标的含义及其计算方法，学习在财务评价基础上编制费用效益分析效益费用流量表应注意的问题；了解效果费用分析的含义；掌握效果费用分析方法；了解成本效用分析。

## 【关键概念】

影子汇率　影子工资　经济内部收益率　项目效果(费用)的度量

## 【引导案例】

昊远货物 A 进口到岸价为 100 美元/吨，某货物 B 出口离岸价也为 100 美元/吨，用影子价格估算的进口费用和出口费用分别为 50 元/吨和 40 元/吨，影子汇率 1 美元=6.86 元人民币。

试计算货物 A 的影子价格(到厂价)以及货物 B 的影子价格(出厂价)。

**解**：货物 A 的影子价格为：$100 \times 6.86 + 50 = 736$(元/吨)

货物 B 的影子价格为：$100 \times 6.86 - 40 = 646$(元/吨)

# 第一节　费用效益分析概述与分析方法

市场失灵的存在使得财务分析的结果往往不能真实反映项目的全部利弊得失，必须通过费用效益分析对财务分析中失真的结果进行修正。费用效益分析主要是要识别国民经济效益与费用，计算和选取影子价格，编制费用效益分析报表，计算效益费用分析指标，并进行方案比选。

## 一、费用效益分析的内容与项目类型

费用效益分析是按合理配置稀缺资源和社会经济可持续发展的原则，采用影子价格、社会折现率等费用效益分析参数，从国民经济全局的角度出发，考察工程项目的经济合理性。

### 1. 费用效益分析的内容

正常运作的市场是将稀缺资源在不同用途和不同时间上合理配置的有效机制。其正常运作的条件包括：①资源的产权清晰；②完全竞争；③供求决定稀缺资源价格；④人类行为无明显的外部效应；⑤短期行为不存在。

如果不满足以上条件，市场就不能有效地配置资源，市场便会失灵，失灵包括以下内容。

(1) 无市场、薄市场。无市场、薄市场(thin market)导致资源的价格偏低或无价格，易造成资源浪费。

(2) 外部效果。外部效果(externalities)企业或个人的行为对活动以外的企业或个人造成的影响。

外部效果造成内部成本(直接成本或私人成本)和社会成本的不一致，导致实际价格不同于最优价格。外部效果既有积极的，也有消极的。积极的外部效果：上游种植树木，保持水土；下游旱涝保收。消极的外部效果：上游肆意排废水导致下游用水困难。

(3) 公共物品。公共物品(public goods，是指只有外部效应的产品)，它有两个方面的特性：一是公共物品的消费没有机会成本，即个人对公共物品的消费并不影响其他消费者对同一公共物品的消费；二是供给的不可分性(jointness in supply)，即为一个消费者生产公共物品就必须为所有消费者生产该物品。由于消费者不会为消费公共物品而付钱，企业就不愿意提供公共物品，因此，自由市场不能提供公共物品，或提供过少的公共物品和过多的私人物品。

(4) 短视计划。自然资源的保护和可持续发展意味着为了未来利益而牺牲当前消费。因为人们偏好当前消费，未来利益被打折扣，因而造成应留给未来人的资源被提前使用。资源使用中的高贴现率和可再生资源的低增长率，有可能使某种自然资源提前耗尽。

【小贴士】在市场经济条件下，企业财务评价可以反映出建设项目给企业带来的直接效果，但由于市场失灵现象的存在，财务评价不可能将建设项目产生的效果全部反映出来。因此，正是由于国民经济评价关系到宏观经济的持续健康发展和国民经济结构布局的合理性，所以说费用效益分析是非常必要的。

### 2. 费用效益分析的项目类型

费用效益分析实际上是把市场配置失灵所导致的项目外部效果内部化的过程。在我国现阶段，需要进行费用效益分析的项目包括以下5类。

(1) 政府预算内投资(包括国债资金)的用于关系国家安全、国土开发和市场不能有效配置资源的公益性项目和公共基础设施建设项目、保护和改善生态环境项目、重大战略性资源开发项目。

(2) 政府各类专项建设基金投资的用于交通、水利等基础设施、产业项目。

(3) 利用国际金融组织和外国政府贷款，需要政府主权信用担保的建设项目。

(4) 法律、法规规定的其他政府性资金投资的建设项目。

(5) 企业投资建设的涉及国家经济安全、影响环境资源、公共利益、可能出现垄断、涉及整体布局等公共性问题，需要政府核准的建设项目。

## 二、费用效益分析与财务分析的关系

### 1. 费用效益分析与财务评价的共同之处

(1) 评价方法相同。它们都是经济效果评价，都使用基本的经济评价理论，即效益与费用比较的理论方法。

(2) 评价的基础工作相同。两种分析都要在完成产品需求预测、工艺技术选择、投资估算、资金筹措方案等可行性研究内容的基础上进行。

(3) 评价的计算期相同。

**2. 费用效益分析与财务评价的区别**

费用效益分析与财务评价的不同之处有以下 5 个方面。

(1) 两种评价所处的层次不同。财务评价是站在项目的层次上，从项目经营者、投资者、未来债权人的角度分析。费用效益分析则是站在国民经济的层次上，从全社会的角度分析。

(2) 费用和效益的含义和划分范围不同。财务评价只根据项目直接发生的财务收支，计算项目的费用和效益。费用效益分析则从全社会的角度考察项目的费用和收益，这时项目的有些收益和支出，从全社会的角度考虑不能作为社会费用或收益。

(3) 所使用价格体系不同。财务评价使用实际的市场预测价格，费用效益分析则使用一套专用的影子价格体系。

(4) 使用的参数不同。如衡量盈利性指标内部收益率的依据，财务评价中用财务基准收益率，费用效益分析中则用社会折现率。

(5) 评价的内容不同。财务评价主要有盈利能力分析和清偿能力分析。费用效益分析则只做盈利能力分析。

# 三、费用效益分析参数

费用效益分析参数是费用效益分析的基本判据，对比选优方案具有重要作用。费用效益分析的参数主要包括社会折现率、影子汇率和影子工资，这些参数由有关专门机构组织测算和发布。

## 1. 社会折现率

社会折现率是用于衡量资金时间价值的重要参数，代表社会资金被占用应获得的最低收费率，并用作不同年份价值换算的折现率。

社会折现率是国民经济评价中经济内部收益率的基准值。适当的折现率有利于合理分配建设资金，指导资金投向对国民经济贡献大的项目，调节资金供需关系，促进资金在短期和长期建设项目之间的合理调整。

根据国家投资主管部门发布的《建设项目经济评价方法与参数》(第三版)，当前社会折现率取值为 8%；对于受益期较长、远期效益显著、风险较小的项目，社会折现率可适当降低，但一般不得低于 6%。

【小贴士】经济费用效益的时间偏好与社会投资的边际收益率是社会折现率的主要决定因素，国家社会经济发展水平、发展规划、宏观调控意图等因素对社会折现率的取值有重要影响。

## 2. 影子汇率

汇率是指两个国家不同货币之间的比价或交换比率。

影子汇率是反映外汇真实价值的汇率，用以进行外汇与人民币之间的换算。主要依据一个国家或地区一段时间内进出口的结构和水平、外汇的机会成本及发展趋势、外汇供需状况等因素确定。其公式为

$$影子汇率 = 外汇牌价 \times 影子汇率换算系数 \tag{8-1}$$

在费用效益分析中，影子汇率通过影子汇率换算系数计算，影子汇率换算系数是影子汇率与国家外汇牌价的比值。工程项目投入物和产出物涉及进出口的，应采用影子汇率换算系数计算影子汇率。影子汇率的形成受货物的国内市场价格、国际市场价格、关税、进出口比例等多种因素的影响。根据国家投资主管部门测算，现阶段我国影子汇率换算系数取值为 1.08。

**【例 8-1】** 已知 2015 年 4 月 23 日国家外汇牌价中人民币对美元的比值为 635.2/100。试求人民币对美元的影子汇率。

**解：** 影子汇率 $= 外汇牌价 \times 635.2 / 100 = 1.08 \times 635.2 / 100 = 6.86$

人民币对美元的影子汇率为 6.86。

## 3. 影子工资

影子工资是项目使用劳动力、耗费劳动力资源而由社会付出的代价。影子工资由劳动力的机会成本和社会资源耗费构成。劳动力的机会成本是指在本项目中使用的劳动力，而失去了在其他用途中获得的收益。社会资源耗费是指交通运输费用、城市管理费用等，这些资源耗费不能提高工人的生活水平。

影子工资一般通过影子工资换算系数计算。影子工资换算系数是影子工资与项目财务评价中劳动力的工资和福利费的比值。

**【小贴士】工资换算系数：** 对于技术劳动力，采取影子工资等于财务工资，即影子工资换算系数为 1；对于非技术劳动力，一般采取财务工资的 0.2～0.8，即工资换算系数为 0.2～0.8。其中，综合社会就业情况，非熟练劳动力可选择 0.5 作为影子工资换算系数。

# 四、影子价格的确定

项目的产出不具有市场价格或市场价格虽然存在，但无法确切地反映投入物和产出物的边际社会收益成本。因而，在费用效益分析中，作为计量依据的影子价格的确成为问题的关键。

影子价格是指依据一定原则确定的，能够反映投入物和产出物真实经济价值，反映市场供求状况，反映资源稀缺程度，使资源得到合理配置的价格。

影子价格是根据国家经济增长的目标和资源的可获得性来确定的。如果某种资源数量稀缺，同时有许多用途完全依靠于它，那么它的影子价格就高。如果这种资源的供应量增多，那么它的影子价格就会下降。

确定影子价格时，对于投入物和产出物，首先要区分为市场定价货物、政府调控价格

货物、特殊投入物和非市场定价货物四大类别，然后根据投入物和产出物对国民经济的影响分别处理。

## (一) 市场定价货物的影子价格

### 1. 外贸货物影子价格

外贸货物是指其生产或使用会直接或间接影响国家出口或进口的货物，原则上，石油、金属材料、金属矿物、木材及可出口的商品煤，一般都划为外贸货物。

外贸货物影子价格的定价基础是国际市场价格。虽然也存在着一些不合理的因素影响(如实际贸易保护主义、限制高技术向发展中国家转移等)，但总的来说，在国际上市场上起主导作用的还是市场机制，一般比较接近物品的真实价格。

外贸货物中的进口品应满足以下条件，否则不宜进口：国内生产成本>到岸价格(CIF)。

外贸货物中的出口品应满足以下条件，否则不宜出口：国内生产成本<离岸价格(FOB)。

到岸价格与离岸价格统称为口岸价格。

【小贴士】①到岸价格(CIF)是指进口货物运抵我国进口口岸交货的价格。②离岸价格(FOB)是指出口货物运抵我国出口口岸交货的价格。

在费用效益分析中，口岸价格应按本国货币计算，故口岸价格的实际计算式为

$$到岸价格(人民币) = 美元结算到岸价格 \times 影子汇率 \tag{8-2}$$

$$离岸价格(人民币) = 美元结算到离价格 \times 影子汇率 \tag{8-3}$$

外贸货物影子价格的计算式为

$$出口产出的影子价格(出厂价) = 离岸价(FOB) \times 影子汇率 - 国内运杂费 - 贸易费用 \tag{8-4}$$

$$进口投入的影子价格(到厂价) = 到岸价(CIF) \times 影子汇率 + 国内运杂费 + 贸易费用 \tag{8-5}$$

【小贴士】贸易费用是指经贸机构为进口货物所耗用的，用影子价格计算的流通费用。

【例8-2】飞扬项目进口设备的到岸价格为16 400万日元，美元对日元的比价为88日元/美元，若影子汇率为8.2元/美元。求进口设备的到岸价格。

**解：** 进口设备的到岸价格(人民币) $= (16\ 400 / 88) \times 8.2 = 1528.18(万元)$

### 2. 非外贸货物影子价格

非外贸货物是指其生产或使用不影响国家出口或进口的货物，又分为天然非外贸货物和非天然的非外贸货物。

天然非外贸货物指使用和服务天然地限于国内，包括国内施工和商业以及国内运输和其他国内服务。非天然的非外贸货物是指由于经济原因或政策原因不能作为外贸的货物，包括由于国家的政策和法令限制不能作为外贸的货物，还包括这样的货物：其国内生产成本加上到口岸的运输、贸易费用后的总费用高于离岸价格，致使出口得不偿失而不能出口，同时国外商品的到岸价格又高于国内生产同样商品的经济成本，致使该商品也不能从国外进口。在忽略国内运输费用和贸易费用的前提下，由于经济性原因造成的非外贸货物满足以下条件，即

离岸价格＜国内生产成本＜到岸价格

工程项目非外贸货物的影子价格按下述公式计算，即

$$产出物的影子价格(项目产出物的出厂价格)=市场价格-国内运杂费 \qquad (8-6)$$

$$投入物的影子价格(项目投入物的到厂价格)=市场价格+国内运杂费 \qquad (8-7)$$

根据"有无对比"原则，如果项目的投入物或产出物的规模很大，项目的实施足以影响其市场价格，导致"有项目"和"无项目"两种情况下市场价格不一致，在项目评价实践中，取二者的平均值作为测算影子价格的依据。

投入与产出的影子价格中包含的增值税、消费税、营业税、城市维护建设税、资源税等流转税按下列原则处理。

(1) 对于产出品，增加供给满足国内市场供应的，影子价格按消费者支付意愿确定，含流转税；顶替原有市场供应的，影子价格按机会成本确定，不含流转税。

(2) 对于投入品，用新增供应来满足项目的，影子价格按机会成本确定，不含流转税；挤占原有用户需求来满足项目的，影子价格按支付意愿确定，含流转税。

(3) 在不能判别产出或投入是增加供给还是挤占(替代)原有供给的情况下，可简化处理为：产出的影子价格一般包含实际缴纳流转税，投入的影子价格一般不含实际缴纳流转税。

## (二) 政府调控价格货物的影子价格

在市场经济条件有些货物或者服务不能完全由市场机制形成的，而需要由政府调控价格，如为了帮助城市中低收入家庭解决住房问题，对经济适用房制定指导价和最高限价。

由于政府调控不能完全反映其真实价值，确定这些货物或者服务的影子价格的原则是：投入物按机会成本分解定价，产出物按对经济增长的边际贡献率或消费者支付意愿定价。

政府主要调控的水、电、铁路运输等作为项目投入物和产出物时的影子价格的确定办法：

(1) 水作为项目投入物的影子价格，按后备水源的边际成本分解定价，或者按恢复水资源存量的成本计算。水作为项目产出物的影子价格，按消费者支付意愿或者按消费者承受能力加政府补贴计算。

(2) 电力作为项目投入物的影子价格，一般按完全成本分解定价，电力过剩按可变成本分解定价。电力作为项目产出物的影子价格，按电力对当地经济边际贡献率定价。

(3) 铁路运输作为项目投入物的影子价格，一般按完全成本分解定价，对运能富余的地区，按可变成本分解定价。铁路运输作为项目产出物的影子价格，按铁路运输对国民经济的边际贡献率定价。

## (三) 特殊投入物的影子价格

项目特殊投入物是指项目在建设、生产运营中使用的人力资源、土地和自然资源等。项目使用这些特殊投入物发生的经济费用，应分别采用以下几个方面确定其影子价格。

### 1. 人力资源的影子价格

人力资源投入的影子价格主要包括劳动力的机会成本和新增资源耗费。机会成本是指

该劳动力不被拟建工程录用,而从事其他生产经营活动中所创造的最大效益。新增资源耗费是指社会为劳动力就业所付出的,但职工又未得到的其他代价,如为劳动力就业而支付的搬迁费、培训费、城市交通费等。影子工资与劳动力的技术熟练程度和供求状况(过剩与稀缺)有关,技术越熟练,稀缺程度越高,其机会成本越高;反之越低。

### 2. 土地的影子价格

目前我国取得土地使用权的方式有行政划拨、协商议价、招标投标、拍卖等。不同方式获得土地的使用权,可能具有不同的财务费用,但是占用土地的经济费用总是存在的,而且同一块地在同一时期的经济费用是唯一的,也就是说,项目占用土地致使这块地不能实现潜在的贡献,即机会成本。所以土地的影子价格也是建立在被放弃的最大收益这一机会成本概念上的。

(1) 对于农业、林业、牧业、渔业及其他生产性用地,土地的经济成本按土地机会成本与新增资源消耗之和计算。新增资源消耗指"有项目"情况下土地的征用造成原有地上附属物财产的损失及其他资源耗费。如果项目占用的土地是无人居住的荒山野岭,其经济成本为零。如果项目占用的土地是农业土地,其经济成本为原来的农业净收益、拆迁费用和劳动力安置费用。

(2) 对于住宅、休闲等非生产性用地,如果项目占用城市用地,且通过政府公开拍卖、招标、挂牌取得的土地出让使用权,以及通过市场交易取得的已出让国有土地使用权,应按照支付意愿的原则,以土地市场交易价格计算土地的影子价格,主要包括土地出让金、基础设施建设费用、拆迁安置补偿费用等。

(3) 未通过正常市场交易取得的土地使用权,应分析价格优惠或扭曲情况,参照当地正常情况下的市场交易价格,调整或类比计算其影子价格;无法通过正常市场交易价格类比确定土地价格时,应采用收益现值法,或以土地开发成本加开发投资应得的收益作为影子价格。

### 3. 自然资源的影子价格

项目使用的矿产资源、水资源、森林资源都是对国家资源的占用和消耗,矿产等不可再生资源的影子价格按资源的机会成本计算,水和森林等可再生资源的影子价格按资源再生费用计算。

## (四) 非市场定价货物的影子价格

当项目的产出效果不具有市场价格,或市场价格难以真实地反映经济价值时,需要采用以下方法对项目的产品或服务的影子价格进行重新预测。

### 1. 假设成本法

假设成本法是指通过有关成本费用信息来间接估算环境影响的费用或效益,包括替代成本法、置换成本法和机会成本法。

(1) 替代成本法。替代成本法是指为了消除项目对环境的影响,而假设采取其他方案来替代拟建项目方案,其他方案的增量投资作为项目方案环境影响的经济价值。

(2) 置换成本法。置换成本法是指当项目对其他产业造成生产性资产损失时,假设一个置换方案，通过测算其置换成本，即为恢复其生产能力必须投入的价值，作为对环境影响进行量化的依据。

(3) 机会成本法。机会成本法是指通过评价因保护某种环境资源而放弃某项目方案造成损失的机会成本，来评价该项目方案环境影响的损失。

### 2. 显示偏好方法

显示偏好方法是指按照消费者支付意愿，通过其他相关市场价格信号，寻找揭示拟建项目间接产出物的隐含价值。如项目的建设，会导致环境生态等外部效果，从而对其他社会群体产生正面或负面影响，就可以通过预防性支出法、产品替代法这类显示偏好的方法来确定项目外部效果。

(1) 预防性支出法。预防性支出法是以受影响的社会成员为了避免或减缓拟建项目对环境可能造成的危害，所愿意支付的费用，作为对环境影响的经济价值进行计算的依据。

(2) 产品替代法。产品替代法是以对人们愿意改善目前的环境质量，而对其他替代项目或产品的价值进行分析，间接测算项目对环境造成的负面影响。

### 3. 陈述偏好法

陈述偏好法通过对评估者的直接调查，直接评价调查对象的支付意愿或接受补偿的意愿，从中推断出项目造成的有关外部影响的影子价格。

## 阅读资料

### 黄金消费将摆脱"影子价格"

**1. 黄金市场"消费者在东定价权在西"**

2001 年，央行取消黄金统购统销打破"计划经济"后，在上海设立统一的黄金交易市场。2013 年，上金所黄金出库量超过 2000 吨，占全球消费量近一半，连续 7 年蝉联世界第一。

这 10 多年来，我国黄金市场经历了从无到有的过程，但在看起来繁荣的背后，业内人士称，长期以来，中国金市的金价实际只是一种"影子价格"。据介绍，在价格方面，我国金市长期受到纽约金价、伦敦金价作为世界金价"两极"的影响。也就是说，由于时差的缘故，前一晚的国外市场走势影响着国内价格波动，大起大落的行情时有发生，也造成投资者不必要的损失。

杭州期货市场某知名操盘手坦言，由于金市"消费者在东，定价权在西"的尴尬现实，投资能够把握大的趋势就是胜利。而正是定价权的缺失，同样造成我国投资者的消费拉动对金价影响力不足，而西方投资者眼中的一些季节性波动、地缘危机被相对强化。

而"上海金"的推出，或将改变我国黄金市场实物购买者多、资本市场投资者少的现状，有助于本土黄金市场的交易品种、投资属性进一步优化。

**2. "上海金"采取人民币计价及结算**

据介绍，与"纽约金""伦敦金"等已有国际黄金价格指标相比，"上海金"最大的特点是采取人民币计价及结算。

相关报道称，上海黄金交易所理事长许罗德表示，作为央行设立的国内唯一现货黄金交易市场，上海黄金交易所设立的国际板市场供境内外投资者共同参与交易，境内外投资者可在同一交易系统内撮合成交，形成同一价格。

为推动人民币国际化，国际板接受离岸及在岸人民币投资。业内人士表示，国际板不意味着"另起炉灶"，而是中国黄金市场将境外投资者引入现有国内市场，实现资本市场开放，有助于提高国内交易流动性，从而增加投资机遇。

"上海金"的交易品种将与国内市场基本吻合，"上海金"交易拟选择数个现货品种，并在国际板新设部分品种，供境内外投资者共同参与交易。而在上海黄金交易所副总经理宋钰勤看来，国际板上线还意味着我国作为传统用金、产金、购金大国，将努力使黄金交易市场的"中国标准"走向世界。比如，目前在国际黄金市场，专业金商和中央银行交易的对象一般是重量为 400 盎司、成色为 99.5%的金锭。上海的黄金国际板如果按照目前国内的成色 99.99%等黄金实物标准计价，则将产生真正意义上的"上海金"标准。

根据中国人民银行印发的《关于同意上海黄金交易所设立国际业务板块的批复》，上海黄金国际板将依托自贸区账户体系，实现我国资本市场对外开放。截至目前，国际板首批境外会员已经确定，囊括数十家国际知名商业银行、投行。

(资料来源：李郁葱. 黄金消费将摆脱"影子价格".每日商报，2014.9，http://news.xinhuanet.com)

## 五、识别经济效益和经济费用的原则

经济费用的原则有"有无对比"原则、关联效果原则、资源变动原则。

### 1. "有无对比"原则

项目经济费用效益分析应建立在增量效益和增量费用识别和计算的基础之上，通过项目的实施效果与无项目情况下可能发生的情况进行对比分析，作为计算机会成本或增量效益的依据，不考虑沉没成本和已实现的效益。

### 2. 关联效果原则

财务分析从项目自身的利益出发，其系统分析的边界是项目。凡是流入项目的资金就是财务效益，如营业收入；凡是流出项目的资金就是财务费用，如投资支出、经营成本和税金。费用效益分析则从国经经济的整体利益出发，其系统分析的边界是整个国民经济，对项目所涉及的所有成员及群体的费用和效益做全面分析，不仅要识别项目自身的内部效果，而且需要识别项目对国民经济其他部门和单位生产的外部效果。

### 3. 资源变动原则

在计算财务收益和费用时，依据是货币的变动。凡是流入项目的货币就是直接效益，凡是流出的货币就是直接费用。效益费用分析以实现资源最优配置，从而保证国民收益最大增长为目标。由于经济资源的稀缺性，就意味着一个项目资源投入会减少这些资源在国民经济其他方面的可用量，从而减少其他方面的国民收入，从这种意义上来说，该项目对资源的使用产生了经济费用。同理，可以说项目产出是经济收益，是由于项目的产出能增加社会资源(最终产品)。另外，接受转移支付的一方所获得的效益与付出方所产生的费用相等，转移支付行为本身没有导致新增资源的发生，因此，在经济费用效益分析中，就剔除税赋、补跌、借款和利息等转支付的影响。可见，在考察经济费用和效益过程中，依据不是货币，而是社会资源真实的变动量。凡是减少社会资源的项目投入都产生经济费用，凡是增加社会资源的项目都产生经济收益。那当然，资源应是稀缺的经济资源，而不是闲置或不付出代价就可自由使用的物品。

## 六、内部效果与外部效果

经济效益分为直接经济效益和间接经济效益，经济费用分为直接经济费用和间接经济费用。直接经济效益和直接经济费用可称为内部效果，间接经济效益和间接经济费用可称为外部效果。

### 1. 内部效果

直接经济效益是指由项目产出物直接生成，并在项目范围内计算的经济效益。一般表现为增加该产出物或者服务的数量以满足国内需求的效益；替代其他相同或类似企业的产出物，使被替代企业减产以减少国家有用资源耗费(或损失)的效益；增加出口(或减少进口)所增加(或节支)的国家外汇等。

直接费用是指项目使用投入物所形成，并在项目范围内计算的费用。一般表现为其他部门为本项目提供投入物；需要扩大生产规模所耗用的资源费用；减少对其他项目(或最终消费)投入物的供应而放弃的效益；增加进口(或减少出口)所耗用(或减收)的外汇等。

### 2. 外部效果

外部效果是指项目对国民经济做出的贡献与国民经济为项目付出的代价中，在直接效益与直接费用中未得到反映的那部分效益与费用。

间接效益是指由于项目的兴建和经营，使配套项目和相关部门因增加产量和劳动量而获得的收益。间接效益如交通运输建设项目对附近工厂、居民、商业以及为该项目配套的有关项目的收益。这些收益包括有形的和无形的，可用货币计量的和不可用货币计量的。除了经济效益外，还可体现为社会效益、生态环境效益等。

间接费用是指社会为项目付出了代价，而项目本身并不需要支付的那部分费用。如为新建项目服务的配套和附属工程等相关项目所需的投资支出和其他费用，还包括商业、教育、文化、卫生、住宅和公共建筑等生活福利设施以及邮政、水、电、气、道路、港口码头等公用基础设施的费用。

外部效果包括以下内容。

(1) 产业关联效果。例如，建设一个水电站，一般除发电、防洪灌溉和供水等直接效果外，还必然带来养殖业和水上运动的发展，以及旅游业的增进等间接效益。此外，农牧业还会因土地淹没而遭受一定的损失(间接费用)。这些都是电站因兴建而产生的产业关联效果。

(2) 环境和生态效果。例如，发电厂排放的烟尘可使附近田园的作物产量减少、质量下降，化工厂排放的污水使附近湖河的鱼类资源骤减，危害人们的健康甚至生命受到威胁等。

(3) 技术扩散效果。技术扩散和示范效果是由于建设技术先进的项目会培养和造就大量的技术人员和管理人员。由于他们的流动、技术交流对整个社会经济发展也会带来好处。

【小贴士】技术性外部效果反映了社会生产和消费的真实变化，这种真实变化必然引起社会资源配置的变化，所以应在费用效益分析中加以考虑。为防止外部效果计算扩大化，项目的外部效果一般只计算一次相关效果，不应连续计算。

### 3. 国外贷款还本付息

国外贷款还本付息要分 3 种情况处理。

(1) 评价国内投资经济效益的处理办法。项目的费用效益分析是以项目所在国的经济利益为根本出发点，必须要考察国外贷款还本付息对项目举办国的真实影响，如果国外贷款利率很高，且高于全部投资的内部收益率，那么即使是一个全投资效益好的项目也可能由于偿还国外贷款债务造成大部分肥水外流的局面，必须要进行国内投资的经济效益分析。在分析时，应将国外贷款视作现金流入项，还本付息应当视作现金流出项。

(2) 评价全投资经济效益的处理办法。当国外贷款不指定用途时，应对这些项目进行全投资费用效益分析，在评价中，国外贷款还本付息不视为费用也不视为效益，因为这些国外贷款不指定用途，可以用于其他项目，这些资金也与国内贷款一样面临着优化配置的问题，在进行评价时，国外贷款的还本付息不出现在效益费用表中。

(3) 国外贷款指定用途的处理办法。当国外贷款指定用途时，不需要进行全投资费用效益分析，只进行国内投资资金的评价就可以了，因为国外的用途已经唯一确定，别无其他选择，也就没有必要对其利用效果进行评价了。

## 七、费用效益分析指标

费用效益分析指标以盈利能力评价为主，评价指标包括经济内部收益率、经济净现值和效益费用比。

### 1. 经济内部收益率

经济内部收益率(EIRR)是反映项目对国民经济净贡献的相对指标。它是项目在计算期内各年经济净效益流量的现值累计等于 0 时的折现率。计算式为

$$\sum_{t=0}^{n}(B-C)_t(1+\text{EIRR})^{-t}=0 \tag{8-8}$$

式中：$B$ 为国民经济效益流量；$C$ 为国民经济费用流量；$(B-C)_t$ 为第 $t$ 年的国民经济净效益流量；$n$ 为计算期。

【小贴士】评价准则：经济内部效益率不小于社会折现率，表明项目对国民经济的净贡献达到或超过了要求的水平，这时应认为项目是可以接受的，即 $\text{EIRR}\geq0$，可行；反之，则不可行。

### 2. 经济净现值

经济净现值(ENPV)是反映项目对国民经济净贡献的绝对指标。它是指用社会折现率将项目计算期内各年的净收益流量折算到建设期初的现值之和。计算式为

$$\text{ENPV} = \sum_{t=0}^{n} (B-C)_t (1+i_s)^{-t} \qquad (8\text{-}9)$$

式中：$B$ 为国民经济效益流量；$C$ 为国民经济费用流量；$(B-C)_t$ 为第 $t$ 年的国民经济净效益流量；$i_s$ 为社会折现率；$n$ 为计算期。

【小贴士】评价准则：项目经济净现值不小于 0 表示国家拟建项目付出代价后，可以得到符合社会折现率的社会盈余，或除了得到符合社会折现率的社会盈余外，还可以得到以现值计算的超额社会盈余，这时就认为项目是可以考虑接受的，即 $\text{ENPV} \geqslant i_S$，可行；反之，则不可行。

按分析效益费用的口径不同，可以分为整个项目的经济内部收益率和经济净现值，国内投资经济内部收益率和经济净现值。如果项目没有国外投资和国外借款，全投资指标与国内投资指标相同，如果项目有国外资金流入与流出，但国外资金指定用途时，应以国内投资的经济内部效益率和经济净现值作为项目费用效益分析的指标；如果项目使用非指定用途的国外资金时，还应计算全投资经济内部收益和经济净现值指标。

### 3. 效益费用比

效益费用比($R_{\text{BC}}$)是项目在计算期内效益流量的现值与费用流量的现值的比率，是经济费用效益分析的辅助评价指标。计算式为

$$R_{\text{BC}} = \frac{\sum_{t=1}^{n} B_t (1+i_s)^{-t}}{\sum_{t=1}^{n} C_t (1+i_s)^{-t}} \qquad (8\text{-}10)$$

式中：$R_{\text{BC}}$ 为效益费用比；$B_t$ 为第 $t$ 期的经济效益；$C_t$ 为第 $t$ 期的经济费用。

【小贴士】评价准则：如果效益费用大于 1，表明项目资源配置的经济效率达到了可以被接受的水平。

## 八、费用效益分析报表

经济效益费用流量表有两种：一是国内投资经济效益费用流量表；二是项目投资经济效益费用流量表。

经济效益费用流量表一般在财务评价基础上进行调整编制。

在财务评价基础上编制经济效益费用流量表时应注意以下几点。

(1) 剔除转移支付，将财务现金流量表中的营业税金及附加、所得税、特种基金、国内借款利息等作为转移支付而剔除。

(2) 计算外部效益与外部费用，并保持效益费用计算中口径一致。

(3) 用影子价格、影子汇率逐项调整建设投资中的各项费用，并剔除涨价费、税金、

国内借款建设期利息，进口设备要剔除进口关税、增值税等转移支付，建筑安装工程费按材料费、劳动力的影子价格进行调整，土地费用按土地影子价格进行调整。

(4) 应收、应付账款及现金并没有实际耗用国民经济资源，费用效益分析中也将其从流动资金中扣除。

(5) 用影子价格调整各项经营费用，对主要原材料、燃料及动力费，用影子价格调整，对劳动工资及福利费，用影子工资进行调整。

(6) 用影子价格调整计算项目产出物的销售收入。

(7) 费用效益分析各项销售收入和费用支出中的外汇部分，应用影子汇率进行调整，计算外汇价值。从国外引入的资金和向国外支付的投资收益、贷款本息，也应用影子汇率进行调整。

国内投资经济效益费用流量表和项目国民经济效益费用流量，如表 8-1 和表 8-2 所示。

表 8-1　国内投资经济效益费用流量表　　　（单位：万元）

| 序　号 | 项　目 | 计算期 | | | | | | | | |
|---|---|---|---|---|---|---|---|---|---|---|
| | | 1 | 2 | 3 | 4 | 5 | 6 | 7 | 8 | 9 |
| 1 | 效益流量 | | | 2 766 | 2 766 | 2 766 | 2 766 | 2 766 | 2 766 | 3 662 |
| 1.1 | 项目直接效益 | | | 2 610 | 2 610 | 2 610 | 2 610 | 2 610 | 2 610 | 2 610 |
| 1.2 | 回收固定资产余值 | | | | | | | | | 374 |
| 1.3 | 回收流动资金 | | | | | | | | | 522 |
| 1.4 | 项目间接效益 | | | 156 | 156 | 156 | 156 | 156 | 156 | 156 |
| 2 | 费用流量 | 2 145 | 3 250 | 1 747 | 1 718 | 1 689 | 1 660 | 1 631 | 1 602 | 1 602 |
| 2.1 | 建设投资中国内资金 | 2 145 | 3 250 | | | | | | | |
| 2.2 | 流动资金中国内资金 | | | | | | | | | |
| 2.3 | 经营费用 | | | 972 | 972 | 972 | 972 | 972 | 972 | 972 |
| 2.4 | 流到国外的资金 | | | 726 | 697 | 668 | 639 | 610 | 581 | 581 |
| 2.4.1 | 国外借款本金偿还 | | | 581 | 581 | 581 | 581 | 581 | 581 | 581 |
| 2.4.2 | 国外借款利息支付 | | | 145 | 116 | 87 | 58 | 29 | | |
| 2.4.3 | 其他 | | | | | | | | | |
| 2.5 | 项目间接费用 | | | 49 | 49 | 49 | 49 | 49 | 49 | 49 |
| 3 | 国内投资净效益流量（1-2） | -2 147 | -3 250 | 1 019 | 1 048 | 1 077 | 1 106 | 1 135 | 1 164 | 2 060 |

计算指标：经济内部收益率为 10.7%，经济净现值为 138 万元。

表 8-2　项目投资经济效益费用流量表　　　（单位：万元）

| 序　号 | 项　目 | 计算期 | | | | | | | | |
|---|---|---|---|---|---|---|---|---|---|---|
| | | 1 | 2 | 3 | 4 | 5 | 6 | 7 | 8 | 9 |
| 1 | 效益流量 | | | 2 766 | 2 766 | 2 766 | 2 766 | 2 766 | 2 766 | 3 662 |
| 1.1 | 项目直接效益 | | | 2 610 | 2 610 | 2 610 | 2 610 | 2 610 | 2 610 | 2 610 |

| 序　号 | 项目 | 计算期 | | | | | | | | |
|---|---|---|---|---|---|---|---|---|---|---|
| | | 1 | 2 | 3 | 4 | 5 | 6 | 7 | 8 | 9 |
| 1.2 | 回收固定资产余值 | | | | | | | | | 374 |
| 1.3 | 回收流动资金 | | | | | | | | | 522 |
| 1.4 | 项目间接效益 | | | 156 | 156 | 156 | 156 | 156 | 156 | 156 |
| 2 | 费用流量 | 3 300 | 6 494 | 1 021 | 1 021 | 1 021 | 1 021 | 1 021 | 1 021 | 1 021 |
| 2.1 | 建设投资 | 3 300 | 5 000 | | | | | | | |
| 2.2 | 流动资金 | | 522 | | | | | | | |
| 2.3 | 经营费用 | | 972 | 972 | 972 | 972 | 972 | 972 | 972 | 972 |
| 2.4 | 项目间接费用 | | | 49 | 49 | 49 | 49 | 49 | 49 | 49 |
| 3 | 净效益流量 | -3 300 | -6 494 | 1 745 | 1 745 | 1 745 | 1 745 | 1 745 | 1 745 | 2 641 |

计算指标：经济内部收益率为6.8%，经济净现值为-966万元。

# 第二节　费用效果分析的概念与分析方法

在经济评价中采用费用效果分析法，通过比较项目预期的效果与所支付的费用，判断项目的费用有效性或经济合理性。

## 一、费用效果分析的定义

费用效果分析是指费用采用货币计量，效果采用非货币计量的经济效果分析方法。

费用效果分析中的费用是指为实现项目预定目标所付出的财务代价或经济代价，采用货币计量。

费用效果分析中的效果是指项目的结果所起到的作用、效应或效能，是项目目标的实现程度。按照项目要实现的目标，一个项目可选用一个或几个效果指标。

对工程项目进行费用效果分析的重点集中在两个方面。

(1) 制定实现项目目标的途径和方案。在充分论证项目必要性后，项目进入方案比选阶段，这个阶段一般不再对项目的可行性提出质疑，而且本着以尽可能少的费用获得尽可能大的效果原则，通过多方案比选，提供优选方案或进行方案优先次序排队。

(2) 评价项目主体效益难以货币化的项目。在工程项目中，防病治病、防灾减灾、环境保护、国家安全、科技、教育、文化、卫生、体育等类项目属于公益性项目，公益性项目的建设目的在于向社会公众提供服务，使社会大众受益，而不是以项目自身盈利为目的，其主体效益往往难以货币化，应采用费用效果分析的结论作为项目投资决策的依据之一。

【小贴士】费用效果分析既可以应用于财务现金流量，也可以用于经济费用效益流量。对于前者，主要用于项目各个环节的方案比选，项目总体方案的初步筛选；对于后者，除了可以用于上述方案比选、筛选以外，对于项目主体效益难以货币化的，则取代费用效益分析，并作为经济分析的最终结论。

【小贴士】费用效益分析与费用效果分析的比较。

(1) 费用效益分析单位统一,认可度高,结果易于被人们接受。用货币衡量效果和费用的费用效益分析具有简洁、明了、结果透明、结果易于被人们接受的优点。当项目效果或其中主要部分易于货币化时,站在社会公众立场上所作的经济评价分析必须采用费用效益分析方法。

(2) 费用效果分析回避了效果定价的难题,最适于效果难以货币化的领域。

(3) 费用效益分析与费用效果分析的基本原则是相同的,即最大限度地节约稀缺资源,最大程度地提高经济效果。

## 二、费用效果分析的方法

### 1. 采用费用效果分析的条件

费用效果分析只能比较不同方案的优劣,不能像费用效益分析那样,保证所选方案的效果大于费用,因此,应遵循多方案比选的原则,使所分析的项目满足下列条件。

(1) 备选方案不少于两个,且为互斥方案或可转化为互斥型的方案。

(2) 备选方案应具有共同的目标,目标不同的方案、不满足最低效果要求的方案不可进行比较。

(3) 备选方案的费用应能货币化,且资金用量不应突破资金限制。

(4) 效果应采用同一非货币计量单位衡量,如果有多个效果,其指标加权处理形成单一综合指标。

(5) 备选方案应具有可比的寿命周期。

### 2. 项目效果的度量

项目的效果是指项目的结果所起到的作用、效应或效能,是项目目标的实现程度。项目的效果可以为一个,也可以不止一个。项目效果的度量是测算项目费用效果的基础。

当一个新的公益性项目建成后,社会公众总能享受到比以往更多的好处。例如,一个城市快速干道的建成,将能使人们减少上下班的时间,使司机减少等待红绿灯的时间等。

设 $U_p$ 表示社会公众使用目前设施的年总成本,$U_f$ 表示相同的社会公众使用新设施后的年总成本,$I$ 为投资主体取得的收益,新项目带来的社会效果为

$$B = U_p - U_f + I$$

企业效益可以货币表示的收入来度量,但公益性项目往往没有或仅有很少的货币收入,因此度量公益性项目的效果须谨慎。度量公益性项目的效益可以按照以下步骤进行。

(1) 估计每年将有多少人使用新建的设施。

(2) 假设这些人现在正使用旧设施,但新设施一旦建成,人们将肯定使用新设施。

(3) 估计人们使用旧设施的成本。

(4) 估计同样的人们使用新设施的成本。

(5) 计算人们使用新、旧设施的成本之差,确定公众享受到的好处。

### 3. 项目费用的度量

费用主要是投资主体对项目的投入，它包括两部分。

(1) 投资成本。设 $C_f$ 表示拟建公益性项目的等额年值投资成本，$C_p$ 表示用等额年值表示目前正在使用的设施余值。

新项目的投资成本公式为

$$C = C_f - C_p$$

(2) 运营成本。设 $M_f$ 表示拟建公益性项目的未来的年运营费，设 $M_p$ 表示目前正在使用的设施的运营费。

新项目的运营成本公式为

$$M = M_f - M_p$$

### 4. 费用效果分析

假设某公益性项目的无形效果可用单一指标来衡量，就可采用费用效果分析法，计算指标一般用 $R_{E/C}$ 表示，公式为

$$R_{E/C} = \frac{E}{C} = \frac{项目效果}{项目用现值或年值表示的计算期费用} \tag{8-11}$$

【小贴士】判别准则：投入费用一定，效果最大；或效果一定，费用最小的方案最佳。

费用效果分析的步骤如下。

(1) 确定要达到的目标。

(2) 对达到上述目标的具体要求作出说明和规定。

(3) 制定各种可行方案。

(4) 建立各方案达到规定要求的量度指标，如功能、效率、可靠性、安全性等。

(5) 确定各方案达到上述量度指标的水平。

(6) 选择固定效果法、固定费用法或效果费用比较法选择最佳方案。

【例 8-3】某流感免疫接种计划可使每 10 万个接种者中 6 人免于死亡，一人在注射疫苗时有致命反应。该计划每人接种费为 4 元，但因此可以不动用流感救护车。试用费用效果分析决定是否实施该计划。

**解**：净保健效果是避免 6 例死亡减去造成 1 例死亡，即避免 5 例死亡。

其费用是：$4 \times 100\ 000 - 80\ 000 = 320\ 000$ (元)

效果/费用 = 5 例死亡/320 000 = 1 例死亡/64 000

计算结果表明，若社会认可用 64 000 元的代价挽救一个生命时，该计划应予以实施。

## 阅读资料

### 中国银行率先应用行业标准

据介绍，中国银行示范应用《软件研发成本度量规范》一期项目从筹备到结项，为期 6 个多月，取得了显著成效：一是建立了符合行业标准且适用于项目不同阶段的规模估算

方法；二是建立了基于中国银行自身数据的工作量模型；三是培养了认证合格的成本估算专家，达成了专项人员持证上岗的目标。通过示范应用，解决了不同产品线因自身特点不同而导致规模技术标准不统一的问题，以及解决了多年来困扰企业的软件项目成本估算难题。

工业和信息化部软件服务业司软件产业处处长孙文龙表示，软件成本度量行业标准的制定及实施落地事关软件质量、过程改进及资源配置，对软件产业的规范管理具有实际意义。中国银行软件中心总经理刘秋万认为，软件成本度量"国标"是雪中送炭，作为该国家行业标准制定和推广实施单位的行业协会是具有权威性、有国际视野的组织，希望行业协会能持续与业界分享行业最佳实践。

(资料来源：陈昂. 中国银行率先应用行业标准. 中国财经报网，2013.3，http://www.cfen.com.cn)

# 第三节　成本效用分析

对建设项目特别是公益性项目进行评价时，往往要采用多个指标来全面衡量项目的效果，这些指标既有定量的，又有定性的。在定量的指标中有越大越好的，也有越小越好的。定量指标又有各种计量单位。对这类问题，可采用成本效用分析方法。

成本效用计算指标一般可用 $U/C$ 来表示，公式为

$$\frac{U}{C}=\frac{效用}{成本} \tag{8-12}$$

效用可用指标得分值 $F$ 或加权得分值 $F_\Sigma$ 表示，也可用效用系数 $U$ 或加权效用系数表示。

【小贴士】判定标准：投入成本一定，效用最大；或效用一定，费用最小的方案最佳。

## 一、效用值和权重的确定

### 1. 分值 $F_i$ 的确定方法

定性效果指标可组织专家(或有经验人员)小组会议进行评分或由各专家个人分别评分，然后采用算术平均法、加权平均法或中位数法进行整理后作为评价指标的分数值。

对定性效果指标进行评分时，可参照表 8-3 所示的评分标准。

表 8-3　定性指标评分标准

| 满足程度 | 最好 | 良 | 中 | 差 | 很差 |
|---|---|---|---|---|---|
| 百分制 | 100 | 80 | 60 | 40 | 20 |
| 五分制 | 5 | 4 | 3 | 2 | 1 |

定量效果指标可通过直接计算得到，但当各指标的计量单位不同时，必须使用不同计量单位换算为统一的数值。此时，引入效用系数来消除各指标计量单位的不可比性，采用效用系数法计算有以下两种情况。

(1) 当指标要求越大越好时，其效用系数可用 $U_j$ 表示，如图 8-1 所示，公式为

$$U_j = \frac{F_j - X_{j\min}}{X_{j\max} - X_{j\min}} \tag{8-13}$$

式中：$X_{j\min}$ 为预先确定的第 $j$ 个指标的最低值；$X_{j\max}$ 为预先确定的第 $j$ 个指标的最大值；$j$ 为评价指标的数目，$j = 1, 2, \cdots, n$；$F_j$ 为指标 $j$ 的得分。

(2) 当指标要求越小越好时，其效用系数可用 $U_j$ 表示，如图 8-2 所示，公式为

$$U_j = \frac{X_{j\max} - X_j}{X_{j\max} - X_{j\min}} \tag{8-14}$$

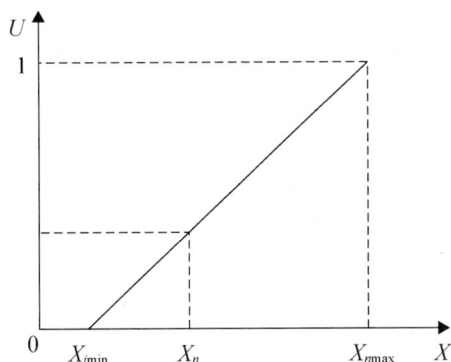

图 8-1　越大越好指标的效用系数　　　　图 8-2　越小越好指标的效用系数

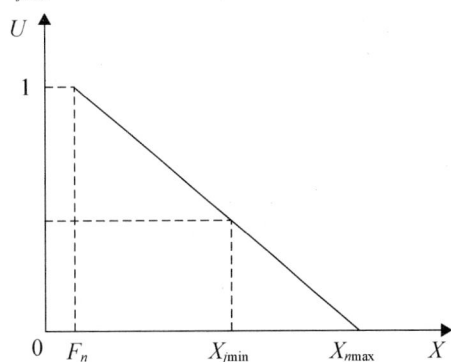

### 2. 权重 $W_j$ 的确定方法

$W_j$ 为反映效果指标之间相对重要程度的权重值，也称权系数或相对权数。调查法的步骤如下。

(1) 由专家小组或专家个人分别对各个效果的重要程度按百分制或五分制打分。

(2) 对专家个人的打分，用算术平均法、加权平均法或中位数法进行整理。

### 3. 加权分值的确定方法

(1) 加法。将每个效果的分值与其相应的权重系数的乘积累加，可得方案的综合加权分值，计算公式为

$$F_\Sigma = \sum_{j=1}^{n} W_j F_j \tag{8-15}$$

式中：$F_\Sigma$ 为综合加权分值；$F_j$ 为每个指标得分值；$W_j$ 为每个指标根据重要程度确定的权重值。

$$W_1 + W_2 + \cdots + W_n = 1$$

(2) 乘积。对方案各效果的分值的乘积开 $n$ 次方，$n$ 为连乘的效果数，可得项目或方案的综合加权分值，计算式为

$$F_{乘} = \sqrt[n]{F_1 \times F_2 \times \cdots \times F_n} \tag{8-16}$$

(3) 加乘混合法。求用加法、乘法求得的综合加权分值的和，得加乘混合法的加权分值，计算式为

$$F_{加乘} = F_{\Sigma} + F_{乘} \tag{8-17}$$

(4) 除法。在多重效果中，如果有些效果要求越大越好，另一些效果要求越小越好，在这种情况下用除法计算综合回权分值，计算式为

$$F_{除} = \frac{\beta_1 \cdot \beta_2 \cdot \cdots \cdot \beta_k}{a_1 \cdot a_2 \cdot \cdots \cdot a_j} \tag{8-18}$$

式中：$\beta_1 \cdot \beta_2 \cdots \cdot \beta_k$ 为要求越大越好的效果指标值；$\alpha_1 \cdot \alpha_2 \cdots \cdot \alpha_j$ 为要求越小越好的效果指标值。

(5) 最小二乘法。首先对各项效果确定一个理想值，然后将理想值同实际值之差除以理想值的平方，相加后再开方即为综合加权效用系数，计算式为

$$F = \sum W_j \left[ \frac{A_j - A_{j0}}{A_{j0}} \right]^2 \tag{8-19}$$

式中：$A_j$ 为每个效果指标的实际值；$A_{j0}$ 为每个效果指标的理想值。

上述 5 种方法各具特点，可根据具体情况应用，表 8-4 所示为加权分值的确定方法适用情况。

表 8-4　加权分值的确定方法适用情况

| 方法名称 | 说　明 |
|---|---|
| 加法 | 特点是计算简便。当各项效果指标得分差距不大，而重要程度差异较大时，宜采用加法 |
| 乘法 | 其特点正好同加法相反，适合于各效果指标值的差距较大，而权重值差距较小的情况 |
| 加乘混合法 | 既具有加法的特点，又有乘法的特点，可以较敏感地反映各个效果指标值的差异程度。因此，该法适用范围较宽 |
| 除法 | 要求方案评价的效果指标能够区分出越大越好或越小越好两类指标 |
| 最小二乘法 | 既反映了效果指标的重要程度，又反映了效果指标实际值与理想值之间的差距，用于进行方案综合评价是比较准确的 |

## 二、一维矩阵成本效用分析

下面以示例说明一维矩阵成本效用分析的过程。

【例 8-4】江城水坝有 4 个方案可供选择，它们的有关数据如表 8-5 所示，已知年出现水灾的概率越小越好，其最大值为 0.2，最小值为 0.01；通航可能性为越大越好的指标，其最大值为 10，最小值为 0，娱乐指标也是越大越好，最大值为 275 000，最小值为 0，试选最优方案。

表 8-5 水坝方案有关数据表　　　　　　　　　　　　　　（单位：亿元）

| 方　案 | 费用现值 | 效果指标 | | |
|---|---|---|---|---|
| | | 出现水灾概率/年<br>权重 50% | 通航可能性<br>(0-10)权重 30% | 娱乐/(人·日/年)<br>权重 20% |
| A | 1.0 | 0.3 | — | — |
| B | 2.5 | 0.1 | 5 | 100 000 |
| C | 3.7 | 0.06 | 7 | 150 000 |
| D | 5.5 | 0.01 | 10 | 275 000 |

**解：**(1) A 方案中出现水灾的概率要大于事先规定的最大值，所以淘汰。

(2) B 方案的出现水灾概率的 $U$(效用系数)为

$$U_j = \frac{X_{j\max} - X_j}{X_{j\max} - X_{j\min}} = \frac{0.2 - 0.1}{0.2 - 0.01} = 0.53$$

通航可能性效用系数：$U_j = \frac{X_j - X_{j\min}}{X_{j\max} - X_{j\min}} = \frac{5 - 0}{10 - 5} = 0.5$

娱乐效用系数：$U_j = \frac{X_j - X_{j\min}}{X_{j\max} - X_{j\min}} = \frac{100\ 000 - 0}{275\ 000 - 0} = 0.36$

综合效用系数为：$U = 0.53 \times 0.5 + 0.5 \times 0.3 + 0.36 \times 0.2 = 0.49$

$$\frac{U}{C} = \frac{0.49}{2.5} = 0.196$$

(3) C 方案的出现水灾概率的 $U$(效用系数)为

$$U_j = \frac{X_{j\max} - X_j}{X_{j\max} - X_{j\min}} = \frac{0.2 - 0.06}{0.2 - 0.01} = 0.74$$

通航可能性效用系数：$U_j = \frac{X_j - X_{j\min}}{X_{j\max} - X_{j\min}} = \frac{7 - 0}{10 - 5} = 0.7$

娱乐效用系数：$U_j = \frac{X_j - X_{j\min}}{X_{j\max} - X_{j\min}} = \frac{150\ 000 - 0}{275\ 000 - 0} = 0.55$

综合效用系数为：$U = 0.74 \times 0.5 + 0.7 \times 0.3 + 0.55 \times 0.2 = 0.69$

$$\frac{U}{C} = \frac{0.69}{3.7} = 0.186$$

(4) D 方案的出现水灾概率的 $U$(效用系数)为

$$U_j = \frac{X_{j\max} - X_j}{X_{j\max} - X_{j\min}} = \frac{0.2 - 0.01}{0.2 - 0.01} = 1$$

通航可能性效用系数：$U_j = \frac{X_j - X_{j\min}}{X_{j\max} - X_{j\min}} = \frac{10 - 0}{10 - 5} = 1$

娱乐效用系数：$U_j = \frac{X_j - X_{j\min}}{X_{j\max} - X_{j\min}} = \frac{275\ 000 - 0}{275\ 000 - 0} = 1$

综合效用系数为：$U=1\times0.5+1\times0.3+1\times0.2=1$

$$\frac{U}{C}=\frac{1}{5.5}=0.182$$

根据式(8-13)和式(8-14)确定的各方案的效用系数和成本效用 $U/C$ 值，如表 8-6 所示。

表 8-6　效用成本指标计算表　　　　　　　　(单位：亿元)

| 方　案 | 费用现值 | 效果指标 | | | 加权效用系数合计 | $U/C$ |
|---|---|---|---|---|---|---|
| | | 出现水灾概率/年 (50%) | 通航可能性 (30%) | 娱乐(20%) | | |
| A | 1.0 | 超过标准 | — | — | | 淘汰 |
| B | 2.5 | 0.53 | 0.5 | 0.36 | 0.49 | 0.196 |
| C | 3.7 | 0.74 | 0.7 | 0.55 | 0.69 | 0.186 |
| D | 5.5 | 1.0 | 1.0 | 1.0 | 1.0 | 0.182 |

从综合评价的结果分析，应选择 B 方案。

## 三、二维矩阵成本效用分析

下面以示例说明二维矩阵成本效用分析的过程。

【例 8-5】飞扬建筑施工企业欲购置一台塔式起重机，起重机的主要功能及权重、起重机的各总成对主要功能的贡献如表 8-7 所示，现有 3 种型号的起重机可供选择，其中 A 型起重机的性能得分如表 8-7 所示，A 型起重机的购置费为 300 000 元，试对起重机 A 进行二维的 $U/C$ 分析。

表 8-7　指标权重及零件总成对功能的贡献率

| 功能权重 / 零件总成 | A 35% | B 20% | C 20% | D 25% |
|---|---|---|---|---|
| 甲 | 40 | 0 | 5 | 20 |
| 乙 | 0 | 45 | 5 | 25 |
| 丙 | 30 | 25 | 50 | 20 |
| 丁 | 30 | 30 | 40 | 35 |
| 总和 | 100 | 100 | 100 | 100 |

**解：**所有零件对 A 功能的效用系数为=10×40+0×0+3×30+5×30=640

所有零件对 B 功能的效用系数为=0×0+6×45+6×25+6×30=600

所有零件对 C 功能的效用系数为=7×5+6×5+6×50+7×40=645

所有零件对 D 功能的效用系数为=6×20+5×25+7×20+6×35=595

综合功能系数为=640×35%+600×20%+645×20%+595×25%=621.75

$U/C=621.75/300\ 000=0.00207$(见表 8-8)。

表 8-8　效用及 $U/C$ 计算表

| 功能权重<br>零件总成 | A<br>35% | | B<br>20% | | C<br>20% | | D<br>25% | |
|---|---|---|---|---|---|---|---|---|
| 甲 | 10 | 40 | 0 | 0 | 7 | 5 | 6 | 20 |
| 乙 | 0 | 0 | 6 | 45 | 6 | 5 | 5 | 25 |
| 丙 | 3 | 30 | 6 | 25 | 6 | 50 | 7 | 20 |
| 丁 | 5 | 30 | 6 | 30 | 7 | 40 | 6 | 35 |
| 总和 | 100 | | 100 | | 100 | | 100 | |

# 本 章 小 结

在市场经济条件下，大部分项目财务分析结论可以满足投资决策要求，但对于财务现金流量不能真实地反映经济价值的项目，还需要进行费用效益、效果的分析。这类项目有农业、水利、铁道、公路、民航基础设施项目。本章主要介绍费用效益分析的概念与分析方法；费用效果分析的概念与分析方法；成本效用分析。通过对本章内容的学习，使读者掌握费用效益分析费用、效益的识别；影子价格的概念和计算原理；一、二矩阵成本效用分析。

# 自 测 题

## 一、选择题

1.　在实际经济生活中，有些产品的市场价格不能真实反映国民经济对项目的投入和产出，在这种情况下进行经济分析时，必须采用(　　)。

　　A. 市场价格　　B. 不变价格　　C. 可变价格　　D. 影子价格

2.　外贸货物的影子价格是以实际可能发生的(　　)为基础确定的。

　　A. 市场价格　　B. 口岸价格　　C. 不变价格　　D. 计划价格

3.　销售税金在国民经济评价中属于(　　)。

　　A. 直接费用　　B. 财务费用　　C. 转移支付　　D. 间接费用

4.　以下不属于国民经济评价的参数的是(　　)。

　　A. 行业基准收益率　　　　　　B. 影子汇率

　　C. 社会贴现率　　　　　　　　D. 影子工资换算系数

5.　在国民经济评价中，以下不属于转移支付的是(　　)。

　　A. 税金　　　　　　　　　　　B. 国内银行借款利息

　　C. 政府补贴　　　　　　　　　D. 国外银行借款利息

6.　下列条目中，属于政府调控价格的投入物的是(　　)。

　　A. 外贸货物　　B. 水、电　　C. 非外贸货物　　D. 劳动力

## 二、判断题

（　　） 1. 劳动力的机会成本是影子工资的主要组成部分。

（　　） 2. 社会折现率是国民经济评价中的专用参数。

（　　） 3. 在实际工作中允许根据项目实际情况对影子工资换算系数进行适当调整。

（　　） 4. 经济费用效益分析与财务分析的区别是：经济费用效益分析使用市场价格体系。

## 三、简答题

1. 简述费用效益、费用效果的定义。

2. 简述费用效益分析参数的内容。

3. 简述采用费用效果分析的条件。

## 四、案例分析

1 号研究所新研究了 4 种新型水压机，以可靠性作为评价效果的主要指标，即在一定条件下不发生事故的概率，4 种水压机的有关数据如表 8-9 所示，预算限制为 240 万元，应选哪个方案？

表 8-9　新型水压机基础数据表

| 方　　案 | 费用/万元 | 可靠性(1－事故概率) |
|---|---|---|
| 1 | 240 | 0.99 |
| 2 | 240 | 0.98 |
| 3 | 200 | 0.98 |
| 4 | 200 | 0.97 |

# 第九章　风险与不确定性分析

## 【学习要点及目标】

通过对本章内容的学习，掌握互斥方案的盈亏平衡分析；掌握单因素敏感性分析；掌握线性盈亏平衡分析；掌握概率分析方法；掌握风险决策准则。

## 【关键概念】

敏感性分析　概率分析

## 【引导案例】

建厂方案，设计能力为年产某产品 4200 台，预计售价 6000 元/台，固定总成本费用为 630 万元，单台产品变动成本费用为 3000 元。试求盈亏平衡时生产能力利用率及达到设计生产时获利。

**解：**（1）求盈亏平衡时产销量为

$$\mathrm{BEP}_Q = \frac{F}{P-V-T} = \frac{6\ 300\ 000}{6000-3000} = 2100$$

（2）盈亏平衡时生产能力利用率为

$$\mathrm{BEP}_Y = \frac{\mathrm{BEP}_Q}{Q} = \frac{2100}{4200} = 50\%$$

（3）达到设计生产能力时获利为

$$B = (P-V-T)Q - F$$
$$= (6000-3000) \times 4200 - 6\ 300\ 000 = 6\ 300\ 000\ (元)$$

# 第一节　盈亏平衡分析

盈亏平衡分析通过分析独立方案的产品产量、成本利润之间的关系，找出投资方案盈利与亏损在产量、产品价格、单位产品成本等方面的临界值，以判明在各种不确定性因素作用下方案的风险大小。

## 一、盈亏平衡分析的含义

盈亏平衡分析是在完全竞争或垄断竞争的市场条件下，研究项目特别是工业项目产品生产成本、产销量与盈利的平衡关系的方法。对一个项目而言，随着产销量的变化，盈利与亏损之间至少有一个转折点，即盈亏平衡点，在这点上，既不亏损也不盈利。盈亏平衡分析就是要找出项目方案的盈亏平衡点。

对项目的生产能力而言，盈亏平衡点越低，项目盈利的可能性越大，对不确定性因素变化所带来的风险承受能力就越强。

盈亏平衡分析的基本方法是建立成本与产量、营业收入与产量之间的函数关系，通过对这两个函数及其图形的分析，找出盈亏平衡点。其作用是：断定投资方案对不确定性因素变化的承受能力，为决策提供依据。

> 【小贴士】盈亏平衡点(break-even point，BEP)：项目的盈利与亏损的转折点，在BEP上销售收入等于总成本，此时项目刚好盈亏平衡。

## 二、线性盈亏平衡分析

线性盈亏平衡分析基本公式为

年营业收入公式，即

$$R = PQ \tag{9-1}$$

年总成本费用公式，即

$$R = F + VQ + TQ \tag{9-2}$$

年利润公式，即

$$B = R - C = (P - V - T)Q - F \tag{9-3}$$

式中：$R$ 为年总营业额；$P$ 为单位产品销售价格；$Q$ 为项目设计生产能力或年产量；$C$ 为年总成本费用；$F$ 为年总成本中的固定成本；$V$ 为单位产品的变动成本；$T$ 为单位产品营业税金及附加；$B$ 为年利润。

当盈亏平衡时，$B = 0$，则年产量的盈亏平衡点为

$$BEP_Q = \frac{F}{P - V - T} \tag{9-4}$$

营业收入的盈亏平衡点为

$$BEP_R = P\left(\frac{F}{P - V - T}\right) \tag{9-5}$$

盈亏平衡点的生产能力利用率为

$$BEP_Y = \frac{BEP_Q}{Q} = \frac{F}{(P - V - T)Q} \tag{9-6}$$

经营安全率为

$$BEP_S = 1 - BEP_Y \tag{9-7}$$

平衡点的生产能力利用率不应大于75%，经营安全率不应大于25%。

生产销售价格的盈亏平衡点为

$$BEP_P = \frac{F}{Q} + V + T \tag{9-8}$$

单位产品变动成本的盈亏平衡点为

$$BEP_V = P - T - \frac{F}{Q} \tag{9-9}$$

通过以上分析，可得出如图9-1所示的线性盈亏平衡分析示意图。

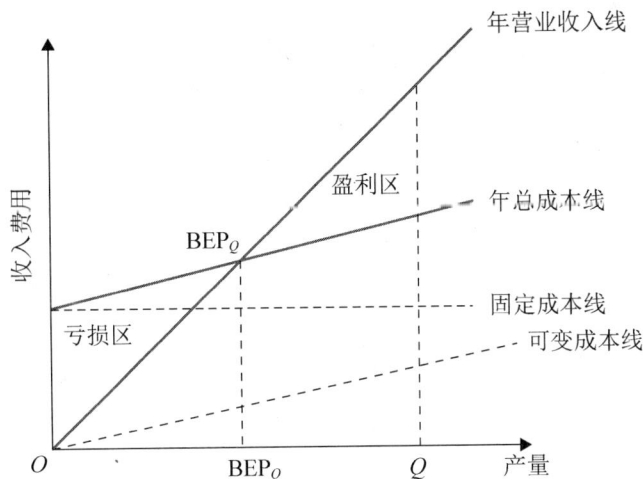

图 9-1 线性盈亏平衡分析示意图

**【例 9-1】** 金华企业经销一种产品，每年固定费用 90 万元，产品单件变动成本为 50 元，单价为 105 元，单位销售税金为 5 元。试求企业盈亏平衡点的产量为多少？设企业年生产能力为 2.4 万件，企业每年获得利润多少？生产能力利用率是多少？

**解：** 年产量的盈亏平衡点为

$$\text{BEP}_Q = \frac{F}{P-V-T} = \frac{90}{105-5-50} = 1.8 (万件)$$

企业每年获得利润为

$$B = (P-V-T)Q - F = (105-5-50) \times 2.4 - 90 = 30 (万件)$$

生产能力利用率为

$$\text{BEP}_Y = \frac{\text{BEP}_Q}{Q} = \frac{1.8}{2.4} \times 100\% = 75\%$$

## 三、非线性盈亏平衡分析

在垄断竞争条件下，项目产量增加导致市场上产品价格下降，同时单位产品的成本也会增加，则销售收入和成本与产销量之间是非线性关系。同时，企业增加产量时原材料可能上涨，同时要多支付一些加班费、奖金以及设备维修费，使产品的单位可变成本增加，从而总成本与产销量之间也并非成线性关系；这种情况下盈亏平衡可能出现两个平衡点，如图 9-2 所示。$Q_{\max}$ 为最优投产量，即企业按此产量组织生产会取得最佳效益 $E_{\max}$。

**【例 9-2】** 某企业年固定成本为 66 000 元，单位变动成本为 28 元，销售价格为 55 元，每多生产一件产品，单位变动成本下降 0.001 元，售价下降 0.0035 元。试求盈亏平衡点及最大利润时的销售量。

**解：** 单位产品变动成本为 28-0.001$Q$，单位产品售价为 55-0.0035$Q$。

(1) 求盈亏平衡时的产量。

成本函数为

$$C(Q) = 66\,000 + (28 - 0.001Q)Q = 66\,000 + 28Q - 0.001Q^2$$

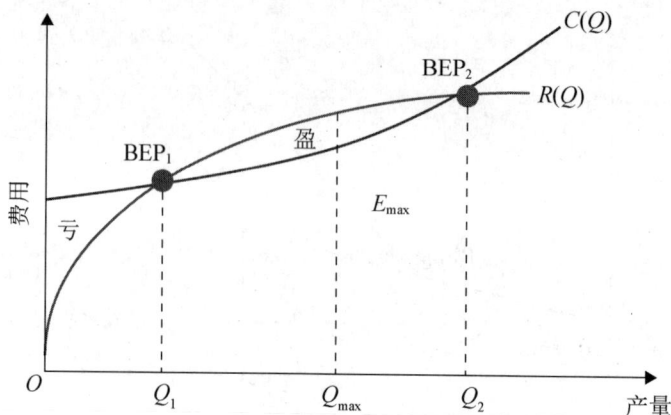

图 9-2　非线性盈亏平衡分析曲线

收入函数为

$$R(Q) = (55 - 0.0035Q)Q = 55Q - 0.0035Q^2$$

令 $C(Q) = R(Q)$ 得：$0.0025Q^2 - 27Q + 66\,000 = 0$

$$Q_1 = \frac{27 - \sqrt{27^2 - 4 \times 0.0025 \times 66\,000}}{2 \times 0.0025} = 3740 \,(\text{件})$$

$$Q_2 = \frac{27 + \sqrt{27^2 - 4 \times 0.0025 \times 66\,000}}{2 \times 0.0025} = 7061 \,(\text{件})$$

(2) 求最大利润时的产量。

由 $B = R - C$ 得：$B = 0.0025Q^2 + 27Q - 66\,000$

命 $B'(Q) = 0$ 得：$-0.005Q + 27 = 0$

即 $Q_{max} = \dfrac{27}{0.005} = 5400 \,(\text{件})$

当产量水平达到 5400 件时，该产品将获得最大的利润。

【小贴士】如果一个企业生产多种产品，可换算成单一产品，或者选择其中一种不确定性最大的产品进行分析。

运用盈亏平衡分析，在方案选择时应优先选择平衡点较低者，盈亏平衡点越低意味着项目的抗风险能力越强，越能承受意外。

## 四、互斥方案的盈亏平衡分析

在需用对若干互斥方案进行比选时，如有某个共同的不确定性因素影响互斥方案的取舍时，可先求出两个方案的盈亏平衡点(BEP)，再根据 BEP 进行方案取舍。

【例 9-3】某产品有两种生产方案，方案 A 初始投资为 70 万元，预期年净收益为 15 万元；方案 B 初始投资为 170 万元，预期年收益为 35 万元。该项目产品的市场寿命具有较大的不确定性，如果给定基准折现率为 15%，不考虑期末资产残值，试就项目寿命期分析两方案的临界点。

**解：**设项目寿命期为 $n$，如图 9-3 所示。

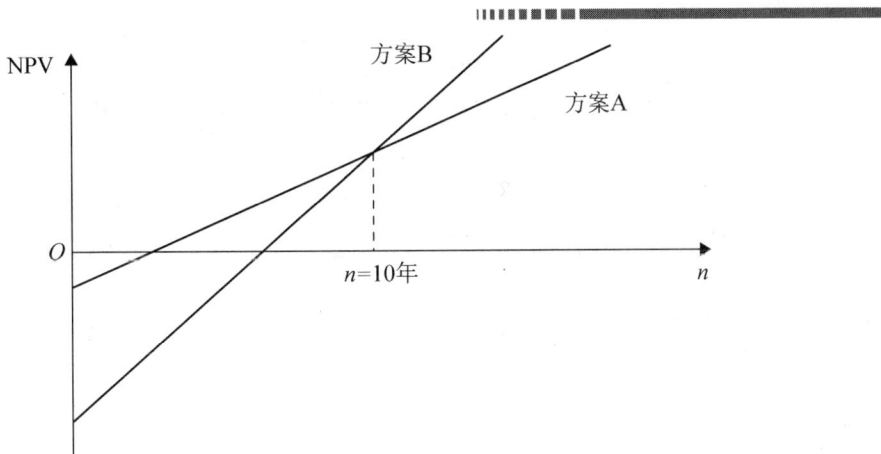

**图 9-3 盈亏平衡分析示意图**

$$NPV_A = -70 + 15(P/A, 5\%, n)$$
$$NPV_B = -170 + 35(P/A, 5\%, n)$$

当时 $NPV_A = NPV_B$ 时，有

$$-70 + 15(P/A, 5\%, n) = -170 + 35(P/A, 5\%, n))$$

即 $(P/A, 5\%, n) = 5$

查复利系数表得 $n \approx 10$ 年。

这就是以项目寿命期为共有变量时方案 A 与方案 B 的盈亏平衡点。由于方案 B 年净收益比较高，项目寿命期延长对方案 B 有利。

如果根据市场预测项目寿命期小于 10 年，应采用方案 A；如果寿命期在 10 年以上，则应采用方案 B。

# 阅读资料

## 猪粮比价逼近盈亏平衡点

市场供给减少影响，3 月末生猪价格触底反弹。发改委数据显示，5 月 20 日生猪出场价格涨至每公斤 14.34 元，比前一周上涨 1.9%，比 3 月中旬上涨 18.5%，同比上涨 6.2%。受此影响，生猪养殖亏损程度逐渐减轻。5 月 20 日全国猪粮比价为 5.88：1，比前一周上涨 1.9%，比 3 月中旬年内低点上涨 16.7%，逐渐向 6：1 的盈亏平衡点靠近。

后期猪价将维持上涨态势。由于生猪及母猪存栏持续下降，且降幅逐渐扩大，预计后期生猪产能继续压缩，猪价维持上涨态势。农业部数据显示，截至 4 月末，全国 4000 个监测点生猪存栏同比连续 17 个月下降，能繁母猪连续 20 个月下降。

值得警惕的是，2014 年 8 月，母猪存栏同比降幅超过 10%，预示 2015 年 6 月后生猪供给量减少明显，由于处于消费淡季，预计猪价涨幅不大，9 月份进入消费旺季，预计猪价上涨明显。

(资料来源：肖然. 猪粮比价逼近盈亏平衡点. 国际商报，2015.6, http://www.mofcom.gov.cn)

# 第二节 敏感性分析

敏感性分析是指影响方案的因素中的一个或几个估计值发生变化时，引起方案经济效果的相应变化以及变化的敏感程度。

## 一、敏感性分析的含义

敏感性评价指标用来表示对不确定性因素的变化所产生的反应的大小。反应越大，评价指标对此不确定性因素越敏感。

敏感性分析是通过研究建设项目主要不确定性因素的变化量所引起的经济效果评价指标的变化幅度大小，找出影响评价指标的最敏感因素，判明最敏感因素发生不利变化时，投资方案的承受能力(指标可行与否的临界值)。

依据每次所考虑的变动因素的数目不同，敏感性分析分为 3 类：单因素敏感性分析、多因素敏感性分析、三项预测敏感性分析。

## 二、敏感性分析的目的与步骤

### 1. 敏感性分析的目的

(1) 把握不确定性因素在什么范围内变化时方案的经济效果最好，在什么范围内变化效果最差，以便对不确定性因素实施控制。

(2) 区分敏感性大的方案和敏感性小的方案，以便选出敏感性小的，即风险小的方案。

(3) 找出敏感性强的因素，向决策者提出是否需要进一步搜集资料，进行研究，以提高经济分析的可靠性。

### 2. 敏感性分析的步骤

1) 确定需要分析的不确定因素

这些因素主要有产品产量(产生负荷)、产品售价、主要资源价格(原材料、燃料或动力)、可变成本、固定资产投资、建设期贷款利率及外汇等。

2) 确定进行敏感性分析的经济评价指标

衡量建设项目经济效果的指标较多，敏感性分析一般只对几个重要的指标进行，如财务净现值、财务内部收益率、投资回收期等。由于敏感性分析是在确定性经济评价基础上进行的，故选为敏感性分析的指标应与经济评价所采用的指标一致。

3) 计算因不确定因素变动引起的评价指标变动值

就所选定的不确定因素，设若干级变动幅度(通常用变化率表示)。然后计算与每级变动相应的经济评价指标，建立一一对应的数量关系，并用敏感性分析图或敏感性分析表的形式表示出来。

4) 计算敏感度系数并对敏感因素进行排序

敏感因素是指该不确定因素的数值有较小的变动就能使项目经济评价指标出现较显著

改变的因素。敏感度系数公式为

$$\beta = \Delta A / \Delta F \qquad (9\text{-}10)$$

式中：$\beta$ 为评价指标 $A$ 对不确定因素 $F$ 的敏感度系数；$\Delta F$ 为不确定因素 $F$ 的变化率 (%)；$\Delta A$ 为不确定因素 $F$ 发生 $\Delta F$ 变化率时，评价指标 $A$ 的相应变化率。

5) 计算变动因素的临界点

临界点是指项目允许不确定因素向不利方向变化的极限值。超过极限，项目的效益指标将不可行。例如，当建设投资上升到某值时，内部收益率将刚好等于基准收益率，此点称为建设投资上升的临界点。临界点可用临界点百分比或者临界值分别表示某一变量的变化达到一定的百分比或者一定数值时，项目的评价指标将从可行转变为不可行。临界点可用专用软件计算，也可由敏感性分析图直接求得近似值。

根据项目经济目标，如经济净现值或经济内部收益率等于所做的敏感性分析叫作经济敏感性分析，而根据项目财务目标所做的敏感性分析叫作财务敏感性分析。

## 三、单因素敏感性分析

每次只考虑一个因素的变动，而让其他因素保持不变时所进行的敏感性分析，叫作单因素敏感性分析。

【例 9-4】设江城 01-1 号项目基本方案的参数估算值如表 9-1 所示，试进行敏感性分析(基准收益率 $i_c = 9\%$)。

表 9-1　基本方案的基本数据估算表

| 因素 | 期初投资 $I$/万元 | 年销售收入 $B$/万元 | 年经营成本 $C$/万元 | 期末残值 $L$/万元 | 寿命 $n$/年 |
|---|---|---|---|---|---|
| 估算值 | 1500 | 600 | 250 | 200 | 6 |

**解：**

(1) 以销售收入、经营成本和投资为要分析的不确定因素。

(2) 选择项目的内部收益率为评价指标。

(3) 计算基本方案的内部收益率 IRR。现金流量图如图 9-4 所示。

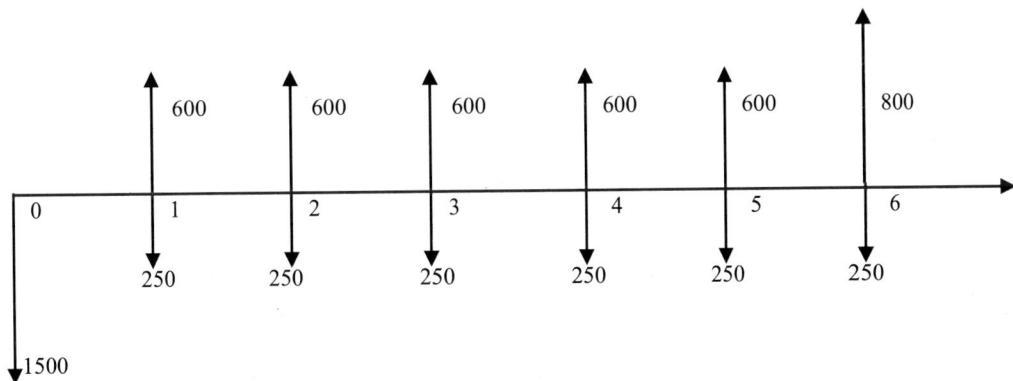

图 9-4　现金流量图

则方案的内部收益率 IRR 由下式确定，即

$$0 = -I + (B-C)\sum_{t=1}^{5}(1+\text{IRR})^{-t} + (B+L-C)(1+\text{IRR})^{-6}$$

$$0 = -1500 + 350\sum_{t=1}^{5}(1+\text{IRR})^{-t} + 550(1+\text{IRR})^{-6}$$

采用线性内插法可求得

$$\text{NPV}(i=12\%) = 40.31 > 0$$
$$\text{NPV}(i=13\%) = -47.87 < 0$$

所以 IRR=12%+[40.31/(40.31+47.87)]×1%=12.45%

(4) 计算销售收入、经营成本和投资变化对内部收益率的影响。考虑当销售收入变化为 $x$ 时对 IRR 的影响，内部收益率计算式为

$$0 = -I + (B+x-C)\sum_{t=1}^{5}(1+\text{IRR})^{-t} + (B+x+L-C)(1+\text{IRR})^{-6}$$

$x$ 分别按±5%和±10%变化时，求得的收益率列于表 9-2。同理，可求得其他因素对内部收益率的影响。

不确定因素对内部收益率的影响(%)，如表 9-2 所示。

表9-2　不确定因素对内部收益率的影响　　　　　　　　　　　　　　（单位：%）

| 变化因素 | 变化幅度 | | | | |
|---|---|---|---|---|---|
| | −10% | −5% | 0 | +5% | +10% |
| 销售收入 | 7.11 | 10.12 | 12.45 | 15.63 | 18.29 |
| 经营成本 | 15.14 | 14.02 | 12.45 | 11.76 | 10.61 |
| 投资 | 15.63 | 13.36 | 12.45 | 11.29 | 9.75 |

以内部收益率为纵坐标，参数变化的幅度为横坐标，绘制敏感性分析图如图 9-5 所示。

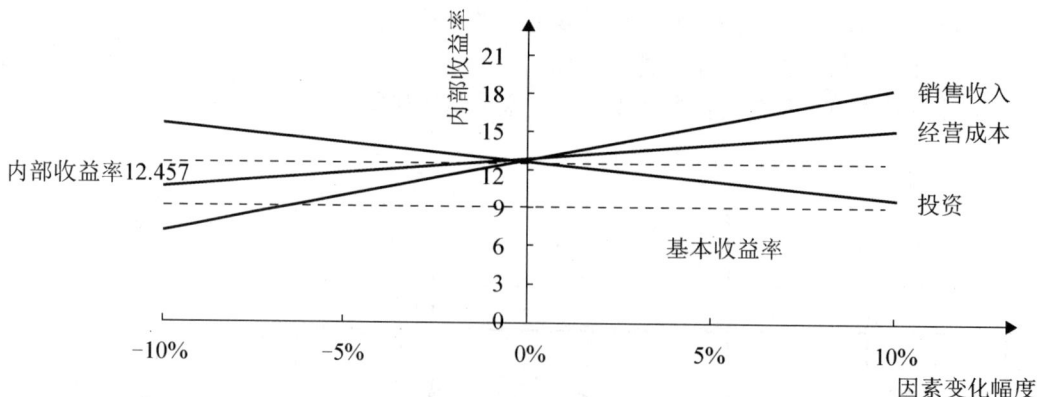

图 9-5　敏感性分析图

(5) 计算方案对各因素的敏感度。平均敏感度的计算式为

$$\beta = \frac{\text{评价指标变化的幅度(\%)}}{\text{不确定性因素变化的幅度(\%)}} \tag{9-11}$$

$$年销售收入平均敏感度 = \frac{(18.28 - 7.11) \div 12.45 \times 100\%}{20\%} = 4.48$$

$$年经营成本平均敏感度 = \frac{|10.61 - 15.14| \div 12.45 \times 100\%}{20\%} = 1.82$$

$$建设投资平均敏感度 = \frac{|9.75 - 15.63| \div 12.45 \times 100\%}{20\%} = 2.36$$

显然，内部收益率对年营业收入变化的反应最为敏感。

## 四、多因素敏感性分析

单因素敏感性分析忽略了因素之间的相关性。实际上，一个因素的变动往往也在伴随着其他因素的变动，多因素敏感性分析考虑了这种相关性，因而能反映几个因素同时变动对项目产生的综合影响。

多因素敏感性分析的基本思路为：分析各变动因素的各种可能的变动组合，每次改变全部或若干个因素进行敏感性计算。

【例 9-5】江城 01-2 号项目的有关数据如表 9-3 所示，可变因素为投资、年收入和寿命，考虑因素间同时变动。试对该项目进行敏感性分析。

表 9-3　项目的有关数据

| 指　标 | 投资 | 寿命 | 年收入 | 年支出 | 残值 | 折现率 |
|---|---|---|---|---|---|---|
| 估计值 | 10 000 元 | 5 年 | 5000 元 | 2200 元 | 2000 元 | 8% |

**解：**令 $x$ 及 $y$ 分别代表投资和年收入的变化百分数，寿命为 $n$ 年，则若项目可行须满足下式，即

$$NAV_n = -10\,000(1+x)(A/P, 8\%, n) + 5000(1+y)$$
$$- 2200 + 2200(A/P, 8\%, n) \geqslant 0$$

该不等式中含有 3 个未知数，无法用平面表示，可假定某个量为定值，将其转化为二维不等式。

令 $n = 2$ 得： $NAV_2 = -1846.62 - 5607.70x + 5000y \geqslant 0$

即 $y \geqslant 0.369 + 1.12x$

令 $n = 3$ 得　$y \geqslant 0.092848 + 0.776x$

令 $n = 4$ 得　$y \geqslant -0.044928 + 0.060384x$

令 $n = 5$ 得　$y \geqslant -0.12726 + 0.50092x$

令 $n = 6$ 得　$y \geqslant -0.18188 + 0.4326x$

根据上面不等式可绘制一组损益平衡线，如图 9-6 所示。

当 $n = 2$ 时，收入增加 36.9%，或投资减少 32.9%，净年值为正，即原方案可行。只要 $n \geqslant 4$，方案就有一定的抗风险能力。$n$ 值越大，方案抗风险能力越强。

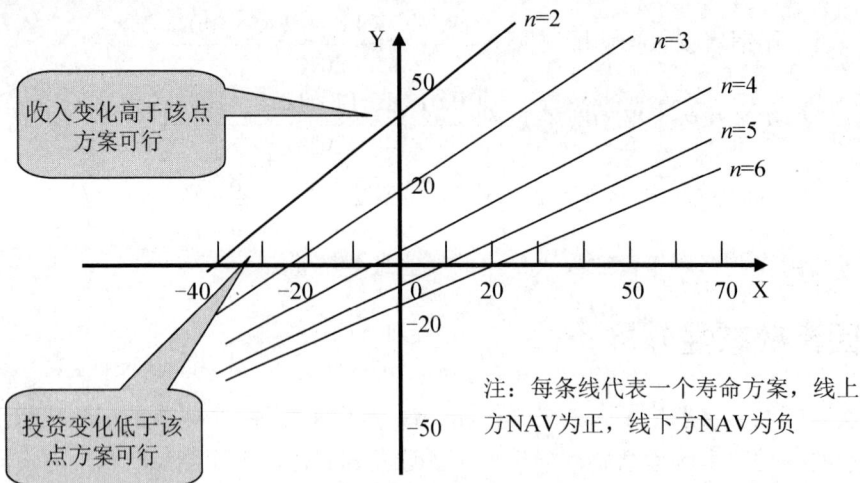

图 9-6　年值敏感性分析图(多因素)

## 五、三项预测敏感性分析

多因素敏感性分析要考虑可能发生的多种因素不同变动幅度的多种组合，计算起来要比单因素敏感性分析复杂得多。当分析的不确定因素不超过 3 个，且指标计算比较简单，可以采用三项预测值敏感性分析。

三项预测值敏感性分析的基本思路为：对技术方案的各种参数分别给出 3 个预测值，即悲观的预测值 $P$、最有可能的预测值 $M$、乐观的预测值 $O$，根据这 3 种预测值即可对技术方案进行敏感性分析。

【例 9-6】唐门公司准备购置新设备，投资、寿命等数据如表 9-4 所示，试就使用寿命、年支出和年营业收入按最有利、最有可能和很不利 3 种情况进行净现值敏感性分析($i_c$=8%)。

表 9-4　数据表　　　　　　　　　　　　(单位：百万元)

| 情　况 | 总投资 | 使用寿命 | 年营业收入 | 年支出 |
|---|---|---|---|---|
| 最有利($O$) | 15 | 18 | 11 | 2 |
| 很可能($M$) | 15 | 10 | 7 | 4.3 |
| 最不利($P$) | 15 | 8 | 5 | 5.7 |

**解**：计算过程如表 9-5 所示。

表 9-5　净现值对三项预测值的敏感性分析　　　　(单位：百万元)

| 年支出 | | $O$ | | | $M$ | | | $P$ | | |
|---|---|---|---|---|---|---|---|---|---|---|
| 使用寿命 | | $O$ | $M$ | $P$ | $O$ | $M$ | $P$ | $O$ | $M$ | $P$ |
| 年营业收入 | $O$ | 69.35 | 45.39 | 36.72 | 47.79 | 29.89 | 23.50 | 34.67 | 20.56 | 15.46 |
| | $M$ | 31.86 | 18.55 | 13.74 | 10.30 | 3.12 | 0.52 | −2.82 | −6.28 | −7.53 |
| | $P$ | 13.12 | 5.13 | 2.24 | 8.44 | −10.3 | −10.98 | −21.56 | −19.70 | −19.00 |

在表 9-5 中最大的 NPV 是 69.35 万元。

即寿命、年营收入、年支出均处于最有利状态时，有

$$NPV = (11 - 2)(P/A, 8\%, 18) - 15$$
$$= 9 \times 9.372 - 15 = 69.35(万元)$$

在表中最小的 NPV 是-21.56 万元，即寿命在 $O$ 状态，营业收入和年支出在 $P$ 状态时，有

$$NPV = (5 - 5.7)(P/A, 8\%, 18) - 15$$
$$= -0.7 \times 9.372 - 15 = -21.56(万元)$$

【小贴士】敏感性的分析研究是在预测和假设的基础上进行的，对预测的准确性有较高要求。

优点：定量地分析了不确定因素变化对方案经济效果造成的影响。

缺点：未考虑各种不确定因素发生的概率，不知道其发生的可能性有多大，影响分析的准确性。

如例 9-6 中市场上相同项目寿命期一般为 5 年，则寿命为 2 年的概率极低，可以不考虑该种可能性。

# 阅读资料

## 生态环境敏感性评价的方法

敏感性一般分为 5 级，为极敏感、高度敏感、中度敏感、轻度敏感、不敏感。如有必要，可适当增加敏感性级数。

应运用地理信息系统技术绘制区域生态环境敏感性空间分布图。制图中，应对所评价的生态环境问题划分出不同级别的敏感区，并在各种生态环境问题敏感性分布的基础上，进行区域生态环境敏感性综合分区。

生态环境敏感性评价可以应用定性与定量相结合的方法进行。在评价中应利用遥感数据、地理信息系统技术及空间模拟等先进的方法与技术手段。评价方法如下。

(1) 土壤侵蚀敏感性。建议以通用土壤侵蚀方程(USLE)为基础，综合考虑降水、地貌、植被与土壤质地等因素，运用地理信息系统来评价土壤侵蚀敏感性及其空间分布特征。具体方法、步骤与指标参见附件。

(2) 沙漠化敏感性。可以用湿润指数、土壤质地及起沙风的天数等来评价区域沙漠化敏感性程度，具体指标与分级标准参见附件。

(3) 盐渍化敏感性。土壤盐渍化敏感性是指旱地灌溉土壤发生盐渍化的可能性。可根据地下水位来划分敏感区域，再采用蒸发量、降雨量、地下水矿化度与地形等因素划分敏感性等级。具体指标与分级标准参见附件。

(4) 石漠化敏感性。可以根据评价区域是否为喀斯特地貌、土层厚度以及植被覆盖度等进行评价，具体指标与分级标准参见附件。

(5) 酸雨敏感性。可根据区域的气候、土壤类型与母质、植被及土地利用方式等特征来综合评价区域的酸雨敏感性。

(资料来源：张进洁. 生态环境敏感性评价的评价方法. 生态功能区划技术暂行规程，2011.12，http://www.cnblogs.com)

# 第三节 风险分析

风险是指相对于预期目标,主体遭受损失的不确定性。

首先,预测风险因素发生各种变化的概率,将风险因素作为自变量,预测其取值范围和概率分布,再将选定的经济评价指标作为因变量,测算评价指标的相应取值范围和概率分布,计算评价指标的数学期望值和项目成功或失败的概率。利用这种分析,可以弄清楚各种不确定因素出现某种变化,建设项目获得某种利益或达到某种目的的可能性的大小,或者获得某种效益的把握程度。

## 一、风险的要素

理解风险的概念应把握以下 3 个要素。

(1) 不确定性是风险存在的必要条件。风险和不确定性是两个不完全相同但又密切相关的概念。如果某种损失必定要发生或必定不会发生,人们可以提前在计划中通过成本费用的方式予以明确,风险是不存在的。只有当人们对行为产生的未来结果无法事先准确预料时,风险才有可能存在。

(2) 潜在损失是风险存在的充分条件。不确定性的存在并不一定意味着风险,因为风险是与潜在损失联系在一起的,即实际结果与目标发生的同偏离,包括没有达到预期目标的损失。例如,如果投资者的目标是基准收益率 15%,而实际的内部收益率在 20%~30%,虽然具体数值无法确定,但最低的收益率都高于目标收益率,绝无风险可言。如果这项投资的内部收益率估计可能在 12%~18%,则它是一个有风险的投资,因为实际收益率有小于目标水平 15% 的可能。

(3) 经济主体是风险成立的基础。风险成立的基础是存在承担行为后果的经济主体,即风险行为人必须是行为后果的实际承担人。如果有某位投资者对其投资后果不承担任何责任,或者只负盈不负亏,那么投资风险对他就没有任何意义,也不必浪费精力进行风险管理。

【小贴士】风险分为 3 类:纯风险和理论风险、静态风险和动态风险、主观风险和客观风险。

风险管理的步骤:风险识别、风险估计、风险评价、风险决策、风险应对。

## 二、项目风险的来源

工程项目风险的主要来源:市场风险、技术风险、财产风险、责任风险、信用风险。

(1) 市场风险,是指由于市场价格的不确定性导致损失的可能性。

(2) 技术风险,是指高新技术的应用和技术进步使建设项目目标发生损失的可能性。

(3) 财产风险,是指与项目建设有关的企业和个人所拥有、租赁或使用的财产,面临可能被破坏、被损毁以及被盗窃的风险。

(4) 责任风险，是指承担法律责任后对受损一方进行补偿而使自己蒙受损失的可能性。

(5) 信用风险，是指由于有关行为主体不能做到重合同、守信用而导致目标损失的可能性。

## 三、风险识别

风险识别是指采用系统论的观点对项目全面考察综合分析，找出潜在的各种风险因素，并对各种风险进行比较、分类，确定各因素间的相关性与独立性，判断其发生的可能性及对项目的影响程度，按其重要性进行排队或赋予权重。

风险识别的一般步骤如下。

(1) 明确所要实现的目标。

(2) 找出影响目标值的全部因素。

(3) 分析各因素对目标的相对影响程度。

(4) 根据各影响因素向不利方向的可能性进行分析、判断，确定主要的风险因素。

## 四、风险估计

风险估计是指采用主观概率和客观概率的统计方法，确定风险因素的概率分布，运用数理统计分析方法，计算项目评价指标相应的概率分布或累计概率、期望值、标准差。

概率分为客观概率与主观概率。客观概率是指用科学的数理统计方法，推断、计算随机事件发生的可能性大小，是对大量历史先例进行统计分析得到的。主观概率是当某些事缺乏历史统计资料时，由决策人自己或借助咨询机构或专家凭经验进行估计得出的。

### (一) 离散概率分布

当变量可能值为有限个数，这种随机变量称为离散随机变量，其概率密度为间断函数。在此分布下指标期望值为

$$\bar{x} = \sum_{i=1}^{n} p_i x_i \tag{9-12}$$

式中：$\bar{x}$ 为指标的期望值；$p_i$ 为第 $i$ 种状态发生的概率；$x_i$ 为第 $i$ 种状态下的指标值；$n$ 为可能的状态数。

指标的方差 $D$ 为

$$D = \sum_{i=1}^{n} P_i (x - \bar{x})^2 \tag{9-13}$$

指标的均方差(或标准差)$\sigma$ 为

$$\sigma = \sqrt{D}$$

【例 9-7】荣升公司高新技术转化项目的净现值为随机变量，并有如表 9-6 所示的离散型概率分布。试求净现值的期望值和方差。

表 9-6　数据表　　　　　　　　　　　　(单位：万元)

| 净现值的可能状态 | 1000 | 1500 | 2000 | 2500 |
|---|---|---|---|---|
| 概率分布 $P$ | 0.1 | 0.5 | 0.25 | 0.15 |

**解：** 净现值的期望值 = $0.1 \times 1000 + 0.5 \times 1500 + 0.25 \times 2000 + 0.15 \times 2500 = 1725$(万元)

净现值的方差 = $0.1 \times (1000 - 1725)^2 + 0.5 \times (1500 - 1725)^2$

$$+ 0.25 \times (2000 - 1725)^2 + 0.15 \times (2500 - 1725)^2 = 186\,875(万元)$$

净现值的均方差 = 432 万元

## (二) 连续概率分布

当一个变量的取值范围为一个区间，这种变量称为连续变量，其概率密度分布为连续函数。常用的连续概率分布有以下 5 种。

### 1. 正态分布

正态分布是一种最常用的概率分布，其特点是密度函数以均值为中心对称分布。概率密度如图 9-7 所示。正态分布适用于描述一般经济变量的概率分布，如销售量、售价、产品成本等。

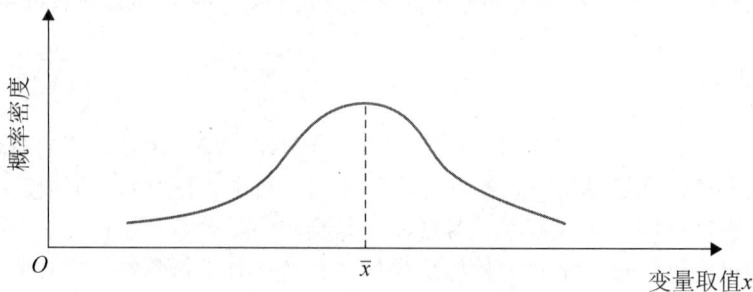

**图 9-7　正态分布概率密度图**

设变量为 $x$，$x$ 的正态分布概率密度函数为 $p(x)$，$x$ 的期望值 $\bar{x}$ 和方差 $D$ 计算式为

$$\bar{x} = \int x p(x) \mathrm{d}x \tag{9-14}$$

$$D = \int_{-\infty}^{+\infty} (x - \bar{x})^2 p(x) \mathrm{d}x \tag{9-15}$$

当 $\bar{x} = 0$、$\sqrt{D} = 1$ 时称这种分布为标准正态分布，用 $N(0,1)$ 表示。

### 2. 三角分布

三角分布的特点是密度函数由悲观值($P$)、最可能值($M$)和乐观值($L$)构成的对称的或不对称的三角形。三角分布适用于描述工期、投资等不对称分布的输入变量，也可用于描述产量、成本等对称分布的输入变量，如图 9-8 所示。

### 3. 梯形分布

梯形分布是三角分布的特例，在确定变量的乐观值和悲观值后，对最可能值却难以判定，只能确定一个最可能值的范围，这时可用梯形分布描述，如图 9-9 所示。

### 4. $\beta$ 分布

如果变量服从 $\beta$ 分布，则概率密度在均值两边呈不对称分布，如图 9-10 所示。$\beta$ 分布适用于描述工期等不对称分布的变量。通常可以对变量做出 3 种估算：悲观值 $P$、最可

能值 $M$、乐观值 $L$。其期望值及方差近似公式为

$$\overline{x} = \frac{P + 4M + L}{6} \tag{9-16}$$

$$D = \left(\frac{L - P}{6}\right)^2 \tag{9-17}$$

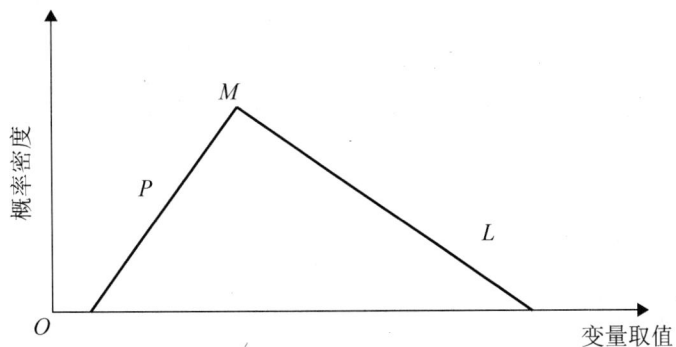

图 9-8　三角分布概率密度图

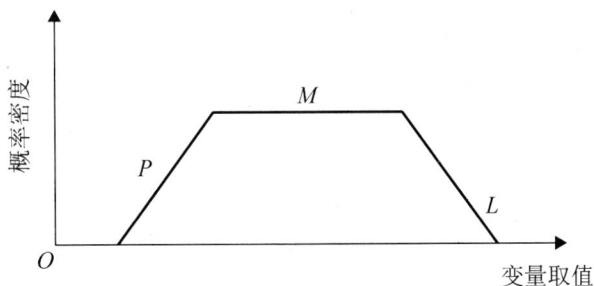

图 9-9　梯形分布概率密度图

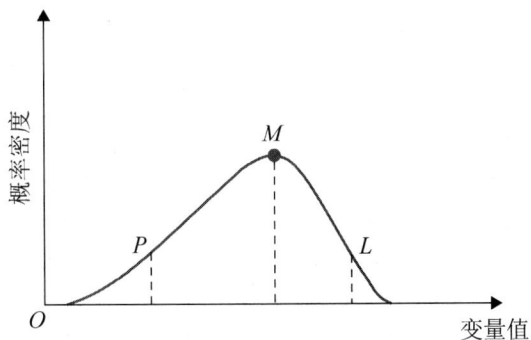

图 9-10　$\beta$ 分布的概率密度图

## 5. 均匀分布

如果指标值服从均匀分布，其期望值及方差公式为

$$\overline{x} = \frac{a + b}{2} \tag{9-18}$$

$$D = \left(\frac{b-a}{12}\right)^2 \tag{9-19}$$

式中，$a$、$b$ 分别为指标值的最小值和最大值。均匀分布的概率密度如图 9-11 所示。

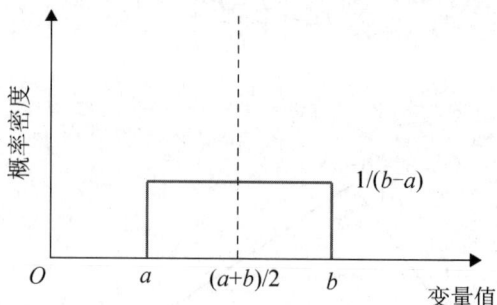

图 9-11 均匀分布概率密度图

### (三) 概率树分析

概率树分析的一般步骤如下：

(1) 列出要考虑的各种风险因素，如投资、经营成本、销售价格等。

(2) 设想各种风险因素可能发生的状态，即确定其数值发生变化的个数。

(3) 分别确定各种状态可能出现的概率，并使可能发生状态概率之和等于 1。

(4) 分别求出各种风险因素发生变化时，方案净现金流量各状态发生的概率和相应状态下的净现值 $\text{NPV}^{(j)}$。

(5) 求方案净现值的期望值(均值) $E(\text{NPV})$，即

$$E(\text{NPV}) = \sum_{j=1}^{k}(\text{NPV})^{(j)}P_j \tag{9-20}$$

式中：$P_j$ 为第 $j$ 种状态出现的概率；$k$ 为可能出现的状态数。

(6) 求出方案净现值非负的累计概率。

(7) 对概率分析结果作说明。

> **【小贴士】画概率树的方法:**
>
> 一般是在左端首先画一个方框作为出发点，这点叫作决策点；从决策点画出若干条直线，每一条直线代表一个方案，这些直线叫作方案枝；在这个方案枝的末端画一个圆圈，把它们叫作机会点(概率点)；从机会点引出若干条直线，每条直线代表一种状态，这些直线叫作概率枝(机会枝)；在每条概率枝的末端打上个三角符号"△"，并标出各方案在不同状态下的效益值(结果值)，这样就构成了一个概率树。

**【例 9-8】** 某公司要从 3 个互斥方案中选择一个方案，各方案的净现值及其概率如表 9-7 所示。

**解:** (1) 计算各方案净现值的期望值和标准差，即

$$E_A(\text{NPV}) = 2000 \times 0.25 + 2500 \times 0.5 + 3000 \times 0.25 = 2500\,(万元)$$

表 9-7　各方案净现值、自然状态及概率　　　　（单位：万元）

| 市场销路 | 概　率 | 方案净现值/万元 | | |
| --- | --- | --- | --- | --- |
| | | A | B | C |
| 销路差 | 0.25 | 2 000 | 0 | 1 000 |
| 销路一般 | 0.50 | 2 500 | 2 500 | 2 800 |
| 销路好 | 0.25 | 3 000 | 5 000 | 3 700 |

同理可得

$$E_B(NPV) = 2500 \text{万元}$$
$$E_C(NPV) = 2576 \text{万元}$$

$$\sigma_A = \sqrt{0.25\times(2000-2500)^2 + 0.5\times(2500-2500)^2 + 0.25\times(3000-2500)^2}$$
$$= 353.55$$

同理，可得

$$\sigma_B = 1767.77$$
$$\sigma_C = 980.75$$

(2) 各方案净现值数据如表 9-8 所示。

表 9-8　各方案净现值数据　　　　（单位：万元）

| 市场销路 | 概　率 | 方案净现值/万元 | | |
| --- | --- | --- | --- | --- |
| | | A | B | C |
| 销路差 | 0.25 | 2000 | 0 | 1000 |
| 销路一般 | 0.50 | 2500 | 2500 | 2800 |
| 销路好 | 0.25 | 3000 | 5000 | 3700 |
| 期望值/万元 | | 2500 | 2500 | 2576 |
| 标准差 | | 353.55 | 1767.77 | 980.75 |
| 变异系数 | | 0.141 | 0.707 | 0.381 |
| 选择方案 | | √ | | |

因为 $\sigma_A < \sigma_B$，A 优于 B。

又因为 $V_A < V_C$，所以方案 A 的风险比方案 C 小，而两方案的净现值差别不是太大，因此，最后应选择方案 A 为最优投资方案。

### (四) 蒙特卡洛模拟法

在风险测度中，概率树法多用于解决比较简单的问题，比如只有一个或两个参数是随机变量，且随机变量的概率分布是离散型的。但若遇到随机变量较多且概率分布是连续型的，则不适宜采用概率树法，而应采用蒙特卡洛模拟法。

蒙特卡洛模拟法是用随机抽样的方法抽取一组输入变量的概率分布特征的数值，输入这组变量计算项目评价指标，通过多次抽样计算可获得评价指标的概率分布及累计概率分布、期望值、方差、标准差，计算项目可行或不可行的概率，从而估计项目投资所承担的风险。

蒙特卡洛模拟法的实施步骤如下。

(1) 通过敏感性分析，确定风险随机变量。

(2) 确定风险随机变量的概率分布。

(3) 确定随机数，模拟输入变量。

(4) 选取经济评价指标，如净现值、内部收益率等。

(5) 根据基础数据计算评价指标值。

(6) 整理模拟结果，计算项目可行或不可行的概率。

### 1. 离散型随机变量的蒙特卡洛模拟

根据专家调查获得的产品的年营业收入服从表 9-9 所示的离散型概率分布，根据表绘制累计概率，如图 9-12 所示。

表 9-9　离散型随机变量的概率分布表

| 年营业收入/万元 | 1 000 | 1 200 | 1 500 | 2 000 |
|---|---|---|---|---|
| 概率 | 0.1 | 0.5 | 0.25 | 0.15 |
| 累计概率 | 0.1 | 0.6 | 0.85 | 1.00 |

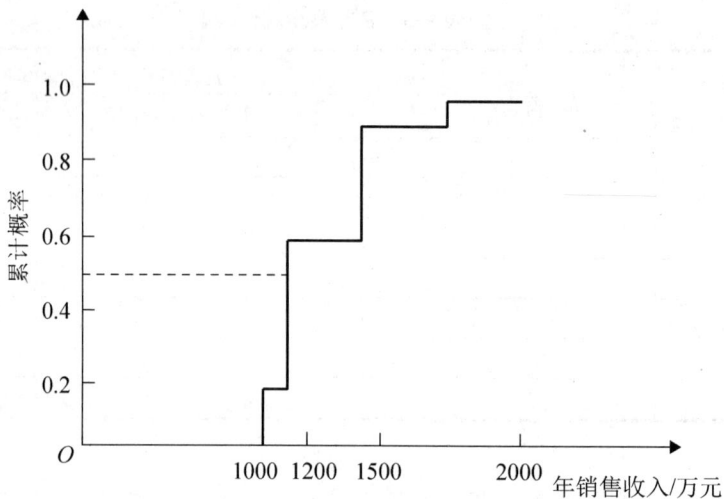

图 9-12　年销售收入累计概率图

若抽取的随机数为 48 867，从累计概率图纵坐标上找到累计概率为 0.48867，画一条水平线与累计概率折线相交的交点的横坐标值为 1200 万元/年，即是年营业收入的抽样值。

随机数、累计概率与抽样结果的关系如表 9-10 所示。

表 9-10　随机数、累计概率与抽样结果关系表

| 年营业收入 | 1000 | 1200 | 1500 | 2000 |
|---|---|---|---|---|
| 随机数 | 00 000～9 999 | 10 000～5 999 | 60 000～84 999 | 85 000～99 999 |
| 累计概率 | 0.1 | 0.6 | 0.85 | 1.00 |

### 2. 正态分布随机变量的蒙特卡洛模拟

随机数(RN)作为随机变量累计概率的随机值，这样，每个随机数都可找到对应的一个随机正态偏差(RND)，如图 9-13 所示。对应的随机变量的抽样结果公式为

$$抽样结果=均值+随机正态偏差×标准差 \tag{9-21}$$

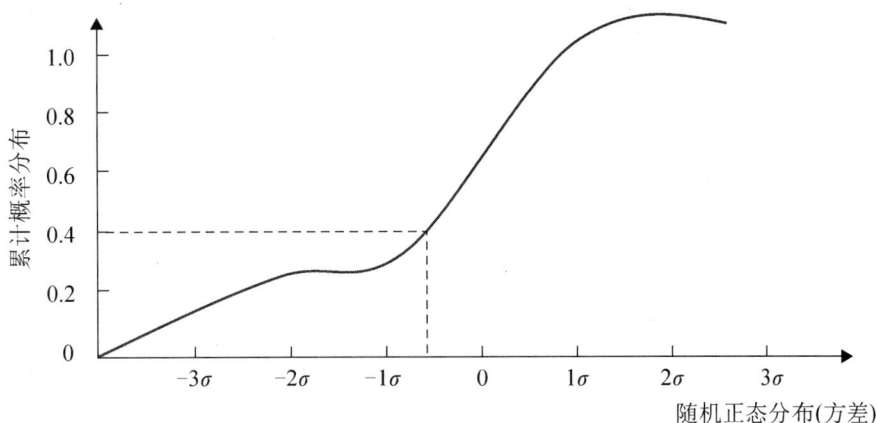

图 9-13　正态分布累计概率图

### 3. 均匀分布随机变量的蒙特卡洛模拟

具有最小值 $a$ 和最大值 $b$ 的连续均匀分布随机变量，其累计概率分布如图 9-14 所示。随机数(RN)作为随机变量累积概率的随机值，设 RN 为随机数，$RN_{max}$ 为最大随机数，根据三角形相似原理，可得

$$抽样结果 = a + \frac{RN}{RN_{max}}(b-a) = \frac{a+b}{2} - \frac{b-a}{2} + \frac{RN}{RN_{max}}(b-a) \tag{9-22}$$

如果某均匀分布随机变量的均值为 8，变化范围为 6，则其抽样结果 $= \left(8 - \dfrac{6}{2}\right) +$

$\dfrac{RN}{RN_{max}} \times 6 = 5 + \dfrac{RN}{RN_{max}} \times 6$。

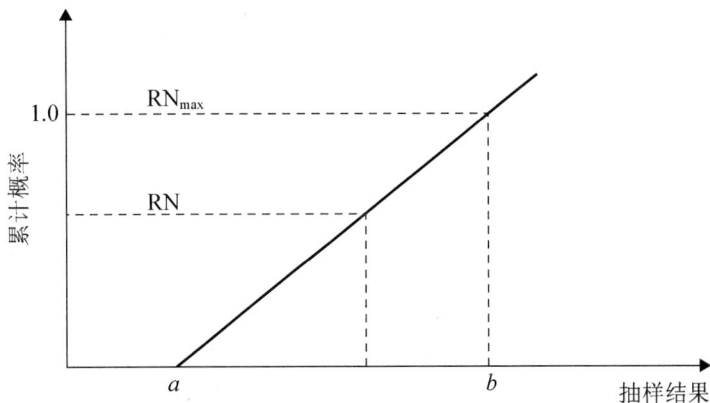

图 9-14　均匀分布累计概率图

**【例 9-9】** 龙庭项目采用类似项目比较法，能较准确地估算出初始投资为 150 万元，投资当年即可获得正常收益。通过敏感性分析推断项目寿命和年净收益为风险随机变量。项目寿命期估计为 12～16 年，呈均匀分布。年净收益率估计呈正态分布。年净收益的均值为 25 万元，标准差为 3 万元。

(1) 试用蒙特卡洛模拟法描述该项目内部收益率的概率分布。

(2) 设基准收益率为 12%，计算项目内部收益率大于 12%的概率。

**解：**(1)在本例中，需要模拟的随机变量有项目寿命期和年净收益，且两个随机变量相互独立。根据已知条件，项目寿命的模拟结果为 $12+\dfrac{RN}{RN_{max}}\times 4$；项目净收益的模拟结果为 $12+RND\times 3$。表 9-11 是 25 个随机样本数据及相应的内部收益率计算结果。

表 9-11　随机样本数据和 IRR 的计算结果

| 序　号 | 项目寿命随机数 | 项目寿命/年 | 年净收益随机数 | 年净收益随机正态偏差 | 年净收益/万元 | 内部收益率/% |
|---|---|---|---|---|---|---|
| 1 | 303 | 13 | 623 | 0.325 | 25.98 | 14.3 |
| 2 | 871 | 16 | 046 | -1.685 | 19.95 | 10.7 |
| 3 | 274 | 13 | 318 | -0.475 | 23.58 | 12.2 |
| 4 | 752 | 15 | 318 | -0.475 | 23.58 | 13.2 |
| 5 | 346 | 13 | 980 | 2.055 | 31.15 | 18.5 |
| 6 | 365 | 13 | 413 | -0.220 | 24.34 | 12.9 |
| 7 | 466 | 14 | 740 | 0.640 | 27.22 | 15.8 |
| 8 | 02 | 12 | 502 | 0.005 | 25.02 | 12.7 |
| 9 | 524 | 14 | 069 | -1.485 | 20.55 | 10.2 |
| 10 | 748 | 15 | 221 | -0.770 | 22.69 | 12.6 |
| 11 | 439 | 14 | 106 | -1.245 | 21.27 | 10.8 |
| 12 | 984 | 16 | 636 | 0.345 | 26.04 | 15.7 |
| 13 | 234 | 13 | 394 | -0.270 | 24.19 | 12.7 |
| 14 | 531 | 15 | 235 | -0.725 | 22.83 | 12.7 |
| 15 | 149 | 12 | 427 | -0.185 | 24.45 | 12.2 |
| 16 | 225 | 13 | 190 | -0.880 | 22.36 | 11.1 |
| 17 | 873 | 16 | 085 | -1.370 | 20.89 | 11.5 |
| 18 | 135 | 12 | 826 | -1.145 | 21.57 | 9.6 |
| 19 | 961 | 16 | 106 | -1.245 | 21.57 | 11.8 |
| 20 | 381 | 13 | 780 | 0.770 | 27.31 | 15.4 |
| 21 | 439 | 14 | 450 | -0.125 | 24.63 | 13.7 |
| 22 | 289 | 13 | 651 | 0.30 | 26.17 | 14.4 |
| 23 | 245 | 13 | 654 | 0.395 | 26.19 | 14.4 |
| 24 | 069 | 12 | 599 | 0.25 | 25.75 | 13.4 |
| 25 | 040 | 12 | 942 | 1.57 | 29.71 | 16.7 |

(2) 蒙特卡洛模拟法累计概率计算表如表 9-12 所示，通过此表的累计概率计算，可得该项目内部收益率大于 12%的概率为 72%。

表 9-12　蒙特卡洛模拟法累计概率计算表

| 模拟顺序 | 模拟结果(内部收益率)/% | 概率*/% | 累计概率/% |
|---|---|---|---|
| 18 | 9.6 | 4 | 4 |
| 9 | 10.2 | 4 | 8 |
| 2 | 10.7 | 4 | 12 |
| 11 | 10.8 | 4 | 16 |
| 16 | 11.1 | 4 | 20 |
| 17 | 11.5 | 4 | 24 |
| 19 | 11.8 | 4 | 28 |
| 3 | 12.2 | 4 | 32 |
| 15 | 12.2 | 4 | 36 |
| 10 | 12.6 | 4 | 40 |
| 8 | 12.7 | 4 | 44 |
| 13 | 12.7 | 4 | 48 |
| 14 | 12.7 | 4 | 52 |
| 6 | 12.9 | 4 | 56 |
| 4 | 13.2 | 4 | 60 |
| 24 | 13.4 | 4 | 64 |
| 21 | 13.7 | 4 | 68 |
| 1 | 14.3 | 4 | 72 |
| 22 | 14.4 | 4 | 76 |
| 23 | 14.4 | 4 | 80 |
| 20 | 15.4 | 4 | 84 |
| 12 | 15.7 | 4 | 88 |
| 7 | 15.8 | 4 | 92 |
| 25 | 16.7 | 4 | 96 |
| 5 | 18.5 | 4 | 100 |

*：每次模拟结果的概率=1/模拟次数。

# 五、风险决策与评价

## (一) 风险态度与风险决策准则

人是决策的主体，在风险条件下决策行为取决于决策者的风险态度，对同一风险决策问题，风险态度不同的人决策的结果通常有较大的差异。

3 种典型的风险态度表现形式：风险厌恶、风险中性、风险偏爱。

4 种风险决策准则：满意度准则、最小方差准则、期望值准则、期望方差准则。

### (二) 风险决策方法的准则

#### 1. 满意度准则

在实际工作中，决策者往往把目标定在满意的标准上，再选择能达到这一目标的最大概率方案，据以选择相对最优方案。

满意度准则既可以是决策人想要达到的收益水平，也可以是决策人想要避免的损失水平，因此它对风险厌恶和风险偏爱的决策人都适用。

当选择最优方案花费过高或在没有得到其他方案的有关资料之前就必须决策的情况下应采用满意度准则决策。

**【例 9-10】** 设有表 9-13 所示的决策问题，表中的数据除各种自然状态的概率外，还有指标的损益值，正的为收益，负的为损失。如果满意度准则如下：①可能收益有机会至少等于 5；②可能损失不大于 -1。试选择最佳方案。

表 9-13　满意度准则风险决策

| 损益值　　方案 | 自然状态 $S_j$ | | | |
|---|---|---|---|---|
| | $S_1$ | $S_2$ | $S_3$ | $S_4$ |
| | 状态概率 $P(S_j)$ | | | |
| | (0.5) | (0.1) | (0.1) | (0.3) |
| Ⅰ | 3 | −1 | 1 | 1 |
| Ⅱ | 4 | 0 | −4 | 6 |
| Ⅲ | 5 | −2 | 0 | 2 |

**解：** 按准则①选择方案时，方案Ⅱ和方案Ⅲ有不小于 5 的可能收益，但方案Ⅲ取得收益 5 的概率更大一些，应选择方案Ⅲ。

按准则②选择方案时，只有方案Ⅰ的损失不超过 -1，所以应选择方案Ⅰ。

#### 2. 期望值准则

期望值准则是根据各备选方案指标损益值的期望值大小进行决策，如果指标为越大越好的损益值，则应选择期望值最大的方案；如果指标为越小越好的损益值，则选择期望值最小的方案。由于不考虑方案的风险，实际上隐含了风险中性的假设。因此，只有当决策者风险态度为中性时，此原则才能适用。

**【例 9-11】** 对例 9-10 的决策问题，用期望值准则决策的结果如表 9-14 所示。

表 9-14　期望值准则风险决策

| 方　案 | 各方案期望值 |
|---|---|
| Ⅰ | 3×0.5−1×0.1+1×0.1+1×0.3=1.8 |
| Ⅱ | 4×0.5+0−4×0.1+6×0.3=3.4 |
| Ⅲ | 5×0.5−2×0.1+0+2×0.3=2.9 |

应选期望值最大的方案Ⅱ。

### 3. 最小方差准则

一般而言，方案指标值的方差越大则方案的风险就越大。所以，风险厌恶型的决策人有时倾向于用这一原则选择风险较小的方案。这是一种避免最大损失而不是追求最大收益的准则，具有过于保守的特点。

最小方差准则公式为

$$D = \sum_{i=1}^{n} x_i^2 p_i - (\overline{x})^2 \tag{9-23}$$

对例 9-10 的决策问题，用最小方差准则决策的结果如表 9-15 所示。

表 9-15 最小方差准则风险决策

| 方　案 | 各方案期望值 |
|--------|--------------|
| I | $3^2 \times 0.5 + (-1)^2 \times 0.1 + 1^2 \times 0.1 + 1^2 \times 0.3 - (1.8)^2 = 1.76$ |
| II | $4^2 \times 0.5 + (0)^2 \times 0.1 + (-4)^2 \times 0.1 + 6^2 \times 0.3 - (3.4)^2 = 8.84$ |
| III | $5^2 \times 0.5 + (-2)^2 \times 0.1 + 0^2 \times 0.1 + 2^2 \times 0.3 - (2.9)^2 = 5.69$ |

应选期望值最小的方案 I。

### 4. 期望值方差准则

该准则就是把各策略方案损益值的期望值和方差通过风险厌恶系数 $A$ 转化为一个标准 $Q$(即期望值方差)来进行决策。

$$Q = \overline{x} - A\sqrt{D} \tag{9-24}$$

式中：$Q$ 为第 $i$ 个策略方案损益值的期望值方差；$\overline{x}$ 为损益值的期望值；$A$ 为风险厌恶系数，取值范围为 $0 \sim 1$，越厌恶风险取值越大；$D$ 为损益值的方差。

对例 9-10 的决策问题，用期望值准则决策的结果如表 9-16 所示。风险厌恶系数 $A$ 为 0.7。

表 9-16 期望值方差准则风险决策

| 方　案 | 各方案 Q 值 |
|--------|-------------|
| I | $1 - 0.7\sqrt{1.76} = 0.87$ |
| II | $3.4 - 0.7\sqrt{8.84} = 1.32$ |
| III | $2.9 - 0.7\sqrt{5.69} = 1.23$ |

应选 $Q$ 值最大的方案 II。

可见，同一个决策问题，采用不同的决策准则，决策结果不一样，这正是风险决策最显著的特点。

## (三) 风险评价

风险评价是对项目经济风险进行综合分析，是依据风险对项目经济目标的影响程度进行项目风险分级排序的过程。

风险评价判断准则如下。

(1) 以经济指标的累计概率、标准差为判别标准。

(2) 以综合风险等级为判别标准。

根据风险因素发生的可能性及其造成损失的程度，建立综合风险等级的矩阵，将综合风险分为风险很强的 K(kill)级、风险强的 M(modify)级、风险较强的 T(trigger)级、风险适度的 R(review and reconsider)级和风险弱的 I(ignore)级。综合风险等级分类表如表 9-17 所示。

表 9-17　综合风险等级分类表

| 综合风险等级 | | 风险影响的程度 | | | |
|---|---|---|---|---|---|
| | | 严重 | 较大 | 适度 | 低 |
| 风险的可能性 | 高 | K | M | R | R |
| | 较高 | M | M | R | R |
| | 适度 | T | T | R | I |
| | 低 | T | T | R | I |

落在表 9-17 左上角的风险会产生严重的后果；落在表 9-17 右下角的风险，可忽略不计。

# 六、风险应对

风险应对是指根据风险决策的结果，研究规避、控制与防范风险的措施，为项目全过程风险管理提供依据。基本方式有 4 种：风险回避、损失控制、风险转移、风险保留。

## 1. 风险回避

风险回避是投资主体有意识地放弃风险行为，完全避免特定的损失风险。在这个意义上，风险规避也可以说是投资主体将损失机会降低到 0。

方法适用范围如下。

(1) 某种风险可能造成相当大的损失。

(2) 防范风险代价昂贵，得不偿失。

## 2. 损失控制

当特定的风险不能避免时，可以采取行动，降低与风险有关的损失，这种处理风险的方法就是损失控制。显然，损失控制不是放弃风险行为，而是制定计划和采取措施降低损失的可能性或者是减少实际损失。

损失控制在安全生产过程中很常用，控制的阶段包括事前、事中和事后 3 个阶段。事前控制的目的主要是为了降低损失的概率，事中和事后的控制主要是为了减少实际发生的损失。

## 3. 风险转移

风险转移是指通过契约，将让渡人的风险转移给受让人承担的行为。

风险转移有两种主要形式：合同转移和保险转移。

1) 合同转移

通过签订合同，经济主体可以将一部分或全部风险转移给一个或多个其他参与者。

2) 保险转移

凡是属于保险公司可保的险种，都可以通过投保把风险全部或部分转移给保险公司。

### 4. 风险保留

风险保留即风险承担，也就是说，如果损失发生，经济主体将以当时可利用的任何资金进行支付。

风险保留包括无计划自留、有计划自我保险。

1) 无计划自留

无计划自留是指风险损失发生后从收入中支付，即不是在损失前做出资金安排。

2) 有计划自我保险

有计划自我保险是指可能的损失发生前，通过做出各种资金安排以确保损失出现后能及时获得资金以补偿损失。

# 阅读资料

### 分级基金四大隐含风险分析——杠杆分析

2015 年 6 月 15—21 日，A 股周跌幅 13.32%，公募基金平均跌幅 13.44%，而分级基金 B 份额跌幅 20%以上的比比皆是，高铁 B 更是几乎被腰斩，分级基金隐含的风险性再一次暴露在人们面前。这里把分级 B 的 4 个风险(杠杆、溢价、流动性、下折)给大家做一个全面的梳理和总结，以便大家以后可更准确地做分级 B 份额投资。

首先，分级基金 B 份额是带有杠杆的。更重要的是，在折算前，越涨越慢、越跌越快，下跌杠杆远高于上涨杠杆！

分级基金在最初成立之时是 2 倍杠杆，这称为初始杠杆。之后随着 B 类价格的波动，杠杆会随时发生变化，此时的实际杠杆称为价格杠杆，其计算式为

$$价格杠杆=母基金总净值/B 份额总市值 \times 初始杠杆$$

从公式可看出，当 B 份额上涨的时候，价格杠杆将会变小，相对挂钩指数的超额收益比例会越来越小，也就是会越涨越慢；而当 B 份额下跌的时候，价格杠杆就会变大，其超越挂钩指数的下跌比例会越来越大，就是说会越跌越快。总的说来，价格杠杆区间一般介于[1.5, 5]之间。

当然，在做多时，在其他条件相同的情况下，尽量选择价格低的分级 B 份额，其价格杠杆高，上涨更快！

(资料来源：李倩. 分级基金 4 大隐含风险分析. 分级基金网，2015.6，http://www.askci.com)

# 本 章 小 结

工程项目投资决策是面向未来的，方案评价时不可能得到完全信息，项目评价所采用的数据大部分来自估算和预测，即建设项目的技术经济分析是在对其各经济要素预测的基础上进行的。而由于自然、社会、经济环境的多变性，使得建设项目的各个经济要素的未来变化带有不确定性，加之预测方法(主观预测能力)的局限性，未来实际发生的情况与事先的估算、预测很可能有相当大的出入。经济评价采用的各个经济要素的预测值与未来的实际值出现偏离，从而使经济效益的实际值偏离预测值，给投资带来风险。

为了提高经济评价的准确度和可信度，尽量避免和减少投资决策的失误，有必要对投资方案做不确定性与风险分析，为投资决策提供客观、科学的依据。不确定性和风险，是所有项目固有的内在特性，只是对不同的项目，其程度可能有所不同。

本章主要介绍项目风险与不确定性分析，包括盈亏平衡分析、敏感性分析、风险分析。通过对本章内容的学习，使读者可以深入了解到预测项目风险与不确定性所带来的利弊。

# 自 测 题

## 一、选择题

1. 关于盈亏平衡点位置与项目抗风险能力的关系，正确的是(　　)。
   A. 盈亏平衡点越高，项目抗风险能力越强
   B. 盈亏平衡点越高，项目适应市场变化能力越强
   C. 盈亏平衡点越高，项目适应市场变化能力越强，抗风险能力越弱
   D. 盈亏平衡点越低，项目抗风险能力越强

2. 盈亏平衡分析分为线性盈亏平衡分析和非线性盈亏平衡分析。其中，线性盈亏平衡分析的前提条件之一是(　　)。
   A. 只生产单一产品，且生产量等于销售量
   B. 单位可变成本随生产量的增加成比例降低
   C. 生产量等于销售量
   D. 销售收入是销售量的线性函数

3. 在投资项目经济评价中进行敏感性分析时，首先应确定分析指标。如果要分析产品价格波动对投资方案超额净收益的影响，可选用的分析指标是(　　)。
   A. 投资回收期　　　　　　　　B. 净现值
   C. 内部收益率　　　　　　　　D. 借款偿还期

4. 某项目设计生产能力为年产 60 万件产品，预计单位产品价格为 100 元，单位产品可变成本为 75 元，年固定成本为 380 万元。若该产品的销售税金及附加的合并税率为 5%，则用生产能力利用率表示的项目盈亏平衡点为(　　)。

A. 31.67%          B. 30.16%          C. 26.60%          D. 25.33%

5. 盈亏平衡点越低,表明项目(      )。

　　A. 适应市场变化能力越小

　　B. 适应市场变化能力一般

　　C. 适应市场变化能力较差

　　D. 适应市场变化能力越大

## 二、判断题

(      )1. 设定要分析的因素均从初始值开始一个相同的幅度变动(相对于确定性分析中的取值),比较在同一变动幅度下各因素的变动对分析指标的影响程度,影响程度大者为敏感因素,该法称为相对测定法。

(      )2. 在投资项目经济评价中进行敏感性分析时,如果要分析投资大小对方案资金回收能力的影响,可选用的分析指标是盈利能力。

(      )3. 一张图只能反映一个因素的敏感性分析结果。

(      )4. 临界点表明方案经济效果评价指标达到最高要求所允许的最大变化幅度。

## 三、简答题

1. 简述敏感性分析及其类型。

2. 简述单因素敏感性分析的步骤。

3. 简述如何画概率树。

## 四、案例分析

试用表 9-18 所列的数据为基础,用概率树作出决策。

表 9-18　数据表

| 方案 | 损益值 $R_{ij}$ | 自然状态 $S_j$ | | |
|---|---|---|---|---|
| | | $S_1$ | $S_2$ | $S_3$ |
| | | 状态概率 $P(S_j)$ | | |
| | | (0.3) | (0.5) | (0.2) |
| $A_1$ | | 20 | 12 | 8 |
| $A_2$ | | 16 | 16 | 10 |
| $A_3$ | | 12 | 12 | 12 |

# 第十章 设备更新分析

**【学习要点及目标】**

通过对本章内容的学习，熟悉设备更新原因分析；熟悉设备更新分析的特点；掌握设备经济寿命的计算；掌握设备更新的理论和方法；了解设备大修理及其经济界限；了解设备更新方案的综合比较。

**【关键概念】**

有形无形磨损　经济寿命　原型设备　新型设备　经济界限

**【引导案例】**

1 号厂有台设备原值为 10 000 元，折旧年限为 20 年，每次大修的费用参数如表 10-1 所示。试分析设备第一次和第二次大修理的经济合理性。

表 10-1　每次大修的费用参数

| 大修次数 | 大修周期/年 | 年维修费用比上次大修周期增加/元 | 大修后生产率 $\beta$ | 大修费预算/元 | 旧设备转让可回收金额/元 |
|---|---|---|---|---|---|
| 1 | 6 | 150 | — | 5000 | 5000 |
| 2 | 5 | 200 | 90% | 6000 | 3000 |
| 3 | 4 | | | | |

解：(1) 第一次大修的经济性分析。

设备大修理周期缩短系数 $\alpha = \dfrac{T_a}{T_b} = \dfrac{5}{6} = 0.83$

大修后生产率不变，所以 $\beta = 1$

使用 6 年后设备净现值 $L_e = 10\,000 - 10\,000 \times \dfrac{1}{20} \times 6 = 7000$（元）

将计算结果代入，得

$$R \leqslant K_n \alpha \beta + (L_e - L) - \Delta C_A$$
$$R \leqslant 10\,000 \times 0.83 \times 1 + (7000 - 5000) - 150 \times 5 = 9550（元）$$

由于第一次大修预算费用为 5000 元，小于允许费用 9550 元，所以设备第一次大修是合理的。

(2) 第二次大修理的经济性分析。

设备大修理周期缩短系数 $\alpha = \dfrac{T_a}{T_b} = \dfrac{4}{6} = 0.67$

大修后生产率不变，所以 $\beta = 0.9$

使用 11 年后设备净现值 $L_e = 10\,000 - 10\,000 \times \dfrac{1}{20} \times 11 = 4500\,(\text{元})$

将计算结果代入

$$R \leqslant K_n \alpha \beta + (L_e - L) - \Delta C_A$$
$$R \leqslant 10\,000 \times 0.67 \times 0.9 + (4500 - 3000) - 200 \times 4 = 6730\,(\text{元})$$

由于第二次大修预算费用为 6000 元，小于允许费用 6730 元，所以设备第二次大修是合理的。

# 第一节　设备更新概述

设备更新是对在用设备的整体更换，是用原型新设备或结构更加合理、技术更加完善、性能和效率更高的经济的新设备，来更换已经陈旧、在技术上不能继续使用或在经济上不宜继续使用的旧设备；或用先进的技术对原有设备进行局部改造。

## 一、设备更新的原因分析

设备从投入使用到最后报废，通常要经历一段时间，并逐渐磨损，当设备因物理损坏或因陈旧落后不能继续使用或不宜使用时，就需要进行更新。

为了促进技术进步和提高经济效益，需要对设备整个运行期间的技术经济状况进行分析和研究，以作出正确的决策。

### (一) 设备磨损类型

设备在使用或闲置过程中，由于物理作用(如冲击力、摩擦力、振动、扭转、弯曲等)、化学作用(如锈蚀、老化等)或技术进步的影响等，使设备遭受了损耗，称为设备的磨损。磨损的产生会影响设备的使用价值甚至使用寿命，设备更新源于设备的磨损。设备的磨损有有形磨损和无形磨损两种形式。

#### 1. 设备的有形磨损

由于设备被使用或自然环境造成设备实体的内在磨损称为设备有形磨损或物质磨损。设备有形磨损可分为第 I 类、第 II 类有形磨损。

1) 第 I 类有形磨损

设备在使用过程中，在外力的作用下实体产生的磨损、变形和损坏，称为第 I 类有形磨损，这种磨损的程度与使用强度和使用时间长度有关。

第 I 类有形磨损可以使机器设备零部件的原始尺寸发生改变，甚至形状也会发生变化；公差配合性质发生改变，精度降低，零部件损坏，造成设备无法正常使用，丧失使用价值。

2) 第 II 类有形磨损

自然环境的作用是造成有形磨损的另一个原因，因此而产生的磨损，称为第 II 类有形磨损。这种磨损在一定程度上与设备闲置时间的长短有关。即设备闲置或封存不用同样也会产生有形磨损，如金属件生锈、腐蚀、橡胶老化等。设备闲置时间长了，会自然丧失精度和工作能力，失去使用价值。

【小贴士】设备的有形磨损反映了设备原始价值和使用价值的降低。要消除有形磨损，一般可以通过修理的方法加以修复，相应地付出一定的修理费用。当然修理费应小于同类新设备的价值。

### 2. 设备有形磨损的度量

设备磨损后是进行修理还是更换，主要取决于设备的磨损程度。度量设备的有形磨损程度，借用的是经济指标。有形磨损的几种计算公式如下。

1) 个别零件的磨损程度

$$a = \frac{\delta_{\text{实际}}}{\delta_{\text{允许}}} \tag{10-1}$$

式中：$a$ 为零件的磨损程度；$\delta_{\text{实际}}$ 为零件的实际磨损量；$\delta_{\text{允许}}$ 为零件的最大允许磨损量。

2) 整个设备的平均磨损程度

$$a_{\text{p}} = \frac{\sum_{1}^{n} a_i K_i}{\sum_{1}^{n} K_i} \tag{10-2}$$

式中：$a_{\text{p}}$ 为设备有形磨损程度；$n$ 为磨损零件总数；$a_i$ 为设备中 $i$ 零件的磨损程度；$K_i$ 为 $i$ 零件的价值。

3) 用修理费用估价设备的有形磨损

$$a_{\text{p}} = \frac{R}{K_1} \tag{10-3}$$

式中：$a_{\text{p}}$ 为设备有形磨损程度；$R$ 为修复全部磨损零件所用的修理费；$K_1$ 为在确定设备磨损程度时该种设备再生产的价值。

## (二) 设备的无形磨损类型

无形磨损不是由于在生产过程中的使用或自然力的作用造成的，它不表现为设备实体的变化，而表现为设备原始价值的贬值。无形磨损也可分为第Ⅰ类、第Ⅱ类无形磨损。

### 1. 设备的无形磨损

1) 第Ⅰ类无形磨损

由于设备制造工艺不断改进，成本不断降低，劳动生产率不断提高，生产同种机器设备新需的社会必要劳动减少了，因而机器设备的市场价格降低了，这样就使原来购买的设备价值相应贬值了。

这种无形磨损的后果只是现有设备的原始价值部分贬值，设备本身的技术特性和功能，即使用价值并未发生变化，故不会影响现有设备的使用。

2) 第Ⅱ类无形磨损

由于技术进步，社会上出现了结构更先进、技术更完善、生产效率更高、耗费原材料和能源更少的新型设备，使原有机器设备在技术上显得陈旧落后造成的。它的后果不仅使原有机器设备价值降低，而且会使原有设备局部或全部丧失其使用价值。 因为：由于技术上更先进的新设备的发明和应用，使原有设备的生产效率大大低于社会平均生产效率，如果继续使用，就会使产品成本大大高于社会平均成本。此时，由于使用新设备比使用旧设备在经济上更合算，所以原有设备应该被淘汰。

第 II 类无形磨损导致原有设备使用价值降低的程度与技术进步的具体形成有关。例如，当技术进步表现为不断出现性能更完善、效率更高的新设备，但加工方法没有原则变化时，将使原有设备的使用价值大幅度降低。

(1) 如果这种技术进步的速度很快，则继续使用旧设备就可能是不经济的。

(2) 当技术进步表现为采用新的加工对象如新材料时，则加工旧材料的设备必然要被淘汰。

(3) 当技术进步表现为改变原有生产工艺，采用新的加工方法时，则为旧工艺服务的原有设备将失去使用价值。

(4) 当技术进步表现为产品换代时，不能适宜于新产品生产的原有设备也将被淘汰。

【小贴士】有形和无形两种磨损都引起设备原始价值的贬值，这一点两者是相同的。不同的是，遭受有形磨损的设备，特别是有形磨损严重的设备，在修理之前，常常不能工作；而遭受无形磨损的设备，并不表现为设备实体的变化和损坏，即使无形磨损很严重，其固定资产物质形态却可能没有磨损，仍然可以使用，只不过继续使用它在经济上是否合算，需要分析研究。

### 2. 设备无形磨损的度量

无形磨损的几种计算式为

$$a_1 = 1 - \frac{K_0 - K_1}{K_0} = \frac{K_1}{K_0} \tag{10-4}$$

式中：$a_1$ 为设备无形磨损程度；$K_0$ 为设备的原始价值；$K_1$ 为考虑到第 I 、 II 类无形磨损时设备的再生产价值。

在计算无形磨损程度时，$K_1$ 必须反映技术进步在两个方面对现有设备的影响。

(1) 相同设备再生产价值的降低。

(2) 具有较好功能和更高效率的新设备的出现 $K_1$ 可用式(10-5)表示，即

$$K_1 = K_n \left( \frac{q_0}{q_n} \right)^\alpha \left( \frac{C_0}{C_n} \right)^\beta \tag{10-5}$$

式中：$K_n$ 为新设备的价值；$q_0$ 、 $q_n$ 为使用旧设备与对应新设备的年生产率；$C_0$ 、 $C_n$ 为使用旧设备与对应新设备的单位产品耗费；$\alpha$ 、 $\beta$ 为设备生产率提高指数和成本降低指数 $(0 < \alpha < 1, 0 < \beta < 1)$，其值可根据具体设备的实际数据确定。

在上述各式中，当 $q_0 = q_n$，$C_0 = C_n$，即新、旧机器的劳动生产率与使用成本均相同时，$K_1 = K_n$ 表示只发生了第 I 类无形磨损。

若上式中出现了下述 3 种情况之一，即表示发生了第 II 种无形磨损。

(1) $q_n > q_0$，$C_n = C_0$，此时 $K_1 = K_n \left( \dfrac{q_0}{q_n} \right)^{\alpha}$。

(2) $q_n = q_0$，$C_n < C_0$，$K_1 = K_n \left( \dfrac{C_n}{C_0} \right)^{\beta}$。

(3) $q_n > q_0$，$C_n < C_0$，$K_1 = K_n \left( \dfrac{q_0}{q_n} \right)^{\alpha} \left( \dfrac{C_n}{C_0} \right)^{\beta}$。

### (三) 设备的综合磨损

运转使用或闲置存放的设备，既要遭受有形磨损，也会发生无形磨损。两种磨损虽然发生的程度不同，但都会引起机器设备原始价值的贬值。从理论上讲，不存在孤立的、单纯的有形或无形磨损，机器设备所受的磨损是双重的、综合的。

不同的是，遭受有形磨损的设备，特别是有形磨损严重的设备，在修理之前常常不能工作，而遭受无形磨损的设备，即使无形磨损很严重，仍然可以使用，只不过继续使用它在经济上是否合算，需要分析研究。

设备综合磨损的度量可按以下方法进行。

(1) 设备遭受有形磨损后尚余部分为 $1 - a_p$(用百分数表示)。

(2) 设备遭受无形磨损后尚余部分为 $1 - a_1$(用百分数表示)。

(3) 设备遭受综合磨损后尚余部分为 $(1 - a_p)(1 - a_1)$(用百分数表示)。

由此可得设备综合磨损程度(用占设备原始价值的比率表示的计算式)为

$$a = 1 - (1 - a_p)(1 - a_1) \tag{10-6}$$

式中，$a$ 为设备综合磨损程度。

设备在任一时期遭受综合磨损后的净值 $K$ 为

$$K = (1 - a)K_0 \tag{10-7}$$

展开并整理，得

$$K = (1 - a)K_0 = \left[ 1 - 1 + (1 - a_p)(1 - a_2)K_0 \right] \tag{10-8}$$

$$= \left( 1 - \frac{R}{K_1} \right)\left( 1 - \frac{K_0 - K_1}{K_0} \right)K_0$$

$$= K_1 - R$$

从式(10-8)可看出，设备遭受综合磨损后的净值等于等效设备的再生产价值减去修理费用。

【例 10-1】若某设备原始价值为 12 000 元，再生产价值为 8000 元，此时大修理需要费用 2000 元。试问该设备遭受何种磨损？磨损程度为多少？

**解**：有形磨损程度：$a_p = \dfrac{R}{K_1} = \dfrac{2000}{8000} = 0.25$

无形磨损程度：$a_1 = \dfrac{K_0 - K_1}{K_0} = \dfrac{12\,000 - 8000}{12\,000} = 0.33$

综合磨损程度：$a = 1 - (1 - 0.25)(1 - 0.33) = 0.50$

### (四) 设备磨损的补偿

要维持企业生产的正常进行，必须对设备的磨损进行补偿。由于机器设备遭受磨损的形成不同，因此补偿磨损的方式也不一样。补偿分局部补偿和完全补偿。

设备有形磨损的局部补偿是修理，无形磨损的局部补偿是现代化改装。有形和无形磨损的完全补偿是更换。

## 二、设备更新的特点分析

### 1. 设备更新的中心内容是确定设备的经济寿命

生产设备的寿命一般有以下 3 种。

1) 自然寿命

设备的自然寿命是指设备从投入使用开始，直到因物理磨损而不能继续使用、报废为止所经历的时间。它主要是由设备的有形磨损所决定的。搞好设备的维修和保养，可延长设备的物质寿命，但不能从根本上避免设备的磨损。任何一台设备磨损到一定程度时，都必须进行更新。

2) 技术寿命

设备的技术寿命是指从设备开始使用到因为技术落后而被淘汰所延续的时间，也即是指设备在市场上维持其价值的时期。技术寿命主要是由设备的无形磨损所决定的，它一般比自然寿命要短。科学技术进步越快，技术寿命越短，如计算机的更新问题。

3) 经济寿命

设备的经济寿命是指从经济的角度来看设备最合理的使用期限。具体来讲，是指设备从投入使用开始，到因继续使用经济上不合理而被更新所经历的时间。它是由维护费用的提高和使用价值的降低决定的。设备使用年限越长，每年所分摊的设备购置费越少，但是随着设备使用年限的增加，一方面需要更多的维修费维持原有功能；另一方面机器设备的操作成本及原材料、能源耗费也会增加，年运行时间、生产效率、质量将会下降。因此，年资本费的降低，会被年度运行费的增加或收益的下降所抵销。在整个变化过程中，年均总成本或年均净收益是时间的函数。这就存在着使用到某一年份，其平均综合成本最低、经济效益最好的情况。

### 2. 设备更新应站在咨询者的立场分析问题

设备更新应站在咨询者的立场分析问题，而不是站在旧资产所有者的立场上考虑问题。咨询师并不拥有任何资产，故若要保留旧资产，首先要付出相当于旧资产当前市场价值的现金，才能取得旧资产的使用权。这是设备更新分析的重要概念。

### 3. 设备更新分析只考虑未来发生的现金流量

设备更新分析只考虑未来发生的现金流量，不考虑以前发生的现金流量和沉(入)没成本，与当前决策无关。

沉入(没)成本指决策前已经发生的费用或已经承诺将来必须支付而无法回收的费用。设备经过折旧后所剩下的账面价值，并不等于其当前的市场价值，即更新旧设备往往会产生一笔沉入成本。

$$沉入(没)成本=旧设备账面价值-当前市场价值(残值) \qquad (10\text{-}9)$$

或

$$沉入成本=(旧设备原值-历年折旧费)-当前市场价值(残值) \qquad (10\text{-}10)$$

【小贴士】沉入成本与是否选择新设备进行设备更新的决策无关，它不计入工程经济分析的现金流中。因此，设备更新分析中的另一个重要特点，就是在分析中只考虑今后所发生的现金流量，对以前发生的现金流量及沉入成本，因为它们都属于不可恢复的费用，与更新决策无关，故不需再参与经济计算。

### 4. 只比较设备的费用

通常在比较设备更新方案时，假定设备产生的收益是相同的，因此只对它们的费用进行比较。

### 5. 设备更新分析以费用年值法为主

由于不同设备方案的服务寿命不同，因此通常采用年值法进行比较。新设备往往具有较高的购置费和较低的运营成本，而要更新的旧设备具有较低的重置费和较高的运营费。

## 阅读资料

### 设备更新决策

设备更新决策是企业生产发展和技术进步的客观需要，对企业的经济效益有着重要的影响。设备更新同技术方案选择一样，应遵循有关的技术政策，进行技术论证和经济分析，作出最佳的选择。

过早的设备更新，或因设备暂时故障而草率做出报废的决定，或者片面追求现代化，一味购买最新式设备，都会造成资本的流失，将造成资金的浪费，失去其他的收益机会。

过迟的设备更新或延缓设备更新，将会失去设备更新的最佳时机，将造成生产成本的迅速上升，同时竞争对手又积极利用现代化设备降低产品成本和提高产品质量时，则企业必定会丧失竞争力。

因此，设备是否更新、何时更新、选用何种设备更新，更新时既要考虑技术发展的因素，又要考虑经济方面的效益。这正是工程经济学要解决的重要问题。

(资料来源：刘秋华. 设备更新决策. 技术经济学(第2版), 2010.2)

## 三、设备经济寿命的确定

设备的经济寿命是从经济角度分析设备使用的最合理期限。因此计算设备的经济寿命可以从设备运行过程中发生的费用入手，分析其变化规律。

设备经济寿命计算方法有以下几种，在以下分析中不考虑资金时间价值，只计算设备成本 $AC_n$。

### 1. 经济寿命的静态计算方法

在利率为零的情况下，$n$ 年内设备的总使用成本为

$$TC_n = P - L_n + \sum_{j=1}^{n} C_j \tag{10-11}$$

设备年等额总成本的计算式为

$$AC_n = \frac{P - L_n}{n} + \frac{1}{n}\sum_{j=1}^{n} C_j \tag{10-12}$$

式中：$n$ 为设备使用期限，在设备经济寿命计算中，$n$ 是一个自变量；$j$ 为设备使用年度，$j$ 的取值范围为 $1\sim n$；$AC_n$ 为第 $n$ 年设备的年等额总成本(平均使用成本)；$P$ 为设备的购置成本，即设备原值；$C_j$ 为在 $n$ 年使用期间的第 $j$ 年设备的经营成本；$L_n$ 为第 $n$ 年末的设备残值。

由式(10-12)可知，设备的年等额总成本 $AC_n$ 等于设备的年等额资产恢复成本(折旧)$\frac{P - L_n}{n}$ 与设备的年等额运营成本 $\frac{1}{n}\sum_{j=1}^{n} C_j$ 之和。

在所有的设备使用期限中，能使设备年等额总成本 $AC_n$ 最低的那个使用期限就是设备的经济寿命。如果设备的经济寿命为 $m$ 年，则应满足

$$AC_{m-1} \geqslant AC_m; \qquad AC_{m+1} \geqslant AC_m \tag{10-13}$$

式(10-13)的关系也可通过图 10-1 表示。

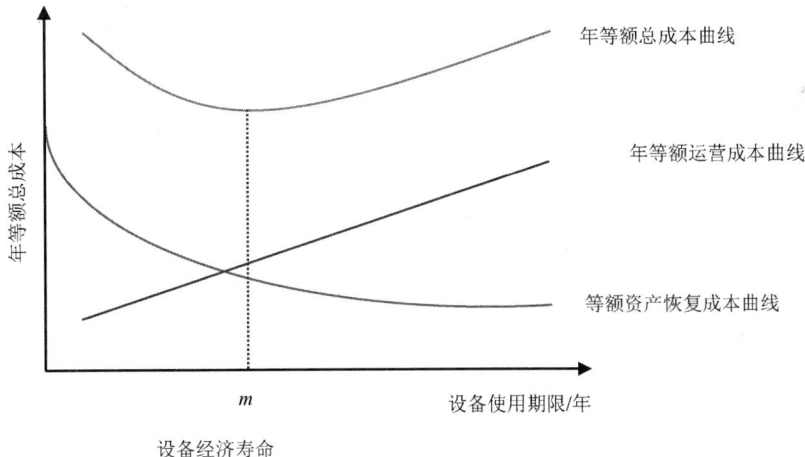

图 10-1  设备经济寿命分析

【例 10-2】某型号数码相机设备购置实际价值为 30 000 元，有关统计资料如表 10-2 所示。试求其经济寿命(不考虑资金的时间价值)。

表 10-2  数据表                        (单位：元)

| 继续使用年限 | 1 | 2 | 3 | 4 | 5 | 6 | 7 |
|---|---|---|---|---|---|---|---|
| 年经营成本 | 5 000 | 6 000 | 7 000 | 9 000 | 11 500 | 14 000 | 17 000 |
| 年末残值 | 15 000 | 7 500 | 3 750 | 1 875 | 1 000 | 1 000 | 1 000 |

**解：** 由统计资料可知，该数码相机在不同使用年限时的年等额总成本，如表 10-3 所示，可以看出，该设备在使用 5 年时，其平均使用成本最低。故该设备的经济寿命为 5 年。

表 10-3　数码相机年等额总成本 　　　　　　　　　　　　　(单位：元)

| 使用年限 $n$ ① | 资产恢复成本 $P-L_n$ ② | 年等额资产恢复成本 $\dfrac{P-L_n}{n}$ ③ | 年度经营成本 $C_j$ ④ | 经营成本累计 $\sum\limits_{j=1}^{n} C_j$ ⑤ | 年等额经营成本 $\dfrac{1}{n}\sum\limits_{j=1}^{n} C_j$ ⑥ | 年等额总成本 ⑦=③+⑥ |
|---|---|---|---|---|---|---|
| 1 | 15 000 | 15 000 | 5 000 | 5 000 | 5 000 | 20 000 |
| 2 | 22 500 | 11 250 | 6 000 | 11 000 | 5 500 | 16 750 |
| 3 | 26 250 | 8 750 | 7 000 | 18 000 | 6 000 | 14 750 |
| 4 | 28 125 | 7 031 | 9 000 | 27 000 | 6 750 | 13 781 |
| 5 | 29 000 | 5 800 | 11 500 | 38 500 | 7 700 | 13 500 |
| 6 | 29 000 | 4 833 | 14 000 | 52 500 | 8 750 | 13 583 |
| 7 | 29 000 | 4 143 | 17 000 | 69 500 | 9 929 | 14 072 |

由计算结果可知，该数码相机使用 5 年时，平均年度成本最低($AC_5$=13 500)，使用期限大于或小于 5 年时，其年等额总成本均大于 13 500 元，故该数码相机的经济寿命为 5 年。

设备的运营成本包括能源费、保养费、修理费、停工损失、废次品损失等。一般而言，随着设备使用期限的增加，年运营成本每年以某种速度在递增，这种运营成本的逐年递增的现象，称为设备的(低)劣化。如果每年设备的劣化增量是均等的，则每年劣化呈线性增长，图 10-2 所示为现金流量。

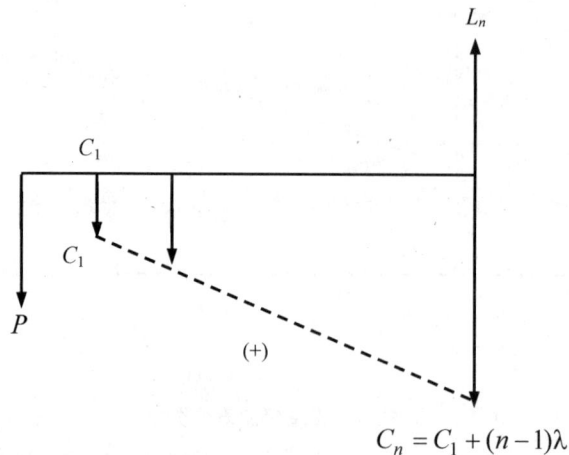

图 10-2　劣化增量均等的现金流量示意图

假设运营成本均发生在年末，设每年运营成本增加额为 $\lambda$，若设备使用期限为 $n$ 年，则第 $n$ 年的运营成本为

$$C_n = C_1 + (n-1)\lambda \tag{10-14}$$

式中：$C_1$ 为运营成本的初始值，即第 1 年的运营成本；$n$ 为设备使用年限。

$n$ 年内设备运营成本的平均值为

$$C_1 + \frac{n-1}{2}\lambda$$

除运营成本外，在年等额总成本中还包括设备的年等额资产恢复成本，其金额为 $\frac{P-L_n}{n}$，则年等额总成本的计算式为

$$AC_n = \frac{P-L_n}{n} + C_1 + \frac{n-1}{2}\lambda \tag{10-15}$$

通过求式(10-15)的极值，可找出设备的经济寿命计算公式。

设 $L_n$ 为常数，令 $\frac{d(AC_n)}{dn} = 0$，则经济寿命 $m$ 为

$$m = \sqrt{\frac{2(P-L_n)}{\lambda}} \tag{10-16}$$

【例 10-3】设有一台设备，购置费为 8000 元，预计残值为 800 元，第一年的使用费 800 元，每年设备的劣化增量是均等的，年劣化值 300 元。求该设备的经济寿命。

**解：**设备的经济寿命为

$$n = \sqrt{\frac{2(8000-800)}{300}} \approx 7\,(\text{年})$$

### 2. 经济寿命的动态计算方法

当利率不为零时，计算经济寿命需要考虑资金时间价值。按照劣化增量均等的现金流量示意图(图 10-2)，设备在 $n$ 年内的等额年总成本 $AC_n$ 可按式(10-17)计算，即

$$
\begin{aligned}
AC_n &= P(A/P, i, n) - L_n(A/F, i, n) + C_1 + \lambda(A/G, i, n) \\
&= [(P-L_n)(A/P, i, n) + L_n i] + [C_1 + \lambda(A/G, i, n)]
\end{aligned} \tag{10-17}
$$

公式中符号同前，其中 $(P-L_n)(A/P, i, n) + L_n i$ 为等额年资产恢复成本；$C_1 + \lambda(A/G, i, n)$ 为等额年运营成本。

等额年成本 $AC_n$ 更为一般的计算式为

$$
\begin{aligned}
AC_n &= TC_n(A/P, i, n) \\
&= \left[ P - L_n(P/F, i, n) + \sum_{j=1}^{n} C_j(P/F, i, n) \right](A/P, i, n)
\end{aligned} \tag{10-18}
$$

式中，$TC_n$ 为设备在 $n$ 年内的总成本现值。

由上可以看到，用净年值或年成本估算设备的经济寿命的过程是：在已知设备现金流量和利率的情况下，逐年计算出从寿命 1 年到 $n$ 年全部使用期的年等效值，从中找出平均年成本的最小值(项目考虑以支出为主时)，或是平均年盈利的最大值(项目考虑以收入为主时)，及其所对应的年限，从而确定设备的经济寿命。这个过程通常是用表格计算来完成的。

【例 10-4】某设备原始价值为 16 000 元，年利率为 10%，各年残值及维持费用如表 10-4 所示。试确定设备的最优更新期。

**解：**根据式(10-18)以及表 10-3 列表计算，得表 10-5 所示数据。

表 10-4　各年残值及维持费用资料表

| 使用年数 | 1 | 2 | 3 | 4 | 5 | 6 | 7 |
|---|---|---|---|---|---|---|---|
| 年运行成本/元 | 2000 | 2500 | 3500 | 4500 | 5500 | 7000 | 9000 |
| 年末设备残值/元 | 10000 | 6000 | 4500 | 3500 | 2500 | 1500 | 1000 |

表 10-5　最优更新期计算表

| $T$ | $K_0$ ① | $L_n$ ② | $(P/F,i,n)$ ③ | $L_n(P/F,i,n)$ ④=②×③ | $C_t$ ⑤ | $C_t(P/F,i,n)$ ⑥=⑤×③ | $\Sigma$⑥ ⑦ | 总使用费用 ⑧=①−④+⑦ | $(A/P,i,n)$ ⑨ | 年平均费用 ⑩=⑧×⑨ |
|---|---|---|---|---|---|---|---|---|---|---|
| 1 | 16000 | 10000 | 0.909 | 9090 | 2000 | 1818 | 1818 | 8728 | 1.100 | 9601 |
| 2 | 16000 | 6000 | 0.826 | 4956 | 2500 | 2065 | 3883 | 14927 | 0.576 | 8598 |
| 3 | 16000 | 4500 | 0.751 | 3380 | 3500 | 2629 | 6512 | 19132 | 0.402 | 7691 |
| 4 | 16000 | 3500 | 0.683 | 2391 | 4500 | 3074 | 9586 | 23195 | 0.315 | 7306 |
| 5 | 16000 | 2500 | 0.621 | 1553 | 5500 | 3416 | 13002 | 27449 | 0.264 | 7247* |
| 6 | 16000 | 1500 | 0.565 | 848 | 7000 | 3955 | 16957 | 32109 | 0.230 | 7385 |
| 7 | 16000 | 1000 | 0.513 | 513 | 9000 | 4617 | 21574 | 37061 | 0.205 | 7598 |

*：为年平均总费用最低者。

可见，设备的最优更新期为第 5 年。

# 第二节　设备更新分析

设备更新有两种形式：一是用相同的设备去更换有形磨损严重，不能继续使用的旧设备；二是用较经济和较完善的新设备来更换那些技术上不能继续使用或经济上不宜继续使用的旧设备。对设备实行更新除了考虑对技术的进步促进作用外，还应能够获得较好的经济效益。对于一台具体设备来说应不应该更新、在什么时间更新、选用什么设备来更新，主要取决于更新的经济效果。而设备更新的时机，一般取决于设备的技术寿命和经济寿命。

## 一、设备更新分析方法

设备技术更新是用技术更先进的设备取代已过时的落后设备，是对设备的提前更换，其意义为：促进企业技术进步；降低消耗，提高企业效益；提高劳动生产率；促进国家经济发展。

设备更新有原型更新和技术更新两种形式。

### 1. 原型设备更新分析

设备在使用过程中，因维修费用特别是大修理费用及其他运行费用不断增加，即使还没有更先进的设备出现，此时进行原型设备的替换，在经济上往往也是合算的，即原型更新问题。在这种情况下，可通过分析设备的经济寿命进行更新决策。

假定企业的生产经营期较长，并且设备均采用原型设备重复更新的分析方法。

原型设备更新分析的 3 个步骤如下。

(1) 确定各方案共同的研究期。

(2) 确定各方案设备的经济寿命。

(3) 通过比较各方案的经济寿命确定最佳方案。

【例 10-5】某公司未来生产经营期能维持相当长的时间，公司现有一台设备 O，目前市场上另有两种与 O 同样功能的设备 A 和 B，这 3 台设备构成了互斥的方案组。现有设备 O 还有 5 年使用期，A 和 B 设备的自然寿命分别为 6 年和 7 年，设备各年的现金流量如表 10-6 所示。设基准折现率为 10%。试采用原型设备更新分析方法，比较 3 个设备方案的优劣。

表 10-6  各方案设备经济寿命计算表 (单位：万元)

| | O 设备 | | | A 设备 | | | B 设备 | | |
|---|---|---|---|---|---|---|---|---|---|
| $n$ 年末 | 第 $n$ 年残值 | $n$ 年期间的运营费 | 等额年总成本 | 第 $n$ 年残值 | $n$ 年期间的运营费 | 等额年总成本 | 第 $n$ 年残值 | $n$ 年期间的运营费 | 等额年总成本 |
| 0 | 14000 | | | 20000 | | | 275000 | | |
| 1 | 9900 | 3300 | 8800.00 | 0 | 1200 | 23200.00 | 0 | 1650 | 31900.00 |
| 2 | 8800 | 5500 | 8223.80* | 0 | 3400 | 13771.57 | 0 | 1650 | 17495.50 |
| 3 | 6600 | 6050 | 8497.17 | 0 | 5800 | 11362.63 | 0 | 1650 | 12707.75 |
| 4 | 5500 | 8800 | 8942.61 | 0 | 8000 | 10639.39 | 0 | 1650 | 10326.25 |
| 5 | 3300 | 9900 | 9549.26 | 0 | 10200 | 10566.62* | 0 | 1650 | 8904.50 |
| 6 | | | | 0 | 12600 | 10819.40 | 0 | 1650 | 7964.00 |
| 7 | | | | | | | | 1650 | 7298.50* |

*：设备经济寿命对应的设备等额年总成本。

**解**：研究期为 5、6、7 的最小公倍数为 210 年。

采用费用年值法确定各台设备的经济寿命，O、A、B 这 3 个设备分别有 5、6、7 个更新策略，更新分析的互斥策略数为 5+6+7=18 个，各策略现金流量如图 10-3 所示。各设备等额年总成本最低的策略所对应的使用期限就是该设备的经济寿命。

等额年总成本计算如下。

$$AC_{O_2} = (14\,000 - 8800) \times (A/P, 10\%, 2) + 8800 \times 10\%$$
$$+ [3300 \times (P/F, 10\%, 1) + 5500 \times (P/F, 10\%, 2)] \times (A/P, 10\%, 2)$$
$$= 8223.80(元)$$

$$AC_{A_5} = 20\,000 \times (A/P, 10\%, 5) + [1200 \times (P/F, 10\%, 1)$$
$$+ 3400 \times (P/F, 10\%, 2) + 5800 \times (P/F, 10\%, 3)$$
$$+ 8000 \times (P/F, 10\%, 4) + 10\,200 \times (P/F, 10\%, 5)]$$
$$\times (A/P, 10\%, 5)$$

$$= 20\ 000 \times 0.2638 + (1200 \times 0.9091 + 3400 \times 0.8264$$

$$+ 5800 \times 0.7513 + 8000 \times 0.683 + 10\ 200 \times 0.6209) \times 0.2638$$

$$= 10\ 566.62 (元)$$

$$AC_{B_7} = 27\ 500 \times (A/P, 10\%, 7) + 1650$$

$$= 27\ 500 \times 0.2054 + 1650$$

$$= 7298.50 (元)$$

在研究期 210 年内，以各方案设备经济寿命对应的等额年总成本为比较依据，方案 B 为最优。所以立即采用新设备 B 更新现有设备 O，B 设备未来更新周期为其经济寿命，即经济寿命为 7 年。

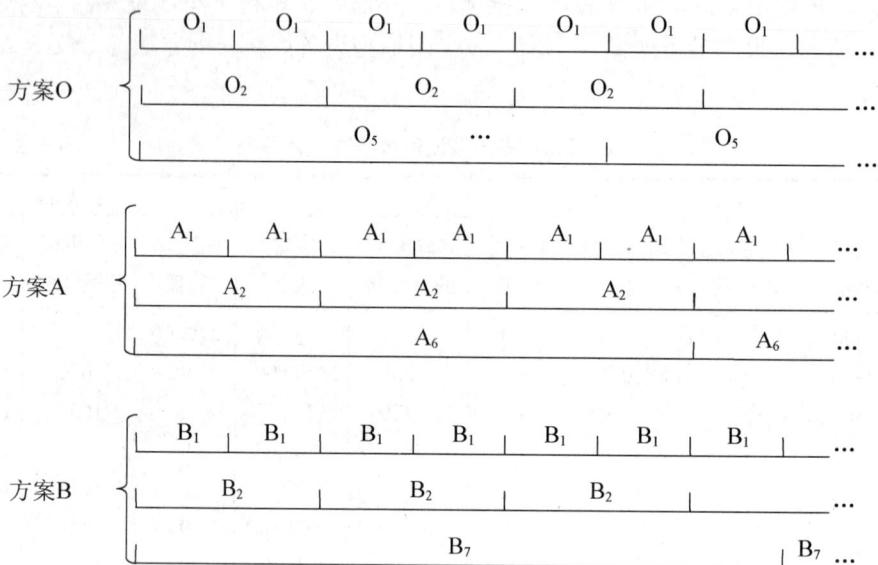

图 10-3　原型设备更新现金流量图

### 2. 新型设备更新分析

新型设备更新分析就是假定企业现有设备可被其经济寿命内等额年总成本最低的新设备取代。

在技术不断进步的条件下，由于第 II 类无形磨损的作用，很可能在设备运行成本尚未升高到该用原型设备替代之前，就已出现工作效率更高和经济效果更好的设备。这时，就要比较在继续使用旧设备和购置新设备这两种方案中，哪一种方案在经济上更为有利。在有新型设备出现的情况下，常用的设备更新决策方法有年费用比较法和更新收益率法。

**【例 10-6】** 假定例 10-5 中的现有设备 O，可采用经济寿命内等额年总成本最低的新设备进行更新。试分析何时更新经济。

**解：** B 设备在其经济寿命内的等额年总成本最低，用新设备 B 更新设备 O，以 B 的经济寿命 7 年为研究期，采用总成本现值法并根据表 10-6 中的数据比较设备的 6 个备选方案。

通过计算得到设备等额年总成本表，如表 10-7 所示。

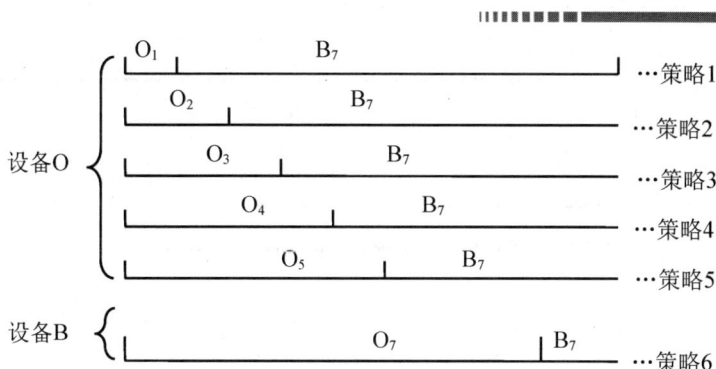

图 10-4　新型设备更新现金流量图

表 10-7　设备等额年总成本表

(单位：元)

| $n$ 年末 | O 设备<br>等额年总成本 | B 设备<br>等额年总成本 |
|---|---|---|
| 1 | 8800.00 | |
| 2 | 8223.80 | |
| 3 | 8497.17 | |
| 4 | 8942.61 | |
| 5 | 9549.26 | |
| 7 | | 7298.50 |

$$PC_{O_1} = 8800 \times (P/A, 10\%, 1) + 7298.5 \times (P/A, 10\%, 6) = 39\ 787\ (\vec{\pi})$$

$$PC_{O_2} = 8223.8 \times (P/A, 10\%, 2) + 7298.5 \times (P/A, 10\%, 5) = 41\ 957\ (\vec{\pi})$$

$$PC_{O_3} = 8497.17 \times (P/A, 10\%, 3) + 7298.5 \times (P/A, 10\%, 4) = 44\ 267\ (\vec{\pi})$$

$$PC_{O_4} = 8942.61 \times (P/A, 10\%, 4) + 7298.5 \times (P/A, 10\%, 3) = 46\ 488\ \vec{\pi})$$

$$PC_{O_5} = 9549.26 \times (P/A, 10\%, 5) + 7298.5 \times (P/A, 10\%, 2) = 48\ 866\ (\vec{\pi})$$

$$PC_{O_7} = 7298.5 \times (P/A, 10\%, 7) = 35\ 532\ (\vec{\pi})$$

策略 $B_7$ 的总成本现值最低，故应立即更新现有设备 O。

【例 10-7】假定例 10-5 中经济寿命内等额年总成本最低的新设备 B 缺货，难以采购，只能采用设备 A 对现有设备 O 进行更新。试分析何时更新更经济。

**解：**以设备 A 的经济寿命 5 年作为研究期，采用总成本现值并根据表 10-6 中的数据比较设备方案得到各策略现金流量图 10-5 所示。

通过计算得到各策略的等额年成本的现值，如表 10-8 所示。

表 10-8　各方案设备现值总成本表

| 方案 | 现值总成本/元 |
|---|---|
| 策略 1 | 41 495 |
| 策略 2 | 40 551 |
| 策略 3 | 39 470 |
| 策略 4 | 37 953 |

续表

| 方　案 | 现值总成本/元 |
|--------|--------------|
| 策略 5 | 36 199 |
| 策略 6 | 40 056 |

所以，策略 5 的现值总成本最低，故现有设备 O 应保留 5 年。

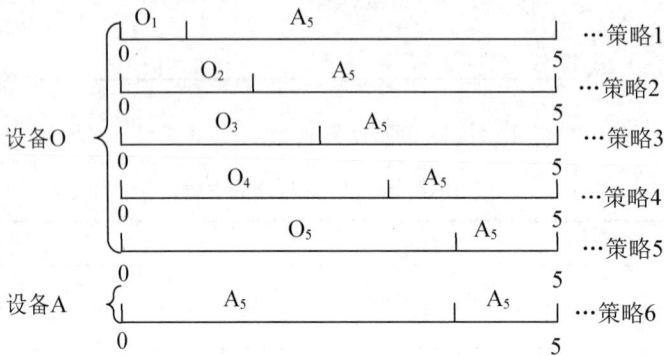

图 10-5　新型设备更新现金流量图

## 二、现有设备的处置决策

在市场经济条件下，受市场需求量的影响，许多企业在现有设备的自然寿命期内，必须考虑是否停产并变卖现有设备，这类问题称为现有设备的处置决策。

一般而言，现有设备的处置决策仅与旧设备有关，且假设旧设备自然寿命期内每年残值都能估算出来。

【例 10-8】试决策表 10-6 中设备 O 是否应立即进行处置，如果现在不处置，何时处置妥当？假定设备 O 给企业每年带来的收益是 8500 万元，基准折现率为 10%。

**解**：站在设备所有人的立场上，将研究期定为 5 年，现有设备处置决策应考虑的备选互斥方案有以下 6 个。

方案一：立即变卖设备 O。

方案二：继续使用旧设备 1 年。

方案三：继续使用旧设备 2 年。

方案四：继续使用旧设备 3 年。

方案五：继续使用旧设备 4 年。

方案六：继续使用旧设备 5 年。

采用现值法计算各方案在第 0 年的净现值如下。

$\text{NPV}_1 = 14000$ 元

$\text{NPV}_2 = (-3300 + 9900 + 8500) \times (P/F, 10\%, 1) = 13\ 727^*$ (元)

$\text{NPV}_3 = -3300 \times (P/F, 10\%, 1) + (-5500 + 8800)$

$\qquad \times (P/F, 10\%, 2) + 8500 \times (P/A, 10\%, 2)$

$\qquad = -3300 \times 0.9091 + (-5500 + 8800) \times 0.8264 + 8500 \times 1.7355$

$\qquad = 14\ 479 (元)$

$$NPV_4 = -3300 \times 0.9091 - 5500 \times 0.8264 + (-6050 + 6600) \times 0.7513$$
$$+ 8500 \times 2.4869$$
$$= 14\ 007(元)$$

$$NPV_5 = 12\ 600\ (元)$$

$$NPV_6 = 10\ 023\ (元)$$

根据以上计算结果，旧设备 O 最好继续使用两年时变卖。

## 三、设备更新分析法的应用

### 1. 市场需求变化引起的设备更新

由于市场需求增加超过了设备现有的生产能力，致使需对旧设备进行更新。

【例 10-9】由于市场需求量增加，某钢铁集团公司高速线材生产线面临两种选择。

第一方案：在保留现有生产线 A 的基础上，3 年后再上一条生产线 B，使生产能力增加一倍。

第二方案：放弃现在的生产线 A，直接上一条新的生产线 C，使生产能力增加一倍。

生产线 A 是 10 年前建造的，其剩余寿命估计为 10 年，到期残值为 100 万元，目前市场上有厂家愿以 700 万元的价格收购 A 生产线。生产线 A 今后第一年的经营成本为 20 万元，以后每年等额增加 5 万元。

生产线 B 3 年后建设，总投资 6000 万元，寿命期为 20 年，到期残值为 1000 万元，每年经营成本为 10 万元。

生产线 C 目前建设总投资 8000 万元，寿命期为 30 年，到期残值为 1200 万元，年运营成本为 8 万元。基准折现率为 10%，

试比较方案一和方案二的优劣，设研究期为 10 年。

**解：** 方案 1 和方案 2 的现金流量图如图 10-6 所示。

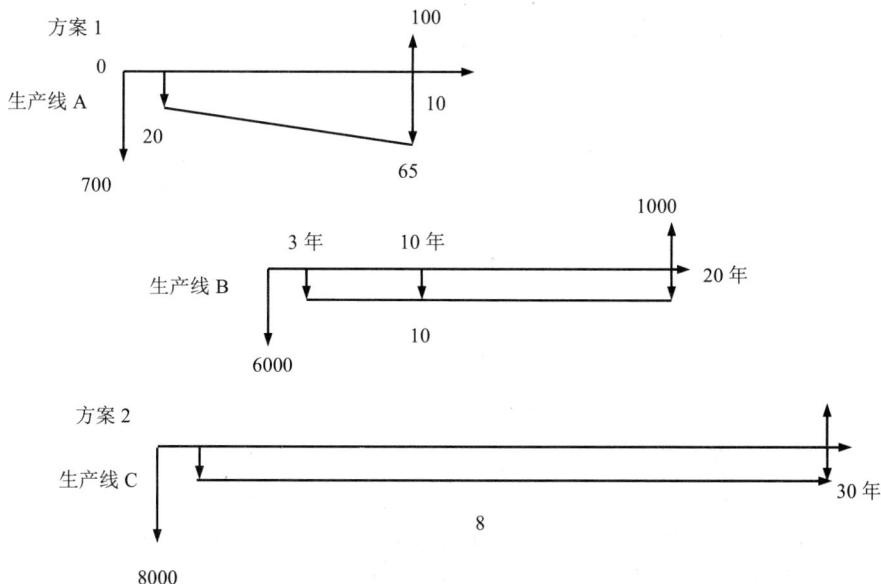

图 10-6　各方案现金流量图

设定研究期为 10 年，各方案的等额年总成本计算如下：

方案 1

$$AC_A = 700 \times (A/P, 10\%, 10) - 100 \times (A/F, 10\%, 10) + 20$$
$$+ 5 \times (A/G, 10\%, 10)$$
$$= 700 \times 0.1627 - 100 \times 0.0627 + 20 + 5 \times 3.725 = 146.25(万元)$$

$$AC_B = [6000 \times (A/P, 10\%, 20) - 1000 \times (A/F, 10\%, 20) + 10]$$
$$\times (F/A, 10\%, 7) \times (A/F, 10\%, 10)$$
$$= [6000 \times 0.1175 - 1000 \times 0.175 + 10] \times 9.4872 \times 0.0672 = 413.58(万元)$$

$$AC_C = AC_A + AC_B = 146.25 + 413.58 = 559.83 (万元)$$

从以上结果比较分析，应采用方案 1。

### 2. 技术创新引起的设备更新

通过技术创新不断改善设备的生产效率，提高设备使用功能，会造成旧设备磨损，从而有可能导致企业对旧设备进行更新。

【例 10-10】某公司用旧设备 O 加工某产品的关键零件，设备 O 是 8 年前买的，当时的购置及安装费为 8 万元，设备 O 目前市场价为 18000 元，估计设备 O 可再使用两年，退役时残值为 2750 元。目前市场上出现了一种新设备 A，设备 A 的购置及安装费 120000元，使用寿命为 10 年，残值为原值的 10%。

旧设备 O 和新设备 A 加工 100 个零件所需时间分别为 5.24h 和 4.2h，该公司预计今后每年平均销售 44000 件该产品。该公司人工费为 18.7 元/h。旧设备动力费为 4.7 元/h，新设备动力费为 4.9 元/h。基准折现率为 10%。试分析是否应采用新设备 A 更新旧设备 O？

**解**：选择旧设备 O 的剩余使用寿命两年为研究期，采用年值法计算新旧设备的等额年总成本，即

$$AC_O = (18\ 000 - 2750) \times (A/P, 10\%, 2) + 2750 \times 10\% + 5.24$$
$$\div 100 \times 44\ 000 \times (18.7 + 4.7)$$
$$= 63\ 013.09(元)$$

$$AC_A = (120\ 000 - 12\ 000) \times (A/P, 10\%, 10) + 12\ 000 \times 10\% + 4.22$$
$$\div 100 \times 44\ 000 \times (18.7 + 4.9)$$
$$= 62\ 592.08(元)$$

使用新设备 A 比使用旧设备 O 的年成本要低，故应立即用设备 A 更新设备 O。

## 阅读资料

### 设备更新的意义

设备更新的目的在于维持产能、保证产品质量、降低产品成本、减少能耗、合理使用资源、提高装备水平、延长项目的寿命、改善劳动条件、减轻工人劳动强度、保证安全生产和保护环境等。设备更新对于提高生产效率，改进产品质量，促进技术进步，加速国民经济发展等起着重要作用，但并不是在任何条件下更新设备都是有利的，应该根据设备磨损的客观规律和设备在使用过程中其费用变化的经济规律，对设备更新进行经济分析，才

能正确确定设备的经济寿命和最佳更新方案、更新方式及更新时机。

设备更新和技术改造是使我国经济顺利发展的关键。从发达国家经济发展的经验中可以看出，落后的生产设备是经济发展的严重阻碍。第一次世界大战以前，英国是世界经济强国之一，但在技术已经进步的条件下，未能及时更换已陈旧的技术装备，致使英国经济失去了世界上的领先地位；而同一时期，美国和德国积极采用新技术，先后超过了英国。最近几十年，日本由于将国民收入的大部分用于改善和更新设备，经济有了突飞猛进的发展。在我国，一些大型骨干企业基本上是 20 世纪中期建立的，由于不重视技术改造和设备更新，普遍存在设备役龄过长、低负荷运行、构成素质差等方面的问题，导致企业长期陷入高耗费、低质量和产品性能多年如一日的落后状态，严重阻碍了我国经济的发展。因此，对现有企业的设备更新与改造势在必行。

(资料来源:. 刘秋华. 设备更新的意义. 技术经济学(第 2 版)，2010.2)

# 第三节 设备更新方案综合比较

从广义上讲，设备更新包括设备修理、设备更换、设备更新和设备现代化改装等。设备更新主要涉及以下几个问题：①大修理是否经济合理？②设备使用多少年或什么时间更新最经济合理？③用什么方式更新设备最经济合理？④租赁还是购买新设备？

可见，设备更新问题主要包括设备更新时机的确定和更新方案的选择优化，但都属于多个互斥方案进行比较优选的过程。为了解决设备更新分析的主要问题，需要企业遵循一定的程序并采取相应策略。

# 一、设备大修理的经济界限

### 1. 大修理的经济实质

设备是由不同材质的众多零部件组成的，它们的使用条件和功能也各不相同，因此设备不同部分的零部件遭受的有形磨损是非均匀性的，即设备的零部件有着不同的物理寿命。例如，某建筑施工机械不同组成部分的物理寿命如表 10-9 所示。

如果这台设备的平均寿命为 4 年，那么在寿命期限内，设备的第二部分需要更换 1次；第三部分需要更换 3 次；第四部分需要更换 4 次。

表 10-9 设备不同部分的自然寿命

| 部 分 | 第一部分 | 第二部分 | 第三部分 | 第四部分 |
|---|---|---|---|---|
| 使用寿命 | 4 年 | 2 年 | 1 年 | 半年 |

设备的大修理是通过调整、修复或更换磨损的零部件，恢复设备的精度和生产效率，使整机全部或接近全部恢复功能，基本上达到设备原有的使用功能，从而延长设备的自然寿命。

大修理能够利用被保留下来的零部件，从而能在一定程度上节约资源，因此在设备更新分析时大修理是设备更新的替代方案，这是大修理的经济实质，也是大修理这种对设备磨损进行补偿的方式能够存在的经济前提。对设备进行更新分析时应与大修理方案进行比较;反过来,进行设备大修理决策时,也应同设备更新及设备其他再生产方式相比较。

【小贴士】大修理的特性如下。

(1) 最大的一种计划修理,规模最大,花费最大。

(2) 实质上是原有实物形态上的一种局部更新。

(3) 对设备全部解体,更换全部损坏的零部件,修复所有不符合要求的零部件,全面消除缺陷,以进行大修理。

(4) 设备在大修理之后,无论在生产效率、精确度、速度等方面达到或基本达到原设备的出厂标准。

(5) 通过参考同种设备的重置价值,考察其经济合理性。

### 2. 大修理的经济界限

设备虽然通过大修理可以延长其物理寿命,但是在大修决策时,要注意修理是有限度的,长期无休止的修理,会导致设备性能劣化的加深,使其根本恢复不到原有的性能水平,严重阻碍技术进步。

从经济角度出发,为了提高设备的经济效益,降低设备使用费用,必须确定设备的大修理的经济界限。

如图 10-7 所示,$A_0$ 点表示设备初始性能,$A_1$ 点表示设备基本性能。

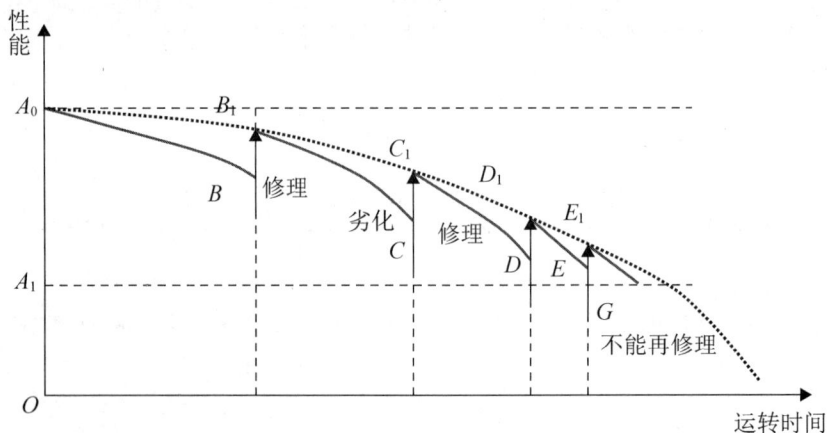

图 10-7  每次大修设备性能劣化曲线

$OA$ 表示设备的初始性能水平,$OA_1$ 表示设备的基本性能水平。设备在使用过程中其性能是沿着 $AB$ 线下降的,如不及时大修,设备的寿命很可能会很短。如在 $B$ 点(即到第一个大修期限时)进行大修,其性能又可恢复到 $B_1$ 点。自 $B_1$ 点继续使用,其性能又继续劣化,当降到 $C$ 点时,又进行第二次修理,其性能可恢复到 $C_1$ 点,但经过使用后又会下降。如此多次直到 $G$ 点,设备就不能再修理了,其物理寿命宣告结束。

从图 10-7 上可以看出,大修后的设备无论从生产率、精确度、速度等方面,还是从使用中的技术故障频率、有效运行时间等方面,都比同类型的新设备逊色,其综合质量会有某种程度的降低。另外,要注意的一点是大修理的间隔周期会随着设备使用时间的延长而越来越短。因此从经济角度出发，为了提高设备的经济效益，降低设备使用费用，必须确定设备的大修理的经济界限。

设备在寿命期满前所需的大修理费用总额可能是个相当可观的数字，有时甚至可能超过设备原值数倍。当一次大修理的费用加该时期设备的残值不小于新设备价值时，十分明显，这样的大修理在经济上是不合理的。因此，进行大修理的最低经济界限为

$$I \leqslant P - L \tag{10-19}$$

式中：$I$ 为该次大修理费用；$P$ 为同种设备的重置价值(即同一种新设备在大修理时刻的市场价格)；$L$ 为旧设备被替换时的残值。

但是，满足上述必要条件的大修理，在经济上仍有可能是不合理的。如果设备在大修后，生产技术特性与同种新设备没有区别，则式(10-19)可以作为衡量大修理的经济性的必要和充分条件。但是，由于设备经过大修后，到下一次的大修理的间隔期缩短，而且修理后的设备与新设备相比技术故障多，设备停歇时间长，日常维护和小修理费用增加，因此修理的质量对单位产品成本高低有很大影响，有时用先进的新设备生产单位产品的成本会更低。于是，需要补充一个条件，使用经过大修理的设备生产的产品成本在任何情况下都不能超过相同的新设备生产的单位产品的成本，即

$$C_j \leqslant C_0 \tag{10-20}$$

式中：$C_j$ 为用 $j$ 次大修理后的旧设备生产单位产品的计算费用；$C_0$ 为用具有相同功能的新设备的生产单位产品的计算费用。

$$C_j = (I_j + \Delta V_j)(A/P, i_c, T_j)/Q_j + C_{gj} \tag{10-21}$$

$$C_0 = \Delta V_{01}(A/P, i_c, T_{01})/Q_{01} + C_{g01} \tag{10-22}$$

式中：$I_j$ 为旧设备第 $j$ 次大修理的费用；$\Delta V_j$ 为旧设备第 $j+1$ 大修理周期内的价值损耗现值，其值为第 $j-1$、$j$ 个大修理间隔期的设备余值现值之差；$Q_j$ 为旧设备第 $j+1$ 次大修理周期内的年均产量；$C_{gj}$ 为旧设备第 $j$ 次大修理后生产单位产品的经营成本；$T_j$ 为旧设备第 $j$ 次大修理到 $j+1$ 次大修理的间隔年数；$\Delta V_{01}$ 为新设备第 1 个大修理周期内的价值损耗现值；$Q_{01}$ 为新设备第 1 个大修理周期内的年平均产量；$C_{g01}$ 为用新设备生产单位产品的经营成本；$T_{01}$ 为新设备投入使用到第一次大修理的间隔年数。

【例 10-11】一台价值为 10 000 元的设备，其原始实物形态包括下列组成部分，如表 10-10 所示。

表 10-10 设备组成及其价值

| 设备组成要素 | 价格/元 | 物理耐用期限年 | 年平均磨损价值/元 | 占设备原值的百分比/% |
|---|---|---|---|---|
| 第一部分 | 500 | 1 | 500 | 5 |
| 第二部分 | 2 000 | 2 | 1 000 | 10 |
| 第三部分 | 5 000 | 6 | 833 | 8.3 |
| 第四部分 | 2 500 | 90 | 27.8 | 0.28 |
| 整机 | 10 000 | — | 2 360.8 | 23.6 |

**解**：根据已知条件，分析如下。

如果这台设备最耐久的部分是机座，大约可服务 90 年，其余组成部分在两班制正常

工作的条件下，在 1~6 年内丧失其使用价值。如价值为 500 元的第一个组成部分就需要一年更换 1 次，第二个组成部分(价值 2000 元)，需要两年更换 1 次。

倘若根据对有形和无形磨损的综合考虑，把该设备的平均寿命期限定为 12 年，则在这个寿命期限内就需要对设备的部分零件进行定期更换或修复，以保证设备完好地使用 12 年。

## 二、更新方案的综合比较

设备超过最佳期限之后，存在着更新的问题。但陈旧设备直接更换是否必要或是否为最佳的选择，需要进一步研究。

一般而言，对超过最佳期限的设备可以采用以下 5 种处理办法。

(1) 继续使用旧设备。

(2) 用原形设备更新旧设备。

(3) 用新型高效设备更新旧设备。

(4) 对旧设备进行现代化技术改造。

(5) 对旧设备进行大修理。

对更新方案进行综合比较宜采用最低总费用现值法，其计算式为

$$PC_1 = \frac{1}{a_1}\left[ P_1 + \sum_{j=1}^{n}C_{1j}(P/F, i_c, j) - L_{1n}(P/F, i_c, n) \right]$$

$$PC_2 = \frac{1}{a_2}\left[ P_2 + \sum_{j=1}^{n}C_{2j}(P/F, i_c, j) - L_{2n}(P/F, i_c, n) \right]$$

$$PC_3 = \frac{1}{a_3}\left[ P_3 + \sum_{j=1}^{n}C_{3j}(P/F, i_c, j) - L_{3n}(P/F, i_c, n) \right]$$

$$PC_4 = \frac{1}{a_4}\left[ P_4 + \sum_{j=1}^{n}C_{4j}(P/F, i_c, j) - L_{4n}(P/F, i_c, n) \right]$$

$$PC_5 = \frac{1}{a_5}\left[ P_5 + \sum_{j=1}^{n}C_{5j}(P/F, i_c, j) - L_{5n}(P/F, i_c, n) \right]$$

对上述公式中字母含义解释如表 10-11 所示(令 $a_2 = 1$ 为基准值)。

表 10-11　公式中字母解释

| 字母含义<br>处理办法 | $n$ 年内的总<br>费用现值 | 投　资 | 在第 $j$ 年的<br>经营成本 | 设备到第 $n$<br>年的残值 | 生产效<br>率系数 |
|---|---|---|---|---|---|
| 继续使用旧设备 | $PC_1$ | $P_1$ | $C_{1j}$ | $L_{1n}$ | $a_1$ |
| 用原型设备更新 | $PC_2$ | $P_2$ | $C_{2j}$ | $L_{2n}$ | $a_2$ |
| 用新型高效设备更新 | $PC_3$ | $P_3$ | $C_{3j}$ | $L_{3n}$ | $a_3$ |
| 进行现代化技术改造 | $PC_4$ | $P_4$ | $C_{4j}$ | $L_{4n}$ | $a_4$ |
| 进行大修理 | $PC_5$ | $P_5$ | $C_{5j}$ | $L_{5n}$ | $a_5$ |

【**例 10-12**】某旧设备各种更新方案各项费用的原始资料如表 10-12 所示，$i_c$ 为 10%。试选择最佳更新方案。

表 10-12　各方案费用资料

| 方　案 | 投资/元 | 生产效率系数 | | C 表示各年经营成本；L 表示各年末残值/元 | | | | | | | |
|---|---|---|---|---|---|---|---|---|---|---|---|
| | | | | 1 | 2 | 3 | 4 | 5 | 6 | 7 | 8 |
| 仍使用旧设备 | $P_1=3000$ | $a_1=0.7$ | C | 1400 | 1800 | 2200 | | | | | |
| | | | L | 1200 | 600 | 300 | | | | | |
| 用原型设备更换 | $P_2=16000$ | $a_2=1$ | C | 450 | 550 | 650 | 750 | 850 | 950 | 1050 | 1150 |
| | | | L | 9360 | 8320 | 7280 | 6240 | 5200 | 4160 | 3120 | 2080 |
| 用高效设备更换 | $P_3=20000$ | $a_3=1.3$ | C | 350 | 420 | 490 | 560 | 630 | 700 | 770 | 840 |
| | | | L | 11520 | 10240 | 8600 | 7250 | 5700 | 4700 | 4000 | 3000 |
| 进行现代化技术改造 | $P_4=11000$ | $a_4=1.2$ | C | 550 | 680 | 810 | 940 | 1070 | 1200 | 1330 | 1460 |
| | | | L | 9000 | 8000 | 6700 | 5700 | 4700 | 3700 | 2700 | 1700 |
| 旧设备大修理 | $P_5=7000$ | $a_5=0.98$ | C | 700 | 950 | 1200 | 1450 | 1700 | 1950 | 2200 | 2450 |
| | | | L | 6400 | 5800 | 5200 | 4700 | 3800 | 3000 | 2200 | 1400 |

**解**：根据以上公式计算出不同服务年限各方案的现值总费用如表 10-13 所示。

表 10-13　不同服务年限各方案总费用现值计算表　　　　　（单位：万元）

| 方　案 | 1 | 2 | 3 | 4 | 5 | 6 | 7 | 8 |
|---|---|---|---|---|---|---|---|---|
| 继续使用旧设备 | 4545.4* | 7520.6 | 10268.3 | | | | | |
| 用原型设备更新 | 7900 | 9987.6 | 11882.4 | 13602.2 | 15163.2 | 16580.1 | 17866.0 | 19033.2 |
| 用新型设备更新 | 6871.3 | 8442.7 | 10022.8 | 11284.1 | 12486.7 | 13340.8 | 14004.2* | 14701.3* |
| 进行技术改造 | 5265.1 | 7042.0 | 8863.9 | 10349.5 | 11715.5* | 12971.5* | 14126.1 | 15187.4 |
| 旧设备大修理 | 4916.5 | 6863.3* | 8687.9* | 10409.4* | 12354.6 | 14157.4 | 15885.4 | 17537.2 |

*：设备在各不同服务年限时对应的费用现值最低的更新方案。

从计算结果可以看出，当设备只使用 1 年，以使用旧设备的方案为最佳；当设备打算使用 2～4 年，对原设备进行一次大修理为佳；当设备将使用 5～6 年，最佳方案是对原设备进行现代化技术改造；当设备使用期在 7 年以上，则用高效率新型设备替换旧设备的方案最佳。

# 阅读资料

### 设备的技术改造与更换设备的优点

设备技术更新是以结构更先进、技术更完善、性能更好、效率更高的设备代替旧设备，或者对旧设备进行现代化改造。对旧设备进行现代化改造的费用一般少于购置同类新型设备的费用，因此对于我国许多资金不足的老企业来说，现代化改造是改变技术落后状况的重要途径。设备技术更新可以补偿由无形磨损引起的设备使用价值的降低。

设备的现代化改造 (也称设备的技术改造)，是指应用现代的技术成就和先进经验，适应生产的需要，改变现有设备的结构，改善现有设备的技术性能和经济效果，使之达到或部分达到新设备的水平。设备技术改造是克服现有设备的技术陈旧状况，消除第 II 类无形磨损，更新设备的重要手段。

设备的技术改造与更换设备相比具有以下优点。

(1) 设备技术改造对生产的针对性和适应性较强。由于设备技改必定与生产密切结合，因此效果较好，有时甚至比先进的新设备更适用。

(2) 设备技术改造由于充分利用了原有设备的可用部分，因此大大节约了设备更新的基本投资。

(3) 设备技术改造的周期短，往往比重新设计、制造一台机器所用的时间少，这对企业的产品更新换代十分有利。

(4) 设备技术改造能改善设备拥有量的构成比。通过将旧的万能设备改造为专用设备，可以提高设备的生产效率，并且改进设备的工艺用途，从而使构成比向先进的方面转化。

从上面的优越性来看，设备的技术改造在设备更新中有着重要的作用。但是，另一方面，在实际工作中设备改造是否可行，往往受到技术上和经济上的制约。

(资料来源：刘秋华. 设备的技术改造与更换设备的优点. 技术经济学(第2版)，2010.2)

# 本 章 小 结

随着新工艺、新技术、新机具、新材料的不断涌现，工程施工在更大的深度和广度上实现了机械化，施工机械设备已成为施工企业生产力不可缺少的重要组成部分。因此，建筑施工企业都存在着如何使企业的技术结构合理化，如何使企业设备利用率、机械效率和设备运营成本等指标保持在良好状态的问题，这就必须对设备磨损的类型及补偿方式、设备更新方案的比选进行科学的技术经济分析。

本章主要介绍设备更新分析，包括设备更新分析概述、设备经济寿命的确定、设备更新分析方法及其应用、设备更新方案的综合比较。通过对本章内容的学习，读者可以掌握设备更新的分析及应用。

# 自 测 题

## 一、选择题

1. 下列(    )设备磨损不仅使设备原设备的价值相对贬值，而且使用价值也受到严重的冲击。

    A. 第 I 类 有形磨损     B. 第 II 类 有形磨损

    C. 第 I 类 无形磨损     D. 第 II 类 无形磨损

2. 设备在闲置过程中，由于自然力造成的磨损叫作(　　)。

    A. 第Ⅰ类有形磨损　　　　B. 第Ⅱ类有形磨损

    C. 第Ⅰ类无形磨损　　　　D. 第Ⅱ类无形磨损

3. 某一机床的同型号设备的生产价格下降，使得这一机床的价值下降，这种磨损叫作(　　)。

    A. 第Ⅰ类有形磨损　　　　B. 第Ⅱ类有形磨损

    C. 第Ⅰ类无形磨损　　　　D. 第Ⅱ类无形磨损

4. 由于不断出现技术上更加完善、经济上更加合理的设备，使原有设备陈旧落后所产生的磨损叫作(　　)。

    A. 第Ⅰ类有形磨损　　　　B. 第Ⅱ类有形磨损

    C. 第Ⅰ类无形磨损　　　　D. 第Ⅱ类无形磨损

5. 一台设备在使用过程中产生有形磨损，使设备逐渐老化、损坏，直至报废所经历的全部时间称为(　　)。

    A. 自然寿命　　　　　　　B. 技术寿命

    C. 折旧寿命　　　　　　　D. 经济寿命

6. 设备从开始使用到其平均使用成本最低年份的延续时间，叫作设备的(　　)。

    A. 物质寿命　　　　　　　B. 技术寿命

    C. 经济寿命　　　　　　　D. 折旧寿命

## 二、判断题

(　　) 1. 一设备原值 2000 元，修理费要 300 元，市场同型号设备现价为 1500 元，则该设备的残值是 1200 元。

(　　) 2. 一台设备的原始价值是 1000 元，自然寿命为 5 年，其残值在任何时候都为 0，各年的运行费用依次为 100 元、200 元、300 元、600 元、800 元，那么该设备的经济寿命为 2 年。

(　　) 3. 某设备的原始费用为 5000 元，年运行费为：第一年为 400 元，以后每年增加 150 元，若残值为 0，不计利息，则其经济寿命为 6 年。

(　　) 4. 在进行设备更新方案比选时，常采年费用法。

## 三、简答题

1. 什么是设备磨损？它有哪些类型？

2. 简述原型设备更新分析步骤。

## 四、案例分析

1. 某石化公司炼油装置上的老 5 型多段泵故障率高，运行中振动超标，时常发生串轴现象以及电流超高引起电机过热、电能损耗大、维修成本高等问题。经分析老 5 型多段泵故障率高的原因主要有：①泵轴细、刚度低；②泵级数多；③平衡装置设计计算与实际运行误差大，轴向力不平衡；④有汽蚀现象。

该公司调研发现同行业其他炼油厂都存在同样的问题，这说明国内大多数泵制造厂在多段泵设计上存在先天不足是事故障率高的根本原因。为从根本上降低多段泵的故障率，从设计入手，经技术先进、创新能力强的 A 水泵厂与该石化公司一起攻关，研制开发出了可靠性高的 DYJ 型多段泵。为确保新开发泵的可行性，满足炼油装置未来的运行周期，并达到国外炼油行业同类装置开工周期(5 年以上)，在技术上采取了以下措施：使用单位将泵设计参数提准，与实际相一致；泵轴加粗；泵段数减少；泵平衡装置采用双手平衡鼓结构；采用滑动轴承代替滚动轴承；泵密封采用波纹管密封；根据生产介质组分和泵的运行工况确定泵的必须汽蚀余量，保证泵运行中不汽蚀、不抽空。

A 水泵厂根据上述技术要求对该石化公司年产 30 万吨重整预加氢进料泵进行更新设计，设计后进行预算报价。

2. 各设备方案分项费用的原始数据如表 10-14 所示，旧设备在更新决策时的市场价值不计，并且原型设备及新型设备更新时其残值计为 150 万元，而其他方案更新时则残值不计。试选择最优方案($i_c$=8%)。

表 10-14　各种设备方案的原始数据

| 序号 | 设备方案 | 投资 | $\beta$ | 年经营费用/万元 | | | | | | | | |
|------|----------|------|---------|-----|-----|-----|-----|-----|-----|-----|-----|-----|
| | | | | 1 | 2 | 3 | 4 | 5 | 6 | 7 | 8 | 9 |
| 1 | 继续使用 | 0 | 0.7 | 250 | 300 | 350 | 400 | — | — | — | — | — |
| 2 | 大修理 | 700 | 0.98 | 30 | 100 | 175 | 252 | 320 | 400 | — | — | — |
| 3 | 原型更新 | 1300 | 1 | 25 | 53 | 105 | 160 | 210 | 270 | 340 | 420 | 510 |
| 4 | 新型更新 | 1650 | 1.3 | 20 | 50 | 100 | 150 | 200 | 210 | 300 | 350 | 400 |
| 5 | 现代化改造 | 1200 | 1.25 | 30 | 55 | 110 | 170 | 220 | 300 | 370 | 470 | 570 |

# 第十一章 价值工程

【学习要点及目标】

通过对本章内容的学习，熟悉价值工程的基本原理；熟悉价值工程对象的选择和信息资料收集；掌握功能分析和功能评价的方法；了解方案创造与评价；了解价值工程的应用。

【关键概念】

寿命周期　经验分析法　ABC分析法　强制确定法

【引导案例】

某房地产公司对某公寓项目的开发征集到若干设计方案，经筛选后对其中较为出色的4个设计方案作进一步的技术经济评价。

有关专家决定从5个方面(分别以$F_1 \sim F_5$表示)对不同方案的功能进行评价，并对各功能的重要性达成以下共识：$F_2$和$F_3$同样重要，$F_4$和$F_5$同样重要，$F_1$相对于$F_4$很重要，$F_1$相对于$F_2$较重要。此后，各专家对该4个方案的功能满足程度分别打分，其结果如表11-1所示。

表11-1　方案满足程度分数

| 功　能 | 方案功能得分 | | | |
|---|---|---|---|---|
| | A | B | C | D |
| $F_1$ | 9 | 10 | 9 | 8 |
| $F_2$ | 10 | 10 | 8 | 9 |
| $F_3$ | 9 | 9 | 10 | 9 |
| $F_4$ | 8 | 8 | 8 | 7 |
| $F_5$ | 9 | 7 | 9 | 6 |

据造价工程师估算，A、B、C、D这4个方案的单方造价分别为1420、1230、1150、1360元/$m^2$。

试计算：(1) 各功能的权重。

(2) 用功能系数评价法选择最佳设计方案。

解：根据背景资料所给出的条件，各功能权重的计算结果填入表11-2中。

表11-2　数据记录表

| | $F_1$ | $F_2$ | $F_3$ | $F_4$ | $F_5$ | 得　分 | 权　重 |
|---|---|---|---|---|---|---|---|
| $F_1$ | × | 3 | 3 | 4 | 4 | 14 | 14/40=0.350 |
| $F_2$ | 1 | × | 2 | 3 | 3 | 9 | 9/40=0.225 |
| $F_3$ | 1 | 2 | × | 3 | 3 | 9 | 9/40=0.225 |

| | $F_1$ | $F_2$ | $F_3$ | $F_4$ | $F_5$ | 得　分 | 权　重 |
|---|---|---|---|---|---|---|---|
| $F_4$ | 0 | 1 | 1 | × | 2 | 4 | 4/40=0.100 |
| $F_5$ | 0 | 1 | 1 | 2 | × | 4 | 4/40=0.100 |
| 合　　计 | | | | | | 40 | 1.000 |

$F_2$和$F_3$同样重要；$F_4$和$F_5$同样重要。

$F_1$相对于$F_4$很重要；$F_1$相对于$F_2$较重要。

分别计算各方案的功能系数、成本系数、价值系数。

(1) 计算功能系数。

各方案的各功能得分分别与该功能的权重相乘，然后汇总即为该方案的功能加权得分，计算如下。

$W_A=9×0.350+10×0.225+9×0.225+8×0.100+9×0.100=9.125$

$W_B=10×0.350+10×0.225+9×0.225+8×0.100+7×0.100=9.275$

$W_C=9×0.350+8×0.225+10×0.225+8×0.100+9×0.100=8.900$

$W_D=8×0.350+9×0.225+9×0.225+7×0.100+6×0.100=8.150$

各方案的总加权得分为

$W= W_A+ W_B+ W_C+ W_D=35.45$

因此，各方案的功能指数为

$F_A=9.125/35.45=0.257$

$F_B=9.275/35.45=0.262$

$F_C=8.900/35.45=0.251$

$F_D=8.150/35.45=0.230$

(2) 计算各方案的成本系数。

各方案的成本系数为

$C_A=1420/(1420+1230+1150+1360)=1420/5160=0.275$

$C_B=1230/5160=0.238$

$C_C=1150/5160=0.223$

$C_D=1360/5160=0.264$

(3) 计算各方案的价值系数。

各方案的价值系数为

$V_A=F_A/C_A=0.257/0.275=0.935$

$V_B=F_B/C_B=0.262/0.238=1.101$

$V_C=F_C/C_C=0.251/0.223=1.126$

$V_D=F_D/C_D=0.230/0.264=0.871$

由于 C 方案的价值指数最大，所以 C 方案为最佳方案。

# 第一节 价值工程概述

价值工程(value engineering，VE)是一门科学管理技术，是降低成本提高效益的一种有效方法。它于 20 世纪 40 年代起源于美国(麦尔斯－石棉事件)。1947 年，麦尔斯以"价值分析程序"为题发表了研究成果，标志着价值工程正式产生。

## 一、价值工程的定义

价值工程是通过相关领域的协作，对所研究对象的功能与费用进行系统分析，不断创新，旨在提高所研究对象价值的思想方法和管理技术。

价值工程的目的是以研究对象的最低寿命周期成本可靠地实现使用者所需功能，以获取最佳的综合效益。

凡为获取功能而发生费用的事物，均可作为价值工程的对象，如产品、工艺、工程、服务或它们的组成部分。

价值工程涉及价值、功能和寿命周期成本等 3 个基本要素。

### (一) 价值

价值工程指把"价值"对象所具有的功能与获得该功能的全部费用之比，它是对象的比较价值，即性能价格比。设对象(如产品、工艺、劳务等)的功能为 $F$，成本为 $C$，价值为 $V$，则价值计算式为

$$V = F/C \tag{11-1}$$

【小贴士】功能是指产品的功能、效用、能力等，即产品所担负的职能或者说是产品所具有的性能。成本指产品周期成本，即产品从研制、生产、销售、使用过程中全部耗费的成本之和。衡量价值的大小主要看功能($F$)与成本($C$)的比值如何。人们一般对商品有"价廉物美"的要求，"物美"实际上就是反映商品的性能、质量水平；"价廉"就是反映商品的成本水平，顾客购买时考虑"合算不合算"就是针对商品的价值而言的。

价值的提高取决于功能和成本两个因素。根据价值的计算公式，提高产品价值有 5 种途径。

(1) 提高功能，降低成本，大幅度提高价值。这是提高价值的最理想途径，即

$$F\uparrow /C\downarrow = V\uparrow\uparrow \tag{11-2}$$

随着科技的发展，采用新技术、新工艺、新材料可使产品结构或制造方法有较大的突破，这不仅有助于产品功能的提高，同时还可以降低成本，从而使价值大幅度提高，为商家赚取更多的利润。

(2) 功能不变，降低成本，提高价值，即

$$F\rightarrow /C\downarrow = V\uparrow\uparrow \tag{11-3}$$

(3) 成本不变，提高功能，提高价值，即

$$F\uparrow /C\rightarrow = V\uparrow \tag{11-4}$$

(4) 成本稍有增加，但功能大幅度提高，使价值提高，即

$$F \uparrow\uparrow /C\uparrow = V\uparrow \tag{11-5}$$

(5) 功能稍有降低，而成本大幅度降低，从而提高价值，即

$$F \downarrow /C\downarrow\downarrow = V\uparrow \tag{11-6}$$

## (二) 功能

价值工程中的功能是对象能够满足某种需求的一种属性，具体来说功能就是效用。任何产品都具有功能，如住宅的功能是提供居住空间，衣服的功能是为人遮体、提供保暖等。

价值工程中的功能有以下 4 种不同的分类方法。

(1) 使用功能和品位功能。

使用功能是对象所具有的与技术经济用途直接有关的功能；品位功能是与使用者的精神感觉、主观意识有关的功能，如贵重功能、美学功能、外观功能、欣赏功能等。

(2) 基本功能和辅助功能。

基本功能是与对象的主要目的直接有关的功能，是对象存在的主要理由；辅助功能是为更好实现基本功能服务的功能。

(3) 必要功能和不必要功能。

必要功能是为满足使用者的要求而必须具备的功能；不必要功能是对象所具有的、与满足使用者的需求无关的功能。

(4) 不足功能和过剩功能。

不足功能是指对象尚未满足使用者的需求的必要功能；过剩功能是对象所具有的、超过使用者的需求的功能。

## (三) 寿命周期成本

### 1. 寿命周期

任何事物都有产生、发展和消亡的过程。事物从产生到结束，即为事物的寿命周期。例如，建筑产品寿命周期是指从规划、勘察、设计、施工建设、使用、维修，直到报废为止的整个时期。

### 2. 寿命周期费用

产品在整个寿命周期过程中所发生的全部费用，称为寿命周期费用。它包括研究费用和使用费用两部分。研究费用是指产品从研究开发到用户手中为止的全部费用。对于建筑产品来说，包括勘察设计费、施工建造费等费用。使用费用是指用户在使用过程中所发生的各种费用，包括维修费用、能源消耗费用、管理费用等。对用户来说，建筑产品寿命周期费用 $C$ 是建筑费用 $C_1$ 和使用费用 $C_2$ 之和，即

$$C = C_1 + C_2 \tag{11-7}$$

图 11-1 所示为寿命周期与寿命周期费用的关系。

产品的寿命周期费用与产品的功能有关。从图 11-2 中可以看出，随着某建筑产品的功能水平提高，建筑产品的使用费用降低，但是研制费用增高；反之，使用费用增高，研制费用降低。一座精心设计施工的住宅，其质量得到保证，使用过程中发生的维修费用就

一定比较低；相反，粗心设计并且施工中偷工减料，建造的住宅质量低劣，使用过程中的维修费用不一定较高。研制费用、使用费用与功能水平的变化规律决定了寿命周期费用以如图 11-2 所示的鞍形变化，也决定了寿命周期费用存在最低值。建设费用 $C_1$ 曲线和使用费用 $C_2$ 曲线的交点所对应的寿命周期费用最低。最低寿命周期费用 $C_0$ 所对应的功能水平 $F_0$ 是从费用方面考虑的最为适宜的功能水平。

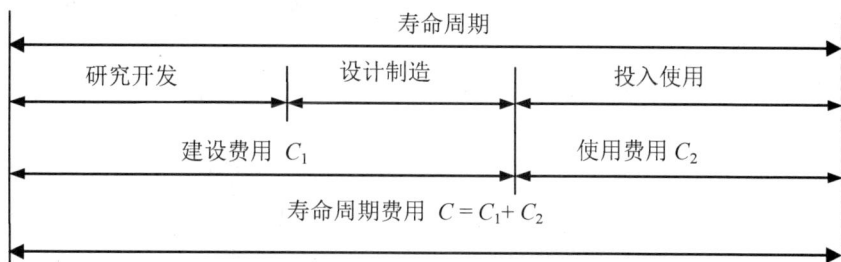

图 11-1　寿命周期与寿命周期费用的关系

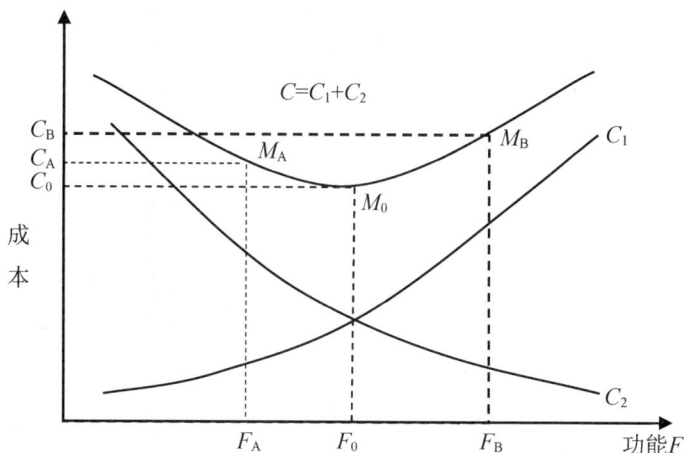

图 11-2　寿命周期成本示意图

【小贴士】价值工程的特点：①以使用者的功能需求为出发点；②以功能分析为核心，并系统研究功能与成本之间的关系；③价值工程是致力于提高价值的创造性活动；④应有组织、有计划地按一定的工作程序进行。

# 二、价值工程的工作程序

开展价值工程活动的过程是一个发现问题、解决问题的过程，针对价值工程的研究对象，逐步深入提出一系列问题，通过回答问题、寻找答案，导致问题的解决。

在一般的价值工程活动中，所提问题通常有以下 7 个方面：

(1) 价值工程的研究对象是什么？

(2) 价值工程的用途是什么？

(3) 价值工程的成本是多少？

(4) 价值工程的价值是多少？

(5) 有无其他方法可以实现同样的功能？

(6) 新方案的成本是多少？

(7) 新方案能满足要求吗？

按顺序回答和解决这 7 个问题的过程，就是价值工程的工作程序和步骤。即：选定对象，收集情报资料，进行功能分析，提出改进方案，分析和评价方案，实施方案，评价活动成果。

价值工程的一般工作程序如表 11-3 所示。由于价值工程的应用范围广泛，其活动形式也不尽相同，因此在实际应用中，可参照工作程序，根据对象的具体情况，应用价值工程的基本原理和思想方法，考虑具体的实施措施和方法步骤。但是对象选择、功能分析、功能评价和方案创新与评价是工作程序的关键内容，体现了价值工程的基本原理和思想，是不可缺少的。

表 11-3  价值工程的一般工作程序

| 工作阶段 | 设计程序 | 工作步骤 | | 对应问题 |
| --- | --- | --- | --- | --- |
| | | 基本步骤 | 详细步骤 | |
| 准备阶段 | 制订工作计划 | 确定目标 | ①工作对象选择 | ①这是什么？ |
| | | | ②信息搜集 | |
| 分析阶段 | 规定评价标准 | 功能分析 | ③功能定义 | ②这是干什么用的？ |
| | | | ④功能整理 | |
| | | 功能评价 | ⑤功能成本分析 | ③它的成本是多少？ |
| | | | ⑥功能评价 | ④它的价值是多少？ |
| | | | ⑦确定改进范围 | |
| 创新阶段 | 初步设计 | 制定改进方案 | ⑧方案创造 | ⑤有其他方案实现这一功能吗？ |
| | 评价设计方案，对方案进行改进、选优 | | ⑨概略评价 | ⑥新方案的成本是多少？ |
| | | | ⑩调整完善 | |
| | | | ⑪详细评价 | |
| | 书面化 | | ⑫提出提案 | ⑦新方案能满足功能要求吗？ |
| 实施阶段 | 检查实施情况评价活动成果 | 实施评价结果 | ⑬审批 | ⑧偏离目标了吗？ |
| | | | ⑭实施与检查 | |
| | | | ⑮成果与鉴定 | |

# 三、对象的选择

价值工程对象的选择过程就是缩小研究范围，明确分析研究的目标，确定主攻方向的过程。

不可能把构成产品或服务的所有零部件和环节都作为价值工程的改善对象，为了节约资金，提高效率，只能精选其中一部分来实施价值工程。

选择价值工程对象应遵循的一般原则如下。

(1) 优先考虑在企业生产经营上迫切需要的或对国计民生有重大影响的项目。

(2) 在改善价值上有较大潜力的产品或项目。

在实际工作中，一般可根据企业的具体情况，有侧重地从设计、生产、工艺、销售、成本各方面的因素中，初步选择价值工程活动的对象。

价值工程对象选择的方法有经验分析法、ABC 分析法、强制确定法、百分比法。

## (一) 经验分析法

经验分析法是一种对象选择的定性分析方法，是企业普遍使用的价值工程对象选择方法。它实际是利用一些有丰富实践经验的专业人员和管理人员对企业存在问题的直接感受，经过主观判断确定价值工程对象的一种方法。运用该方法选择对象，要对各种影响因素进行综合分析，区分主次轻重，既考虑需要也要考虑可能，以保证对象的合理性。所以，经验分析方法又被称为因素分析法。

【小贴士】经验分析法的优、缺点如下。

优点：简便易行，考虑问题综合、全面。

缺点：缺乏定量分析，主观性太大，常需要与其他定量方法结合使用才能收到较满意的效果，在分析人员经验不足时准确程度降低。

适用范围：初选阶段。

运用经验分析法选择对象时，可以从设计、加工、制造、销售和成本等方面存在的问题进行综合分析，找出关键因素，并把存在这些关键问题的产品或零部件作为研究对象。

## (二) ABC 分析法

ABC 分析法又称为巴雷特分析法，是按各构配件的制造费用占产品总制造费用的比例大小进行分类，把所有研究对象分成主次有别的 A、B、C 三类的方法。

ABC 分析法的具体步骤如下。

(1) 将所有研究对象，按其成本从多到少进行排列编号。

(2) 计算每个研究对象的累计个数占全部研究对象总数的百分比。

(3) 计算研究对象的累计成本。

(4) 计算累计成本占总成本的百分比。

(5) 按 ABC 分类法的分类原则进行分类。

(6) 画出 ABC 曲线图。

(7) 将 A 类作为价值工程的主要研究对象。

根据统计表明，有 10%～20%的部分的投资或成本，将占整个项目或产品成本的 90%～80%。从比法就是把项目或产品的所有部分的投资或成本按照从大到小的顺序排列起来，选出前边 10%～20%的部分作为价值工程的重点对象。这种方法主要是着重于成本分析，如图 11-3 所示。由图可知，按 ABC 法选择对象，先从 A 部分中选取子项目或零件，作为分析对象。

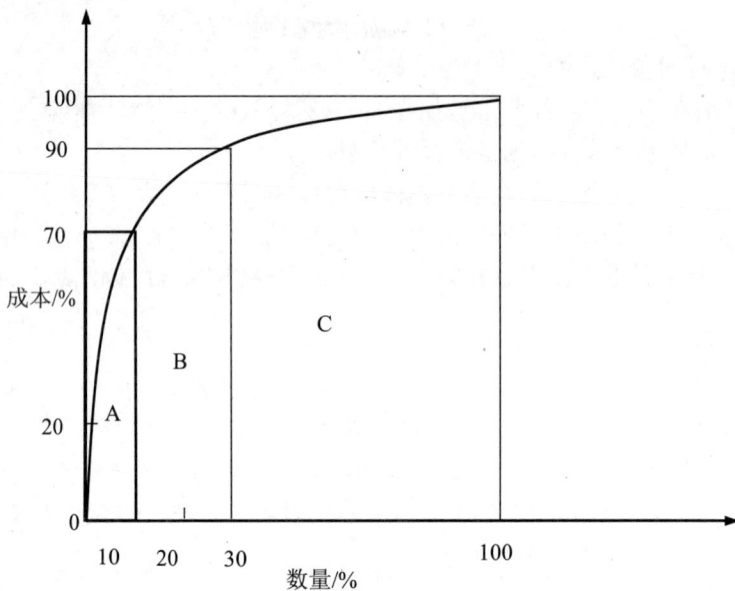

图 11-3　ABC 分析法示意图

ABC 分析法分类划分参考值如表 11-4 所示。

表 11-4　A、B、C 类别划分参考值

| 类　别 | 构配件占总数百分比 | 成本占总成本百分比 | 研究对象的选择 |
|---|---|---|---|
| A | 10%左右 | 70%左右 | 重点对象 |
| B | 20%左右 | 20%左右 | 一般对象 |
| C | 70%左右 | 10%左右 | 不做分析 |

【小贴士】ABC 分析法的优、缺点如下。

优点：抓住重点，突出主要矛盾，取得较大成果，简便易行，被广泛采用。

缺点：在实际工作中，由于成本分配不合理，常会出现有的构配件功能比较重要但成本低，导致不能被选为 VE 的对象，应提高其功能水平。

## (三) 强制确定法

强制确定法又叫 FD(force decision)法，选择对象、功能评价和方案评价均可使用此方法。

在选择对象中，通过计算功能重要性系数和成本系数，然后求出两个系数之比，即价值系数。根据价值大小判断对象的价值，价值低的选做活动对象。所以这种方法又称价值系数法。

【例 11-1】已知组成某产品的构配件为 A、B、C、D、E，其成本费用分别为 1.8 万元、0.8 万元、0.8 万元、1.1 万元、2.5 万元，总成本为 7 万元。试确定价值工程分析对象及分析顺序。

**解：** 强制确定方法步骤如下。

(1) 计算功能重要性系数。

首先把构成产品成本或总成本的构配件排列起来，然后按构配件功能的重要程度做一对一的比较。重要的得 1 分，次要的得 0 分，然后再把各构配件得分累计起来，再被全部构配件的得分总数除，得到的值叫作该构配件的功能重要性系数，计算式为

$$功能重要性系数 = \frac{某构配件的功能重要性得分}{全部构配件的功能重要性得分总数} \tag{11-8}$$

例如，某个产品有 5 个构配件，A 构配件的功能重要性得分为 3 分，产品功能重要性总得分为 10 分，则 A 构配件的功能重要系数(3/10)=0.3，其他构配件的重要性系数可用同样方法求出，如表 11-5 所示。

表 11-5 功能重要性系数表

| 构配件功能 | 一对一比较结果 | | | | | 得 分 | 功能重要性系数 |
| --- | --- | --- | --- | --- | --- | --- | --- |
| | A | B | C | D | E | | |
| A | × | 1 | 0 | 1 | 1 | 3 | 0.3 |
| B | 0 | × | 0 | 1 | 1 | 2 | 0.2 |
| C | 1 | 1 | × | 1 | 1 | 4 | 0.4 |
| D | 0 | 0 | 0 | × | 0 | 0 | 0 |
| E | 0 | 0 | 0 | 1 | × | 1 | 0.1 |
| 合计 | | | | | | 10 | 1.0 |

从表 11-5 中可以看出，C 构配件的功能重要性系数最高，为 0.4，说明它在各构配件中最重要；D 构配件的功能重要性系数为 0，说明它不重要，可以考虑它是否取消或者同其他构配件合并。

(2) 计算成本系数。

成本系数是指每个构配件的现实成本在产品总成本中所占的比例，计算式为

$$成本系数 = \frac{某构配件的现实成本}{产品现实总成本} \tag{11-9}$$

各配件的成本系数如表 11-6 中的第 3 栏所示。

(3) 计算价值系数及确定分析对象的顺序。

价值系数是指某构配件的功能重要性系数与其成本系数之比，计算式为

$$价值系数 = \frac{某构配件的功能重要性系数}{某构配件的成本系数} \tag{11-10}$$

价值系数计算结果可能出现以下 4 种情况。

(1) 价值系数<1，重要程度小而成本高，应作为研究对象。

(2) 价值系数>1，重要程度大而成本低，可作为研究对象。

(3) 价值系数=1，重要程度和成本相当，不作为研究对象。

(4) 价值系数=0，构配件不重要，可取消或合并。

各构配件的价值系数如表 11-6 中的第 4 栏所示。

表 11-6　价值系数计算表 (单位：万元)

| 构件名称 | 功能重要性系数 | 现实成本 | 成本系数 | 价值系数 | 对象选择顺序 |
|---|---|---|---|---|---|
| | ① | ② | ③=②/7 | ④=①/③ | |
| A | 0.3 | 1.8 | 0.26 | 1.154 | 4 |
| B | 0.2 | 0.8 | 0.11 | 1.818 | 2 |
| C | 0.4 | 0.8 | 0.11 | 3.636 | 1 |
| D | 0 | 1.1 | 0.16 | 0 | |
| E | 0.1 | 2.5 | 0.36 | 0.278 | 3 |
| 合计 | 1.00 | 7 | 1.00 | | |

根据表 11-6 所列的价值系数偏离 1 的程度，可以确定 VE 活动对象的顺序为 C、B、E、A。

## (四) 百分比法

百分比法是通过分析产品对两个或两个以上经济指标的影响程度(百分比)来确定。

其优点是：当企业在一定时期要提高某些经济指标且拟选对象数目不多时，具有较强的针对性和有效性。

缺点是：不够系统和全面，有时为了更全面、更综合地选择对象，百分比法可与经验分析法结合使用。

# 四、信息资料的收集

在价值工程实施项目过程中，为实现提高价值的目标所采取的每个行动和决策，都离不开必要的信息资料。

### 1. 信息资料收集的原则

信息资料收集要有一定的原则，其原则如下。

(1) 目的性。以价值工程的对象为目标，将与其有关的信息资料尽量收集齐全。

(2) 计划性。指收集信息资料不能漫无边际，要有明确的范围和内容，编制好计划，并有步骤地逐步实现。

(3) 可靠性。就是指要对信息资料的真伪加以处理，做到去伪存真。

(4) 适时性。就是只有在需要信息资料的时候保证得到所需要的信息资料有价值，才能适应决策的需要。

### 2. 收集信息资料的内容

价值工程所需的信息资料，一般应收集以下几方面的内容。

1) 使用及销售方面

收集这方面的信息资料是为了充分理解用户对对象产品的期待、要求，如用户对产品规格、使用环境、使用条件、耐用寿命、价格、性能、美观等方面的要求。

2) 技术方面

收集这方面的信息资料是为了明白如何进行产品的设计改进才能更好地满足用户的要求，根据用户的要求内容如何进行设计和改进，如有关专利、国内外同类产品的发展趋势和技术资料。

3) 经济方面

在广泛占有经济资料的基础上，通过成本的实际与标准的比较，不同企业间比较，揭露矛盾，分析差距，降低成本，提高产品价值，这方面的信息资料是必不可少的。

4) 企业生产经营方面

掌握这方面的资料是为了明白价值工程活动的客观制约条件，使创造出的方案既先进又切实可行。包括企业设计研究能力，施工生产能力，质量保证能力，采购、供应、运输能力等。

5) 国家和社会如政策、方针、规定等方面

了解这方面的内容是为了使企业的生产经营活动，包括开展价值工程活动与国民经济的发展方向协调一致。

# 阅读资料

## 价值工程的产生

价值工程是一种新兴的科学管理技术，是降低成本提高经济效益的一种有效方法。它20世纪40年代起源于美国。第二次世界大战结束前不久，美国的军事工业发展很快，造成原材料供应紧缺，一些重要的材料很难买到。当时在美国通用电气公司有位名叫麦尔斯(L. D. Miles)的工程师，他的任务是为该公司寻找和取得军工生产用材料。麦尔斯研究发现，采购某种材料的目的并不在于该材料的本身，而在于材料的功能。在一定条件下，虽然买不到某一种指定的材料，但可以找到具有同样功能的材料来代替，仍然可以满足其使用效果。当时轰动一时的"石棉板事件"就是一个典型的例子。该公司汽车装配厂急需一种耐火材料——石棉板，当时，这种材料价格很高而且奇缺。麦尔斯想：只要材料的功能(作用)一样，能不能用一种价格较低的材料代替呢？他开始考虑为什么要用石棉板？其作用是什么？经过调查，原来汽车装配中的涂料容易漏洒在地板上，根据美国消防法规定，该类企业作业时地板上必须铺上一层石棉板，以防火灾。麦尔斯弄清这种材料的功能后，找到了一种价格便宜且能满足防火要求的防火纸来代替石棉板。经过试用和检验，美国消防部门通过了这一代用材料。

麦尔斯从研究代用材料开始，逐渐摸索出一套特殊的工作方法，把技术设计和经济分析结合起来考虑问题，用技术与经济价值统一对比的标准衡量问题，又进一步把这种分析思想和方法推广到研究产品开发、设计、制造及经营管理等方面，逐渐总结出一套比较系统和科学的方法。1947年，麦尔斯以"价值分析程序"为题发表了研究成果，"价值工

程"正式产生。

麦尔斯在长期实践过程中，总结了一套开展价值工程的原则，用于指导价值工程活动的各步骤的工作。这些原则是：①分析问题要避免一般化，概念化，要作具体分析；②收集一切可用的成本资料；③使用最好、最可靠的情报；④打破现有框框，进行创新和提高；⑤发挥真正的独创性；⑥找出障碍，克服障碍；⑦充分利用有关专家，扩大专业知识面；⑧对于重要的公差，要换算成加工费用来认真考虑；⑨尽量采用专业化工厂的现成产品；⑩利用和购买专业化工厂的生产技术；⑪采用专门生产工艺；⑫尽量采用标准；⑬以"我是否这样花自己的钱"作为判断标准。这 13 条原则中，第①~⑤条是属于思想方法和精神状态的要求，提出要实事求是，要有创新精神；第⑥~⑫条是组织方法和技术方法的要求，提出要重专家、重专业化、重标准化；第⑬条则提出了价值分析的判断标准。

从事产品设计、开发的工程师都希望他设计的产品技术先进、性能可靠、外观新颖、价格低廉，在市场竞争中获得成功。达到这一目标是要有一定条件的。产品要受用户欢迎必须具备两个条件：

第一，产品应具有一定的功能，可以满足用户的某种需求。

第二，产品价格便宜，低于消费者愿意支付的代价。消费者总是试图用较低的价格买到性能较好的产品。价值分析正是针对消费者的这种心理，围绕产品物美价廉进行分析以提高产品的价值。

(资料来源：刘晓君. 价值工程的产生. 工程经济学，2010.12)

# 第二节　功能的分析与评价

功能分析是价值工程活动的核心和基本内容，它是通过分析信息资料，用动词和名词的组合简明、正确地表达各对象的功能，明确功能特性要求，并绘制功能系统图。功能分析包括功能定义和功能整理两方面的内容。通过功能分析，可以对对象"它是干什么用的"价值工程提问作出回答，从而准确地掌握用户的功能要求。

## 一、功能的定义

功能定义是对价值工程对象及其组成部分的功能所做的明确表达。

功能定义其实是通过对产品与其各组成部件的逐一解剖而认识它在产品中的具体效用，并用明确、简练的语言给予结论上的表述。

定义功能时必须注意：抓住功能本质、表达准确简明、尽可能定量化、要考虑实现功能的制约条件。

功能定义一般采用"两词法"，即用两个词组成的词组定义功能。采用动词加名词的方法，动词是功能承担体发生的动作，而动作的作用对象就是作为宾语的名词。所以，动词加名词的功能定义实际是动宾词组型功能定义。

功能承担体、功能承担体发出的动作及动作的作用对象，三者构成了主、谓、宾关系(见表 11-7)，如圈梁加固墙体、间壁墙分隔空间、上水管输送自来水等。

表 11-7　功能定义主、谓、宾

| 对　象 | 功　能 | |
| --- | --- | --- |
| 主语(名词) | 谓语(动词) | 宾语(名词) |
| 手表 | 指示 | 时间 |
| 杯子 | 盛 | 水 |
| 电线 | 传递 | 电流 |
| 传动轴 | 传递 | 扭矩 |
| 机床 | 切削 | 工件 |
| 日光灯 | 照 | 明 |

## 二、功能整理

功能整理就是对定义出的功能进行系统的分析、整理，明确功能之间的关系，分清功能类别，建立功能系统图。功能整理回答和解决"它的功能是什么？"这样的问题。其整理方法和步骤如下。

### 1. 分析出产品的基本功能和辅助功能

依据用户对产品的功能需求，挑选出基本功能，并把其中最基本的排出来，它就是最上位功能。基本功能一般总是上位功能，它通常可以通过回答以下几个问题来判别：①取消了这个功能，产品本身是不是就没有存在的必要了？②对于功能的主要目的而言，它的作用是否必不可少？③这个功能改变之后，是否要引起其他一连串的工艺和构配件的改变？如果回答是肯定的，这个功能就是基本功能。除了基本功能，剩下的功能就是辅助功能。

### 2. 明确功能的上下位和并列之间的关系

在一个系统中，功能的上下位关系，就是指功能之间的从属关系。上位功能是目的，下功能是手段。例如，平屋顶功能中的"遮盖室内空间"和"防水"的关系，就上下位功能的关系。"遮盖室内空间"是上位功能，是目的，而"防水"是为了能够"遮盖室内空间"，所以"防水"是手段，是下位功能。需要指出的是，目的和手段是相对的，一个功能，对它的上位功能来说是手段，对它的下位功能来说又是目的。

功能的并列关系是指两个功能，谁也不属于谁，但却同属于一个上位功能的关系。例如，平屋顶为了遮盖室内空间，有 3 条遮盖途径，即遮蔽顶部、防水、保温隔热。这 3 个功能相对于"遮盖室内空间"来讲属于下位功能，而这 3 个功能之间就属于并列关系。

### 3. 排列功能系统图

功能系统图就是产品应有的功能结构图，如图 11-4 所示。在图中，上位功能在左、下位功能在右，依次排列，整个图形呈树形由左向右扩展、延伸。

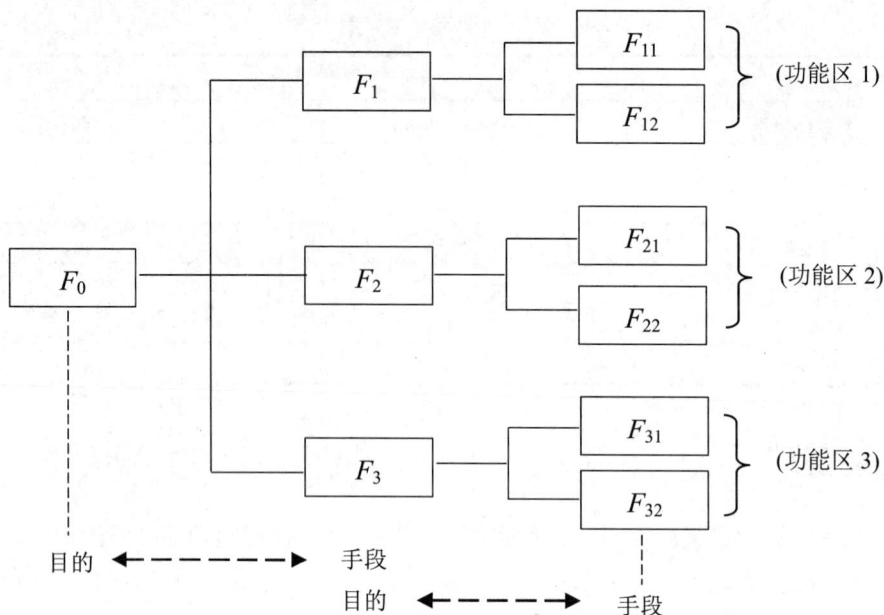

图 11-4　功能系统图基本模式

## 三、功能评价的定义

功能评价是在功能分析的基础上，应用一定的科学方法，进一步求出实现某种功能的最低成本(或称目标成本)，并以此作为功能评价的基准，亦称功能评价值，通过与实现该功能的现实成本(或称目前成本)相比较，求得两者的比值即为功能价值；两者差值为成本改善期望值，也就是成本降低幅度。计算式为

$$V = F/C \tag{11-11}$$

式中：$F$ 为功能评价值(目标成本)；$C$ 为功能实现成本(目前成本)；$V$ 为功能价值(价值系数)。

成本改善期望值为

$$\Delta C = C - F \tag{11-12}$$

此功能评价值 $F$，常常被作为功能成本降低的奋斗目标，也称为标准成本。

## 四、功能评价的方法

功能评价的基本程序如下。

(1) 计算功能的现实成本 $C$(目前成本)。

(2) 确定功能的评价值 $F$(目标成本)。

(3) 计算功能的价值 $V$(价值系数)。

(4) 计算成本改善期望值 $\Delta C$。

(5) 选择 $V$ 低、$\Delta C$ 大的功能或功能区域作为重点改进对象。

## (一) 计算功能现实成本 C

成本历来是以产品或构配件为对象进行计算的。而功能现实成本的计算则与此不同，它是以功能为对象进行计算的。在产品中构配件与功能之间常常出现一种相互交叉的复杂情况，即一个构配件往往具有几种功能，而一种功能往往通过多个构配件才能实现。因此，计算功能现实成本，就是采用适当方法将构配件成本转移分配到功能中去。

一个构配件只实现一项功能，且这项功能只由这个构配件实现，构配件的成本就是功能的现实成本。

一项功能由多个构配件实现，且这多个构配件只为实现这项功能，这多个构配件的成本之和就是该功能的现实成本。

一个构配件实现多项功能，且这多项功能只由这个构配件实现，则按该构配件实现各功能所起作用的比例将成本分配到各项功能上去，即为各功能的现实成本。

多个构配件交叉实现多项功能，且这多项功能只由这多个构配件实现，则按该构配件实现各功能所起作用的比例将成本分配到各项功能上去，然后将分配到的成本相加，即为各功能的现实成本。

构配件对实现功能所起作用的比例，可请几位有经验的人员集体研究确定，或采用评分方法确定。

例如，某产品具有 $F_1 \sim F_5$ 共 5 项功能，由 4 种构配件实现，功能现实成本计算如表 11-8 所示。

表 11-8 中，A 构配件对实现 $F_2$、$F_4$ 两项功能所起的作用分别为 66.6% 和 33.4%，故功能 $F_2$ 分配成本为 66.6%×150=100(元)，$F_4$ 分配成本为 33.4%×150=50(元)。按此方法将所有构配件成本分配到有关功能中去，再按功能进行相加，即可得出 $F_1 \sim F_5$ 5 种功能的现实成本 $C_{01} \sim C_{05}$。

表 11-8　功能现实成本计算表　　　　　　　(单位: 元)

| 构配件 | | | 功能或功能区 | | | | |
|---|---|---|---|---|---|---|---|
| | | | $F_1$ | $F_2$ | $F_3$ | $F_4$ | $F_5$ |
| 序　号 | 名　称 | 成　本 | 比例成本 | 比例成本 | | 比例成本 | 比例成本 |
| 1 | A | 150 | | 66.6%<br>100 | | 33.4%<br>50 | |
| 2 | B | 250 | 20% | | 60%<br>150 | | 20%<br>50 |
| 3 | C | 100 | 50%<br>250 | | | 40%<br>200 | |
| 4 | D | 100 | | | 100%<br>100 | | |
| 功能现实成本 | | $C_0$ | $C_{01}$ | $C_{02}$ | $C_{03}$ | $C_{04}$ | $C_{05}$ |
| 合计 | | 1 000 | 300 | 150 | 250 | 250 | 50 |

### (二) 确定功能的评价值或目标成本 F

功能评价值是根据功能系统图的功能概念，预测出对应于功能的成本。它不是一般概念的成本计算，而把用户需求的功能算成金额，其确定方法如下。

#### 1. 经验估算法

经验估算法是邀请一些有经验的人，根据收集到的有关信息资料，构思出几个实现各功能或功能区域的方案，然后每个人对构思出的方案进行成本估算，取其平均值，最后从各方案中取成本最低者。这种方法有时不一定很准确，但对经验丰富的人来说，不是比较实用的。图 11-5 所示为各方案功能成本示意图。

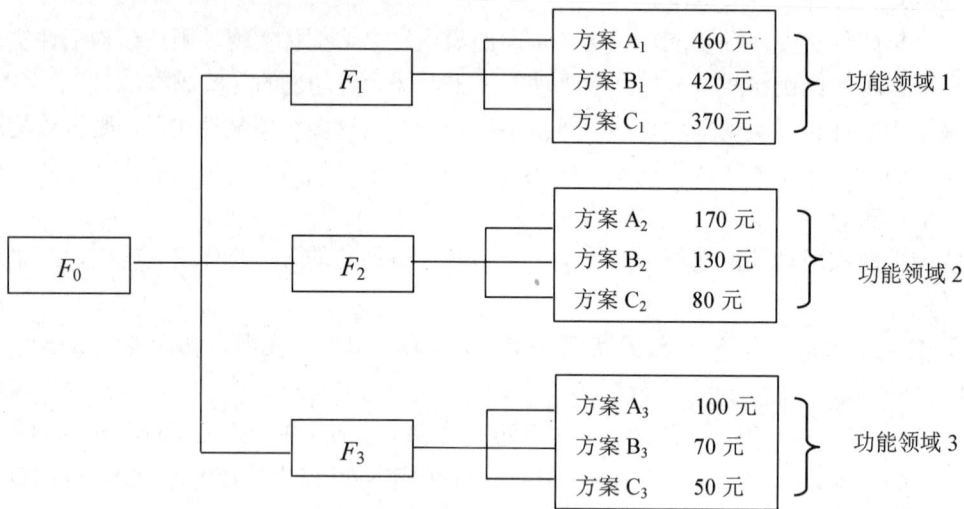

**图 11-5  各方案功能成本示意图**

对于 $F_1$ 功能，设想出 3 个方案，其成本分别为 460 元、420 元、370 元。方案的 $C_1$ 成本是 370 元，为最低，则 $F_1$ 功能评价值就是 370 元。同样，$F_2$、$F_3$ 的功能评价值分别为 80 元和 50 元。

#### 2. 实际调查法

实际调查法是通过广泛的调查，收集具有同样功能产品的成本，从中选择功能水平相同而成本最低的产品，以其成本作为功能评价值。

实际调查法的具体步骤如下：

(1) 广泛收集企业内外完成同样功能的产品资料，包括反映功能水平的各项性能指标和可靠性、安全性、可操作性、可维修性、外观等。

(2) 对资料进行整理分析，按各自功能要求的程度排序。

(3) 绘制坐标图，作出实际最低成本线。以横坐标表示功能水平，纵坐标表示成本。按功能水平等级分类，把各产品功能水平等级和成本标在坐标图上，这样在每个等级的功能水平上总有一个产品的成本是最低的。将各功能水平等级的最低成本点连接起来所形成的线即为最低成本线。因此把这条件线上的各点作为对应功能的评价值，功能评价图解如图 11-6 所示。

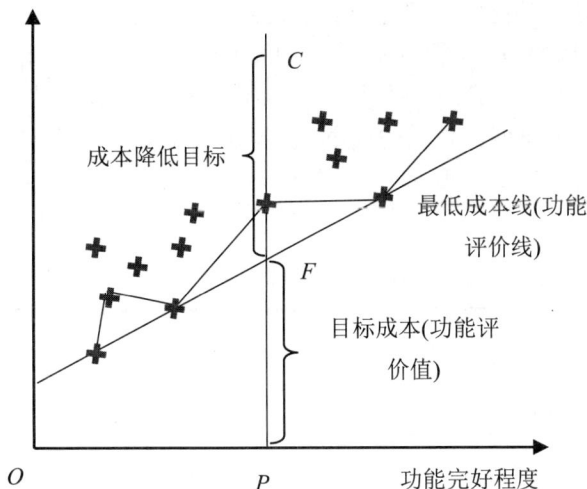

图 11-6　功能评价图解

### 3. 理论计算法

理论计算法是利用工程上的一些计算方法和某些费用标准(如材料价格等)，找出功能和成本之间的关系，从而确定功能评价值。

理论计算法具体步骤如下。

(1) 分析该功能是否可以利用公式进行定量计算。

(2) 选择有关公式进行计算。

### 4. 功能重要程度评价法

功能重要程度评价法是根据功能重要性程度确定功能评价值。首先将产品功能划分为几个功能区域，并根据功能区的重要程度和复杂程度，确定各个功能区的功能重要性系数，然后将产品的目标成本按功能重要性系数分配给各功能区作为该区的目标成本，即功能评价值。

第一步，确定功能重要性系数，方法如下。

(1) 强制确定法(FD)。

包括 01 法和 04 法两种方法。它是采用一定的评分规则，采用强制对比打分来评定评价对象的功能指数。下面以 01 法为例来加以说明。

01 法是将各功能一一对比，重要的得 1 分，不重要的得 0 分；然后，为防止功能指数中出现 0 的情况，用各加 1 分的方法进行修正；最后用修正得分除以总得分即为功能指数。其过程如表 11-3 所示。

(2) 多比例评分法。

这种方法可以说是强制确定法的延伸，它是在对比评分时按(0, 10)、(1, 9)、(2, 8)、

(3, 7)、(4, 6)、(5, 5)这6种比例来评定功能指数。

多比例评分法采用的0~4评分法，当评价对象进行一对一比较时，分为4种情况：①非常重要(或实现难度非常大的)功能得4分，很不重要的(或实现难度非常小的)功能得0分；②比较重要(或实现难度比较大的)功能得4分，不太重要的(或实现难度不太大的)功能得0分；③两个功能重要程度(或产现难度)相同时各得2分；④自身对比不得分，表11-9所示。

表 11-9　功能重要性系数计算表(0~4评分表)

| 评价对象 | 一对一比较结果 | | | | | 得分 | 功能重要性系数 |
| --- | --- | --- | --- | --- | --- | --- | --- |
| | $F_1$ | $F_2$ | $F_3$ | $F_4$ | $F_5$ | | |
| $F_1$ | × | 3 | 1 | 4 | 4 | 12 | 0.3 |
| $F_2$ | 1 | × | 3 | 1 | 4 | 9 | 0.225 |
| $F_3$ | 3 | 1 | × | 3 | 0 | 7 | 0.175 |
| $F_4$ | 0 | 3 | 1 | × | 3 | 7 | 0.175 |
| $F_5$ | 0 | 0 | 4 | 1 | × | 5 | 0.125 |
| 合计 | | | | | | 40 | 1.0 |

(3) 倍数确定法。

倍数确定法是利用评价因素之间的相关性进行比较而定出重要性系数，用以选择方案。其具体步骤如下：

① 根据各评价对象的功能重要程度(或实现难度)排序。在排序中按上高下低原则排列。

② 从上至下把相邻的两个评价对象根据功能重要程度(或实现难度)进行比较，如 $F_1$ 是 $F_2$ 的2倍、$F_3$ 是 $F_4$ 的3倍。

③ 令最后一个评价对象得分为1，按上述各对象之间的相对比值计算其对象的得分。

④ 计算各评价对象的功能重要性系数。

倍比确定法计算功能重要性系数，如表11-10所示。

表 11-10　倍比确定法计算功能重要性系数表

| 评价对象 | 相对比值 | 得　分 | 功能重要性系数 |
| --- | --- | --- | --- |
| $F_1$ | $F_1/F_2=2$ | 9 | 0.51 |
| $F_2$ | $F_2/F_3=1.5$ | 4.5 | 0.26 |
| $F_3$ | $F_3/F_4=3$ | 3 | 0.17 |
| $F_4$ | | 1 | 0.06 |
| 合计 | | 17.5 | 1 |

【小贴士】这是一种适用范围较大的打分方法，但构成评价对象的各因素之间必须具有相关性，否则不宜采用。

普通高校经济管理类立体化教材 · 基础课系列

第二步，确定各功能的功能评价值。

在第一步求出功能重要性系数之后，可根据新产品和老产品的不同情况，求出相应的功能评价值。

① 新产品设计。新产品设计的目标成本通过市场预测、技术预测等确定，将其按功能重要性系数分摊到各个功能上去。如果产品目标成本为 900 元，根据倍数确定法得出的功能重要性系数，可以求出各功能的评价值，如表 11-11 所示。

表 11-11　新产品功能评价设计表

| 评价对象 | 功能重要性系数 | 功能评价值 |
|---|---|---|
| $F_1$ | 0.51 | 0.51×900=459(元) |
| $F_2$ | 0.26 | 0.26×900=234(元) |
| $F_3$ | 0.17 | 0.17×900=153(元) |
| $F_4$ | 0.06 | 0.06×900=54(元) |
| 合计 | 1.00 | 900(元) |

② 老产品改进设计。老产品改进设计，现实成本为 1 129 元。将已知现实成本分摊到各功能，再求价值系数及成本降低期望值。具体算法如表 11-12 所示。

表 11-12　功能评价计算表

| 功能① | 现实成本② | 功能重要性系数③ | 功能评价值④ | 价值系数④/② | 成本降低期望值②-④ | 改善优先次序 |
|---|---|---|---|---|---|---|
| $F_1$ | 562 | 0.51 | 459 | 0.817 | 103 | 2 |
| $F_2$ | 298 | 0.26 | 234 | 0.785 | 64 | 3 |
| $F_3$ | 153 | 0.17 | 153 | 1.00 | 0 | |
| $F_4$ | 116 | 0.06 | 54 | 0.466 | 62 | 1 |
| 合计 | 1 129 | 1.00 | 900 | | 229 | |

## (三) 计算功能的价值系数 $V$

功能的价值系数计算式为

$$功能价值系数(V) = 功能的评价值(F) \div 功能的实现成本(C) \quad (11\text{-}13)$$

例如，表 11-12 所示的功能 $F_1$ 的现实成本为 562 元，则 $F_1$ 的功能价值系数为

$$V_1 = 459 \div 562 = 0.817$$

## (四) 计算成本改善期望值 $\Delta C$

计算成本改善期望值计算式为

$$成本改善期望值(\Delta C) = 功能的实现成本(C) - 功能的评价值(F) \quad (11\text{-}14)$$

例如，$F_1$ 功能成本改善期望值为

$$\Delta C = 562 - 459 = 103(元)$$

## (五) 选择改进对象

选择改进对象时，考虑的因素主要有价值系数大小和成本改善期望值的大小。

当 $V \cong 1$ 时，$C$ 合理，价值最佳，无须改进。

当 $V < 1$ 时，$C$ 偏高，应作为改进对象。

当 $V > 1$ 时，$C$ 偏低，可能功能不足，满足不了用户需求。

在选择改进对象时，要将价值系数和成本改善期望值两个因素综合起来考虑，即选择价值系数低、成本改善期望值大的功能或功能区域作为重点改进对象。

# 阅读资料

## 功能分析合理化的方法

(1) 通过功能分析，找出现存的全部功能，尤其是隐藏着的迄今尚未觉察到的功能，进行恰当的剔除、缩减、利用、增添、补足，从而确定合理的必要功能。

(2) 进行功能的联合，即增加功能的数目；如项链坠中装上一只电子表，使项链的总功能变成了显示时间、存放相片、装饰仪表。

(3) 提高必要的功能水平，即功能水平的高低或能力的大小。如精密度、负载能力、工作范围、专业化程度、通用化水平、造型与美学水平、各种效率、各种比例与比率等、软度、硬度、稠密度、疏松度、防水性、防震性、防尘性、耐热性、耐压性、可靠性、有效性、柔性、刚性、抗弯、抗张、抗疲劳、抗冲击、导电、导热、导声、导光、导磁、可煅性、可铸性、可塑性、可焊性、可成形性(热成形、冷成形、常温成形、高压成形、爆炸成形)、化合性、可切削性、分解性、消声、吸热、吸水、吸附、吸潮、厚薄、长短、大小、粗细、高低、远近、宽窄、体积、重量、容积、浓度、密度、纯度等。

(4) 改进各种必要功能的功能方式。如为了实现"洗净衣服"这一功能，其功能方式不断得到改进，从手洗—棒槌—洗衣板—湿洗机—干洗机—联合洗衣机。

(5) 进行必要的功能兼并。当电视机录音机分离设计时，至少需要两套喇叭，合并设计时，则可将其兼并为一。

(6) 发现新原理，这一方法的难度大、效果大、意义深远。

(7) 实现标准化、系列化、通用化、模块化、程序化、自动化、柔性化。

(8) 充分发挥必要功能的效能。合理、充分、有效地使用软件或硬件。

(9) 提高人的工作能力与系统的管理能力。

(10) 提高美学功能的途径。

确定部件尺寸的对象，要使之成为一定比例(黄金分割比、几何比、代数比等)，保证匀称协调、实用美观。

保持整体性布局，同时要新颖不俗、别具一格，符合高效、和谐。

轮廓要具有风格，或方或圆，或圆弧过渡，或见棱见角。根据情况使之具有现代感、未来感、神秘感、科学感等。

线型要富于"摩登"美感，处理好横直、浓淡、疏密、形状和实虚对比。

色调要柔和协调、符合工效学。处理好冷暖、清新朦胧、恬静、兴奋等关系。附件、操作件要醒目、鲜亮，起到便于操作的使用效果和画龙点睛的装饰效果。

(资料来源：刘晓君. 功能分析合理化的方法. 工程经济学，2010.12)

# 第三节 方案创造

方案创造就是从改善对象的价值出发,针对应改进的具体目标,依据已建立的功能系统图和功能目标成本,通过创造性的思维活动,提出实现功能的各种改进方案。

## 一、方案创造的方法

为了提高产品的功能和降低成本,需要寻求最佳的代替方案。寻求或构思这种最佳方案的过程就是方案的创造过程。创造也可以理解为"组织人们通过对过去经验和知识的分析与综合以实现新的功能"。

价值工程能否取得成功,关键是功能分析评价之后能否构思出可行的方案,这是一个创造、突破、精制的过程。

常见的方案创造方法有 3 种:头脑风暴法(BS 法)、模糊目标法(哥顿法)和专家函询法(德尔斐法)。

### 1. 头脑风暴法

头脑风暴法(brain storming)是一种专家会议法。它是 1948 年由创造性思维专家奥斯本(Alex F.Osborn)首先提出的一种加强创造性思维的手段,以开小组会的方式进行。具体做法是事先通知议题,要求应邀参加会议的各方面专业人员在社会上自由奔放地思考,提出不同的方案,多多益善,但不评价别人的方案,并且希望与会者在别人建议方案的基础上进行改进,提出新的方案来。

### 2. 模糊目标法

模糊目标法(哥顿法)是美国人哥顿在 1964 年提出的方法。这种方法的指导思想是,把要研究的问题适当抽象,以利于开阔思路,一般用于开发新产品的方案。会议主持者并不把要解决的问题全部摊开,只把问题抽象地介绍给大家,要求海阔天空地提出各种设想。

### 3. 专家函询法(德尔菲法)

德尔菲方法采用函询调查的形式,向与预测问题有关领域的专家分别提出问题,使专家在彼此不见面的情况下发表意见、交流信息,而后将他们的答复意见加以整理、综合。

## 二、方案评价

方案评价是对创新阶段提出的设想和方案的优、缺点和可行性作分析、比较、论证和评价,并在评论过程中对有希望的方案进一步完善的过程。

方案评价的步骤可分为概略评价和详细评价两大步骤,其评价内容均围绕着技术评价、经济评价、社会评价进行,并在此基础上进行综合评价。

【小贴士】技术评价是对方案功能的必要性、必要程度(如性能、质量、寿命等)及实施的可能性进行分析评价。

经济评价是对方案实施的经济效果(如成本、利润、节约额等)的大小进行分析评价。

社会评价是对方案给国家和社会带来的影响(如环境污染、生态平衡、国民经济效益等)进行分析评价。

### 1. 概略评价

概略评价是对已创造出来的方案从技术、经济和社会 3 个方面进行初步研究,其目的是从众多的方案中进行粗略筛选,减少详细评价的工作量,使精力集中于优秀方案的评价。

### 2. 详细评价

方案的详细评价就是对概略评价所得比较抽象的方案进行调查和收集信息资料,使在材料、结构、功能等方面进一步具体化,然后对它们作最后的审查和评价。

在详细评价阶段,对产品的成本究竟是多少,能否可靠地实现必要的功能,都必须得到准确的解答。总之,要证明方案在技术和经济方面的可行性,而且价值必须得到真正的提高。

## 三、方案的试验研究和提案审批

通过对方案的评价,就可以选择出能够提高价值的新方案,在新方案中如果对某些环节或因素无把握达到预期要求时,还必须进一步进行必要的试验,以验证其是否可行。

试验通过后,即可着手制定正式的实施方案,提交有关部门审批,获准后便可付诸实施,按计划作出具体安排。在实施过程中,从事价值工程的人员应深入实际情况,随时了解执行情况,并协调解决实施中出现的各种问题。

## 四、价值工程活动成果的评价

开展价值工程活动的目的,在于提高产品价值,取得较好的经济效益。通过功能分析、方案创造和实施等一系列活动,实际取得的技术经济效果如何,必须认真进行总结和评价。

价值工程活动成果评价,就是将改进方案的各项技术经济指标与原设计进行比较,以考察方案(活动)所取得的综合效益。

价值工程活动评价工作是在保证质量、性能,即在保证产品功能的前提下,计算以下几个指标:

$$成本节约率=[(原来成本-改进后成本)/原来成本]×100\%$$
$$全年节约额=(原来成本-改进后成本)×全年产量-活动经费$$
$$投资效率=(全年节约额/价值工程年活动费用)×100\%$$
$$达到目标比率=(改进后成本/节约目标额)×100\%$$

【例 11-2】某施工单位承接了某项工程的总包施工任务,该工程由 A、B、C、D 这 4 项工作组成,施工场地狭小。为了进行成本控制,项目经理部对各项工作进行了分析,其结果如表 11-13 所示。

表 11-13　功能成本分析表　　　　　　　(单位：万元)

| 工　作 | 功能评分 | 预算成本 |
|---|---|---|
| A | 15 | 650 |
| B | 35 | 1 200 |
| C | 30 | 1 030 |
| D | 20 | 720 |
| 合计 | 100 | 3 600 |

工程进展到第 25 周 5 层结构时，公司各职能部门联合对该项目进行突击综合大检查。

检查成本时发现：

C 工作，实际完成预算费用为 960 万元，计划完成预算费用为 910 万元，实际成本为 855 万元，计划成本为 801 万元。

检查现场时发现：

① 塔吊与临时生活设施共用一个配电箱；无配电箱检查记录。

② 塔吊由木工班长指挥。

③ 现场单行消防通道上乱堆材料，仅剩 1m 宽左右通道，端头 20m×20m 场地堆满大模板。

④ 脚手架和楼板模板拆除后乱堆乱放，无交底记录。

工程进展到第 28 周 4 层结构拆模后，劳务分包方作业人员直接从窗口向外乱抛垃圾造成施工扬尘，工程周围居民因受扬尘影响，有的找到项目经理要求停止施工，有的向有关部门投诉。

问题：(1)计算如表 11-14 中 A、B、C、D 这 4 项工作的评价系数、成本系数和价值系数(计算结果保留小数点后两位)。

表 11-14　A、B、C、D 这 4 项工作表

| 工　作 | 功能评分 | 预算成本/万元 | 评价(功能)系数 | 成本系数 | 价值系数 |
|---|---|---|---|---|---|
| A | 15 | 650 | | | |
| B | 35 | 1 200 | | | |
| C | 30 | 1 030 | | | |
| D | 20 | 720 | | | |
| 合计 | 100 | 3 600 | | | |

(2) 在 A、B、C、D 这 4 项工作中，施工单位应首选哪项工作作为降低成本的对象？说明理由。

(3) 计算并分析 C 工作的费用偏差和进度偏差情况。

(4) 根据公司检查现场发现的问题，项目经理部应如何进行整改？

(5) 针对本次扬尘事件，项目经理应如何协调和管理？

**解**：(1) 各工作评价系数、成本系数和价值系数计算，如表 11-15 所示。

表 11-15  A、B、C、D 这 4 项工作表计算表

| 工　作 | 功能评分 | 预算成本/万元 | 评价(功能)系数 | 成本系数 | 价值系数 |
|---|---|---|---|---|---|
| A | 15 | 650 | 0.15 | 0.18 | 0.83 |
| B | 35 | 1 200 | 0.35 | 0.33 | 1.06 |
| C | 30 | 1 030 | 0.30 | 0.29 | 1.03 |
| D | 20 | 720 | 0.20 | 0.20 | 1.00 |
| 合计 | 100 | 3 600 | 1.00 | 1.00 | — |

(2) 施工单位应首选 A 工作作为降低成本的对象。理由是：A 工作的价值系数低，降低成本潜力大。

(3) C 工作的费用偏差=960-855=105(万元)

由于 C 工作的费用偏差为正，说明 C 工作费用节支。

C 工作的进度偏差=960-910=50(万元)

由于 C 工作的进度偏差为正，说明 C 工作进度提前。

(4) 制定整改措施，指定专人负责，监督检查落实。各项整改如下。

① 塔吊属于动力设备，不能与临时生活设施共用一个配电箱。根据生活设施用电量，单独为生活设施增加一个配电箱。

② 塔吊指挥人员应换为持证信号工。

③ 材料分类码放整齐，保证单行消防通道净宽不小于 4m，端头处应有 12m×12m 回车场地。

④ 脚手架、模板、木材等各种材料应码放整齐，各级工程技术人员逐级交底，并形成交底记录。

(5) 项目经理协调和管理如下：

① 向居民做好解释工作。避免以后施工过程中类似事件发生，取得居民谅解。

② 及时和当地环保部门、建设行政主管部门等有关单位联系沟通，取得其理解和支持。

③ 加强劳务分包作业队伍管理。教育提高劳务队伍环保意识；按分包合同规定对劳务分包方进行处罚。

④ 要求分包采取袋装措施，垃圾装运下楼。

⑤ 加强对本单位管理人员教育，提高现场监管力度。

# 阅读资料

## 中国价值工程的应用成果

价值工程在我国首先应用于机械行业，而后又扩展到其他行业，通常被认为价值工程难以推行的采矿、冶金、化工、纺织等部门，也相继出现了好的势头。价值工程的应用领域逐步拓展，从开始阶段的工业产品开发到工程项目，从企业的工艺、技术、设备等硬件的改进，到企业的生产、经营、供销、成本等管理软件的开发；从工业领域应用进一步拓展到农业、商业、金融、服务、教育、行政事业领域；在国防军工领域的应用也获得明显

效果。如今，价值工程广泛应用于机械、电子、纺织、军工、轻工、化工、冶金、矿山、石油、煤炭、电力船舶、建筑以及物资、交通、邮电、水利、教育、商业和服务业等各个部门；分析的对象从产品的研究、设计、工艺等扩展到能源、工程、设备、技术引进、改造以及作业、采购、销售服务等领域，还应用到机构改革和优化劳动组合、人力资源开发等方面，此外在农业、林业、园林等方面几乎涉及各大门类和各行各业得到应用。

要提高经济效益和市场竞争力并获得持续发展，企业的经营管理离不开价值管理，离不开产品(包括劳务等)的价值创造，离不开各项生产要素及其投入的有效的价值转化。企业经营管理的本质就是价值经营、价值管理、价值创造，力求投入少而产出高，不断为社会需要创造出有更高价值的财富。我们面临的是一个丰富多彩、纷繁复杂的价值世界，任何有效管理和有效劳动都是在做有益于社会发展的价值转化工作，都在创造价值；反之，则既无效又无益，甚至起负面作用，形成一种"零价值"或"负价值"。树立正确的价值观念，应用价值工程原理和价值分析技术，对事物作出价值评论，并进行价值管理和开展价值创新，目的就在于为社会创造价值。

价值工程引进我国以后，它在降低产品成本、提高经济效益、扩大社会资源的利用效果等方面所具有的特定作用，在短短几年的实践中已经充分显示出来，一批企业在应用中取得了显著的实效，为价值工程在不同行业广泛地推广应用提供了重要经验。据不完全统计，1978—1985 年，全国应用价值工程的收益达 2 亿元；到 1987 年达 5 亿元。开展应用价值工程较早的是上海市，他们在应用价值工程的深度与广度上都有一定经验，其他如辽宁、浙江、河北等地在推行价值工程中也取得了较好的经济效果。中国第一汽车制造厂应用推广价值工程的第一个 10 年，共进行 270 多项价值分析，取得效益 3000 万元。河北省石家庄拖拉机厂在改造小型拖拉机老产品和设计新产品中应用价值工程，提高产品功能，降低成本，据 8 种零部件统计，每台节约成本 170 元。

实践证明，价值工程在我国现代化管理成果中占有较大的比例，为提高经济效益做出了积极贡献，价值工程在我国经济建设中大有可为，它应用范围广，成效显著。我国应用价值工程取得了巨大的经济效益，价值工程的应用和研究，从工业拓展到农业、商业、金融、国防、教育等领域，从产品、工艺、配方扩展到经营、管理、服务等对象。

据不完全统计，取得的效益至少在 20 亿元以上，出版的价值工程书籍就达 70 余种。随着技术与经济发展的客观需要，以及价值工程本身的理论与方法日臻完善，它必将在更多国家中的更多行业得到广泛的应用与发展。但我们必须承认差距和潜力还很大：一是应用面还不很普及和不平衡，仍需广泛宣传和普及价值工程知识，大力开展培训活动；二是持久性不够，这与相当多的原来抓价值工程的领导和骨干、研究价值工程的学者和学术团体人员，以及大量参加过培训的员工已退离岗位有关，削弱了价值工程活动的开展，需要继续加大推广应用的力度，深入持久地坚持开展下去；三是与"常用常新"更有差距，尤其在价值管理、价值转化和价值创新方面，从理论到实践都在不断发展和深化，我们应当加以重视和关注，加强研究和开发应用。

(资料来源：刘晓君. 中国价值工程的应用成果. 工程经济学，2010.12)

# 本 章 小 结

　　企业开展价值工程的目的在于提高产品的价值，取得好的经济效益。通过功能分析、方案创造和实施等一系列活动，实际取得的技术经济效果如何，必须认真进行总结。

　　价值工程活动成果的总结，就是将改进方案的各项技术经济指标与原设计进行比较，以考查方案(活动)所取得的综合效益。

　　本章主要介绍价值工程基本理论及其应用，如价值工程对象选择、价值工程功能分析与评价、价值工程方案创造。通过学习，掌握价值工程的基本概念，价值工程用途及价值工程的工作程序。

# 自 测 题

**一、选择题**

1. 将产品功能分为基本功能和辅助功能是按照(　　)标准来划分的。
   A. 性质　　　　　　　　　　　　B. 重要程度
   C. 用户需求　　　　　　　　　　D. 功能量化标准

2. 在价值工程的工作程序中，功能评价阶段的主要工作内容是(　　)。
   A. 确定价值工程的研究对象　　　B. 整理和定义研究对象的功能
   C. 确定研究对象的成本和价值　　D. 分析实现研究对象功能的途径

3. 既可以用于价值工程对象选择，又可用于确定功能重要性系数的方法是(　　)。
   A. 因素分析法　　　　　　　　　B. 重点选择法
   C. 专家检查法　　　　　　　　　D. 强制确定法

4. 在价值工程活动中，价值指数 VI 的计算结果不同，采取的改进策略也不同。下列改进策略中正确的是(　　)。
   A. VI<1 时，应将评价对象列为改进对象，改善的方向主要是提高功能水平
   B. VI>1 时，应将评价对象列为改进对象，改善的方向主要是降低功能水平
   C. VI>1 时，应将评价对象列为改进对象，改善的方向主要是增加成本
   D. VI>1 时，是否将评价对象列为改进对象，应作进一步分析后再确定

5. 进行对象的选择是价值工程活动的关键环节之一，适用于价值工程对象选择的方法是(　　)。
   A. 香蕉曲线法　　　　　　　　　B. 经验分析法
   C. 目标管理法　　　　　　　　　D. 决策树法

**二、判断题**

(　　)1. 功能整理可以发现不足功能及过剩功能。

(　　)2. 当价值系数 V<1 时，应该采取的措施有在成本不变的条件下，提高功能

水平。

( ) 3. 价值工程是将产品的价值、功能和成本作为一个整体同时考虑。

( ) 4. 价值工程的核心是对产品进行功能分析。

## 三、简答题

1. 简述什么是价值工程。

2. 简述价值工程的功能的分类。

3. 简述什么是经验估算法。

## 四、案例分析

某监理工程师针对设计院设计的某商住楼，提出了 A、B、C 3 个方案，进行技术经济分析和专家调整后得出如表 11-16 所示的数据。(1)计算各方案成本系数、功能系数和价值系数，并确定最优方案；(2)简述价值工程的工作步骤和阶段划分。

表 11-16　数据表

| 方案功能 | 方案功能得分 | | | 方案功能重要程度 |
|---|---|---|---|---|
| | A | B | C | |
| $F_1$ | 9 | 9 | 8 | 0.25 |
| $F_2$ | 8 | 10 | 10 | 0.35 |
| $F_3$ | 10 | 7 | 9 | 0.25 |
| $F_4$ | 9 | 10 | 9 | 0.10 |
| $F_5$ | 8 | 8 | 6 | 0.05 |
| 单方造价 | 1 325 | 1 118 | 1 226 | 1.00 |

# 各章自测题参考答案

## 第一章

### 一、选择题

1. A、B、C、D
2. A
3. C
4. D
5. C
6. A、D

### 二、判断题

1. √
2. ×
3. √
4. ×
5. √

### 三、简答题

1. 简述技术、经济、技术经济活动的定义。

答案：

广义的技术是指把科学知识、技术能力和物质手段等要素结合起来形成的一个可以改造自然的运动系统。技术作为一个系统，在解决特定问题中体现的有现整体。

狭义的技术是指技术的表现形态，包括体现为机器、设备、基础设施等生产条件和工作条件的物质技术，与体现为工艺、方法、程序、信息、经验、技巧和管理能力的非物质技术。

广义的经济也称为经济发展。影响经济发展水平的因素有很多，主要有科技进步、产权制度、市场体系与运行机制、人口增长、农业发展、投资趋向及数量、环境污染、资源消耗等。其中，人口增长、农业发展和资源消耗、环境污染对经济发展起着制约作用；科技进步、产权制度、市场体系与运行机制、投资数额和趋向是经济发展的 4 个动因，而且在国民经济的增长率中，技术进步的贡献是第一位的。

在技术经济学中，狭义的经济指生产或生活上的节约、节俭。节约包括节约资金、物质资料和劳动等，即用少的劳动消耗生产出尽可能多的社会所需的成果；节俭指个人或家庭在生活费上精打细算，用较少的消耗来满足最大的需要。总之，经济是较少的人力、物力、时间、空间获取较大的成果或收益。

技术经济活动就是把科学研究成果和生产实践、经验积累中所形成的有形技术和无形技术有选择地、创造性地、经济地应用在最有效的利用自然资源、人力资源和其他资源的运动系统中，以满足人们需要的过程。技术经济活动不断提高生产效率和服务水平，优化产业结构、经济结构和社会结构，从而推动经济社会发展。

2. 简述技术经济活动的后果。

答案：

技术经济活动的后果是指活动实施后对目标产生的影响。根据活动对目标的不同影响，后果可分为有效成果和负面后果。如对于一个经济不发达地区进行开发和建设，有效成果是提高当地人均收入水平，负面后果是可能造成环境污染，因此，在开发建设项目时，一定要注重环境污染，针对不同的地区以及周边环境，作出相应的对策，将环境污染降到最低。

3. 简述技术经济分析人员需要具备的素质。

答案：

技术经济学的理论和方法具有很强的综合性、系统和应用性。为了有效地对技术经济活动进行评价，技术经济分析人员要具备以下素质。

(1) 了解经济环境中人的行为和动机。

技术实践活动的目的是满足人们的需求，因此，技术分析人员要了解人们需求层次，熟悉人们的需求变化受到哪些因素的影响，掌握需求变化的规律。

(2) 具备调查研究的能力。

在市场经济条件下，产品和服务的价值取决于其效用大小，效用大小往往要用人们愿为此付出的金钱来衡量，不论技术系统的设计多么精良，如果产出的产品市场销路不畅，这样的技术系统的经济效果就会很差。因此，作为技术经济分析人员，必须获取国内外市场供需信息；把握市场显在和潜在的需求，了解产品所处的生命周期，清楚现有企业的生产能力和可挖掘的生产潜力。

(3) 掌握科学的预测工具。

技术经济分析具有很强的预见性，但仅凭直觉是不够的。技术经济分析人员应该掌握科学的预测方法，尽可能对未来的发展情况做出精准的估算和正确的推测，提高决策科学化水平。

(4) 坚持客观公正的原则。

技术经济分析人员应实事求是，遵守诚实守信、客观公正的原则，保证评价结果经得起时间和实施结果的检验。

(5) 遵守国家的法律、法则。

国家的法律、法则和部门规章会对具体技术经济活动起导向作用，只有正确理解国家的法律、法规和有关政策，才能正确评价技术方案，并保证技术革新实践活动顺利进行。

### 四、案例分析

咖啡已经成为世界性流行饮品之一，它既是一种文化、一种学问，也是一门艺术。工作、学习之余，身心俱疲的人们走进一家独具风情的小咖啡馆里，呼吸着咖啡醇香、聆听优美音乐、品尝精致餐点、感受一份咖啡心情，是身处现代浮澡社会的人们最难得的心灵SPA。开间咖啡馆也许是个不错的生财之道。投资限额：自有资金 20 万元，可借款上限 20 万元。

请问：通过上述案例，投资者需要拟定出什么样的投资分析报告方能进行投资？

案例分析答案：

就以上描述的投资机会，通过调查研究作可行性分析，并拟出可行性分析报告，内容至少包含以下部分：①投资背景概述；②市场调查与预测；③地址选择；④规模分析与决策；⑤技术设备选择分析；⑥财务分析；⑦项目风险分析。每一部分都要求写出具体的数据调查过程、分析方法及分析结论。

# 第二章

## 一、选择题

1. A、C
2. D
3. C
4. B
5. A、B、C

## 二、判断题

1. √
2. ×
3. √
4. ×

## 三、简答题

1. 简述什么是现金流量。

答：

现金流量(cash flows)特指经济系统(可以是一个工程项目、一个企业，也可以是一个地区或一个部门)在某一时点发生了使用权或所有权转移的现金或其等价物(如短期国库券、商业本票、可转让定期存单、银行承兑汇票等)的数量。

流入系统的现金称为现金流入(cash inflows，CI)。例如，企业销售商品或提供劳务、出售设备取得的现金、从金融机构获得的借款等，都是现金流入。流出系统的现金称为现金流出(cash outflows，CO)。例如，企业购买货物、购置固定资产、偿还债务等而支付的现金，都是现金流出。同一时点上现金流入与现金流出之差称为净现金流量，用 CI-CO 表示。净现金流量有正负。正现金流量表示一定时期的净收入，负现金流量为一定时间的净支出。

现金流量图就是反映经济系统现金流量运动状态的图式，即把经济系统的现金流量绘入一个时间坐标图中，表示出各现金流入、流出与相应时点的对应关系，如图 2-1 所示。

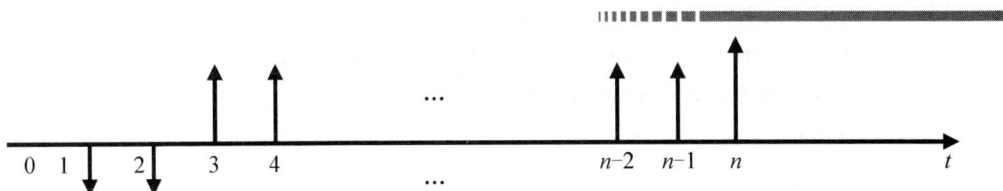

图 2-1　现金流量图

2. 简述现金流量的作用。

答案：

在技术经济分析中现金流量主要有 3 个方面的作用。

(1) 现金流量可以将技术方案的物质形态转化为货币形态，为正确计算和评价活动方案的经济效果提供统一的信息基础。对技术方案可以从物质形态与货币形态两个方面进行考察。从物质形态来看，经济主体通过提供其他经济主体所需要的产品或劳务，获得自己需要的厂房、设备、原材料、能源、动力等。从货币形态来看，经济主体通过垫付资本，在生产经营中花费成本，获得销售收入。在现代市场经济条件下，活动方案的物质形态由于缺乏可比性和灵活性而受到了限制。而货币形态由于具有一般等价物的特点而得到广泛使用。

(2) 现金流量能够反映人们预先设计的各种活动方案的全貌。在技术经济活动的前期决策期间，研究人员提出的各种备选方案以及每个备选方案中的产品方案、工艺方案、筹资方案、建设方案和经营方案等，都可以通过预测或估计其现金流量来展示其经济性。

(3) 现金流量能够真实提示经济系统的盈利能力和清偿能力。技术经济分析的目的是要根据方案的现金流出、流入，通过计算经济效果评价指标，选择合适的技术方案。而技术经济活动的盈利能力指标和清偿能力指标主要是通过现金流量图或表计算出来的。

3. 简述什么是名义利率和实际利率。

答案：

名义利率 $r$ 是指当计息周期小于利率周期利率 $i$ 乘以一个利率周期内的计息周期数 $m$ 所得的利率周期利率，即

$$r = i \times m$$

如果用计息周期利率来计算利率周期利率，将利率周期内的利息再生因素考虑进去，这时所得的利率周期利率称为利率周期实际利率 $i_{\text{eff}}$ (又称有效利率)。

## 四、案例分析

张浩准备第 1 年存 1 万元，第 2 年存 3 万元，第 3 年至第 5 年存 4 万元，存款利率为 5%，问：5 年存款的现值合计是多少？假设每期存款于每年年末存入，存款利率为 10%。(混合现金流：各年收付不相等的现金流量。)

解：

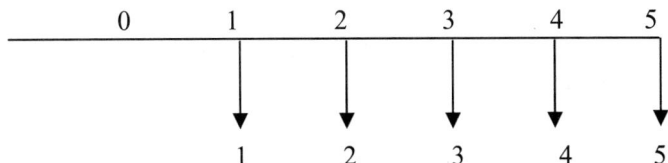

$$P = 1 \times (P/F, 10\%, 1) + 3 \times (P/F, 10\%, 2) + 4 \times [(P/A, 10\%, 5) - (P/A, 10\%, 2)]$$
$$= 1 \times 0.909 + 3 \times 0.826 + 4 \times (3.791 - 1.736)$$
$$= 0.909 + 2.478 + 8.22$$
$$= 11.607$$

# 第三章

## 一、选择题

1. A

2. A、B、C、D

3. A、B、C

4. B

5. A

## 二、判断题

1. √

2. ×

3. √

4. √

## 三、简答题

1. 简述什么是净年值。

答案:

净年值(net annual value,NAV)又叫等额年值或等额年金,是以基准收益率将项目计算期内净现金流量等值换算而成的等额年值。它与净现值(NPV)的相同之处是,两者都要在给出的基准收益率的基础上进行计算;不同之处是,净现值把投资过程的现金流量折算为基准期的现值,而净年值则把该现金流量折算为等额年值。

2. 简述什么是净现值。

答案:

净现值(net present value,NPV)是反映项目技术方案在计算期内获利能力的动态评价指标。项目技术方案的净现值是指用一个预定的基准收益率 $i_c$,分别把整个计算期内各年所发生的净现金流量都折算到建设期初的现值之和。

## 四、案例分析

两个收益相同的互斥方案 A 与 B 的费用现金流量如表 3-28 所示。试在两个方案中选择最佳方案。基准收益率为 10%。

普通高校经济管理类立体化教材 · 基础课系列

表 3-28　互斥方案的费用现金流量表

| 方案 | A | B | 增量费用现金流量(B-A) |
|---|---|---|---|
| 初始投资/万元 | 150 | 225 | 75 |
| 年费用支出/万元 | 17.52 | 9.825 | -7.695 |
| 寿命/年 | 15 | 15 | 15 |

解：(1) 采用差额内部收益率法。

$75 - 7.695(P/A, \Delta IRR_{B-A}, 15) = 0$

解得 $\Delta IRR_{B-A} = 6.14\%$。由于 $\Delta IRR_{B-A} < i_c$ 故可断定投资小的方案 A 优于投资大的方案 B。

(2) 采用费用现值法。

$PC_A = 150 + 17.52(P/A, 10\%, 15)$

$\qquad = 150 + 17.52 \times 7.606 = 283.257(万元)$

$PC_B = 225 + 9.825(P/A, 10\%, 15)$

$\qquad = 225 + 9.825 \times 7.606 = 299.73(万元)$

由于 $PC_A < PC_B$，根据费用现值的选优准则，可判定方案 A 优于方案 B，故应选择方案 A。

可见，比选结论费用现值法与增额内部收益率法的比选结论一致。

# 第四章

## 一、选择题

1. C

2. A

3. B

4. D

5. A

## 二、判断题

1. √

2. √

3. √

4. ×

## 三、简答题

1. 简述房地产评估的基本原则。

答案：

(1) 独立、客观、公正原则。

这是房地产评估的最高行为准则。独立，一是要求评估机构本身应当是一个不依赖于他人、不受他人束缚的独立机构；二是要求评估机构和评估人员与评估对象及相关当事人没有利害关系；三是要求评估机构和评估人员在评估中不受外部因素的干扰和影响，不屈从于外部压力，完全凭借自己的专业知识、经验和良心进行评估。客观是要求评估机构和评估人员不带着自己的好恶、情感和偏见，完全从实际出发，按照事物的本来面目去评估。公正是要求评估机构和评估人员公平正直，不偏袒任何一方。因此，遵循该原则是核心评、是评估机构和评估人员应站在中立的立场上，评估出一个对各方当事人来说都是公平合理的价值。

(2) 合法性原则。

房地产价格评估，要以有关法律为依据，这些法律包括国家和地方政府颁发的法律、法规。如城市规划法、土地管理法、城市公共房屋管理条例、城镇国有土地有偿出让、转让暂行条例及有关房地产税收的规定。评估人员在评估时，只有熟悉和遵宁这些法律，才能保证评估工作的严谨性。

(3) 最高最佳使用原则。

该原则要求房地产评估应以评估对象的最高最佳使用为前提进行。最高最佳使用是指法律上许可、技术上可能、经济上合理，能使评估对象的价值达到最大的一种用途。最高最佳使用不是无条件的最高最佳使用，而是在法律(包括行政法规、规城市划、土地使用权出让合同等)允许的范围内最高最佳使用，这也是合法原则的要求。

(4) 替代原则。

根据经济学原理，在同一市场上，具有相同使用价值的和质量的物品，应有同样的价格，即具有完全的替代关系。房地产价格也符合这一规律。在房地产价格评估中，房地产价格是由具有相同性质的替代性房地产来决定的。面对相同效用的房地产，价格低的会替代价格高的；相反，相等价格的房地产，效用高的也会替代效用低的。

(5) 估价时点原则。

该原则要求房地产评估结果应是评估对象在估价时点的价值。影响房地产价格的因素是不断变化的，房地产市场是不断变化的，而房地产的价格也在不断变化着。因此在不同的时间上，同一宗房地产往往会有不同的价格。估价时点是评估房地产价值的时间界限。在实际评估中，通常是评估房地产现在的价值，将估价人员实地查勘估价对象期间或"估价作业期"内的某个日期确定为估价时点。

2. 简述机器设备评估的特点。

答案：

由于机器设备具有以上特点，使得机器设备的评估也具有些特殊性。

(1) 资产评估的各种方法基本都能用于机器设备的评估。具体用哪种方法，主要取决于被评估资产的特征和有关资料数据的取得方式。比如对能独立产生收益的资产系统，如果收益相对稳定，则可用收益法，如果能有可靠的市场交易资料则用市场法。

(2) 无形损耗的估算是决定评估正确性的关键。

(3) 评估小组一定要有经验丰富的设备工程人员参与。

(4) 由于企业的机器设备种类多、技术复杂，所以要求资产评估做好充分的准备工作。一是在评估前要彻底清查所有的机器设备，做到账、物一致；二是要有周密的评估计划和细致的市场调查工作。

### 四、案例分析

某上市公司欲收购一家企业，需对该企业的整体价值进行评估。已知该企业在今后保持持续经营，预计前 5 年的税前净收益分别为 40 万元、45 万元、50 万元、53 万元和 55 万元；从第 6 年开始，企业进入稳定期，预计每年的税前净收益保持在 55 万元。折现率与资本化率均为 10%，企业所得税税率为 40%。试计算该企业的评估值是多少？

解：前 5 年企业税前净收益的现值为

$$\frac{40}{(1+10\%)} + \frac{45}{(1+10\%)^2} + \frac{50}{(1+10\%)^3} + \frac{53}{(1+10\%)^4} + \frac{55}{(1+10\%)^5} = 181.47(万元)$$

稳定期企业税前净收益的现值为：$\dfrac{55}{10\%} \times \dfrac{1}{(1+10\%)^5} = 341.50(万元)$

企业税前净收益现值合计为：181.47+341.50=522.97(万元)

该企业的评估值为：522.97×(1-40%)=313.78(万元)

# 第五章

### 一、选择题

1. B

2. C

3. B

4. D

5. D

### 二、判断题

1. √

2. √

3. √

4. √

### 三、简答题

1. 简述市场调查与市场调查的作用。

答案：

市场调查是指运用科学的方法收集、整理、分析商品或服务在从生产者到达消费者的过程中所发生的有关市场营销情况的资料，从而掌握市场的现状及其发展趋势，为企业进行决策提供依据的信息管理活动。市场调查的作用：①通过市场调查，了解市场总的供求情况，据以调整、确定企业的发展方向；②通过市场调查，企业可以进行准确的市场定位并按照消费者的需求组织生产和销售；③通过市场调查，可以发现市场机会并促进开发新产品。

2. 简述文案调研的优、缺点。

答案：

优点：成本相对较低，资料比较容易找到，收集资料所用时间相对较短。

缺点：①较多依赖于历史资料，难以适应和反映现实生活中正在发生的新情况和新问题；②搜集的资料与调查目的往往不能很好地吻合，数据对解决问题不能完全适应；③要求调查人员具有较广泛的理论知识、较深厚的专业知识和技能；④难以把握文案调研所搜集资料的准确程度。

## 四、案例分析

自然堂化妆品有限责任公司开发出适合东方女性需求特点的具有独特功效的系列化妆品，并在多个国家获得了专利保护。营销部经理初步分析了亚洲各国和地区的情况，首选日本作为主攻市场。为迅速掌握日本市场的情况，公司派人员直赴日本，主要运用调查法搜集一手资料。调查显示，日本市场需求潜量大，购买力强，且没有同类产品竞争者，使公司人员兴奋不已。在调查基础上又按年龄层次将日本女性化妆品市场划分为 15～18 岁、18～25 岁（婚前）、25～35 岁及 35 岁以上 4 个子市场，并选择了其中最大的一个子市场进行重点开发。营销经理对前期工作感到相当满意，为确保成功，他正在思考再进行一次市场试验。另外，公司经理还等着与他讨论应采取新产品定价策略。

问题：

(1) 该公司运用的搜集一手资料的调查法一般有哪几种方式？

(2) 作为新产品，你认为该公司应采取何种定价策略？为什么？

答案：

(1) 访问调查法的种类及其特点。

① 面谈调查法。

直接交流可靠性高，获取信息具有针对性、多样性。

② 电话调查法。

快速获得市场信息，调查覆盖面广，注意保护隐私。

③ 邮政调查法。

不受地域限制、可靠性高、获取信息详细。

④ 留置问卷调查法。

形式灵活，回收率高，费用较低，答卷时间长，从而信息可靠性高。

⑤ 日记调查法。

成本费用低，资料来源可靠，数据全面、系统。

⑥ 网上访谈法。

开放性、自由性、平等性、直接性和经济性、快速性、方便性。

(2) 撇脂定价法。

定价条件：质量形象支持高价位。

有足够多的购买者愿意支付高价位。

竞争对手不易进入市场及影响高价位产品。

## 第六章

### 一、选择题

1. D

2. D

3. B

4. A

5. B

### 二、判断题

1. √

2. ×

3. √

4. √

### 三、简答题

1. 简述项目融资的特点。

答案：

(1) 以项目为导向。

(2) 有限追索。

(3) 风险分担。

(4) 信用结构多样化。

(5) 实现资产负债表外融资。

2. 简述项目融资中风险评价指标。

答案：主要选取项目债务覆盖率、资源收益覆盖率、项目债务承受比率 3 个指标对风险进行评价和衡量，即进行融资决策的风险评估。

3. BOT 融资模式有哪些具体形式？简述其各自的特点。

答案：(1) BOT 形式，即建设、经营和转让。由项目发起人从一个国家的政府获得基础设施建设的特许权，然后由其组建项目公司，负责项目的融资、设计、建造和运营。在项目运营期回收成本、获得利润，最终将项目移交给东道国政府。

(2) BOOT 形式，即建设、拥有、运营、移交。具体指由私人部门融资建设基础设施项目，项目完成后，在规定的期限内，拥有项目的所有权并进行经营，经营期满后，将项目移交给东道国政府。

(3) BOO 形式，即建设、拥有、运营。具体是指私营部门根据政府所赋予的特许权，建设并经营某项基础设施，但是并不在一定时期后将项目移交给东道国政府。

(4) BLT 形式，即建设、租赁、移交。具体是指政府出让项目建设权，在项目运营期内政府成为项目的租赁人，私营部门成为项目的承租人，租赁期满后，所有资产再移交给东道国政府。

(5) TOT 形式，即移交、运营、移交。具体是指东道国与外商签订特许经营权协议后，把已经投产运营的基础设施项目移交给外商经营，凭借该项目在未来若干年内的收益一次性从外商手中获得一笔资金，用于新项目的建设。

### 四、案例分析

广东省深圳沙角火力发电厂 B 处(简称深圳沙角 B 电厂)于 1984 年签署合资协议，1986 年完成融资安排并动工兴建，1988 年建成投入使用。项目总投资 42 亿港元，被认为是中国最早的一个有限追索的项目融资案例。深圳沙角 B 电厂的融资安排是我国企业在国际市场举借外债开始走向成熟的一个标志。在亚洲发展中国家中，尽管有许多国家不断提出要采用 BOT 融资模式兴建基础设施，但是在实际应用中却因为这样或那样的问题无法解决而搁置。截至 1991 年，真正成功地采用 BOT 模式兴建的电厂只有两家——深圳沙角 B 电厂和菲律宾马尼拉拿渥它电厂。粤方为深圳特区电力开发公司(A 方)，港方是一家在香港注册专门为该项目成立的公司——合力电力有限公司(B 方)，项目合作期为 10 年。在合作期内，B 方负责安排提供项目的全部外汇资金，组织项目建设，并且负责经营电厂 10 年作为回报，B 方获得在扣除经营成本、煤炭成本和支付给 A 方的管理费之后 100%的项目收益。

合作期满时，B 方将深圳沙角 B 电厂的资产所有权和控制权无偿地转让给 A 方，退出该项目。

由 A 方提供项目使用的土地、工厂的操作人员以及为项目安排优惠的税收政策，为项目提供一个具有"供货或付款"性质的煤炭供应协议，为项目提供一个具有"提货或付款"性质的电力购买协议，为 B 方提供一个具有资金缺额担保性质的货款协议，同意在一定的条件下，如果项目支出大于项目收入，则为 B 方提供一定数额的贷款。

深圳沙角 B 电厂的资金结构包括股本资金、从属性贷款和项目贷款 3 种形式。B 方为项目安排了一个有限追索的项目融资结构。首先，B 方与以日本三井公司等几个主要日本公司组成的电厂设备供应和工程承包财团谈判，获得了一个固定价格的"交钥匙"合同。项目主要风险即完工风险被转移出去了。其次，融资结构中使用了日本政府进出口银行的出口信贷作为债务资金的主要来源，用于支持日本公司在项目中的设备出口。再次，A 方对项目的主要承诺是电力购买协议和煤炭供应协议，以及广东省国际信托投资公司对 A 方的承诺担保。最后，在 A 方与 B 方之间，对于项目现金流量中的外汇问题也做出了适当的安排。对于 B 方的利润收入部分的汇率风险由双方共同分担，30%由 A 方承担，70%由 B 方承担。

融资模式中的信用保证机构：①A 方的电力购买协议；②A 方的煤炭供应协议；③广东省国际信托公司为 A 方的电力购买协议和煤炭供应协议所提供的担保；④广东省政府为上述三项安排所出具的支持信；⑤设备供应及工程承包财团所提供的"交钥匙"工程承包合同，以及为其提供担保的银行所安排的工程履行担保；⑥中国人民保险公司安排的项目保险。

项目的合作协议及其商业合约具备了明显的政府特许权合约的性质。

(1) BOT 模式中的建设，经营一方必须是一个有电力工业背景，具有一定资金力量，并且能够被银行、金融界接受的公司。

(2) 项目必须有一个具有法律保障的电力购买合约作为支持。

(3) 项目必须要有一个长期的燃料供应协议。

(4) 根据提供电力购买协议和燃料供应协议的机构的财务状况和背景，有时项目贷款银行会要求更高一级机构提供某种形式的财务担保。

(5) 与项目有关的基础设施的安排，必须要在项目文件中作出明确的规定。

(6) 与项目有关的政府批准，必须在项目动工之前得到政府有关部门的批准。

请问：

(1) B 方为项目安排的有限追索的项目融资结构是怎样的？

(2) 该融资模式中的信用保证机构是什么？

(3) 该案例给我们的启示是什么？

答案：(1) 首先，B 方与以日本三井公司等几个主要日本公司组成的电厂设备供应和工程承包财团谈判，获得了一个固定价格的"交钥匙"合同。项目主要风险即完工风险被转移出去了。其次，融资结构中使用了日本政府进出口银行的出口信贷作为债务资金的主要来源，用以支持日本公司在项目中的设备出口。再次，A 方对项目的主要承诺是电力购买协议和煤炭供应协议，以及广东省国际信托投资公司对 A 方的承诺担保。

最后，在 A 方与 B 方之间，对于项目现金流量中的外汇问题也作出了适当的安排。对于 B 方的利润收入部分的汇率风险由双方共同分担，30%由 A 方承担，70%由 B 方承担。

(2) A 方的电力购买协议；A 方的煤炭供应协议；广东省国际信托公司为 A 方的电力购买协议和煤炭供应协议所提供的担保；广东省政府为上述 3 项安排所出具的支持信；设备供应及工程承包财团所提供的"交钥匙"工程承包合同，以及为其提供担保的银行所安排的工程履行担保；中国人民保险公司安排的项目保险。

(3) ①BOT 模式中的建设，经营一方必须是一个有电力工业背景，具有一定资金力量，并且能够被银行、金融界接受的公司。②项目必须有一个具有法律保障的电力购买合约作为支持。③项目必须要有一个长期的燃料供应协议。④根据提供电力购买协议和燃料供应协议的机构的财务状况和背景，有时项目贷款银行会要求更高一级机构提供某种形式的财务担保。⑤与项目有关的基础设施的安排，必须要在项目文件中作出明确的规定。⑥与项目有关的政府批准，必须在项目动工之前得到政府有关部门的批准。

# 第七章

## 一、选择题

1. B

2. C

3. B

4. B

5. B

## 二、判断题

1. ×

2. ×

3. ×

4. ×

### 三、简答题

1. 简述财务分析的定义。

答案：

财务分析是在国家现行财税制度和市场价格体系下，站在企业或项目的立场，计算财务分析指标，考察拟建项目的盈利能力、清偿能力和财务生存能力，据以判断项目的财务可行性的经济管理活动，它可以帮助投资者明确项目对财务主体的价值以及对投资者的贡献，为投资决策、融资决策以及银行审贷提供依据。

2. 简述融资前分析的步骤。

答案：

融资前分析的基本步骤如下。

(1) 估算建设投资、营业收入、经营成本和流动资金。

(2) 编制项目投资现金流量表，计算项目投资内部收益率、净现值和项目静态投资回收期等指标。

(3) 如果分析结果表明项目效益符合要求，再考虑融资方案，继续进行融资后分析。

(4) 如果分析结果不能满足要求，可通过修改方案设计完善项目方案，必要时甚至可据此做出放弃项目的建议。

3. 简述融资后分析的步骤。

答案：

融资后分析的基本步骤如下。

(1) 在融资前分析结论满足要求的情况下，初步设定融资方案。

(2) 在已有财务分析辅助报表的基础上，编制项目总投资使 用计划与资金筹措表和建设期利息估算表。

(3) 编制项目资本金现金流量表，计算项目资本金财务内部收益率指标，考察项目资本金可获得的收益水平。

(4) 编制投资各方现金流量表，计算投资各方的财务内部收益率指标，考察投资各方可获得的收益水平。

### 四、案例分析

唐门集团的年销售额为 180 万元，变动成本率为 70%，全部固定成本和费用为 40 万元，总资产为 100 万元，资产负债率为 40%，负债的平均成本为 8%，假设所得税率为40%。该公司拟改变经营计划，欲以 10%的利率借入 40 万元来追加投资，这样可使年销售额达到 212 万元，固定成本增加 5 万元，变动成本率不变。若改变经营计划的目的是提高权益净利率并同时降低风险。

试计算权益净利率、经营杠杆系数、财务杠杆系数，并判断是否应改变经营计划。

解：

(1) 该公司当前比率：

权益净利率 ROE=净利润/所有者权益×100%= [180×(1-70%)-40-100×40%×8%]

×(1-40%)/100×(1-40%) ×100%=10.8%

DOL= $M/(M-a)$=180×(1-70%)/[180×(1-70%)-40]=54/14=3.86

DFL=EBIT/(EBIT-$I$ )=[180×(1-70%)-40]/[180×(1-70%)-40-100×40%×8%]=14/10.8=1.3

DTL=DOL×DFL=3.86×1.3=5.018

(2) 改变经营计划后比率：

ROE=净利润/所有者权益×100%

=[212×(1-70%)-45-100×40%×8%-40×10%]×(1-40%)/100×(1-40%) ×100%=11.4%

DOL=$M/(M-a)$=212×(1-70%)/[212×(1-70%)-45]=63.6/18.6=3.42

DFL=EBIT/(EBIT-$I$ )=[212×(1-70%)-45]/[212×(1-70%)-45-100×40%×8%-40×10%]

=18.6/11.4=1.63

DTL=DOL×DFL=3.42×1.63=5.5746

与原方案相比，权益净利率提高，但同时总杠杆提高，故不应该改变经营计划。

# 第八章

## 一、选择题

1. D

2. B

3. C

4. A

5. D

6. B

## 二、判断题

1. √

2. ×

3. √

4. ×

## 三、简答题

1. 简述费用效益分析、费用效果分析的定义。

答案：

费用效益分析是按合理配置稀缺资源和社会经济可持续发展的原则，采用影子价格、社会折现率等费用效益分析参数，从国民经济全局的角度出发，考察工程项目的经济合理性。

费用效果分析是指费用采用货币计量，效果采用非货币计量的经济效果分析方法。费用效果分析中的费用是指为实现项目预定目标所付出的财务代价或经济代价，采用货币计量。费用效果分析中的效果是指项目的结果所起到的作用、效应或效能，是项目目标的实现程度。按照项目要实现的目标，一个项目可选用一个或几个效果指标。

2. 简述费用效益分析参数的内容。

答案：

费用效益分析参数是费用效益分析的基本判据，对比选优方案具有重要作用。费用效益分析的参数主要包括社会折现率、影子汇率和影子工资，这些参数由有关专门机构组织测算和发布。

3. 简述采用费用效果分析的条件。

答案：

费用效果分析只能比较不同方案的优劣，不能像费用效益分析那样，保证所选方案的效果大于费用，因此，应遵循多方案比选的原则，使所分析的项目满足下列条件：

(1) 备选方案不少于两个，且为互斥方案或可转化为互斥型的方案。

(2) 备选方案应具有共同的目标，目标不同的方案、不满足最低效果要求的方案不可进行比较。

(3) 备选方案的费用应能货币化，且资金用量不应突破资金限制。

(4) 效果应采用同一非货币计量单位衡量，如果有多个效果，其指标加权处理形成单一综合指标。

(5) 备选方案应具有可比的寿命周期。

### 四、案例分析

1 号研究所新研究了 4 种新型水压机，以可靠性作为评价效果的主要指标，即在一定条件下不发生事故的概率，4 种水压机的有关数据如表 8-9 所示，预算限制为 240 万元，应选哪个方案。

表 8-9　新型水压机基础数据表

| 方　案 | 费用/万元 | 可靠性(1-事故概率) |
|---|---|---|
| 1 | 240 | 0.99 |
| 2 | 240 | 0.98 |
| 3 | 200 | 0.98 |
| 4 | 200 | 0.97 |

解：采用固定费用法应淘汰方案 2 和方案 4，最后剩下方案 1 和方案 3。

$(E/C)_1=0.99/240×100\%=0.41\%$

$(E/C)_3=0.98/200×100\%=0.49\%$

按每万元取得的可靠性判断：应选方案 3。

# 第九章

### 一、选择题

1. D

2. D

3. B

普通高校经济管理类立体化教材·基础课系列

4. A

5. D

## 二、判断题

1. √

2. √

3. ×

4. ×

## 三、简答题

1. 简述敏感性分析及其类型。

答案：

(1) 敏感性分析就是在确定性分析的基础上，通过进一步分析，预测项目主要不确定因素的变化对项目评价指标(FIRR、FNPV)的影响。从中找出敏感因素，确定评价指标对该因素的敏感程度和项目对其变化的承受能力。

(2) 敏感性分析有单因素敏感性分析和多因素敏感性分析两种。

① 单因素敏感性分析：是对单一不确定因素变化的影响进行分析，即：假设各个不确定性因素之间相互独立，每次只考察一个因素，其他因素保持不变，以分析这个可变因素对经济评价指标的影响程度和敏感程度。单因素敏感性分析是敏感性分析的基本方法。

② 多因素敏感性分析：是假设两个或两个以上互相独立的不确定因素同时变化时，分析这些变化的因素对经济评价指标的影响程度和敏感程度。

2. 简述单因素敏感性分析的步骤。

答案：

(1) 确定分析指标。

(2) 选定需要分析的不确定因素，设定这些因素的变动范围。

(3) 计算各不确定因素不同的变化幅度所导致的经济评价指标的变动结果，建立一一对应关系。

(4) 确定敏感因素，分析其对项目评价结果的影响。

(5) 综合分析，采取对策。

3. 简述如何画概率树。

答案：

一般是在左端首先画一个方框，作为出发点，这点叫决策点；从决策点画出若干条直线，每一条直线代表一个方案，这些直线叫方案枝；在这个方案枝的末端画一个圆圈，把它们叫作机会点(概率点)；从机会点引出若干条直线，每条直线代表一种状态，这些直线叫概率枝(机会枝)；在每条概率枝的末端打上个三角符号"△"，并标出各方案在不同状态下的效益值(结果值)，这样就构成了一个概率树。

## 四、案例分析

试用表 9-18 所列的数据为基础，用概率树作出决策。

表 9-18　数据表

| 损益值 $R_{ij}$ 方案 | 自然状态 $S_j$ | | |
|---|---|---|---|
| | $S_1$ | $S_2$ | $S_3$ |
| | 状态概率 $P(S_j)$ | | |
| | (0.3) | (0.5) | (0.2) |
| $A_1$ | 20 | 12 | 8 |
| $A_2$ | 16 | 16 | 10 |
| $A_3$ | 12 | 12 | 12 |

解：产品生产批量概率树如下图所示。

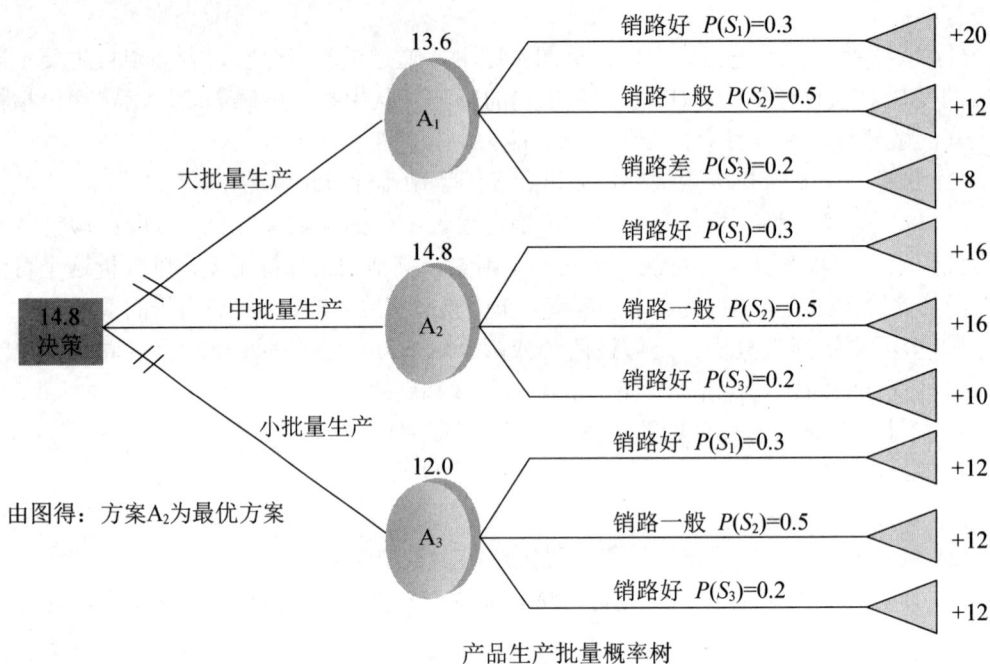

产品生产批量概率树

由图得：方案$A_2$为最优方案

# 第十章

一、选择题

1. A

2. B

3. C

4. D

5. A

6. C

## 二、判断题

1. √
2. ×
3. ×
4. √

## 三、简答题

1. 什么是设备磨损？它有哪些类型？

答案：

设备在使用或闲置过程中，由于物理作用(如冲击力、摩擦力、振动、扭转、弯曲等)、化学作用(如锈蚀、老化等)或技术进步的影响等，使设备遭受了损耗，称为设备的磨损。磨损的产生会影响设备的使用价值甚至使用寿命，设备更新源于设备的磨损。设备的磨损有有形磨损和无形磨损两种形式。

2. 简述原型设备更新分析步骤。

答案：

原型设备更新分析的 3 个步骤。

(1) 确定各方案共同的研究期。

(2) 确定各方案设备的经济寿命。

(3) 通过比较各方案的经济寿命确定最佳方案。

## 四、案例分析

1. 某石化公司炼油装置上的老 5 型多段泵故障率高，运行中振动超标，时常发生串轴现象以及电流超高引起电机过热、电能损耗大、维修成本高等问题。经分析老 5 型多段泵故障率高的原因主要有：①泵轴细、刚度低；②泵级数多；③平衡装置设计计算与实际运行误差大，轴向力不平衡；④有汽蚀现象。

该公司调研发现同行业其他炼油厂都存在同样的问题，这说明国内大多数泵制造厂在多段泵设计上存在先天不足是事故障率高的根本原因。为从根本上降低多段泵的故障率，从设计入手，经技术先进、创新能力强的 A 水泵厂与该石化公司一起攻关，研制开发出了可靠性高的 DYJ 型多段泵。为确保新开发泵的可行性，满足炼油装置未来的运行周期，并达到国外炼油行业同类装置开工周期(5 年以上)，在技术上采取了以下措施：使用单位将泵设计参数提准，与实际相一致；泵轴加粗；泵段数减少；泵平衡装置采用双手平衡鼓结构；采用滑动轴承代替滚动轴承；泵密封采用波纹管密封；根据生产介质组分和泵的运行工况确定泵的必须汽蚀余量，保证泵运行中不汽蚀、不抽空。

A 水泵厂根据上述技术要求对该石化公司年产 30 万 t 重整预加氢进料泵进行更新设计，设计后进行预算报价。

解：

方案 1：继续使用原来的预加氢进料泵。原预加氢进料泵为 50YH−50*9，泵运行中故障率高，能耗大。该泵估计还可以使用 5 年，现值 3 万元，由于设备均为专用，故残值不计，年维持费 26 万元。

方案 2：更换新泵。新泵价格 15 万元，使用年限 15 年，残值不计，年维持费用 25

万元，新泵能够长周期运行对生产没有影响。

以下是该厂的作出的分析：

考虑新泵可靠性高可以提高效率，使用新泵运行年可节约大量能耗，泵故障率下降后对安全生产又有保证，因此应考虑两方案对生产效率的提高因素。经过分析，继续使用旧设备的效率系数为 0.7，而更换新设备的效率系数是 1.2。按比较期 5 年，年利率为 10%，对两方案进行核算。

方案 1： $PC_1 = \dfrac{1}{\beta_1}[3 + 26(P/A, 10\%, 5)] = 145.09$（万元）

方案 2： $PC_1 = \dfrac{1}{\beta_2}[15 + 25(P/A, 10\%, 5)] = 91.47$（万元）

经过技术经济分析后，该厂实施了对重整预加氢泵的更新改造。从结果上看，新泵运行稳定，不仅大大降低了成本，而且提高了生产效率，达到了预期方案。

2. 各设备方案分项费用的原始数据如表 10-14 所示，旧设备在更新决策时的市场价值不计，并且原型设备及新型设备更新时其残值计为 150 万元，而其他方案更新时则残值不计。试选择最优方案（$i_c=8\%$）。

表 10-14　各种设备方案的原始数据

| 序号 | 设备方案 | 投资 | $\beta$ | 年经营费用/万元 | | | | | | | | |
|---|---|---|---|---|---|---|---|---|---|---|---|---|
| | | | | 1 | 2 | 3 | 4 | 5 | 6 | 7 | 8 | 9 |
| 1 | 继续使用 | 0 | 0.7 | 250 | 300 | 350 | 400 | — | — | — | — | — |
| 2 | 大修理 | 700 | 0.98 | 30 | 100 | 175 | 252 | 320 | 400 | — | — | — |
| 3 | 原型更新 | 1300 | 1 | 25 | 53 | 105 | 160 | 210 | 270 | 340 | 420 | 510 |
| 4 | 新型更新 | 1650 | 1.3 | 20 | 50 | 100 | 150 | 200 | 210 | 300 | 350 | 400 |
| 5 | 现代化改造 | 1200 | 1.25 | 30 | 55 | 110 | 170 | 220 | 300 | 370 | 470 | 570 |

解：

根据"第三节　设备更新方案综合比较"中的方法，计算各方案使用不同年数的费用现值如表 10-15 所示。

表 10-15　各种设备方案的逐年费用现值　　　　　　　　（单位：万元）

| $t$ | PC$_1$ | PC$_2$ | PC$_3$ | PC$_4$ | PC$_5$ | PC 最小方案 |
|---|---|---|---|---|---|---|
| 1 | 330.7* | 742.6 | 1214.3 | 1157.4 | 982.2 | 1 |
| 2 | 697.9* | 830.1 | 1270.0 | 1198.3 | 1019.2 | 1 |
| 3 | 1095.0 | 937.2* | 1362.9 | 1266.9 | 1089.8 | 2 |
| 4 | 1515.0 | 1160.2* | 1489.3 | 1358.3 | 1189.7 | 2 |
| 5 | — | 1381.6 | 1640.4 | 1469.3 | 1309.5* | 5 |
| 6 | — | 1667.0 | 1818.1 | 1601.1 | 1460.7* | 5 |
| 7 | | | 2023.5 | 1741.2 | 1633.5* | 5 |
| 8 | | | 2256.9 | 1891.6 | 1836.7* | 5 |
| 9 | | | 2518.0 | 2050.1* | 2064.8 | 4 |

注：*为该服务年限内各方案中总费用现值最低者。

普通高校经济管理类立体化教材·基础课系列

从以上计算结果可知，无论考虑工作几年，原型更新方案相应于其他方案总是不利的；如果工作时间为 1~2 年，则应继续使用原设备；如果只需工作 3~4 年，最佳方案为现代化改造；如果工作时间超过 8 年，则用高效率新结构设备替换旧设备为最佳方案。

# 第十一章

## 一、选择题

1. B

2. C

3. D

4. A

5. B

## 二、判断题

1. ×

2. √

3. ×

4. √

## 三、简答题

1. 简述什么是价值工程。

答案：

价值工程(value engineering，VE)是通过相关领域的协作，对所研究对象的功能与费用进行系统分析，不断创新，旨在提高所研究对象价值的思想方法和管理技术。

价值工程的目的是以研究对象的最低寿命周期成本，可靠地实现使用者所需功能，以获取最佳的综合效益。

凡为获取功能而发生费用的事物，均可作为价值工程的对象，如产品、工艺、工程、服务或它们的组成部分。

价值工程涉及价值、功能和寿命周期成本等 3 个基本要素。

2. 简述价值工程的功能的分类。

答案：

价值工程中的功能有以下 4 种不同的分类方法。

(1) 使用功能和品位功能。

使用功能是对象所具有的与技术经济用途直接有关的功能；品位功能是与使用者的精神感觉、主观意识有关的功能，如贵重功能、美学功能、外观功能、欣赏功能等。

(2) 基本功能和辅助功能。

基本功能是与对象的主要目的直接有关的功能，是对象存在的主要理由；辅助功能是为更好实现基本功能服务的功能。

(3) 必要功能和不必要功能。

必要功能是为满足使用者的要求而必须具备的功能；不必要功能是对象所具有的、与满足使用者的需求无关的功能。

(4) 不足功能和过剩功能。

不足功能是指对象尚未满足使用者的需求的必要功能；过剩功能是对象所具有的、超过使用者的需求的功能。

3. 简述什么是经验估算法。

答案：

经验估算法是邀请一些有经验的人，根据收集到的有关信息资料，构思出几个实现各功能或功能区域的方案，然后每个人对构思出的方案进行成本估算，取其平均值，最后从各方案中取成本最低者。这种方法有时不一定很准确，但对经验丰富的人来说，不是比较实用的。

### 四、案例分析

某监理工程师针对设计院设计的某商住楼，提出了 A、B、C 3 个方案，进行技术经济分析和专家调整后得出如表 11-16 所示的数据。

(1) 计算各方案成本系数、功能系数和价值系数，并确定最优方案。

(2) 简述价值工程的工作步骤和阶段划分。

表 11-16　数据表

| 方案功能 | 方案功能得分 | | | 方案功能重要程度 |
| --- | --- | --- | --- | --- |
| | A | B | C | |
| $F_1$ | 9 | 9 | 8 | 0.25 |
| $F_2$ | 8 | 10 | 10 | 0.35 |
| $F_3$ | 10 | 7 | 9 | 0.25 |
| $F_4$ | 9 | 10 | 9 | 0.10 |
| $F_5$ | 8 | 8 | 6 | 0.05 |
| 单方造价 | 1 325 | 1 118 | 1 226 | 1.00 |

解：(1) 计算功能系数($F$)

各方案功能系数的计算如表 11-17 所示。

表 11-17　各方案功能系数的计算表

| 方案功能 | 功能重要程度 | A | | B | | C | |
| --- | --- | --- | --- | --- | --- | --- | --- |
| | | 分值 | 加权分值 | 分值 | 加权分值 | 分值 | 加权分值 |
| $F_1$ | 0.25 | 9 | 2.25 | 9 | 2.25 | 8 | 2 |
| $F_2$ | 0.35 | 8 | 2.8 | 10 | 3.5 | 10 | 3.5 |
| $F_3$ | 0.25 | 10 | 2.5 | 7 | 1.75 | 9 | 2.25 |
| $F_4$ | 0.1 | 9 | 0.9 | 10 | 1 | 9 | 0.9 |

| 方案<br>功能 | 功能重<br>要程度 | A | | B | | C | |
|---|---|---|---|---|---|---|---|
| | | 分值 | 加权分值 | 分值 | 加权分值 | 分值 | 加权分值 |
| $F_5$ | 0.05 | 8 | 0.4 | 8 | 0.4 | 6 | 0.3 |
| 合计 | 1 | 44 | 8.85 | 44 | 8.9 | 42 | 8.95 |
| 加权分值指数化 | | 8.85/(8.85+8.9+8.95) | | 8.9/(8.85+8.9+8.95) | | 8.95/(8.85+8.9+8.95) | |
| 功能评价系数 | | 0.332 | | 0.333 | | 0.335 | |

(2) 计算各方案成本系数($C$)和价值系数($V$)

各方案成本系数和价值系数的计算，如表 11-18 所示。

表 11-18　各方案成本系数和价值系数的计算表

| 方　案 | 单方造价<br>① | 成本系数<br>②=①/3669 | 功能系数<br>③ | 价值系数<br>④=③/② | 最优方案 |
|---|---|---|---|---|---|
| A | 1325 | 0.361 | 0.332 | 0.92 | |
| B | 1118 | 0.305 | 0.333 | 1.09 | B |
| C | 1226 | 0.334 | 0.335 | 1.00 | |
| 合计 | 3669 | 1.000 | 1.000 | — | — |

由上表可见，B 为最优方案。

# 参 考 文 献

[1] 吴添祖，虞晓芬. 技术经济学概论[M]. 北京：高等教育出版社，2010.

[2] 刘秋华. 技术经济学[M]. 北京：机械工业出版社，2010.

[3] 冯俊华. 技术经济学[M]. 北京：化学工业出版社，2011.

[4] 何建洪. 技术经济学：原理与方法[M]. 北京：清华大学出版社，2012.

[5] 王璞. 技术经济学[M]. 北京：机械工业出版社，2012.

[6] 刘燕. 技术经济学[M]. 北京：电子科技大学出版社，2013.

[7] 夏恩君. 技术经济学[M]. 北京：中国人民大学出版社，2013.